Sozialpolitik in globaler Perspektive

Prof. *Hans-Jürgen Burchardt* lehrt »Internationale und intergesellschaftliche Beziehungen« an der Universität Kassel. Dr. *Anne Tittor* und *Nico Weinmann* sind dort wissenschaftliche Mitarbeiter.

Hans-Jürgen Burchardt, Anne Tittor,
Nico Weinmann (Hg.)

Sozialpolitik in globaler Perspektive

Asien, Afrika und Lateinamerika

Campus Verlag
Frankfurt/New York

Mit freundlicher Unterstützung von:

**Hans Böckler
Stiftung**

PROMOTIONSKOLLEG
GLOBAL SOCIAL POLICIES
AND GOVERNANCE

Bibliografische Information der Deutschen Nationalbibliothek:
Die Deutsche Nationalbibliothek verzeichnet diese Publikation in der Deutschen Nationalbibliografie.
Detaillierte bibliografische Daten sind im Internet unter http://dnb.d-nb.de abrufbar.
ISBN 978-3-593-39780-1

Das Werk einschließlich aller seiner Teile ist urheberrechtlich geschützt. Jede Verwertung ist ohne
Zustimmung des Verlags unzulässig. Das gilt insbesondere für Vervielfältigungen, Übersetzungen,
Mikroverfilmungen und die Einspeicherung und Verarbeitung in elektronischen Systemen.
Copyright © 2012 Campus Verlag GmbH, Frankfurt am Main
Umschlaggestaltung: Campus Verlag, Fankfurt am Main
Druck und Bindung: CPI buchbücher.de, Birkach
Gedruckt auf Papier aus zertifizierten Rohstoffen (FSC/PEFC).
Printed in Germany

Dieses Buch ist auch als E-Book erschienen.
www.campus.de

Inhalt

Vorwort 7

Sozialpolitik in globaler Perspektive:
Zu den Herausforderungen eines Forschungsfeldes
Hans-Jürgen Burchardt/Anne Tittor/Nico Weinmann 9

Theoretisch-methodische Zugänge

Sozialpolitik in einer globalisierten Welt:
Akteure, Aufgaben und Aussichten
Friedbert W. Rüb 39

Von der vernünftigen Suche nach Leidenschaft: Ein Vorschlag,
Gesellschaftsanalyse und Sozialpolitik-Forschung zu dezentrieren
Hans-Jürgen Burchardt 69

Globale Politik aus der Perspektive einer kaleidoskopischen Dialektik
Boike Rehbein 93

Sozialpolitiken jenseits der OECD – Ausgewählte Beispiele

Accounting for change in Latin America's welfare regime
Armando Barrientos 119

Exklusive Sozialpolitik? Alte Muster und neue Trends in Lateinamerika
Nico Weinmann 141

Sozialpolitik und Arbeitsorganisation in Indien:
Ein Blick durch das Fenster der Softwareprogrammierung
Nicole Mayer-Ahuja 169

Die russische Steuerpolitik:
Machtfragen und die »soziale Frage«
Jakob Fruchtmann 189

Alterssicherung zwischen Privilegien und sozialen Rechten:
Befunde aus Lateinamerika
Katharina Müller 221

South Africa's System of Social Cash Transfers:
Assessing its Social Quality
Katrin Weible / Lutz Leisering 247

Growth and social policies, towards inclusive development:
A global panorama
Jan Nederveen Pieterse 271

Autorinnen und Autoren 287

Vorwort

Mit der Eröffnung des Promotionskollegs *Global Social Policies and Governance* im Jahr 2007 wurde an der Universität Kassel ein Forschungsschwerpunkt zu Arbeits- und Sozialpolitiken außerhalb der OECD eingerichtet, in dem fünf Professorinnen und Professoren, mehrere Postdocs und rund fünfzehn Promovierende aus verschiedenen Teilen der Welt zu unterschiedlichen Themen der Nord-Süd-Beziehungen und sozial-ökologischen Ungleichheiten forschen. In den Promotionsvorhaben werden verschiedene Aspekte (inter-)nationaler Sozialpolitik, Wohlfahrtsregime im globalen Süden, neue Arbeitsmarkt-, Wirtschafts- und Umweltreformen sowie Möglichkeiten und Blockaden gesellschaftlicher und politischer Teilhabe in einzelnen Gesellschaften und auf globaler Ebene betrachtet und analysiert.

Begleitet wird der Schwerpunkt durch ein breites Programm an Veranstaltungen mit Expertinnen und Experten aus dem In- und Ausland sowie durch die enge Zusammenarbeit mit verschiedenen wissenschaftlichen Exzellenzeinrichtungen in Kassel, Deutschland und mehreren internationalen Standorten wie Argentinien, Brasilien, China, Indien oder Südafrika.

Zu dem Rahmenprogramm des Forschungsschwerpunktes gehören auch kontinuierliche Analysen und Debatten über die Veränderungen, denen Arbeits- und Sozialpolitiken sowie Wohlfahrtsregime im 21. Jahrhundert unterliegen. In diesem Kontext eröffnete das Fachgebiet »Internationale und intergesellschaftliche Beziehungen« der Universität Kassel Ende 2011 eine Tagungsreihe, die sich den verschiedenen Kategorien der Sozial- und Arbeitspolitiken in länder- und regionenübergreifender Perspektive systematisch annähert und gleichzeitig versucht, aus den so gesammelten Erfahrungen und Kenntnissen neue Impulse für die Forschung zu schaffen.

In diesem Sammelband werden zentrale Ergebnisse der bisherigen Diskussionen vorgestellt. Besonderer Dank gebührt hierbei der Hans-Böckler-Stiftung, ohne die sowohl die Veröffentlichung dieses Buches als auch die vorausgegangene Tagung nicht möglich gewesen wäre. Sehr unterstützt haben uns zusätzlich die Autorinnen und Autoren, die unsere Anregungen und Hinweise zu ihren Texten ebenso geduldig wie sorgfältig aufgenommen und kreativ umgesetzt haben. Weiterer Dank kommt außerdem Wilma Meier für Satz und Lektorat sowie Leonardo Zlotos für die zahlreichen Überarbeitungshilfen zu.

Die positiven Reaktionen und zahlreichen Anregungen, die wir bei der Herausgabe dieses Bandes erhielten, haben uns zusätzlich darin bestärkt, die Tagungs- und Veröffentlichungsreihe zu den hier angegebenen Fragestellungen fortzusetzen. Aktuelle Hinweise dazu finden sich auf der Webseite des Promotionskollegs *Global Social Policies and Governance: www.socialglobalization.uni-kassel.de*. So werden Sie auch in den folgenden Jahren die Gelegenheit haben, verschiedene Facetten der Sozial- und Arbeitspolitiken in den Ländern und Regionen jenseits der OECD auf Tagungen in Kassel und im Anschluss in Publikationsform kennenzulernen und sich dabei von aktuellen empirischen Analysen und innovativen konzeptionellen Beiträgen inspirieren, irritieren oder überraschen zu lassen.

Hans-Jürgen Burchardt, Anne Tittor und Nico Weinmann

Sozialpolitik in globaler Perspektive: Zu den Herausforderungen eines Forschungsfeldes

Hans-Jürgen Burchardt/Anne Tittor/Nico Weinmann

In den OECD-Staaten gehört Sozialpolitik zweifelsohne zu den gut erforschten Themen der Gesellschaftswissenschaften. Unterschiedliche Forschungsausrichtungen prägen hierbei die Debatten: Politikfeldanalysen konzentrieren sich auf die Zusammensetzung und Leistungen konkreter sozialpolitischer Programme und Politikprozesse. Weitere Ansätze identifizieren und betrachten Vetospieler, Verbandsstrukturen und/oder Machtressourcen; zusätzlich werden historische Pfade, Legitimationsmuster sowie sozialstaatlicher Wandel als Ganzes diskutiert. In vergleichender Perspektive werden oft Typologisierungen hinsichtlich der Tiefe, Breite und Qualitäten von Sozialpolitiken sowie des spezifischen *welfare-mix* zwischen Markt, Staat und Familie erstellt.

Der Theoriebestand zum Wohlfahrtsstaat bzw. sozialpolitischen Pfaden liefert somit ein breites Arsenal an Erklärungsansätzen und Interpretationen.[1] Auch methodisch-analytisch finden zahlreiche Zugänge ihre Anwendung: Prominent vertreten sind hier der Institutionalismus in seinen unterschiedlichen Facetten, der Strukturfunktionalismus, Regimeansätze, aber auch verschiedene Akteurs- und handlungsorientierte Theorien.

Der vorliegende Band fragt danach, wie diese reichhaltigen Ein- und Aussichten weiterhelfen, um sich Sozialpolitiken in Ländern jenseits der

---

1 Im Folgenden verwenden wir den Begriff »Wohlfahrtsstaat« als Gesamtheit jener öffentlichen Institutionen und Praktiken, mittels derer gesellschaftliche Ressourcen verteilt werden, bzw. fassen Wohlfahrtsstaat als spezifische Form politisch vermittelter Vergesellschaftung (Kaufmann 2005) und weitestgehend synonym mit dem Begriff des »Sozialstaats« (vgl. zu den inhaltlichen Konjunkturen beider Begriffe und den Möglichkeiten der synonymen Verwendung: Lessenich 2008: 22f.). »Wohlfahrtsregime« werden hingegen als ein weiter gefasster Begriff verstanden, der außerdem den nicht formalisierten und direkt öffentlichen, politisch regulierten Sektor der Fürsorge durch Familie oder soziale Gemeinschaften umfasst (Esping-Andersen 1990). Mit »Sozialpolitik« meinen wir die konkreten politischen Interventionen in Form von Einkommens-, Infrastruktur- und Dienstleistungen in die alltägliche Lebensführung, -verhältnisse und -chancen, die durch Steuerungsmedien wie Recht, Geld und Moral vermittelt werden (Lessenich 2010).

OECD anzunähern. Diskutiert wird sowohl in theoretischen Überlegungen als auch an empirischen Beispielen, wo an bewährten Methoden und Konzepten der westlichen Sozialpolitik-Forschung angeknüpft werden kann, wo diese den Gegenstand mehr verzerren als erklären und welche Modifikationen möglich und ratsam erscheinen, um die Muster und Wirklichkeiten der Sozialpolitik außerhalb der Industrienationen besser zu verstehen. Ziel ist es also, den westlichen, bis heute dominanten Kenntnisstand der Sozialpolitik-Forschung von der Last seines Universalisierungsanspruchs zu befreien und die Forschung gleichzeitig an die aktuellen weltpolitischen Veränderungen – wie den Bedeutungsgewinn von Staaten des globalen Südens[2] – heranzuführen. Dafür werden im Folgenden globale Perspektiven auf Sozialpolitik eingenommen, die nicht nur neues und anderes zutage fördern, sondern die bisher bewährten Kenntnisse mit Impulsen und Ideen bereichern. In diesem einführenden Text werden erst systematisierende Schlaglichter auf die Sozialpolitik-Forschung im globalen Norden und Süden geworfen, dann die einzelnen Beiträge des Sammelbandes kurz in ihren zentralen Inhalten dargestellt und zuletzt um eigene Überlegungen zu Forschungsperspektiven in Anknüpfung an dieses Buch ergänzt.

Sozialpolitik-Forschung im globalen Norden: Vielfalt in Eintracht

Die unterschiedlichen Ansätze der Sozialpolitik-Forschung stellen jeweils verschiedene Aspekte der Genese und Entwicklung von Sozialpolitik in den Vordergrund: *Funktionalistische Ansätze* deuten die Herausbildung wohlfahrtsstaatlicher Arrangements gewöhnlich als politische Reaktion auf so-

---

2 Wir verwenden in diesem Beitrag den Begriff globaler Süden, weil er im Unterschied etwa zu »Nicht-OECD-Raum«, »least-developed-countries«, »Dritte Welt« etc. die Länder primär nicht über ihre Abweichung gegenüber dem westlichen Entwicklungsmodell charakterisiert, sondern stärker auf soziale und ökonomische Asymmetrien im internationalen System verweist (Nuscheler 1996: 102f). Der Begriff ist hierbei in erster Linie als analytische, nicht als geografische Kategorie zu verstehen (Burchardt 2009: 7). Gemeinsam ist den Ländern des globalen Südens, die in ihrer Mehrheit in Afrika, Asien und Lateinamerika liegen, dass sie trotz aller Unterschiede international über weit weniger wirtschaftlichen und politischen Einfluss verfügen als z.b. die G8-Staaten oder die OECD-Länder und dass ihre politische, sozialstrukturelle und wirtschaftliche Geschichte durch den ehemaligen Kolonialstatus geprägt wurde.

zioökonomischen Wandel und/oder neue soziale Problemlagen. Verschiedenen Lesarten folgend wird der Wohlfahrtsstaat dann als Reaktion auf die Erosion traditioneller sozialer Netze und umfassenden Pauperismus im 19. Jahrhundert angesehen. Er ist ebenso als elementarer Bestandteil einer modernen Gesellschaftsordnung zu deuten, in der soziale Notlagen im Zuge von Säkularisierungs- und Demokratisierungsprozessen erstmalig als bearbeitungsbedürftig aufgefasst wurden. Oder indem Sozialpolitik zur Aufrechterhaltung des Akkumulationszusammenhangs beiträgt und damit systemreproduktiven Erfordernissen der kapitalistischen Produktionsweise gerecht wird.

Konflikt-, klassen- oder akteurstheoretische Ansätze thematisieren auf verschiedene Weise den Einfluss, den Interessenkoalitionen, Parteien, Verbände oder Vetospieler über den politischen Willensbildungs- und Entscheidungsprozess auf den Aufbau und die Entfaltung von Sozialpolitik haben. Insbesondere der demokratische Wohlfahrtsstaat des Westens wird hier gewissermaßen als Institutionalisierung des Klassenkonflikts zwischen Kapital und Arbeit gedeutet, bzw. werden über Parteien und Verbände vermittelte Machtressourcen als zentrale Einflussgrößen identifiziert, die auf verschiedene Weise wohlfahrtsstaatliche Arrangements formen.

Demgegenüber betonen *institutionalistische Ansätze*, dass Akteurshandeln stets institutionell eingebettet ist. In den Blick gerät hierbei die *polity*-Ebene und damit der Staat samt seiner Organisationseinheiten auch als eigenständige Einflussgröße bei der Konstituierung von Sozialpolitik. Im Zentrum der Betrachtung kann beispielsweise die institutionell generierte Selbstreferenzialität bzw. das Selbstinteresse von Staats- oder Funktionseliten, Staatsadministrationen, Ämtern, Behörden oder Verwaltungsstäben etc. stehen. Hieraus können sich spezifische Rückkopplungseffekte bzw. *policy-feedbacks* entwickeln, die den Entwicklungspfad wohlfahrtsstaatlicher Arrangements maßgeblich mitbestimmen. Einmal geschaffene Institutionen oder Versicherungssysteme werden zwar immer wieder verändert, jedoch bleibt ihre Grundstruktur meistens über Jahrzehnte erhalten, so ein zentrales institutionalistisches Deutungsmuster der Entwicklungslogiken von Sozialstaaten (systematisierend: Lessenich 2008: Kap. 2).

Mit dem Blick auf Pfadabhängigkeiten werden oftmals auch die *ideellen und normativen Grundlagen* verschiedener Sozialpolitiken und Wohlfahrtsstaaten benannt. Von besonderer Bedeutung sind hier sicherlich die gesellschaftlich durchgesetzten Vorstellungen von sozialer Gerechtigkeit und normative sozialpolitische Zielzuschreibungen, die nach verschiedenen Erhebungen regional sehr unterschiedlich ausfallen (Luttmer/Singhal 2010).[3] Ein besonders wichtiger Impuls der Sozialpolitik-Forschung sind sicherlich die polit-ökonomischen Arbeiten Gøsta Esping-Andersens, der mit seinem Werk »Three worlds of welfare capitalism« (1990) frühere, oft unterkomplexe und lineare Annahmen der quantitativ-komparativen Erforschung durch mehrschichtige Konfigurationsanalysen ersetzte. Esping-Andersen kategorisierte nicht mehr einfach nach dem »mehr« oder »weniger« bzw. nach »entwickelt« oder »unterentwickelt« von sozialpolitischen Arrangements entlang des Niveaus der Sozialausgaben, sondern rückte das *welfare-mix* von Wohlfahrtsregimes in den Blick, das sich für ihn in letzter Instanz als spezifische Verflechtungen aus Staat, Markt und Familie konstituiert. Darüber hinaus erweiterte er mit seinen Ländervergleichen den bis dahin oft vorherrschenden nationalstaatlichen Forschungsrahmen und legte einen wichtigen Grundstein für die heute florierende komparative Wohlfahrtsstaatsforschung.

Weitere Forschungsansätze fokussieren Interdependenzen zwischen der Makroebene gesellschaftlicher Institutionen und der gesellschaftlichen Mikroebene von individuellen oder familiären Lebenswirklichkeiten, indem sie beispielsweise die sozialpolitischen Effekte auf die Strukturierung von Lebensläufen analysieren. So kann der Wohlfahrtsstaat vielfältig als zentrale Einflussgröße bei der Herausbildung der Kernphase der Erwerbstätigkeit angesehen werden (Leisering/Schubert 2003; Leisering 2004). Ebenso schlagen sich institutionelle Verschiebungen und Reformen im Feld der Sozialpolitik in veränderten Lebenswirklichkeiten nieder, wie jüngere Debatten um »neue soziale Risiken« (Cerami 2008; Ranci 2010), um »Prekarität« (Castel/Dörre 2009) oder »Beschleunigung« (Rosa 2009) auf teils verschiedene Weise illustrieren.

Diese kursorische und sicherlich nicht vollständige Aufzählung wichtiger Stränge der heutigen Sozialpolitik-Forschung zeichnet sich in ihrer Vielfalt doch durch Eintracht aus: Einerseits konkurrieren die unterschiedlichen Zugänge um methodische Konsistenz, empirische Evidenz sowie

---

3 »Sozialpolitik ist immer auch ein sozialer Prozess der wissensvermittelten Herstellung sozialer Realitäten, der diskursiven Konstruktion gesellschaftlich akzeptierter ›Wahrheiten‹ […]« (Lessenich 2008: 54). Auch bei dem Klassiker Esping-Andersen (1990) kann eine ausgeprägte normative Dimension ausgemacht werden. Über seine Regime-Zuschreibungen »liberal«, »konservativ« oder »sozialdemokratisch« findet implizit eine Höherbewertung des skandinavischen, sozialdemokratischen Modells statt.

um Plausibilität und analytischen Erkenntnisgewinn, wobei es gleichzeitig zu fruchtbaren Synthesen und integrativen Ansätzen kommt (z.B.: Allmendinger/Ludwig-Mayerhofer 2003). Andererseits konzentrieren sich die meisten der Arbeiten auf Entstehung, Funktionslogiken, Wandel und Vergleich von Sozialpolitiken *innerhalb der OECD-Staaten* (Esping-Andersen 1990; Kaufmann 2002; Opielka 2008; Midgley 1997; Metz 2008; Schmidt 2007) und sehen Sozialpolitik mehrheitlich als klassisch nationalstaatliches Politikfeld an. Prinzipiell wird der Wohlfahrtsstaat also in fast allen vorfindbaren methodischen Zugängen und theoretischen Perspektiven als Errungenschaft der europäischen Moderne gedacht. Konkreter: Obwohl die vorherrschende Wohlfahrtsstaats-Forschung im Grunde aus der Analyse von gerade einmal zwanzig westlichen Industrieländern entwickelt wurde, beansprucht sie weitgehend universelle Gültigkeit (Wehr/Priwitzer 2011: 132).

Sozialpolitik-Forschung im globalen Süden: Von der Vielfalt zur Einfalt

In den Ländern jenseits der OECD wurde Sozialpolitik lange nicht als eigenständiges Forschungsfeld wahrgenommen. Waren doch in den meisten Ländern Afrikas, Asiens und Lateinamerikas staatlich fragile, politisch disparate und gesellschaftlich fragmentierte Dynamiken und Muster zu beobachten, die insgesamt meistens als unterentwickelt und (partiell) vormodern beschrieben wurden und somit der Annahme des Wohlfahrtstaats als Ausdruck der Moderne deutlich widersprachen. Die auch in jenen Ländern und Regionen vorfindbare virulente soziale Frage wurde darum primär unter Gesichtspunkten der Entwicklungstheorie gedacht und über Entwicklungspolitik bearbeitet.[4] Zentrale Themen waren hier zum Beispiel Strategien der Befriedigung der Grundbedürfnisse, die Armutsbekämpfung oder die Förderung von Bildung als Königsweg für Entwicklung[5].

---

4 So fehlt z.B. in einem der entwicklungstheoretischen Klassiker jener Jahre, dem »Lexikon Dritte Welt« von Dieter Nohlen (1998) der Begriff Sozialpolitik ganz. Stattdessen werden lediglich Soziale Sicherungssysteme (social safety nets) erwähnt – als »kompensatorische Maßnahme der Strukturanpassung« (ebd.: 685).

5 Bei vielen dieser Arbeiten wird neben einer eurozentrischen Perspektive auch eine gewisse Nähe zur Politikberatung deutlich (Ginneken 2000), in der Fragen nach der Effi-

Erst mit der Einführung neoliberaler Strukturanpassungsmaßnahmen als Reaktion auf die internationale Verschuldungskrise der 1980er Jahre, die später als *Washington Consensus* bekannt wurden, begann man sich – primär unter Kosten- und Effizienzkriterien – auch mit den Sozialsystemen einzelner Länder des globalen Südens zu beschäftigen. Im Zentrum standen hier Reformen der Bildungs-, Gesundheits-, und Rentensysteme, die statt auf staatsgeförderte Universalisierung auf Privatisierung, Dezentralisierung und Fokussierung setzten (Burchardt 2004).

Größeren Auftrieb erhielt die Sozialpolitik-Forschung jenseits der OECD aber erst mit dem Mauerfall und dem anschließenden Zusammenbruch des Ostblocks. So thematisierten verschiedene Studien die Frage der Neuausrichtung osteuropäischer Sozialpolitiken, wobei für einen höheren Kenntnisgewinn und angelehnt an den *area studies* Vergleiche aus anderen Weltregionen herangezogen wurden (Götting 1998; Klenner/Leiber 2009). Die Mehrheit dieser Forschungen konzentrierte sich folgerichtig auf die Frage nach Kontinuitäten und Brüchen wohlfahrtsstaatlicher Arrangements in politischen Transitionsprozessen (Cerami 2006; Cook 2007).

Mit dem ökonomischen Aufstieg mehrerer asiatischer Länder geriet als nächstes die asiatische Sozialpolitik ins Interesse der jüngeren Forschung. Diese Beschäftigung mündete in Debatten um die Herausbildung eines spezifischen ostasiatischen Wohlfahrtsregimes, welches sich durch hohe Investitionen in »Humankapital« in den Bereichen Gesundheit, Bildung und sozialer Wohnungsbau auszeichnete (Aspalter 2002; Goodman/White/Kwan 1998; Hofmeister/Thesing 1999). Zugleich wurde der Familie als Wohlfahrtsproduzentin eine besondere Rolle beigemessen (Tang 2000; Ramesh 2004).

Studien zu Afrika und den dortigen Formen sozialer Absicherung sind hingegen weiter stark von den Positionen internationaler Organisationen und Hilfswerke der Entwicklungszusammenarbeit geprägt, so dass bis heute in erster Linie über wirksame Strategien der Armutsbekämpfung diskutiert wird (vgl. z.B. Adésínà 2007; Ellis/Devereux/White 2009; Mkandawire 2005). Oft stehen hier die Auswirkung der Strukturanpassung und die Chancen der HIPC-Initiative sowie die *Poverty Reduction Strategy Papers* (PRSPs) im Zentrum der Analyse. Alternativ werden Strategien wie das *Social Policy Framework for Africa* entwickelt, welches sich durch eine Aneinan-

---

zienz einzelner policy-Instrumente, ihrer Optimierung sowie ihren impacts im Vordergrund stehen (Turoni 2009).

derreihung verschiedenster Politikempfehlungen für unterschiedliche Bereiche auszeichnet (Wright/Noble 2010).

Viele neue Studien zu Wohlfahrtstaaten jenseits der OECD widmen sich Lateinamerika und damit einer Region, in der seit einer Dekade in der Sozialpolitik eine bemerkenswerte Expansion (für viele verbunden mit Innovationen) zu konstatieren ist. Da in dieser Weltregion mit den international höchsten sozialen Ungleichheitsindikatoren die soziale Frage ausnehmend drängend erscheint und demokratisch verfasste Sozialpolitiken somit vor besonderen Herausforderungen stehen (Burchardt 2010), wird hier verstärkt die Qualität und Reichweite aktueller Maßnahmen diskutiert (Mesa-Lago 2007; Riesco 2007; Segura-Ubiergo 2007).

Bei den neueren Forschungen zur *vergleichenden Wohlfahrtsstaatlichkeit in Entwicklungsländern* hingegen überwiegen Arbeiten, die ihre Länderfälle über quantitative Forschung und Clusteranalysen entlang von Typen einteilen (Martínez Franzoni 2008; Faust/Muno/Lauth 2004) bzw. neue Typen wie etwa den »südeuropäischen« und »post-sowjetischen« (Schmidt 2008: 717) Wohlfahrtsstaat konzipieren. Wohlfahrtsregime-Studien, die sich explizit mit Ländern des globalen Südens beschäftigen, fragen in Anlehnung an Esping-Andersen außerdem nach dem *welfare-mix* und damit nach der spezifischen Mischung der Wohlfahrtsproduzenten ›Markt, Staat und Familie‹. Viele Studien ermöglichen auf diese Weise einen komplexen Einblick in die Ausgabenprofile der Wohlfahrtsregime unterschiedlicher Weltregionen.[6] Verschiedentlich wird darüber hinaus auf die begrenzte Wirkungskraft des Staates als Wohlfahrts*produzent* beschrieben, womit gleichzeitig eine besondere Relevanz der familiären Arbeitsteilung, verwandtschaftlicher und informeller Beziehungen bei der sozialen Absicherung einher geht (Gough/Wood 2004, 2006; Klenner/Leiber 2009; Martínez Franzoni 2008). Andere Studien betonen angesichts segmentierter und fragmentierter Arbeitsmärkte mit einem hohen Anteil informeller Beschäftigung eine spezifische Ausprägung des von Esping-Andersen aufgeworfenen Problemnexus aus *work and welfare* und verweisen zusätzlich darauf, dass die informelle Einbindung in den Arbeitsmarkt oftmals mit einer prekären Absicherung in Systeme sozialer Sicherung korrespondiert (Barrientos 2009; Burchardt/Weinmann

---

6 Hierbei wird anhand der Unterscheidung zwischen *Productivist* versus *Protectionist welfare* (Rudra 2007) oder zwischen *welfare state regimes, informal security* und *insecurity regimes* (Gough/Wood 2006) und der Typologie *agrarian, workerist* und *pauperist* (Seekings 2008: 25ff.) auch schon einmal darauf hingewiesen, dass der Sozialstaat im globalen Süden nicht westlichen Mustern und Logiken folgt.

2012). Theoretische und methodische Referenzpunkte bleiben wie bei den Arbeiten der *area studies* aber auch bei vielen dieser transregionalen Vergleiche die Kategorien der vergleichenden Wohlfahrtsregime-Forschung Europas und Nordamerikas.

Eine ganz andere Perspektive nehmen seit circa zwanzig Jahren – insbesondere in Skandinavien und England – entwickelte Ansätze ein, die sich statt mit Sozialpolitik in regionaler oder transregionaler Perspektive mit globaler Sozialpolitik beschäftigen. Inspiriert von den Debatten um *Global Governance* und der Annahme, dass viele Weltprobleme nur im globalen Maßstab erfolgreich bearbeitet werden können, wird über die Möglichkeiten einer *Global Social Policy* diskutiert (z.B. Deacon 2007; Fues 2001; Deacon/Hulse/Stubbs 1997; Leisering 2010; Brühl/Nölke 2009).[7] Ausgangspunkt ist dabei die Feststellung, dass globale Politiken seit den 1980er Jahren bereits in »eine Vielzahl von diversen Wohlfahrtswelten« eingreifen und dort verschiedene Effekte erzeugen, denen wiederum mit globalen Instrumenten und Programmen begegnet werden kann (und muss) (Deacon 2007: 13). Diese Forschungstätigkeit intensivierte sich seit dem Kopenhagener Weltgipfel für Soziale Entwicklung 1995 und mündete meist in normative Vorschläge zur Weltsozialpolitik, die sich durch einen stark deklamatorischen und rechtlich unverbindlichen Charakter sowie einer weitgehenden Nicht-Thematisierung konkreter Maßnahmen und ihrer Finanzierung auszeichneten. Dennoch hoffen die Befürworter des *Global Social Policy*-Ansatzes, dass durch Selbstverpflichtungen von Regierungen und transnational operierenden Unternehmen Ziele wie allgemeiner Zugang zu Bildung und Gesundheit, Vollbeschäftigung, soziale Integration und Geschlechtergerechtigkeit umgesetzt werden können (Donner-Reichle 2000; Kohlmorgen 2004).

Die aktuelle Forschung zu globaler Sozialpolitik sieht sich allerdings mit verschiedenen Herausforderungen konfrontiert: Erstens gibt es keine oder nur eine sehr geringe empirische Evidenz, die darauf hinweist, dass die Konturen einer international koordinierten Sozialpolitik schärfer werden: redistributive Elemente, die effiziente Implementierung von internationa-

---

7 »Global Social Policy consists of two things: first, it is the social policy prescriptions for national social policy being articulated by global actors such as international organizations; second, it is the emerging supranational social policies and mechanisms of global redistribution, global social regulation and global social rights«. (Deacon 2007: xvii). In der politikwissenschaftlichen Teildisziplin der Internationalen Beziehungen findet die internationale Dimension von Sozialpolitik bis heute hingegen wenig Beachtung (Zürn 1998; Rittberger/Kruck/Romund 2010).

len Standards sowie die Einklagbarkeit von sozialen Rechten sind nur schwach ausgeprägt (Brühl/Nölke 2009: 163).[8] Zweitens vernachlässigen die Apologeten dieses Ansatzes oft eine Beschäftigung mit Macht- und Interessensfragen, die in der Sozialpolitik – auf jeder Ebene – von besonderer Relevanz sind. Sie zeichnen sich dank dieser Leerstelle oft durch eine *top-down*-Perspektive aus, plädieren also für eine Stärkung und Übertragung sozialpolitischer Verantwortung auf internationale Organisationen wie die *Bretton-Woods*-Institutionen, obwohl sich diese in den letzten beiden Jahrzehnten in vielen Ländern nicht gerade durch eine ausgeprägte soziale Sensibilität ausgezeichnet haben. Drittens orientieren sich auch hier die normativen Vorannahmen mehrheitlich an westlichen Vorstellungen von Sozialpolitik, die ohne weitergehende Reflexion auf die globale Ebene gehoben werden. Auch dieser Ansatz ist also stark auf westliche Erfahrungen und Werte ausgerichtet und verfügt kaum über die erforderliche Kontextsensibilität (kritisch: Lendvai/Stubbs 2009).

Zusammenfassend lässt sich also festhalten, dass sich die Vielfalt der Sozialpolitik-Forschung zum globalen Süden neben ihrer Reichhaltigkeit in einer zentralen Dimension auch durch Einfältigkeit auszeichnet: Trotz profunder Länder- und Kontextkenntnisse kranken viele Studien und Debatten zu diesem Themen- und Problemkomplex an eurozentristischen Engführungen. Die oft unreflektierte Übertragung westlicher Forschungskategorien bringt bei genauerer Betrachtung dann aber verschiedene methodische Schwierigkeiten mit sich, die zu einer deutlichen Verzerrung von Erkenntnissen bzw. einem Scheitern daraus entwickelter Instrumente und Programme führen kann.

---

8 In gewisser Weise können zwar die UN *Millenium Development Goals* (MDGs) von 2000 als Konkretisierung von in Kennziffern übersetzte Ziele verstanden werden, die sich sowohl aus der Debatte der *Global Social Policy* als auch aus Impulsen der Entwicklungspolitik speisten. Die meisten der oben genannten Kritikpunkte am Ansatz der globalen Sozialpolitik – die fehlende Umverteilungsdimension, die *top-down*-Perspektive sowie die Nicht-Thematisierung von Macht- und Herrschaftsfragen – treffen aber auch auf die MDGs zu.

Von der Einfalt zur neuen Vielheit: Sozialpolitik zwischen Almosen, Privilegien und sozialen Rechten

Allein diese knappe Darstellung des Kenntnisstandes zu Sozialpolitiken jenseits der OECD zeigt, dass die Forschung weiterhin vor großen methodischen und analytischen Herausforderungen steht. Zunächst ist dafür zu sensibilisieren, dass wohlfahrtsstaatliche Arrangements im globalen Süden eine von den Industriestaaten abweichende Genese und Geschichte haben. Sie blicken auf eine prägende koloniale Vergangenheit und auf eigenständige binnengesellschaftliche wie weltwirtschaftliche Integrationsformen zurück, die sich teilweise institutionalisiert haben und bis heute andauern. Es ist darum zu fragen, ob und wie aus diesen Unterschieden nicht auch andere Legitimationsmuster, Vergesellschaftungsmodi und systemreproduktive Erfordernisse entstanden sind, die methodisch-analytisch nur durch eine gegenstandsbezogene und empirisch offene Annäherung erfassbar werden.

Als nächstes ist die oft implizite Staatszentriertheit der Sozialpolitik-Forschung aufzuweichen (kritisch: Dombois 1998; Eckert 1998; Lenner 2009: 215ff). In Ländern jenseits der OECD existieren spezifische Versorgungsinstanzen, Normen (zum Beispiel von Solidarität), Traditionen und Wissensbestände zu Formen der sozialen Absicherung, die oft auf kleineren, gemeinschaftlichen sowie nicht-staatlichen Einheiten beruhen. Dies ist nicht nur – wie oft angenommen – der Ausdruck von staatlichen Defiziten bzw. deren Kompensation; sie können auch alternative Organisationsformen mit hoher sozialpolitischer Effizienz darstellen. Es ist vor diesem Hintergrund also erforderlich, ein methodisches Gerüst zu entwickeln, welches qualitativ andere, lokale Formen sozialer Absicherung aufnehmen kann und dennoch Vergleichbarkeit und Verallgemeinerung erlaubt.[9] Stattdessen liegen vielen – vor allem quantitativen – Studien zu Ländern des globalen Südens zumeist westliche Kennziffern zugrunde, deren Aussagekraft im Nicht-OECD-Kontext fragwürdig erscheint.[10]

---

9 Eine solches Vorgehen entspricht Klaus Schlichtes (2012) Vorschlag, eine neue Analytik des Globalen über das Lokale zu schaffen: »Die Alternative zum vielgeschmähten methodologischen Nationalismus ist nicht die Flucht in das abstrakte Globale, sondern das genaue Studium der lokalen Verhältnisse und ihrer Veränderungen« (ebd.: 33).

10 Illustriert werden kann dies an der für die westliche Wohlfahrtsstaat-Forschung zentralen Kategorie/Kennziffer der (De-)Kommodifizierung: Viele Arbeiten sehen heute in Anlehnung an Esping-Andersen (1990) Dekommodifizierung als das Kernelement von Sozialpolitik, die als eine durch politische Eingriffe ermöglichte Lockerung des Zwangs zur Existenzsicherung durch Erwerbsarbeit verstanden wird (kritisch: Lessenich 1998;

Gleichzeitig ist die Beschäftigung mit dem Staat aber auch nicht zu vernachlässigen. Wie im Westen schafft und ordnet der Staat über Sozialpolitiken gesellschaftliche Stratifikationen und baut Ungleichheiten auf oder ab. Zusätzlich ist darum zu fragen, nach welchen Modi und Mustern der jeweilige Staat diese Ordnungsfunktionen wahrnimmt, ob seine Sozialpolitiken in erster Linie der Vergabe von Almosen an Bedürftige dienen, es sich statt dessen um soziale Errungenschaften handelt, die als Ergebnis sozialer Auseinandersetzungen zu begreifen sind oder doch eher um Privilegien, die besonders einflussreiche Gruppen begünstigen, um hierüber bestehende Macht- und Herrschaftsverhältnisse zu festigen.

Das vorliegende Buch lotet anhand von Beispielen aus Afrika, Asien und Lateinamerika aus, inwiefern die Methoden der westlichen Sozialpolitik-Forschung bei der Beantwortung dieser Fragen weiterhelfen, wo sie versagen und welche anderen Zugänge weiterführend erscheinen. Der Band gliedert sich hierfür in zwei Teile: Zunächst werden in drei Beiträgen methodisch-theoretische Überlegungen dargestellt, wie in der Sozialpolitik-Forschung Kategorien geschärft, neu justiert und ein höheres Maß an Kontextsensibilität erreicht werden kann. Dem folgen sechs empirische und analytische Perspektiven auf spezifische Sozialpolitiken, wobei sowohl Länder und Regionen als auch einzelne Programme in den Fokus genommen werden. Der Erkenntnis folgend, dass gute Methode und Theorie immer empiriegesättigt sein sollte, gute Empirie aber auch immer theoretisch rückzubinden ist, wurde darauf geachtet, dass die Beiträge des ersten Teils auch empirische Beispiele umfassen, so wie die empirischen Analysen des zweiten Teils stets auch konzeptionelle Reflektionen enthalten.

Den Auftakt des ersten Teils bildet *Friedbert Rüb*, der Sozialpolitik als die politisch motivierten Entscheidungen versteht, die die Verletzlichkeit von Menschen reduzieren und die Wahrscheinlichkeit steigern, dass Menschen eines natürlichen Todes sterben. Während das legitime physische Gewaltmonopol die sozialen Beziehungen zivilisiert hat, konzentriert sich Sozialpolitik auf die Reduktion der Gefährdungen und Verletzlichkeiten, die oft durch gesellschaftliche (Arbeits-)Teilung hervorgerufen wird. Gleichwohl unterscheiden sich die Strukturen sozialer Risiken und ihre

---

Scruggs/Allan 2006). In der Mehrheit der Länder jenseits der OECD dominiert allerdings nicht das der Dekommodifizierung zugrunde liegende kommodifizierte, also formale, vertraglich regulierte Arbeitsverhältnis, sondern eine wirkungsmächtige informelle Ökonomie, deren Verhältnis zu (De-)Kommodifizierung sehr unterschiedlich diskutiert wird und nicht abschließend geklärt ist (Rudra 2007; Weinmann/Burchardt 2011).

Bearbeitung je nach Region und geschichtlicher Etappe gravierend. Während sich in den tradierten Nationalstaaten Risikoverursachung und -bearbeitung überlappen, fallen sie in der Weltgesellschaft räumlich und zeitlich auseinander und stellen Sozialpolitik vor neue Herausforderungen.

Als nächstes diskutiert *Hans-Jürgen Burchardt* die Frage, wie die Sozialpolitik-Forschung stärker dezentriert werden kann. Die westliche Forschung basiert für ihn auf zwei Erzählungen: Zum einen geht es um ein Entwicklungsverständnis als linearen Prozess, das primär am Erreichen eines in die Zukunft projizierten und an europäischen Standards gemessenen Telos ausgerichtet ist. Und zum anderen um einen androzentrischen, individualtheoretischen Akteursbegriff, der das Individuum als einen rational agierenden Nutzen-, beziehungsweise Freiheitsmaximierer versteht. Während die erste Erzählung durch verschiedene Debatten bereits dekonstruiert wurde, liegen nur wenige Arbeiten über ein nicht-individualtheoretisches Akteurs- bzw. Subjektverständnis vor, welches eine gesellschaftlich unterschiedliche Ausbalancierung zwischen Ratio und Affekt sowie zwischen Einzelnem und Kollektiv berücksichtigt. Mit Rückgriff auf Norbert Elias' Figurationsansatz schlägt der Autor darum einen methodischen Zugang vor, der über die Einbeziehung der Affektebene auf Kontexte sozialen Wandels gebührend eingeht, ohne auf systematische Betrachtungen und Vergleichbarkeit zu verzichten. Abschließend werden kursorisch Anwendungsmöglichkeiten für eine Sozialpolitik-Forschung jenseits der OECD illustriert.

Boike Rehbein argumentiert im Anschluss daran, dass der bisher verfochtene Universalismus sozialwissenschaftlicher Theorien nicht mehr haltbar sei. Das gelte auch für einen radikalen Partikularismus. Folglich plädiert der Autor dafür, dass auch allgemeingültige Begriffe nur innerhalb der jeweiligen gesellschaftlichen Konfigurationen sinnvoll zu verwenden seien, aus denen sie hervorkommen und dort nur Geltung beanspruchen können, wenn sie empirisch fundiert wurden. Die vom Eurozentrismus und verschiedenen Spielarten der Modernisierungstheorie durchdrungenen westlichen Sozialwissenschaften – die auch die Grundlage der gängigen Sozialpolitik-Forschung bilden – müssen heute aber mit dem erneuten Aufstieg des globalen Südens revidiert werden. Rehbein schlägt hierfür eine kaleidoskopische Dialektik vor, die sich einerseits auf eine Lektüre der kritischen Theorie und andererseits auf postkoloniale Kritiken stützt. Dieser Ansatz löst für ihn die Dichotomie zwischen Universalismus und Relativismus durch eine Wissenschaftstheorie von Konfigurationen auf, die in eine

Ethik des Verstehens, der Verständigung und des Lernens eingebettet und durch soziologische Kritik angeleitet wird.

Der zweite Teil des Buches wird von *Armando Barrientos* eingeleitet, der in Anknüpfung an Esping-Andersens Wohlfahrtsregimeforschung die sozialpolitischen Veränderungen im Lateinamerika der letzten zwanzig Jahre betrachtet. Vor allem vor dem Hintergrund einer wachsenden Bedeutung von Armutsbekämpfungsstrategien, *Conditional Cash Transfer*-Programmen und assistentialistischen Sozialpolitiken unterlagen die Wohlfahrtsregime jener Region einem deutlichen Wandel. Diese Diagnose widerspricht zentralen Annahmen europäischer Vergleiche von wohlfahrtsstaatlichen Transformationen, die sich in der Regel durch ein hohes Maß an Pfadabhängigkeiten auszeichnen. Für den Autor lassen sich die aktuellen Regimekonfigurationen der Region als »hyphenated liberal-informal welfare regime« fassen, bei der neben Systemen sozialer Sicherung, die auf formelle Lohnarbeit ausgerichtet sind, liberal geprägte assistentialistische Programme an Bedeutung gewinnen. Der traditionell stark segmentierte Charakter des lateinamerikanischen Wohlfahrtsstaats wird dabei nur im geringen Umfang abgebaut.

Nico Weinmann betrachtet die Konvergenzen aus andauernden sozialen Ungleichheiten und exklusiven Arbeits- und Sozialpolitiken in Lateinamerika im Kontext aktueller Dynamiken. Während sich viele Studien zu sozialer Ungleichheit derzeit auf Einkommensungleichheiten konzentrieren, zeichnet Weinmann zentrale Bruchlinien der regionalen Arbeitsmarktfragmentierung nach, entlang derer verschiedene Ungleichheitsdimensionen miteinander korrespondieren. Hierbei wird deutlich, dass lateinamerikanische Arbeitsmärkte von einem Informalitätskontinuum durchzogen sind, welches bei der Reproduktion von Ungleichheiten als zentrale Einflussgröße identifiziert werden kann. Die informelle Ökonomie ist dabei nicht mehr nur als regulierungsfreier Raum, sondern auch als Ausdruck sozialer und sozialpolitischer Ausschlussprozesse zu verstehen. Aus diesem Grunde wird angeregt, Arbeits- und Sozialpolitiken stärker relational zu betrachten und mit Ungleichheitsfragen zu verkoppeln.

Nicole Mayer-Ahuja betrachtet die Wechselwirkungen zwischen Sozialpolitik und Arbeitsorganisation am Beispiel einer deutschen Niederlassung von Softwareprogrammierung in Indien und gestattet Einblicke in wenig bekannte Beziehungsmuster zwischen Sozialpolitik und Arbeitswelt. So wird debattiert, warum die Übertragung von in Deutschland bewährten Strategien der Arbeitsorganisation auf die indische Niederlassung problematisch war und sich stattdessen (trotz eines grundlegend anderen Geschäftsmodells) lokale Standards durchsetzten. Bei der Suche nach Antworten stößt die Autorin auf Aspekte der sozialpolitischen Regulierung von IT-Arbeit in Indien, welche die Spielräume des Managements bei der konkreten Gestaltung von Arbeitsorganisation empfindlich einschränken. Es werden sowohl Auswirkungen auf die Arbeitsorganisation aufgrund eines nicht vorhandenen Schutzes vor Arbeitslosigkeit diskutiert, ebenso wie der mangelnde Schutz vor Einkommensausfällen im Fall von Krankheit und Alter.

Jakob Fruchtmann beschäftigt sich in seinem Artikel mit der Implementierung von Steuerpolitik in Russland unter der Regierung Putin. Vor dessen Regierungszeit wurden Steuern weder systematisch eingenommen, noch waren Steuererhebungen das Instrument einer politischen Lenkung. Ein explizites Ziel des »Putinismus« war darum eine erfolgreiche Rückgewinnung der ökonomischen Souveränität des Staates, also die Durchsetzung des staatlichen Gewaltmonopols in der Wirtschaft, in der bislang partikulare Gewalthaber um Einkommensbeteiligung für Schutzfunktionen konkurrierten sowie eine reale Kontrolle der ökonomischen Bewegungen über eine auf Steuererhebungen basierende Inventarisierung der Wirtschaft. Bei Putins Bemühungen, ein Steuersystem zur grundlegenden Staatsfinanzierung zu entwickeln, waren und sind drei Aspekte von zentraler Bedeutung: Die Besteuerung der so genannten »Oligarchen«; die fiskalischen Beziehungen zwischen Zentrum und Regionen, also der fiskalische Föderalismus als eine funktionale Vertikale der Macht; sowie die Auswirkungen auf die soziale Frage, da in breitem Umfang monetäre und somit besteuerbare Einkommen entstehen mussten und zugleich Steuerressourcen zur Finanzierung elementarer Sozialpolitik erforderlich waren.

Nach dieser Annäherung an die jüngere russische Politik wechseln wir erneut die Region: Als erstes zeichnet *Katharina Müller* den Prozess der Implementierung einer universellen Altersrente in Bolivien nach, die nicht beitragsfinanziert ist. Dieses Prinzip der Alterssicherung ist in Lateinamerika bisher einzigartig, wo der Zugang zu sozialer Sicherheit im Alter normalerweise ein Privileg darstellt, das nur von wenigen genossen wird. Der Beitrag fragt zum einen, wie die universelle Grundrente in Bolivien etabliert werden konnte, wobei an Überlegungen zur politischen Ökonomie von Rentenreformen angeknüpft wird. Zum anderen wird die bolivianische Grundrente in Bezug auf ihre Alterssicherungsfunktion beurteilt, wozu die vorhandenen empirischen Befunde aus sozialpolitischer Perspektive untersucht werden. Hierbei wird deutlich, dass die Relevanz der bolivianischen Erfahrung weit über Lateinamerika hinausgeht: In den letzten zehn Jahren haben nicht beitragsfinanzierte Formen der Alterssicherung auf internationaler Ebene erheblich an Aufmerksamkeit gewonnen und wurden zuletzt in der »*Social Protection Floors-Initiative*« der UN verankert.

Katrin Weible und *Lutz Leisering* beschreiben im Anschluss daran die Sozialgeldtransfers in Südafrika, die eines der am weitesten entwickelten Sozialhilfesysteme auf dem afrikanischen Kontinent darstellen. Der Beitrag greift in seiner Analyse auf ein soziologisches Verständnis von Sozialpolitik zurück, bei dem soziale Absicherung mit sozial-kulturellen Aspekten und Legitimitätsfragen verkoppelt und so versucht wird, lokalen Partikularitäten von Sozialpolitik jenseits der OECD stärker Rechnung zu tragen. Dabei stehen drei Fragen im Zentrum der Betrachtung: Auf welche Weise nehmen Akteure soziale Problemlagen auf; gibt es eine soziale Verantwortung seitens der Regierung; und wie bzw. inwiefern ist soziale Sicherung institutionalisiert. Anders als gängige Studien zum Gegenstand werden nicht Teilaspekte der Transferleistungen beobachtet, sondern das Gesamtsystem betrachtet, um hierüber Aussagen über die Qualität der assistentialistischen Leistungen zu treffen. Dabei wird zum einen auf Momente einer Ausweitung der Qualität verwiesen zum anderen aber auch Grenzen aufgezeigt.

Den Abschluss des Buches bildet der Beitrag von *Jan Nederveen Pieterse*, der das Verhältnis von Sozialpolitik und Wirtschaftswachstum in globaler Perspektive diskutiert. Dabei vergleicht er die Politiken aus Zeiten der keynesianischen Ära mit denen des *Washington Consensus* und diese wiederum mit den aktuellen Strategien, mit denen versucht wird, der globalen Finanzkrise seit 2008 zu begegnen. Der Autor plädiert für eine Orientierung auf Förderstrategien, die im Sinne eines *social turn* soziale Inklusion als zentrales Ziel ansehen. Der Beitrag zeichnet ein globales Panorama umverteilender Komponenten von Sozialpolitik mit einem Schwerpunkt auf die BRICS sowie Länder in Asien. Dabei findet die widerspruchsvolle Koexistenz zwischen Sozial- und Wirtschaftspolitik bzw. zwischen Akkumulation und Wohlfahrt besondere Berücksichtigung. Es wird diskutiert, ob Sozialpolitik Wachstumsprämissen gleichgestellt oder untergeordnet ist und in welchem Kontext Umverteilungspolitiken durchführbar erscheinen.

Anforderungen und Aufforderung für eine neue Forschungsperspektive

Die Autorinnen und Autoren der Beiträge dieses Buches stellen Analysen und Reflexionen vor, die über die eingangs skizzierten Engführungen der bisherigen Forschung hinausreichen. Hieran anknüpfend lassen sich weitere Anforderungen für die Sozialpolitik-Forschung formulieren, die uns als ertragreiche Perspektiven erscheinen.

Beim Nachspüren der Partikularitäten sozialpolitischer Arrangements im globalen Süden ist ein zentrales Hindernis das Dilemma der ›reisenden Konzepte‹ (Satori 1970) sowie die Tatsache, dass das theoretisch-methodische Werkzeug der westlichen Sozialpolitik-Forschung in seiner Anwendung in Gesellschaften des globalen Süden nicht selten dazu führt, empirisch relevante Sachverhalte verzerrt oder gar nicht abzubilden. Oft werden Problemstellungen dann eher aus der gesetzten Theorie oder Fachliteratur als aus dem Gegenstand heraus entwickelt. Auch die Inhaltsbestimmung von Sozialpolitik folgt in der Regel der Logik und den Definitionen des globalen Nordens. Ein möglicher produktiver Umgang mit diesem »politikwissenschaftlichen Scholastizismus« (Mead 2011)[11] kann eine gegenstandsbezogene Ausrichtung der Forschung sein, die Bereitschaft zeigt, die »Gewohnheiten und Wahrheiten« der etablierten (Sozial-)Politikforschung des globalen Nordens analytisch zu hinterfragen und über Empirie auf neue Horizonte auszudehnen.

Die Beiträge dieses Bandes geben vielfältige Anregungen, wie eine solche, anders akzentuierte Sozialpolitik-Forschung aussehen könnte: Prinzipiell scheint die interdependente Analyse zwischen Sozialpolitik und benachbarten Politikfeldern ein ertragreiches Unterfangen. Eine – für Forschung und Politik – intensivere Betrachtung sollte hierbei die Frage nach der Verquickung zwischen Einnahme- und Ausgabenstruktur der öffentlichen Hand verdienen. Zwar wird der westliche Sozialstaat immer auch als Steuerstaat gedacht (Esping-Andersen 1990: 56); in den Debatten und Vorschlägen um den Wandel von Sozialpolitik scheint diese Erkenntnis bis

---

11 Mead (2011) versteht unter »politikwissenschaftlichem Scholastizismus« zum einen den starken Hang des Fachs zur Spezialisierung – behandelt werden enge Themenfelder, die Experten vorbehalten sind – und zum anderen einen ausgeprägten Methodologismus, während eigentliche Inhalte vernachlässigt werden. Das geht einher mit einer Empirieferne und einem hohen Maß an Selbstreferentialität: Problemstellungen werden aus dem Literaturbestand des Fachs entwickelt und weniger aus dem Gegenstand.

heute aber kaum noch durch. Statt primär über die nächste Justierung von Sozialprogrammen sollte darum wieder stärker über eine Erhöhung staatlicher Einnahmequellen als Voraussetzung von Sozialpolitik nachgedacht werden.

In zahlreichen Ländern jenseits der OECD existiert außerdem – oft trotz Demokratie oder durchgesetztem Gewaltmonopol – ein nur (sehr) eingeschränktes Steuermonopol bzw. folgen staatliche Einnahmepolitiken eigenen Mustern (Burchardt 2009; vgl. auch Fruchtmann in diesem Band). Die Frage, welche Auswirkungen diese Divergenz zwischen Sozial- und Steuer- bzw. Einnahmepolitik für die konkreten Konfigurationen der Wohlfahrt und des Staates hat, wird in der Forschung bisher noch zu wenig bearbeitet. So bleibt zum Beispiel genauer zu klären, welche Effekte eine primär rentenstaatliche Konstitution der Einnahmeseite auf Sozialpolitik sowie auf staatliche Anforderungen und Legitimationszwänge hat, wie sie heute in zahlreichen (neo-)extraktivistischen Ökonomien der arabischen Welt oder Lateinamerikas zu beobachten ist (Gudynas 2011; Omeje 2008).

Auch andere Strukturmerkmale von Gesellschaften des globalen Südens erfordern neue Brückenschläge bzw. interdependente Analysen: So ist der hohe Anteil an Arbeit in der informellen Ökonomie mit der bis heute vorherrschenden Trennung von Sozialpolitik und Arbeitsmarktpolitik nicht hinreichend zu erfassen. Stattdessen ist zu überlegen, wie Arbeits- und Sozialpolitiken begrifflich stärker zusammengedacht werden können.[12] Darüber hinaus ist das Niveau der sozialen Absicherung in vielen Ländern des globalen Südens stark mit Fragen der Landverteilung verkoppelt; ebenso müssen auch Subventionen für die Befriedigung von Grundbedürfnissen wie Trinkwasser, Strom sowie Grundnahrungsmittel zur Sozialpolitik gezählt werden. Es scheint also prinzipiell sinnvoll, die gewohnte Parzellierung der Sozialpolitik-Forschung in abgegrenzte Politikfelder zu überdenken.

Weiterhin lassen die hier in mehreren Beiträgen dargestellten sozialpolitischen Gemengelagen eine Perspektive auf Sozialpolitiken ratsam erscheinen, die diese (diesseits und jenseits der OECD) als ein Feld versteht, in der über soziale Konstellationen und letztendlich über die Zukunft gesellschaftlicher Entwicklung gerungen wird. Ob und für wen Sozialpolitik als

---

12 In verschiedenen Ländern jenseits der OECD gibt es hierzu sowohl in der methodischen Reflexion als auch in der politischen Praxis neue innovative Ansätze, die bei uns bisher aber nur begrenzt wahrgenommen werden (vgl. z.B. Mayer-Ahuja und Weinmann in diesem Band).

Almosen, als Privileg oder als soziales Recht gilt, ist nicht (nur) eine Frage der institutionellen Umsetzung, sondern auch gesellschaftlicher Macht- und Herrschaftsverhältnisse. Sozialpolitik sollte analytisch also als ein Kristallisationspunkt von gesellschaftlichen Machtkonstellationen und politischer Herrschaft gefasst werden.

Sozialpolitik-Analysen in globaler Perspektive stehen somit vor der Herausforderung, über die Erforschung ihres Politikfeldes kontextsensibel zu den Mechanismen vorzudringen, die in historischen und aktuellen Politikprozessen sozialpolitische Verteilungslogiken konstituieren. Es ist danach zu fragen, wie sich in den verschiedenen Weltregionen die zentralen *settings* darstellen, die die (sozial-)politisch gewährten sozialen Rechte bestimmter Gruppen verringern oder erhöhen. In Anknüpfung hieran erscheinen uns zwei Forschungsperspektiven als besonders ertragreich:

Erstens sind die für Sozialpolitik relevanten Kategorien Staat, Demokratie, Wirtschaft und Familie weniger aus einer isolierten oder summierten, sondern stärker aus einer *relationalen Perspektive* zu betrachten. Ein möglicher Zugang wäre es, die Funktionslogiken von gesellschaftlichen Strukturen und deren Teilsysteme entlang ihrer Widersprüchlichkeit und ihrer gegenseitigen Dynamisierung aufeinander zu beziehen. Denn in der Sozialpolitik scheint sich das Spannungsverhältnis zwischen ökonomischen Strukturzwängen, politischer Legitimation und staatlicher Verfasstheit besonders stark zu materialisieren (Borchert/Lessenich 2006; vgl. auch Offe 2006 [1972]). Davon ausgehend, dass die Staatskonfigurationen und politischen Legitimationsquellen in vielen Ländern des globalen Südens nicht identisch mit westlichen Mustern und Logiken sind, muss das Verhältnis von sozialen Privilegien und Sozialpolitik hierbei besonders genau betrachtet werden.[13] So ist zu analysieren, in welchem Umfang sich eine relative Autono-

---

13 Hierzu könnte z.B. an die kritische Auseinandersetzung mit *targeting* versus *universalism* angeknüpft werden, die exemplarisch zwei Grundorientierungen von Sozialpolitik herausgearbeitet hat (Barrientos/Santibanez 2009; Mkandawire 2005): Universelle Sozialpolitik hat zum Ziel, soziale (Ab-)Sicherung als soziales Recht für die Gesamtbevölkerung bereit zu stellen. *Targeting* hingegen will ausschließlich die absolut Armen (»deserving poor«) mit Leistungen versorgen, die zuvor mit diversen Techniken genau identifiziert werden müssen. Mkandawire (2005) betont, dass Sozialpolitik sich in der Praxis stets zwischen den beiden Polen dieses Kontinuums bewegt. Wenn man diese Überlegungen um die dritte Dimension des Prinzips der Privilegien für artikulationsfähige *pressure-groups* erweitert, die es geschafft haben, für ihre jeweiligen Gruppen soziale Absicherung durchzusetzen (Mesa-Lago 1978) und die Artikulationen und Ausprägungen dieser jeweiligen Prinzipien analysiert, kann man sich methodisch-analytisch der (Re-)Konstituierung und dem Wandel dieses Kontinuums der Sozialpolitiken annähern.

mie staatlich-administrativen Handelns gegenüber dem Einfluss- und Konfliktpotential elitärer sozialpolitischer Partikularinteressen überhaupt etablieren kann. Es bleibt also konkret zu klären, inwieweit es auch heute privilegierten Macht- und Interessengruppen gelingt, ihre Partikularinteressen in der Sozialpolitik mit staatlicher Unterstützung oder direkt über den Staat durchzusetzen (für Lateinamerika: Burchardt 2012).

Ein solcher relationaler Ansatz würde der für Studien jenseits der OECD erforderlichen Kontextsensibilität weitgehend entsprechen: Er verweigert sich einem Strukturdeterminismus, der Akteurshandeln ausschließlich aus gesellschaftlichen Positionen und Funktionen ableitet ebenso wie einem formalistischen Verständnis von politischer Herrschaft, das tiefer liegende strukturelle Prägungen mit Blick auf ausbalancierte institutionalistische Einbettungen ignoriert. Stattdessen wird eine Perspektive eröffnet, die es möglich macht, über empirisch greifbare Prozesse in der Sozialpolitik Rückschlüsse auf grundsätzliche Herrschaftsverhältnisse zu ziehen (vgl. z.B. Burchardt/Weinmann 2012).

Der Wohlfahrtsregime-Forschung ist es zu verdanken, dass sie bei der Betrachtung von Sozialpolitik den Blick bereits jenseits und hinter die staatlichen Institutionen und Programme lenkt (klassisch Esping-Andersen 1990; für Nicht-OECD: Gough/Wood 2004, 2006). Erweitert diese Innovation den Erkenntnisstand maßgeblich, mündet sie in der Forschungspraxis oft in eine neue methodische Engführung: Sie beschäftigt sich schwerpunktmäßig mit der Typologisierung der verschiedenen *welfare mixes* und fokussiert sich wieder auf schematische sozialpolitische Zustandsbeschreibungen.

Um diese Einschränkungen auszuweiten, sollte Sozialpolitik *zweitens* nicht über einen an westlichen Standards zu messendem Zustand oder Typus, sondern über ihre *Prozesse* und *sozialen Praktiken* erforscht werden. Dieser Imperativ greift zum einen die Erkenntnis von zentralen Sozialtheoretikern wie Norbert Elias (1977 [1939]), Pierre Bourdieu (1982) oder Anthony Giddens (1984) auf, die davon ausgehen, dass gesellschaftliche Muster in ihren partikularen Kontexten am besten über eine Annäherung an die sozialen Verflechtungen zwischen Struktur und Handlung erklärt werden können und dass sich diese besonders ausgeprägt in sozialer Praxis widerspiegeln (vgl. auch den Beitrag von Burchardt in diesem Band). Studien zu Sozialpolitik geben dann nicht nur über spezifische Funktionen und Institutionen Auskunft, sondern vermessen Räume, in denen kontinuierlich um Herrschaft, Teilhabe oder Verteilung gerungen wird. Zum anderen wird ein solcher Blickwinkel der Erkenntnis gerecht, dass Sozialpolitiken nicht nur strukturell und institutionell bedingt sind, sondern zugleich von Alltagspraktiken, Traditionen, »normativen Diskursen« (Kaufmann 2003: 31) und Vorstellungen insbesondere zum Gerechtigkeitsverständnis abhängen und sie durch deren (Nicht-)Umsetzung ebenfalls geprägt werden.

Dies führt uns allerdings umgehend zu dem komplexen Problem, wie ein politischer Prozess, an dem strukturelle und institutionelle Einheiten, Alltagspraktiken, Normen etc. beteiligt sind, in einen methodischen Rahmen gesetzt werden kann, der eine empirische Bearbeitung möglich macht. Prinzipiell gibt der in der Sozialpolitik-Forschung bereits etablierte Begriff *Regime*[14] hier einen ersten Hinweis: Fasst man den Regime-Begriff analytisch als einen Rahmen zur Bestimmung eines eingrenzbaren gesellschaftlichen Kräftefeldes, in dem die Bedingungen von sozialpolitischen Aushandlungsprozessen, also die Fragen nach den formalen und informellen In- und Exklusionsmechanismen gesellschaftlicher Teilhabe in wichtigen Dimensionen fokussiert betrachtet werden können, kann aus einer intensiveren Beschäftigung mit dem Regime-Begriff ein fruchtbarer Beitrag zur Erforschung von Sozialpolitiken in globaler Perspektive entstehen.

Der Begriff hätte dazu ebenso institutionalisierte wie eher informelle Formen und Praktiken von Auseinandersetzungen um Bedeutungen, Ressourcen und Zugängen von Sozialpolitik zu erfassen. Dies impliziert eine differenzierte Sichtweise auf die Akteure des Politischen in den unterschiedlichen sozialen Praktiken, die sowohl politisch-institutionell und lebensweltlich als auch diskursiv und narrativ verhandelt, vermittelt, verhindert oder befördert werden – also regulieren und reguliert werden. Mit einer so gelagerten Regime-Forschung wäre es also möglich, die Vielfalt der gesellschaftlichen Strukturen, Politiken und Werte sowie Prozesse, Praktiken, Technologien und Programme, mittels derer Menschen und soziale

---

14 Historisch implizierte der erstmals im 18. Jahrhundert auftretende Regime-Begriff allgemeine Lebensbedingungen betreffende bzw. medizinische Semantiken (Balke 2009); später wurde er auch als Kategorie des politischen Vokabulars ausdifferenziert. Während in den geisteswissenschaftlichen Fächern mit Regimen heute eher die Strategien sozialer Platzierungen und Deplatzierungen beleuchtet werden, stehen in sozialwissenschaftlichen Betrachtungen die Modi struktureller, institutioneller und auch informeller Regulierungen im Vordergrund (vgl. allgemein: Agamben 2008, Bröckling/Krasmann/Lemke 2000, Foucault 2004, Rancière 2008; zu Akkumulationsregimen: Lipietz 1987; zu politischen Regimen: Lauth 2010; zu Wohlfahrtsregimen: Esping-Andersen 1990; zu Genderregimen: Walby 2004, Kardam 2004, Lenz 2007; zu Grenzregimen: Karakayali 2008; zu Regimen in den Internationalen Beziehungen: Zangl 2010 und zur vielfältigen Verwendung des Begriffs in den Politikwissenschaften: Jannig 2007).

Verhältnisse sich über Sozialpolitiken in Bezug setzen, zu vereinigen und systematischen Untersuchungen zu erschließen, ohne einseitig auf Kontrolle oder ein äußeres Gewaltmonopol zu rekurrieren.

Durch eine konzeptionelle Begriffs- und methodische Kategorienentwicklung von *Arbeits- und Sozialregimen* wird somit eine zweite Möglichkeit entfaltet, sich der Frage nach den Prozessen sozialer (Nicht-)Absicherung in den Regionen jenseits der OECD umfassend und kontextsensibel anzunähern.

Diese hier extrapolierten ersten Vorschläge einer *relationalen Analyse* sowie der Betrachtung von *Arbeits- und Sozialregimen* sind sicherlich ebenso um weitere Anregungen und Innovationen zu ergänzen wie zu kritisieren. Sie machen wie die vorliegenden Beiträge dieses Bandes aber schon jetzt eines zweifelsfrei deutlich: Sozialpolitik in globaler Perspektive zu denken lohnt sich sowohl für Forschungen zu Sozialpolitik als auch für Analysen des Globalen.

Erst aus einer solchen Perspektive werden die Verschiebungen deutlich, die die Sozialpolitiken mit Beginn des 21. Jahrhunderts immer stärker zu prägen beginnen: Im 20. Jahrhundert wurden Modelle von Wohlfahrtsstaat und sozialer Sicherung – die mit den Namen Beveridge und Bismarck verbunden sind – in erster Linie in Europa oder den USA entwickelt und dann weltweit verbreitet. Dem folgte gegen Ende des 20. Jahrhunderts eine wachsende Einflussnahme angloamerikanischer Absicherungsmuster, wie das in Großbritannien entwickelte *workfare* Konzept oder die von den USA exportierten Modelle von *Managed Care*. Mit dem Beginn des neuen Jahrhunderts scheinen die neuen Impulse von Sozial- und Arbeitspolitiken hingegen verstärkt aus dem globalen Süden zu kommen – angefangen mit dem brasilianischen Null-Hunger-Programm[15] über die hunderttägige Beschäftigungsgarantie in Indien[16] bis hin zur Einführung eines universellen Grundeinkommens in Namibia. Schon jetzt wirken solche Vorschläge auf internationale Organisationen wie die ILO zurück und inspirieren neue

---

15 Vgl. zu den vielfältigen Diskussionen um Fome Zero und Bolsa Familia beispielsweise Hall 2006 und Belik/Rosa de Souza 2009.
16 Das Gesetz Mahatma Gandhi National Rural Employment Guarantee Act verspricht jedem Arbeitsuchenden in ländlichen Gebieten, wo drei Viertel aller als arm geltenden Inder leben, 100 Tage Arbeit. Damit ist es die Grundlage des größten Beschäftigungsprogramms der Welt (Ehmke 2011: 82).

Empfehlungen zu Politiken der sozialen Sicherung wie den *Social Protection Floors*.[17] Globale Perspektiven auf Sozialpolitik verbreitern darum nicht nur das Panorama, sie eröffnen auch ein bedeutsames Reservoir an neuen Leitbildern, Erfahrungen und Praktiken, über die gestaunt werden und von denen auch der Westen lernen kann.

Literatur

Adésínà, Jimi O. (2007), *Social policy in sub-Saharan African context: in search of inclusive development*, Basingstoke.
Agamben, Giorgio (2008), *Was ist ein Dispositiv?*, Zürich/Berlin.
Allmendinger, Jutta/Ludwig- Mayerhofer, Wolfgang (2003) (Hg.), *Soziologie des Sozialstaats. Gesellschaftliche Grundlagen, historische Zusammenhänge und aktuelle Entwicklungstendenzen*, Weinheim/München.
Aspalter, Christian (2002), *Discovering the Welfare State in East Asia*, Westport.
Balke, Friedrich (2009), »Einleitung: Die große Hymne an die kleinen Dinge. Jacques Rancière und die Aporien des ästhetischen Regimes«, in: Balke, Friedrich/Maye, Harun/Scholz, Leander (Hg.), *Ästhetische Regime um 1800*, München, S. 9–36.
Barrientos, Armando/Santibanez, Claudio (2009), »New Forms of Social Assistance and the Evolution of Social Protection in Latin America«, in: *Journal of Latin American Studies*, 41 (1), S. 1–26.
Betz, Joachim/Hein, Wolfgang (2004), *Soziale Sicherheit in Entwicklungsländern. Neues Jahrbuch Dritte Welt*, Opladen.
Brühl, Tanja/Nölke, Andreas (2009), »Spurensuche: Fragmente globaler Sozialpolitik«, in: *Peripherie. Zeitschrift für Politik und Ökonomie in der Dritten Welt*, 114/115, S. 149–167.
Borchert, Jens/Lessenich, Stephan (2006), »Lang leben die ›Strukturprobleme‹ – Einleitung zur Neuauflage«, in: Offe, Claus, *Strukturprobleme des kapitalistischen Staates*, Veränderte Neuausgabe, Frankfurt/New York, S. 11–22.

---

17 Die auf verschiedenen internationalen Konferenzen 2009 und 2010 im Kontext der Wirtschafts- und Finanzkrise diskutierte *Social Protection Floors-Inititative* hat die Ausweitung sozialer Absicherung im globalen Maßstab zum Ziel. Sie impliziert eine deutliche Abkehr vom Privatisierungsparadigma im Bereich sozialer Sicherung und umfasst eine Kombination von Mindestlöhnen, *Cash Transfers* und universalistischen Elementen. Sie wurde 2011 auf der *International Labour Conference* als Empfehlung verabschiedet, zu der sich die Regierungen weltweit verhalten müssen.

Bourdieu, Pierre (1982), *Die feinen Unterschiede. Kritik der gesellschaftlichen Urteilskraft*, Frankfurt/M.
Bröckling, Ulrich/Krasmann, Susanne/Lemke, Thorsten (2000), *Gouvernementalität der Gegenwart. Studien zur Ökonomisierung des Sozialen*, Frankfurt/M.
Burchardt, Hans-Jürgen (2012), »¿Por qué América Latina es tan desigual?«, in: *Nueva Sociedad*, 239, S. 137–150.
— (2010), »The Latin American Paradox: Convergence of Political Participation and Social Exclusion«, in: *Internationale Politik und Gesellschaft*, 3, S. 40–51.
— (2009), »Neue Perspektiven auf Staat und Demokratie in den Nord-Süd-Beziehungen«, in: Burchardt, Hans-Jürgen (Hg.), *Nord-Süd-Beziehungen im Umbruch. Neue Perspektiven auf Staat und Demokratie in der Weltpolitik*, Frankfurt/New York, S. 219–243.
— (2004), »Neue Konturen in der internationalen Sozialpolitik: Paradigmenwechsel am Horizont?«, in: Croissant, Aurel et al. (Hg.), *Wohlfahrtsstaatliche Politik in jungen Demokratien*, Wiesbaden, S. 111–130.
— /Weinmann, Nico (2012), »Social Inequality and Social Policy outside the OECD: A New Research Perspective on Latin America«, in: *ICDD Working Papers, Paper No. 5*, Kassel, January 2012.
Castel, Robert/Dörre, Klaus (2009) (Hg.), *Prekarität, Abstieg, Ausgrenzung. Die soziale Frage am Beginn des 21. Jahrhunderts*, Frankfurt/New York.
Cerami, Alfio (2008), »New Social Risks in Central and Eastern Europe: The Need for a New Empowering Politics of the Welfare State«, in: *Czech Sociological Review*, 44 (6), S. 1089–1110.
— (2006), *Social policy in Central and Eastern Europe: the emergence of a new European welfare regime*, Münster.
Cook, Linda J. (2007), *Postcommunist welfare states: reform politics in Russia and Eastern Europe*, Ithaca/New York.
Deacon, Bob (2007), *Global Social Policy and Governance Sage*, Los Angeles.
— /Hulse, Michelle/Stubbs, Paul (1997), *Global Social Policy. International organizations and the future of welfare*, London.
Dombois, Rainer (1998), »Wohlfahrtsmix und kombinierte Strategien sozialer Sicherung«, in: *Peripherie. Zeitschrift für Politik und Ökonomie in der Dritten Welt*, 69/70, S. 7–24.
Donner-Reichle, Carola (2000), »Elemente einer globalen Sozialpolitik«, in: *Nord-Süd Aktuell*, 1, S. 95–101.
Eckert, Andreas (1998), »Soziale Sicherung im kolonialen Afrika. Staatliche Systeme und lokale Strategien«, in: *Peripherie. Zeitschrift für Politik und Ökonomie in der Dritten Welt*, 69/70, S. 46–66.
Ehmke, Ellen (2011), »Indien: Arbeit für alle? Das größte Beschäftigungsprogramm der Welt«, in: *Blätter für deutsche und internationale Politik*, 8, S. 81–88.
Ehtisham, Drèze/Hills, Sen (1991) (Hg.), *Social Security in Developing Countries*, Oxford.

Elias, Norbert (1977) [1939], *Über den Prozeß der Zivilisation. Soziogenetische und psychogenetische Untersuchungen*, 2 Bde, Frankfurt/M.

Ellis, Frank/Devereux, Stephen/White, Philip (2009), *Social protection in Africa*, Cheldenham.

Esping-Andersen, Gøsta (1990), *The Three Worlds of Welfare Capitalism*, Princeton/New York.

Faust, Jörg/Muno, Wolfgang/Lauth, Hans-Joachim (2004), »Demokratisierung und Wohlfahrtsstaaten in Lateinamerika: Querschnittsvergleich und Fallstudien«, in: Croissant, Aurel/Erdmann, Gero/Rüb, Friedbert: *Wohlfahrtsstaatliche Politik in jungen Demokratien*, Wiesbaden, S. 189–222.

Foucault, Michel (2004), *Geschichte der Gouvernementalität II. Die Geburt der Biopolitik*, Frankfurt/M.

Fues, Thomas (2001), »Der Kopenhagen-Prozess und die Weltsozialordnung«, in: Fues, Thomas/Hamm, Brigitte: *Die Weltkonferenzen der 90er Jahre. Baustellen für Global Governance*, Bonn, S. 158–190.

Getubig, Schmidt, Joseph (1992), *Rethinking Social Security. Reaching Out of the Poor, Asian and Pacific Development Center*, Kuala Lumpur.

Giddens, Anthony (1984), *Die Konstitution der Gesellschaft. Grundzüge einer Theorie der Strukturierung*, Frankfurt/New York.

Ginneken, Wouter van (2000) (Hg.), *Social Security for the Excluded Majority. Case Studies in Development Countries*, Genf.

Goodman, Roger/White, Gordon/Kwan, Huck-ju (1998) (Hg.), *The East Asian Welfare Model. Welfare Orientalism and the State*, London/New York.

Götting, Ulrike (1998), *Transformation der Wohlfahrtsstaaten in Mittel- und Osteuropa. Eine Zwischenbilanz*, Opladen.

Gough, Ian/Wood, Geof (2006), »A Comparative Welfare Regime Approach to Global Social Policy«, in: *World Development*, 34 (10), S. 1696–1712.

— (2004), *Insecurity and welfare regimes in Asia, Africa and Latin America. Social policy in development contexts*, Cambridge.

Gudynas, Eduardo (2011), »Neo-Extraktivismus und Ausgleichsmechanismen der progressiven südamerikanischen Regierungen«, in: *Kurswechsel*, 3, S. 69–80.

Haggard, Stephan/Kaufman, Robert R. (2008), *Development, Democracy, and Welfare States. Latin America, East Asia, and Eastern Europe*, Princeton.

Hall, Anthony (2006), »From Fome Zero to Bolsa Família: Social Policies and Poverty Alleviation under Lula«, in: *Journal of Latin American Perspectives*, 38, S. 689–709.

Hofmeister, Wilhelm/Thesing, Josef (1999), *Soziale Sicherheit in Asien*, Bonn.

Janning, Frank. (2007), »Regime in der regulativen Politik. Chancen und Probleme eines Theorietransfers«, in: Janning, Frank/Toens, Katrin (Hg.), *Die Zukunft der Policy-Forschung. Theorieentwicklung, Methodenfragen und Anwendungsaspekte*, Wiesbaden, S. 121–145.

Jäger, Johannes/Melinz, Gerhard/Zimmermann, Susan (2001), *Sozialpolitik in der Peripherie. Zugänge und Entwicklungen in globaler Sicht*, Frankfurt/M.

Kardam, Nüket (2004), »The Emerging Global Gender Equality Regime from Neoliberal and Constructivist Perspective in International Relations«, in: *International Feminist Journal of Politics*, 6 (1), S. 85–109.

Karakayali, Serhat (2008), *Gespenster der Migration. Zur Genealogie illegaler Einwanderung in der Bundesrepublik Deutschland*, Bielefeld.

Kaufmann, Franz-Xaver (2005), *Soziologie und Sozialstaat. Soziologische Analysen*, 2. Erweiterte Auflage, Wiesbaden.

— (2003), *Varianten des Wohlfahrtsstaats. Der deutsche Sozialstaat im internationalen Vergleich*, Frankfurt/M.

— (2002), *Sozialpolitik und Sozialstaat. Soziologische Analysen*, Opladen.

— (1997), *Herausforderungen des Sozialstaates*, Frankfurt/M.

Klenner, Christina/Leiber, Simone (2009), *Wohlfahrtsstaaten und Geschlechterungleichheit in Mittel- und Osteuropa. Kontinuität und postsozialistische Transformation in den EU-Mitgliedsstaaten*, Wiesbaden.

Kohlmorgen, Lars (2004), »Globalisierung, Global Governance und globale Sozialpolitik«, in: Betz, Joachim/Hein, Wolfgang (Hg.), *Soziale Sicherung in Entwicklungsländern. Neues Jahrbuch Dritte Welt*, Opladen, S. 57–79.

Lauth, Hans-Joachim (2010), »Regimetypen: Totalitarismus, Autoritarismus, Demokratie«, in: Lauth, Hans-Joachim (Hg.), *Vergleichende Regierungslehre. Eine Einführung*, Wiesbaden.

Leisering, Lutz (2010), »Globale Sozialpolitik«, in: *Zeitschrift für Sozialreform*, 56 (2), S. 143–150.

— (2004), »Government and the life course«, in: Mortimer, Jeylan T./Shanahan, Michael J. (Hg.), *Handbook of the life course*, New York, S. 205–226.

— /Schumann, Karl F. (2003), »How institutions shape the German life course«, in: Heinz, Walter R./Marshall, Victor W. (Hg.), *Social dynamics of the life course. Transitions, institutions, and interrelations*, Hawthorne, NY, S. 193–210.

Lendvai, Noemi/Stubbs, Paul (2009), »Globale Sozialpolitik und Governance: Standpunkte, Politik und Postkolonialismus«, in: Burchardt, Hans-Jürgen (Hg.), *Nord-Süd-Beziehungen im Umbruch. Neue Perspektiven auf Staat und Demokratie in der Weltpolitik*, Frankfurt/New York, S. 219–243.

Lenner, Katharina (2009), »Die lokale Übersetzung globaler politischer Paradigmen: Armutsbekämpfungspolitik in Jordanien«, in: *Peripherie. Zeitschrift für Politik und Ökonomie in der Dritten Welt*, 114/115, S. 213–240.

Lenz, Ilse (2007), »Globalization, Varieties of Gender Regimes, and Regulations for Gender Equality at Work«, in: Walby, Sylvia/Gottfried, Heidi/Gottschall, Karin/Osawa, Mari (Hg.), *Gendering the Knowledge Economy. Comparative Perspectives*, London, S. 110–139.

Lessenich, Stephan (2010), »Soziologie der Sozialpolitik«, in: Kneer, Georg/Schroer, Markus (Hg.), *Handbuch für spezielle Soziologien*, Wiesbaden, S. 555–568.

— (2008), *Die Neuerfindung des Sozialen – Der Sozialstaat im flexiblen Kapitalismus*, Bielefeld.

— (1998), »Relations matter«: De-Kommodifizierung als Verteilungsproblem«, in: Lessenich, Stephan/Ostner, Ilona (Hg.), *Welten des Wohlfahrtskapitalismus*, Frankfurt/M., S. 91–107.

Lipietz, Alain (1987), *Mirages and miracles: the crisis of global fordism*, London.

Luttmer, Erzo/Singhal, Monica (2010), *Culture, Context and the Taste for Redistribution*, Harvard.

Martínez Franzoni, Juliana (2008), »Welfare Regimes in Latin America: Capturing Constellations of Marktets, Families and Policies«, in: *Latin American Politics and Society*, 50 (2), S. 67–100.

Mead, Lawrence M. (2011), »Scholasticism: Causes and Curses«, in: *Academic Questions*, 24 (3), S. 300–318.

Mesa-Lago, Carmelo (2007), »Social Security in Latin America: Pension and Health Care Reforms in the Last Quarter Century«, in: *Latin American Research Review*, 42 (2), S. 181–201.

Metz, Karl Heinz (2008), *Geschichte der sozialen Sicherheit*, Stuttgart.

Midgley, James (1997), *Social Welfare in global context*, London.

— /Tracy, Martin B. (1996) (Hg.), *Challenges to Social Security. An International Exploration*, London.

Mkandawire, Thandika (2005) (Hg.), *Social Policy in a Development Context*, Palgrave.

Nohlen, Dieter (1998) (Hg.), *Lexikon Dritte Welt. Länder, Organisationen, Theorien, Begriffe, Personen*, Reinbeck.

Offe, Claus (2006) [1972], *Strukturprobleme des kapitalistischen Staates*, Veränderte Neuausgabe, Frankfurt/M.

Omeje, Kenneth (2008) (Hg.), *Extractive economies and conflicts in the global south*, Hampshire.

Opielka, Michael (2008), *Sozialpolitik: Grundlagen und vergleichende Perspektiven*, Hamburg.

Rancière, Jacques (2008), *Le spectateur émancipé*, Paris.

Ramesh (2004), *Welfare Capitalism in Southeast Asia. Social Security, Health and Education Policies*, London/New York.

Riesco, Manuel (2007) (Hg.), *Latin America. A New Developmental State Model in the Making?*, Palgrave.

Rittberger, Volker/Kruck, Andreas/Romund, Anne (2010), *Grundzüge der Weltpolitik. Theorie und Empirie des Weltregierens*, Wiesbaden.

Ranci, Costanzo (2010), *Social vulnerability in Europe. The new configuration of social risks*, New York.

Rosa, Hartmut (2009), »Kritik der Zeitverhältnisse. Beschleunigung und Entfremdung als Schlüsselbegriffe der Sozialkritik«, in: Jaeggi, Rahel/Wesche, Tilo (Hg.), *Was ist Kritik?*, Frankfurt/M.

Rudra, Nita (2007), »Welfare States in Developing Countries: Unique or Universal?«, in: *Journal of Politics*, 69 (2), S. 378–396.

Satori, Giovanni (1970), »Concept Misformation in Comparative politics«, in: *The American Political Science Review*, 64 (4), S. 1033–1053.

Schlichte, Klaus (2012), »Der Streit der Legitimitäten. Der Konflikt als Grund einer historischen Soziologie des Politischen«, in: *Zeitschrift für Friedens- und Konfliktforschung*, 1, S. 9–43.

Schmidt, Joseph (2008), *Die Wohlfahrtsstaaten in Europa – Divergenz und Integration, Die EU-Staaten im Vergleich*, V. Teil, Wiesbaden, S. 711–739.

Schmidt, Manfred G. (2007) (Hg.), *Der Wohlfahrtsstaat: eine Einführung in den historischen und internationalen Vergleich*, Wiesbaden.

Scruggs, Lyle/Allan, James (2006a), »Welfare-State Decommodification in 18 OECD Countries: a Replication and Revision«, in: *Journal of European Social Policy*, 16 (1), S. 55–72.

Seekings, Jeremy (2008), »Welfare Regimes and Redistribution in the South«, in: Shapiro, Ian/Swenson, Peter/Donno, Daniela (Hg.), *Divide and Deal. The Politics of Distribution in Democracies*, New York, S. 19–42.

Segura-Ubiergo, Alex (2007), *The Political Economy of the Welfare State in Latin America*, Cambridge.

Tang, Kwong-Leung (2000) (Hg.), *Social Development in Asia*, Dordrecht/Boston/London.

Walby, Sylvia (2004), »The European Union and Gender Equality: Emergent Varieties of Gender Regime«, in: *Social Politics*, 11 (1), S. 4–29.

Wehr, Ingrid/Priwitzer, Kerstin (2011), »Wohlfahrtsregime und Sozialpolitik im Globalen Süden«, in: Atac, Ilker/Kraler, Albert/Ziai, Aram (Hg.), *Politik und Peripherie. Eine politikwissenschaftliche Einführung*, Wien, S. 132–148.

Weinmann, Nico/Burchardt, Hans-Jürgen (2011), »Die Reise des jungen Offe – ein Besuchs- und Forschungsprogramm für Lateinamerika«, in: Wehr, Ingrid/Burchardt, Hans-Jürgen (Hg.), *Soziale Ungleichheiten in Lateinamerika. Neue Perspektiven auf Wirtschaft, Politik und Umwelt*, Baden-Baden, S. 283–307.

Wright, Gemma/Noble, Michael (2010), »Recent Social Policy Developments in Africa«, in: *Global Social Policy*, 10 (1), S. 111–119.

Zangl, Bernhard (2010), »Regimetheorie«, in: Schieder, Siegfried/Spindler, Manuela (Hg.), *Theorien der Internationalen Beziehungen*, 3. Auflage, Opladen, S. 131–155.

Zürn, Michael (1998), *Regieren jenseits des Nationalstaates. Globalisierung und Denationalisierung als Chance*, Frankfurt/M.

Theoretisch-methodische Zugänge

Sozialpolitik in einer globalisierten Welt: Akteure, Aufgaben und Aussichten

Friedbert W. Rüb [1]

»Sozialpolitik in einer globalisierten Welt«: Kann man angesichts der vielen potentiellen Akteure, der vielen, je nach Region und innerhalb von Regionen unterschiedlichen Aufgaben und Erfolgsaussichten irgendeinen übergreifenden Zusammenhang formulieren? Gibt es eine Art Klammer, ein gemeinsames Muster, das alles zusammenhält? Und kann man einen solchen Versuch überhaupt riskieren, ohne erbarmungslos trivial zu werden oder der Komplexität und Vielfalt der verschiedenen Fälle gerecht zu werden? Ich glaube, man kann dies riskieren und würde folgendes formulieren: *Der Grund, das Merkmal und die Norm aller Sozialpolitik ist der immerwährende Versuch, die Wahrscheinlichkeit zu erhöhen, dass Menschen eines natürlichen Todes sterben.*

Gewalt ist eine Berührung schlimmster Art, mit ihr wird die Verletzlichkeit des Menschen durch Andere überdeutlich sichtbar und die potentielle Tötung durch diese Anderen auch aus nichtigen Gründen liegt immer im Horizont des Fiktiven und faktisch Möglichen. Für diese fundamentale Sicherheit ist aber weniger der Sozial- als vielmehr der Rechts- und Sicherheitsstaat mit seinem Monopol legitimer physischer Gewaltanwendung zuständig. Aber neben der unmittelbaren Tötung durch Gewalt gibt es noch andere Formen »struktureller Gewalt« (Galtung 1975), die die Wahrscheinlichkeit eines nicht-natürlichen Todes dramatisch erhöhen. Hungersnöte, Krankheiten, Unfälle, soziale Risiken der verschiedensten Art, bestimmte aussichtslose Lebenslagen, wie etwa in den Townships Südafrikas oder den Favelas in Lateinamerika, aber auch Umfang und Strukturen von sozialer Sicherung bestimmen über das Leben. Es gibt Maßnahmen zum Schutz des »nackten Lebens«, die das schiere Überleben sichern, Maßnahmen, die ein »Leben« ermöglichen und schließlich Maßnahmen, die ein »gutes

---

1 Ich danke Hans-Jürgen Burchardt für wichtige Hinweise, denen ich weitgehend, aber nicht immer gefolgt bin. Alle Fehler oder analytischen Unschärfen sind selbstverständlich allein meine Verantwortung.

Leben« gewährleisten und einen hohen Stand an ökonomischer Entwicklung und sozialen Leistungen voraussetzen. Wie auch immer: Die Reduktion der *sozialen Verletzlichkeit* – hervorgerufen durch soziale Risiken produzierende gesellschaftliche Lebensumstände – ist der Kern alles sozialpolitischen Handelns, das sich im Weltmaßstab betrachtet in dem weiten Bereich zwischen den Versuchen der Garantie des »nackten« bis hin zu der des »guten« Lebens abspielt.

Warum aber braucht man Sozialpolitik, um die Wahrscheinlichkeit eines natürlichen Todes zu steigern? Warum können Gesellschaften nicht aus sich selbst heraus soziale Verletzlichkeiten dauerhaft und systematisch reduzieren? Warum sind soziale Beziehungen nicht »sozial« in dem Sinne, dass sie Sozialität nicht aus sich selbst heraus hervorbringen, sondern einer besonderen Form der Politik, nämlich der Sozialpolitik, bedürfen? Dies alles sind keine trivialen Fragen und mit ihnen will ich mich vorwiegend beschäftigen. Ich gehe hierbei wie folgt vor: Ich werde klären, was Grund, Merkmal und Norm aller Sozialpolitik sein könnte. Dann analysiere ich, was das *Soziale* und was das *Politische* an der Sozialpolitik ist. Es geht hierbei darum, zu klären, was der Kern dessen ist, was man als »soziale Frage« bezeichnet und was diese mit der Verletzlichkeit von Menschen zu tun hat. Sozialität äußert sich in vielfältigen Formen und ich frage danach, was die Einräumung von sozialen Rechten aus Menschen macht und warum sie nicht nur die Verletzlichkeit reduzieren, sondern elementar sind für ein Leben bzw. für ein »gutes« Leben. Und abschließend skizziere ich knapp, wie sich diese Grundprobleme in einer globalisierten Welt ändern und ob sich nicht soziale und natürliche Katastrophen und Desaster, die vielleicht wie Klima und Wetter keine natürlichen, sondern soziale, also von Menschen gemachte sind, zu einem Konglomerat neuer sozialer Gefährdungen vermischen, mit denen Sozialpolitik konfrontiert ist.

Grund, Merkmal und Norm der Sozialpolitik: Das gefährdete Leben sicherer machen

Meine obige Formulierung lehnt sich an eine bekannte Definition von Politik an, die D. Sternberger für seine Antrittsvorlesung 1960 in Heidelberg gewählt hat: »Der Friede ist die politische Kategorie schlechthin. [...] Der Friede ist der Grund und das Merkmal und die Norm des Politischen, dies alles zugleich« (Sternberger 1980: 305). Was Grund, Merkmal und Norm von Sozialpolitik sind, kann man einigermaßen plausibel definieren und das will ich im Folgenden als Einstieg in die Thematik kurz versuchen.

(i) Die Frage nach dem *Grund* ist die Frage nach den Ursachen für Sozialpolitik. Hier sind die Antworten der Sozialpolitikforschung sehr verschieden und ich will an dieser Stelle noch nicht ausführlich darauf eingehen (vgl. dazu 44ff. dieses Beitrags). Ich sehe den zentralen Grund in einem elementaren Sachverhalt des menschlichen Lebens: Dem »gefährdeten Leben« (Butler 2005) als Ausdruck der Verletzlichkeit des Menschen. Verletzlichkeit hat mindesten vier Dimensionen, eine anthropologische, eine geschichtliche, eine gesellschaftliche und eine geschlechtliche.

Die (a) *anthropologische Dimension* ist eigentlich klar und man wundert sich, dass dem in der Sozialpolitikforschung so wenig Bedeutung beigemessen wird. Aber prinzipiell gilt, dass der Mensch ein verletzliches Wesen ist, dessen Überleben von vielfältigen, quasi-natürlichen Faktoren bedroht wird: Kälte, Hunger, Krankheiten, ja auch der gewaltsam ausgeübte Zugriff auf den Körper durch Andere sind Ursachenbündel, die das Überleben und damit einen natürlichen Tod immer und unter allen Umständen in Frage stellen. Und soziale Leistungen in ihren verschiedensten Formen versuchen, diese Gefährdungen bzw. Verletzlichkeiten durch bestimmte Maßnahmen zu reduzieren: Seien es die Rituale oder Beschwörungen von Medizinmännern bis hin zur modernen Medizin, seien es politische oder soziale Institutionen, seien es Nahrungsmittellieferungen oder Erdbebensichere Häuser, das Ziel ist das gleiche: Die Steigerung der Wahrscheinlichkeit, dass Menschen eines natürlichen Todes sterben.

(b) Die *geschichtliche Dimension* verdeutlicht, dass sich Bedrohungen oder Verletzlichkeiten im Verlauf der Geschichte außerordentlich unterschiedlich darstellen. Sozialpolitik in der griechischen oder römischen Antike unterscheidet sich dramatisch von der im Mittelalter und diese wiederum von der in modernen, hoch industrialisierten und technisch effizienten kapitalistischen Wohlfahrtsgesellschaften. Demokratische Staaten verfolgen andere Strategien als Diktaturen, aber immer und unhintergehbar wird es Formen des sozialpolitisch motivierten Handelns in den jeweiligen geschichtlichen Phasen geben. Ebenso unterscheidet sich die heutige Sozialpolitik in den lateinamerikanischen, afrikanischen oder asiatischen Staaten und diese wiederum von der in den hoch entwickelten OECD-Ländern. Jede geschichtliche Phase hat ihre jeweiligen (auch geographischen) Besonderheiten, ihre je eigenen Herausforderungen, auf die jeweiligen Akteure mit mehr oder weniger erfolgreichen Aktionen antworten und die der sozialwissenschaftlichen Analyse zugänglich sind.

(c) Die *gesellschaftliche Dimension* stellt darauf ab, dass in jeder gegebenen gesellschaftlichen Formation die Verteilung der Verletzlichkeit weder rein zufällig noch gleich verteilt ist, sondern sich je nach sozialer Stellung, Status, Einkommensposition, Zugang zu Ressourcen etc. unvermeidlich unterschiedlich darstellt. Sei es der Konflikt zwischen Arbeit und Kapital und die daraus resultierende Sozialgesetzgebung, sei es der Konflikt zwischen Inklusion und Exklusion der in den südafrikanischen Townships lebenden Schwarzen und den in den Städten privilegiert lebenden Weißen (oder auch Schwarzen), seien es die in Favelas und die in den Stadtkernen mit moderner Daseinsvorsorge lebenden Menschen in Lateinamerika: Immer sind die sozialen Risiken und Verletzlichkeiten ungleich verteilt und diese Ungleichheit unter den Menschen in der gesellschaftlichen Dimension hängt von ihrer sozialen oder auch Klassenposition in einer gegebenen Gesellschaft ab.

(d) Und schließlich könnte man noch eine vierte Dimension, die der *Geschlechtlichkeit* einführen. Weibliche Körper sind verletzlicher als männliche, weil sie der Gewalt oder auch der Dominanz der Männer ausgesetzt sind. Die Formen der sozialen Verletzlichkeit sind sicherlich verschieden, seien es Kindestötungen von neu geborenen Mädchen wie in China, seien es genitale Verstümmelungen von jungen Mädchen, seien es Unterdrückung oder Gewalt in der häuslichen Familie oder seien es die unterschiedlichen sozialen Positionen im Arbeitsmarkt, die Frauen in ökonomischen Krisen verletzlicher für Arbeitslosigkeit machen als Männer – immer kann man eine geschlechtliche Dimension beobachten, die die Verletzlichkeit zwischen den Geschlechtern ungleich verteilt.

Und alle vier Dimensionen stellen Herausforderungen dar, auf die gesellschaftliche Akteure mit bestimmten Aktionen antworten oder sie ignorieren. Aber der Grund und die Motivation für soziales Handeln im weiten und sozialpolitisches Handeln im engeren Sinn beziehen sich immer auf die Reduktion der Verletzlichkeit des Menschen.

(ii) Kommen wir zur Frage nach dem *Merkmal* von Sozialpolitik. Spricht man von Sozial*politik* im Gegensatz zum sozial motivierten Handeln im engeren Sinne, so ist Politik und damit auch Sozialpolitik *funktional* dadurch definiert, dass es sich bei Politik um gesamtgesellschaftlich verbindliche Entscheidungen handelt, die auf dem Monopol der legitimen physischen Gewaltsamkeit beruhen. Aber man muss zwischen Funktion und Leistung von (Sozial-)Politik unterscheiden. Die *Leistungen* der Sozialpolitik sind dann die hierfür formulierten Policies, die das Soziale durch politische Entscheidungen verbindlich gestalten wollen und meist, aber nicht immer, gesetzliche Form annehmen. Die politische Gestaltung von Gesellschaften dient der Reduktion von sozialen Verletzlichkeiten welcher Art auch immer und Gesellschaften sind dann damit beschäftigt, die internen[2] Risiken und Gefahren, denen sie ausgesetzt sind, zu analysieren und zu reflektieren und entsprechende Maßnahmen zu ergreifen – oder auch nicht. Das Merkmal der Sozialpolitik sind also *soziale Leistungen*, die in sehr unterschiedlichen Formen und Modi erbracht werden können. Daneben gibt es noch soziale Aktivitäten, die ihr Ziel in der Gestaltung des Sozialen finden, aber nicht durch das Merkmal der Gesamtverbindlichkeit gekennzeichnet sind: Unternehmerische, private, gemeinschaftliche, ehrenamtliche etc. soziale Tätigkeiten sind hierunter zu subsumieren.

(iii) Die *Norm* fragt nach den Gerechtigkeitsprämissen, nach denen Sozialpolitik handelt. Auch hier muss man zwischen verschiedenen historischen Phasen und unterschiedlichen Weltregionen differenzieren, in denen jeweils unterschiedliche Gerechtigkeitsnormen gelten bzw. gegolten haben. Zudem haben wir es in modernen Gesellschaften immer mit einer Pluralität von Normen zu tun, die miteinander um Anerkennung kämpfen und deshalb immer umstritten sind. Aber immer geht es um die Frage, nach welchen sozialen (Gerechtigkeits-)Normen man eine bestimmte Gesellschaftsformation gestalten soll und wie man bestimmte Fragen grundsätzlich entscheidet: Welche Verantwortung kann bzw. soll ein Individuum für sich selbst übernehmen oder welche Verantwortung Andere, das heißt die Familie, die Gruppe, soziale Netzwerke, soziale Institutionen oder der Staat; und unter welchen Bedingungen soll man Leistungen erhalten. Soziale Rechte schützen anders vor Verletzlichkeit als individuelle oder organisatorische Barmherzigkeit.

Vor Verletzlichkeiten geschützt zu sein ist – um zusammen zu fassen – kein ›natürlicher‹ Zustand, weil die Verletzlichkeiten und die damit verbundenen Unsicherheiten nicht zufällig, sondern gesellschaftlich bedingt sind. Deshalb kann eine Gesellschaft nur sich selbst vor diesen Unsicherheiten schützen, indem sie bestimmte Maßnahmen ergreift. Dass wir in Gesellschaft leben, ist die Voraussetzung dafür, dass wir überhaupt zu menschlichen Wesen werden; aber umgekehrt ist unsere Verletzlichkeit dadurch bedingt, dass wir in Gesellschaft leben. Thomas Hobbes hat dieses Dilemma

---

2 Der Begriff »intern« setzt sich von externen Bedrohungslagen ab, die durch andere, feindliche oder konkurrierende Staaten bedingt sind.

vielleicht als erster in aller Schärfe erkannt. Einerseits sieht er, dass im Naturzustand das menschliche Leben hochgradig gefährdet ist, weil die Leidenschaften der Menschen ein friedliches Leben verunmöglichen. Es gibt im Krieg aller gegen alle »keine gesellschaftlichen Beziehungen, und es herrscht, was das Schlimmste von allem ist, beständig Furcht und Gefahr eines gewaltsamen Todes – das menschliche Leben ist einsam, armselig, ekelhaft, tierisch und kurz« (Hobbes 1991 [1651]: 135). Und der gewaltsame Tod und das zu kurze Leben sind genau das Gegenteil dessen, dass Menschen eines natürlichen Todes sterben. Gegen diesen Zustand müssen also Vorkehrungen getroffen werden, aber man muss nicht unbedingt die Hobbes'sche Lösung der Installation einer souveränen Gewalt teilen, um zu sehen, dass ohne Institutionen und andere Vorkehrungen ein gesellschaftliches Leben unmöglich ist. Er analysiert klar: »Und da viele Menschen durch unvermeidbare Zufälle unfähig werden sich selbst durch eigene Arbeit zu ernähren, sollten sie nicht der Wohltätigkeit von Privatpersonen überlassen, sondern auf Grund der Gesetze des Gemeinwesens wenigstens mit dem Lebensnotwendigen versorgt werden« (Hobbes 1991: 264). Es ist zudem hartherzig, wenn der Souverän eines Gemeinwesens diese Menschen der »zufälligen und so unsicheren Wohltätigkeit überlässt«. (ebd.) Bei den körperlich Starken aber ist der Sachverhalt klar: Sie sind zur Arbeit zu zwingen, damit sie ihren Lebensunterhalt selbst bestreiten können (ebd.).

Damit also die Wahrscheinlichkeit groß wird, dass Menschen eines natürlichen Todes sterben, müssen organisatorische und institutionelle Vorkehrungen getroffen werden, die jenseits der zufälligen und dadurch unsicheren und situativen Maßnahmen der Barmherzigkeit, Wohltätigkeit etc. liegen.

Was Sozialpolitik ist ... und was nicht

Klären wir zunächst zwei zentrale Begriffe, die in dem der Sozialpolitik vermischt sind: Nämlich was ist »das Soziale« in der *Sozial*politik und was »das Politische« in der Sozial*politik*? Das sind nur auf den ersten Blick triviale Fragen, ein Blick in die sozialpolitische Literatur belehrt einen eines Besseren: Beide Zentralbegriffe werden unterschiedlich und konzeptionell beliebig verwendet. Begriffe oder Konzepte sind bestimmte Wahrnehmungsformen, mit denen wir die Welt begreifen und analysieren wollen. Man kann – ohne radikaler Konstruktivist zu sein – anerkennen, dass sprachliche Konzepte »die Welt« konstruieren, aber sie konstituieren auch »Welt«. Sprachliche Begriffe sind Instrumente des Denkens und der (wissenschaftlichen) Kommunikation: Ohne Konzepte zu klären sind Denken und Kommunikation nicht möglich. Und Sprache – das wissen wir seit dem so genannten »linguistic turn« in der Sozialwissenschaft – ist »action«, in dem es Handeln und Agieren in der Welt anleitet und so Wirklichkeit konstituiert. Die Idee, dass Begriffe die Welt objektivistisch repräsentieren, ist überholt und im Kampf der Begriffe drückt sich auch der Kampf um die unterschiedliche Interpretation und Konstitution von Welt aus. Deshalb sind begriffliche Fragen zentral für die Klärung dessen, was Welt ist und wie wir die Welt begreifen.

Was ist »das Soziale« an der *Sozial*politik? Was ist der Kern der »sozialen Frage«?

Dass der Begriff des Sozialen in verschiedenen historischen Epochen unterschiedlich verwendet wurde, versteht sich von selbst und ich kann und will hier nicht die Ideengeschichte dieses Begriffs rekonstruieren (vgl. dazu Kaufmann 2003; Castel 2005). Aber ich will – zunächst ideengeschichtlich – zentrale Ausgangspunkte finden, die für den vorliegenden Kontext bedeutsam sind: Bereits bei Hobbes (wie oben angedeutet) und später bei Hegel und anderen wird deutlich, dass weder der Naturzustand noch die bürgerliche Gesellschaft etwas »soziales« aus sich selbst hervorbringen. Hegel betont die grundlegende »Zufälligkeit« und »Willkür« der Verhältnisse in der bürgerlichen Gesellschaft, die (a) durch *eigennützige Interessenverfolgung* und willkürlich handelnde Individuen bedingt ist (nach Kaufmann 2003: 20). Insofern ist sie nicht nur in einen immerwährenden Konflikt verwickelt, sondern bedarf zudem bestimmter Korrekturmechanismen, die das notorisch Unsoziale der bürgerlichen Gesellschaft korrigieren oder kompensieren und durch bestimmte Maßnahmen »sozial« machen, weil ihr das Soziale von sich aus fehlt. Hinzu tritt (b) ein zweites Problem: Die bürgerliche Gesellschaft beruht auf der Gleichheit der Menschen vor dem Recht und – später in der Demokratie – auf der *politischen Gleichheit*, während sich in der Gesellschaft faktische *soziale Ungleichheit* in zum Teil dramatischen Ausmaßen zeigt. Und in der »sozialen Frage« thematisiert die bürgerliche Gesellschaft ihren grundlegenden Konflikt zwischen politischer und rechtlicher Gleichheit auf der einen und der sozialen Ungleichheit auf der anderen Seite. Ihr fehlt etwas, nämlich das »Soziale«, und es kann nur durch bestimmte staatliche Maßnahmen entstehen und ihr beigegeben werden. Zwar war und ist ethisch, religiös, bürgerlich etc. motivierte Barmherzigkeit ein Mittel zum Aufbau des Sozialen, aber sie ist ein kontingenter, unberechenbarer und zufälliger Promotor und insofern sind staatliche Maßnahmen verlässlicher und erwartbarer. Das Soziale war also der radikale Gegenpol zum individuell-willkürlichen Handeln und musste der bürgerlichen Gesellschaft »künstlich« beigegeben werden (Marshall 1950).

Ein Sonderproblem der bürgerlichen Gesellschaft resultiert aus ihrem wirtschaftlichen System. Im sozialpolitischen Denken, vor allem seit Beginn der Industrialisierung, wird in der kapitalistischen Wirtschaft das große Übel der modernen Gesellschaft gesehen, das für die extreme Verletzlichkeit und Unsicherheit des menschlichen, konkreter: des proletarischen Lebens verantwortlich ist. Zwei Punkte sind hier zentral: Zunächst (a) der Wegfall des über den Arbeitsmarkt erzielten Einkommens, der Individuen und soziale Verbände in große finanzielle Not stürzt. Die Krisen der kapitalistischen Ökonomie bringen es mit sich, dass der Arbeitsmarkt Menschen ansaugt und abstößt, je nach ökonomischer Wettbewerbslage. Neben chronischer Arbeitslosigkeit sind es aber auch die zentralen *sozialen Risiken*, wie Invalidität, Alter, Krankheit, Unfall und heute Pflege, die sozialpolitische Antworten herausfordern (dazu Rüb 2003). Zweitens und weit schlimmer liegt der kapitalistischen Produktion (b) eine Tendenz inne, einen grenzenlosen Zugriff auf das Arbeitsvermögen des Menschen zu realisieren und ihn für die Verwertung des Kapitals absolut nutzbar zu machen. Dies drückte und drückt sich aus in Kinderarbeit, ungeregelten Arbeitszeiten, ungenügenden Arbeitsschutzbestimmungen, ungenügender Interessenvertretung in den Betrieben etc. Die vielen Berichte von der »Lage der arbeitenden Klassen« (Engels 1848) geben hiervon ebenso ein beredtes Bild wie Berichte über die Arbeitsbedingungen in den Ländern der Dritten oder Vierten Welt heute. Die Gier des Kapitals und heute der globalisierten Produktionsketten scheint grenzenlos und macht im Prinzip vor nichts halt. So wie die bürgerliche Gesellschaft aus sich selbst heraus nicht sozial ist, so kann die kapitalistische und auf Maximierung orientierte Produktion nicht aus sich selbst heraus »sozial« sein. Selbstverständlich gibt und gab es soziale Unternehmer, aber diese Sozialität ist kontingent, zufällig, nicht erwartbar und reduziert die Risiken nur marginal, die sich aus dieser Produktionsform ergeben. Aus der sozialen Frage wurde und wird die »Arbeiterfrage«, sofern sich das Soziale vor allem auf die kapitalistische Wirtschaft konzentriert. Zwar ist die Wirtschaft ein zentraler Bestandteil der bürgerlichen Gesellschaft, aber wir müssen akzeptieren, dass jede Gesellschaft immer auch von Neid, Habgier, Status- und Machtsteigerung um ihrer selbst Willen und ähnlichem gekennzeichnet ist. Zudem sind in der Moderne alle sozialen Ungleichheiten nicht durch Natur oder Status vorgegeben, sondern politisch gemacht worden. In »politischen Gesellschaften« (Greven 1999, 2000) ist alles politisierbar und alles politisch entschieden und dies gilt auch für die Verteilung des sozialen Status. Da ein Gerechtigkeitsurteil nicht ohne den Vergleich von Positionen und Ressourcen von Anderen auskommt, sind der Neid (Schoeck 1968), die Angst vor dem sozialen Abstieg (Botton 2004), die bösen Blicke der Anderen und ähnliches emotionale Ausdrucksformen des Vergleichens[3], die leicht politisierbar sind und soziale Konflikte induzieren.

F. Ewald und F. Nullmeier haben dies in den Mittelpunkt ihrer Überlegungen für eine Theorie des Wohlfahrtsstaates gestellt, aber man kann ihr Denken ohne weiteres auf das Problem des Sozialen beziehen: Beide gehen davon aus, dass sich der Vorsorge- oder auch Wohlfahrtsstaat auch als Reaktion auf das soziale Vergleichen herausgebildet hat. Bei F. Ewald steht der Unfall im Mittelpunkt, er ist das »soziale Phänomen par excellence«, der nicht »als Ausnahme begriffen werden [kann], als Rand- oder Nebenereignis in unseren Gesellschaften; er ist vielmehr die Regel, und zwar in dem Maß, in dem die Herausbildung der modernen Gesellschaftskonzeption mit der Objektivierung bestimmter Ereignisse als Unfälle verbunden ist« (Ewald 1993: 22). Er ist (a) eine Regel, weil er den Gesetzen der Statistik und der Wahrscheinlichkeitsrechnung gehorcht und so auch berechnet und verrechnet werden kann, indem man sich gegen ihn versichert. Er transzendiert die individuelle Verantwortung, die individuelle Schuld, weil die individuellen Einzelhandlungen in der Regelhaftigkeit von Unfällen verschwinden. Sie ereignen sich – unabhängig vom richtigen oder falschen Verhalten von Individuen. Und er ist (b) ein unvermeidliches Produkt des Lebens in Gesellschaft; er ist die »Nähe zu, die Begegnung mit anderen, der Ausdruck des Miteinander« (Ewald 1993: 18). Der Unfall beweist täglich, dass wir in Gesellschaft leben.

---

3 Nach Jon Elster ist der Neid eine »comparison-based emotion« (Elster 1999: 203).

Bei F. Nullmeier entsteht Sozialpolitik als politische Reaktion auf einen bestimmten Typus des gesellschaftlichen Handelns, des *sozial-komparativen Handelns*. Sozialpolitik ist die dauerhafte und institutionalisierte Antwort der Moderne auf sozial-komparatives Handeln, weil die emotional angetriebene Sprengkraft des Neides, der Angst vor dem Abstieg, das Besser-Sein-Wollen als andere immer den Vergleich des eigenen Status mit anderen voraussetzt. Diese emotionsgeladenen Konflikte verlangen nach einer dauerhaften Politik, die diese Handlungsmuster nicht nur grundlegend anerkennt, sondern deren im Kern destruktive Wirkungen zugleich zivilisiert (Nullmeier 2000). Soziale Ungleichheit ist ein »Empörungsthema«, das Leidenschaften, gravierende Konflikte und populistische Mobilisierungen ermöglicht, die durch die Verfahren der Demokratie und korporatistische oder pluralistische Strukturen der Interessenvermittlung nur mühsam produktiv gewendet werden können.

Sozial-komparatives Handeln verliert auch in sich angleichenden Gesellschaften nicht an Bedeutung, vielmehr ist es ständiger Unruheherd, der über keine internen Stoppregeln verfügt und nicht zu begrenzen ist (Nullmeier 2000: 17). Wie Sigmund Freud, Alexis de Toqueville und andere beobachtet haben, nehmen der Neid und die Kränkung durch kleine Unterschiede mit gesteigerter sozialer Gleichheit nicht ab, sondern zu:

»Sind alle Vorrechte der Geburt und des Besitzes aufgehoben, sämtliche Berufe jedermann zugänglich […], so ist es, als öffne sich dem Ehrgeiz des Menschen eine unabsehbare und bequeme Laufbahn. Und sie bilden sich gerne ein, dass sie zu Großem berufen seien. Aber dies ist eine irrige Ansicht, die durch die Erfahrung täglich berichtigt wird […]. Ist die Ungleichheit das allgemeine Gesetz einer Gesellschaft, so fallen die stärksten Unterschiede nicht auf; ist alles ziemlich eingeebnet, so wirken die geringsten Unterschiede kränkend« (de Tocqueville, Über die Demokratie in Amerika, zit. nach de Botton 2004: 64).

Diese ungerechtfertigt erscheinenden »kleinen« Unterschiede des Status', des Einkommens, der Chancen, der Ressourcen, des Zugangs zu Positionen etc., all das motiviert den Neid, die quälende Missgunst und schließlich den Hass und baut in Gesellschaften eine endogene Unruhe ein, die durch die politischen Parteien und die modernen Massenmedien politisiert werden. Um diese Spannungen abzuarbeiten und in friedliche Konfliktbearbeitung zu transformieren, brauchen Gesellschaften spezifische Verfahren und Praktiken, die von der demokratischen Parteienkonkurrenz, über korporatistische Arrangements der Interessenvermittlung bis hin zu Ignoranz, gewaltsamer Unterdrückung oder gewaltsamer Konfliktaustragung reichen.⁴ Bei Letzterem treiben soziale Konflikte in den Krieg, seien es Staaten- oder auch Bürgerkriege.

In diesen beiden Konfliktdimensionen drücken sich die sozialen Spannungen von Gesellschaften generell aus. Das ökonomische System und die sich aus seinen Verteilungsmechanismen ergebenden sozialen Differenzierungen sind ohne Frage die Hauptquelle sozialer Konflikte, aber eben nicht die einzige. Das gesellschaftliche Leben selbst ist eine Quelle stetiger Unruhe, Beängstigungen, Neidgefühle, massiver Konflikte und sozialer Kämpfe, auf die Sozialpolitik – wie auch immer – eine Antwort zu finden versucht. Sozialpolitik geht weit über »regulating the poor« (Piven/Cloward 1971), also der Regulierung der Armut und der sozialen Sicherung gegen die sozialen Risiken hinaus. Sozialpolitik entscheidet über umfassende *Ordnungsstrukturen* von Gesellschaften, in denen die sozialen Relationen zwischen Individuen, verschiedenen sozialen Gruppen und korporativen Akteuren ebenso reguliert werden wie die Mechanismen der Finanzierung und Verteilung der sozialen Positionen. Erst Sozialpolitik konstituiert soziale Ordnungen, die auch Versuche der Verhaltensregulierung von Einzelnen und damit der Änderungen von Menschen einschließt.

Der Begriff der sozialen Ordnung könnte politikwissenschaftlichen und soziologischen Analysen als *Brückenbegriff* dienen, denn in beiden Disziplinen spielt dieser Begriff eine zentrale Rolle. In der Soziologie ist es das durch T. Parsons prominent gewordene »Hobbesian problem of order« (Parsons 1968 [1937]: 36ff.), das auch Soziologen, wie N. Luhmann, H. Popitz, P. Berger/T. Luckmann und andere, in den Mittelpunkt ihres Denkens gerückt haben⁵; in der Politikwissenschaft hat H. Heller bereits in der Weimarer Republik den Sinn der Politik in der »Ordnung des Zusammenwirkens der menschlichen Gegenseitigkeitsbeziehungen« oder der »Ordnung gesellschaftlicher Beziehungen« gesehen, ja sogar der »Ordnung um der Ordnung willen« (Heller 1992 [1924]: bes. 433). *Sozial*politik sind all die Versuche, die soziale Ordnung von Gesellschaften zu konstituieren, zu stabilisieren oder zu regulieren und der Sozial- oder Wohlfahrtsstaat ist dann die Gesamtheit dieser rechtlichen, institutionellen und organisatorischen Regelungen zur Gestaltung des Sozialen. Variationen und Umbauten sind

---

4 Dies hat seinen Grund u.a. darin, dass moderne Gesellschaften Organisationsgesellschaften sind und deren wichtigste Akteure als organisierte, korporative Akteure immer ein Handlungspotential produzieren, das über einzelne Individuen oder kleine Gruppen weit hinausgeht; vgl. dazu etwa Bruckmeier 1988; Schimank 2005: bes. 97–102.

5 Vergl. etwa Luhmann 1993; Popitz 1976; zusammenfassend Anter 2004.

nicht Ausdruck von Krisen des Wohlfahrtsstaates, sondern seiner *Normalität*, da solche Ordnungsstrukturen immer nur als Prozess, als dynamisches Auf und Ab verstanden werden können, die sich auflösen, verändern und immer wieder neu zusammengesetzt werden müssen. Und weil soziale Ordnungsmuster politisch gestaltet und nicht einfach vorgefunden oder natürlich sind, sind diese umkämpft, weil alle Gesellschaften ihre endogenen sozialen Spannungen immer wieder neu austarieren müssen.

Was Sozial*politik* ist ... und was nicht. Eine Zwischenbemerkung zum Politikbegriff

Der Politikbegriff lässt sich – das ist bekannt und braucht nicht im Detail ausgeführt zu werden – in drei Dimensionen aufspalten.[6] Politik findet (a) immer in einem bestimmten verfassungsrechtlichen Kontext, der *Polity*, statt und in diesem Zusammenhang kann man zunächst zwischen demokratischen und nicht-demokratischen Polities ebenso unterscheiden wie zwischen regionalen, national-staatlichen und globalen Governance-Regimen. Ob letztere die zentralen Merkmale einer Polity erfüllen, kann dahin gestellt bleiben. Sozialpolitik findet also in unterschiedlichen Polities statt, die wiederum (b) die *Politics*-Ebene bestimmen. Hier wird besonders deutlich, dass der Sozial- oder Wohlfahrtsstaat kein feststehendes Muster ist, sondern einem permanenten Wandel unterliegt. Er ist ein dynamischer und konflikthafter Prozess, in dem die verschiedenen gesellschaftlichen Kräfte um Anerkennung kämpfen. Politik kann man auf dieser Ebene in zwei Formen unterteilen. Zunächst bedeutet »Politik treiben«, dass man verschiedenste Sachverhalte politisiert, das heißt als »politisch« markiert und sie in den politischen Prozess als zu entscheidendes Problem einzuschleusen versucht. Ist aber ein Gegenstand oder Sachverhalt bereits politisiert, dann spielt Politik mit diesem Sachverhalt, was man als »politicking« bezeichnen kann (Palonen 2003). *Politicking* ist die reine *Performanz*, das reine Spiel. Sie spielt mit den politisierten, also den bereits politisch akzeptierten Sachverhalten. Policies sind »Schachzüge, die gegebenenfalls Konstellationen verändern, Fragestellungen umwerfen oder zur Umformulierung des Vokabulars herausfordern« (Palonen 1998: 335), aber keine Lösungsangebote bzw. keine ernsthaften Versuche der zielgerichteten Gestaltung von

---

6 Statt vieler Rohe 1994.

Wirklichkeit. Es geht allein darum, das politische Publikum zu beeindrucken und Politicking kennt »nur die Gegenwart ihrer Ausübung« (Palonen 1998: 336). Als reines Spiel ist Politik selbstreferentiell und hat den Bezug zu ihrer gesellschaftlichen Umwelt oft eingebüßt. Zudem verliert jeder Politikvorschlag an Glaubwürdigkeit, sofern er nicht hinsichtlich seiner faktischen Realisierbarkeit und seiner möglichen Folgen reflektiert wird, sondern allein als »Spielball« im politischen Spiel gespielt wird. Populismus, fiktive Gründe, Pseudo-Rationalisierungen und ähnliches statt glaubwürdiger Rechtfertigung sind damit verbundene, unvermeidliche Folgen.

Die von der Politik produzierten Policies – und das ist zentral – sind also nicht immer und unter allen Umständen Problemlösungen, sondern instrumentell und strategisch eingesetzte »Probleme«, mit denen man im politischen Machtkampf punkten will. Gleichwohl lassen sich sozialpolitisch motivierte Policies in zwei Bereiche einteilen:

(a) Zunächst sind es *interne Interventionen*. Vor allem in der Konstitutions- und Konsolidierungsphase der Sozialpolitik interveniert Politik in *vorgefundene* gesellschaftliche Verhältnisse und testet in einer Art »streunenden Bewegung« verschiedene Interventionsformen.[7] Ende des 19. Jahrhunderts war Sozialpolitik vor allem *gegen* den ungeregelten Arbeitsmarkt und dessen desintegrierende Wirkungen gerichtet. Die ersten sozialpolitischen Maßnahmen waren der Versuch, in einen bisher von der Politik nicht regulierten Bereich einzudringen und diesen genuin »gesellschaftlichen« oder auch privaten Bereich der politischen Kontrolle zu unterwerfen. Hierzu gehörten in England wie in Preußen Mitte des 19. Jahrhunderts die staatlichen Eingriffe zum Verbot der Kinderarbeit, also Eingriffe in privatrechtliche Arbeitsverträge. Weitere Eingriffe in das privatrechtlich geschützte Eigentum folgten durch den gesundheitlichen Arbeitsschutz, Arbeitszeitregelungen wie Verbot der Sonntagsarbeit, und durch die kontrollierende Gewerbeaufsicht bzw. Fabrikinspektoren. Diese Eingriffe waren »sozialstaatliche Primärinterventionen« (Kaufmann 1998: 315), mit denen Politik auf unerwünschte und nicht zu rechtfertigende Entwicklungen der kapitalistischen Industriegesellschaft reagierte. Der Staat warf ein Netz sozial motivierter Regelungen über den (Arbeits-)Markt, der von nun an von einem robusten Gerüst *sozialstaatlicher Dauerinterventionen* durchzogen war und dessen Regelungsdichte und -intensität im historischen Verlauf deutlich zunahm und als *internalisierende Problembearbeitung* bezeichnet werden

---

7 Zu den unterschiedlichen Typen der Intervention vgl. Kaufmann 2005.

kann (Zacher 1982).[8] Gleichwohl gilt auch hier, dass diese Regelungsdichte je nach geographischer Lage und Entwicklungsniveau der jeweiligen Gesellschaften erheblich differiert und in manchen Gesellschaften fast nicht existent ist.

Einen Wendepunkt in der Entwicklung stellt der Umgang mit dem *Arbeitsunfall* dar (Ewald 1993). In der Folge kam es zur eigentümlichen Konstruktion der *Unfallversicherung*, wobei innerhalb dieser Institution zwei weitgehend unabhängige Zentren mit jeweils unterschiedlichen Aufgabenbestimmungen und jeweils eigenen Rechtsetzungskompetenzen agierten (Windhoff-Heritier 1990). Einerseits die Berufsgenossenschaften, die Unfall*verhütungs*vorschriften zur Reduktion von Unfällen in Betrieben erließen, was die Vorstellung von kausalen Zugriffen auf Ursachen voraussetzte und mit einem Eingriff in unternehmerische Rechte und Freiheiten verbunden war. Andererseits die außerhalb des Arbeitsmarkts angesiedelte Unfall*versicherung*, die als »künstliche«, also durch staatliches Recht gesetzte und konstruierte Institution, das Risiko des Einkommensverlustes durch betriebsbedingte Unfälle kompensierte. So musste man nicht mehr auf das komplizierte Haftungsrecht, auf kausale Ursachenkomplexe und – damit verbunden – individuelles Verschulden rekurrieren.

(b) Die Institutionen der sozialen Sicherung garantierten einen rechtlichen Anspruch auf soziale Leistungen, die von einem komplizierten Geflecht verschiedenster Akteure im Sozialsektor abgearbeitet wurden. Diese *externalisierende Variante* der Sozialpolitik schafft »a priori künstliche Einrichtungen, die zumindest der organisatorischen, institutionellen Darstellung bedürfen« (Zacher 1982: 31f.). Sie waren die Grundlage für die klassischen Institutionen der sozialen Sicherung, die Ende des 19. Jahrhunderts die industriellen Standardrisiken Invalidität, Alter, Krankheit und Tod, in der Weimarer Republik die Arbeitslosigkeit und Ende des 20. Jahrhunderts Pflege als allgemeines Lebensrisiko absicherten. Diese doppelte Stoßrichtung ist für alle Sozialpolitiken konstitutiv, die vorgegebene Markt- und Gesellschaftsstrukturen durch politische Dauerinterventionen über- und umformt und zugleich ein weit ausgreifendes Gebilde von rechtlich konstituierten, sozialen Institutionen schafft, die rechtlich normierte Bedarfe mit einem Anspruch auf soziale Leistungen verkoppelt. Und alles sind – so der Sozialrechtler Hans F. Zacher – »gewillkürte Instrumente gewillkürter Zuordnung« (Zacher 1982), was die dynamische Unabgeschlossenheit der

---

8 Vgl. hierzu etwa die dreibändige Geschichte der Sozialpolitik in Deutschland von Frerich 1993, aber auch Gladen 1974; Hentschel 1991; Peters 1978.

Sozialpolitik als kontingenten Prozess kennzeichnet. Sozialpolitik kann Lebenslagen verbessern und unter normativen Gesichtspunkten erwarten wir dies, aber sie kann ebenso Lebenslagen verschlechtern, was wir nicht erst seit der Eurokrise in Griechenland und Italien wissen, sondern auch in vielen Ländern Lateinamerikas und Afrikas zuvor beobachten konnten.

Diese *Primärinterventionen* oder auch Sozialpolitiken *erster Ordnung* waren gegen die drohende »soziale Entkopplung« (Castel 2005: 39) gerichtet und zielten auf eine politisch entschiedene und institutionell vermittelte neue, historisch nie da gewesene Form der sozialen Integration von Gesellschaften. Die Lage ändert sich, sobald die sozialpolitischen Primärinterventionen »reaktive Formen der Interessenbildung« (Kaufmann 2005: 140) hervorrufen, die neue organisatorische und institutionelle Ausgangslagen konstituieren. Die reaktive Interessenbildung führt zur Verrechtlichung und zu neuen organisatorischen Regelungen, in deren Verlauf sich hochkomplexe »Systeme« ausdifferenzieren, die heute als zentraler Wirtschaftssektor begriffen werden und dessen Förderung und Steuerung zur Aufgabe der Sozialpolitik geworden ist. Politische Interventionen zielen dann nicht mehr primär auf die Gestaltung von sozialen Lebenslagen, sondern auf die Steuerung komplexer Systeme und deren interne Strukturkonflikte bzw. deren Eigendynamiken. Verkompliziert wird das politische Geschäft dadurch, dass die Institutionen der sozialen Sicherung in gegenseitigen Beeinflussungsverhältnissen stehen, die von der Politik ebenfalls bedacht werden müssen. Sozialpolitik *zweiter Ordnung* hat es dann mit der Beeinflussung der Interventionsagenturen und Dienstleistungssystemen zu tun und weniger mit der unmittelbaren Gestaltung von Lebenslagen (Kaufmann 2005).

Tritt aber die Steuerung bzw. Stabilisierung von ganzen Systemen in den Mittelpunkt der Sozialpolitik statt der gezielten Gestaltung von Lebenslagen, kann man von einer Transformation des Sozialstaates in den Sicherungsstaat sprechen, »wenn als Ergebnis einer Folge von politischen Entscheidungen der sozialstaatlich konstitutive Rekurs auf soziale Problemlagen verloren geht« (Nullmeier/Rüb 1993: 16). Sicher*ung* – im Gegensatz zur (sozialen)Sicher*heit* – zielt nicht primär auf die programmatisch orientierte Kompensation von sozialen Risiken und Unsicherheiten bzw. auf Gestaltung von Lebenslagen von Individuen, Haushalten oder sozialen Gruppen, sondern auf die Sicherung eines bestehenden institutionellen Gehaltes oder eines (Sozialversicherungs-)Systems *als solches* (Nullmeier/Rüb 1993). Dies schließt ein, dass eine Politik der Sicherung Auswirkungen auf Lebenslagen hat, aber nicht als primäres Ziel, sondern als abgeleitete Wirkung, als Nebenfolge. Sofern reine Machtorientierung und/oder die Sicherung der Institutionen der sozialen Sicherheit gegenüber der Bearbeitung von sozialen Problemlagen dominieren, ist der genuine Bezug zum Sozialen abhanden gekommen.

Von sozialen Leistungen zu sozialen Rechten – oder: Vom Objekt sozialer Politik zum staatsbürgerlichen Subjekt

Die Gewährung sozialer Leistungen kann unterschiedliche Formen annehmen. Sie kann von stark bestimmten Verhaltensweisen abhängig gemacht werden und dann wird Sozialpolitik zu einer Politik der sozialen Kontrolle (Guldimann/Rödel 1978), die bestimmte Leistungen an vorangegangene oder begleitende Verhaltenserwartungen koppelt. Ein Anspruch kann dann nur bei Wohlverhalten geltend gemacht werden. Auch freiwillige soziale Leistungen sind immer vom »good will« Anderer abhängig und sind somit unsicher und zufällig. Gleiches gilt für die verschiedensten Formen karitativer Leistungen, die ebenfalls auf freiwilliger Basis gewährt werden. Auch freiwillige oder solidarische Hilfskassen, wie sie zu Beginn der Industrialisierung und auch in manchen Ländern der so genannten Dritten Welt bestehen, haben den großen Vorteil, dass sie die Solidarität zwischen den Beteiligten unmittelbar stärken; sie haben aber den großen Nachteil, dass sie nicht verlässlich sind und »schwere« Fälle aus der Solidarität ausschließen müssen, weil sie die finanzielle Leistungsfähigkeit systematisch überstrapazieren und solche Hilfskassen finanziell überfordern. Solche sozialen Ansprüche sind in der Regel nur gering verrechtlicht.

Mit der Einführung sozialer Rechte ändert sich diese Ausgangslage grundlegend. Das soziale Recht macht aus dem Objekt staatlicher oder anderer Barmherzigkeit bzw. Fürsorge einen Träger von subjektiven öffentlichen Rechten. Der Wert eines Rechtsanspruches besteht in der sicheren und vor allem freien Stellung, die ein Anspruchsberechtigter gegenüber einer gewährleistenden Instanz oder Institution in der Regel staatlicher oder para-staatlicher Art hat. Während das rechtliche »Dürfen« die Spannbreite der Handlungen eines im Prinzip handlungsfähigen Individuums absteckt, bezieht sich das Sozialrecht auf das *Können*. Es erweitert die »natürlichen« bzw. die unmittelbaren Handlungsmöglichkeiten, indem es dem Träger von subjektiven öffentlichen Rechten qua Recht *neue Eigenschaften* zuschreibt, die er ohne dieses Recht nicht hätte. Zentral sind hier Rechte auf Einkommenspositionen jenseits des Arbeitsmarkts und verschiedenste Formen von sozialen Dienstleistungen, die das Individuum ohne diese Rechte nicht in Anspruch nehmen könnte. Es sind Freiheits- oder auch Autonomie*steigerungen* durch das soziale Recht, das hier zentral wird (Bogs 1969; Vobruba 1983: 79ff., 2002). Denn es reduziert die Verletzlichkeit von Individuen, Familien und sozialen Gruppen, indem sie mit einklagbaren Rechtsansprüchen ausgestattet werden. Erst durch soziale Rechte – so der englische Soziologe T. H. Marshall – gelangen Menschen zu ihrem vollen Staatsbürgerstatus (Marshall 1950; dtsch. 1992). Die Gleichheit des Staatsbürgerstatus ist nach Marshall wichtiger als die Einkommensgleichheit, denn durch sie wird eine generelle Verminderung der Risiken und Unsicherheiten des Lebens in modernen Gesellschaften erreicht (Marshall 1992: 73). Erst mit der Einräumung von sozialen Rechten wird die Verletzlichkeit von Menschen reduziert, ohne dass sie ihren Freiheits- oder Bürgerstatus verlieren. Sie bleiben Bestandteil der bürgerlichen oder auch Zivilgesellschaft und verlieren nicht ihre Position im Gesellschaftsgefüge. Der Sinn des sozialen Status, der nicht mit einem konkreten Bestand an sozialen Rechten identisch ist, beruht auf dem Konzept des *gleichen sozialen Wertes*. Die rechtliche und politische Gleichheit wird im modernen Wohlfahrtstaat ergänzt durch die des »gleichen sozialen Wertes, und nicht nur der gleichen natürlichen (oder bürgerlichen, F.W.R.) Rechte« (Marshall 1992: 61). Die sozialen Rechte sollen zwar auch die Einkommen angleichen oder soziale Unterstützung in Notfällen garantieren – aber dies ist nicht deren primärer Sinn und gehört nach Marshall in eine »andere Abteilung der Sozialpolitik« (Marshall 1992: 71). Stattdessen ist der Sinn der sozialen Rechte ein anderer:

»Hier interessiert die allgemeine Bereicherung der konkreten Substanz eines zivilen Lebens, die *generelle Verminderung der Risiken und Unsicherheiten*, der Ausgleich zwischen den mehr oder weniger Glücklichen auf allen Ebenen – zwischen den Gesunden und Kranken, den Alten und Erwerbstätigen, dem Junggesellen und dem Vater einer großen Familie. Die Gleichstellung geschieht weniger zwischen den Klassen als vielmehr *zwischen den Individuen einer Bevölkerung*, die jetzt für diesen Zweck so behandelt werden, als seien sie eine Klasse. Statusgleichheit ist wichtiger als Einkommensgleichheit« (Marshall 1992: 73; eigene Hervorhebungen).

Diese »generelle Verminderung der Risiken und Unsicherheiten« vollzieht sich auf der Ebene der Staatsbürger, also zwischen den Individuen einer Gesellschaft, und ist nicht länger eine Maßnahme zur Verringerung von sozialen Notständen. Soziale Rechte bzw. Staatsbürgerrechte bei Marshall verleihen allen Mitgliedern der Gesellschaft einen »sozialen Status«, sie sind »[...] hinsichtlich der Rechte und Pflichten, mit denen der Status verknüpft ist, gleich. Es gibt kein allgemeines Prinzip, das bestimmt, was dies für Rechte und Pflichten sein werden. Die Gesellschaft aber, in denen sich die Institutionen der Staatsbürgerrechte zu entfalten beginnen, erzeugen die Vorstellung eines *idealen Staatsbürgerstatus*, an der die Fortschritte gemessen und auf die die Anstrengungen gerichtet sind« (Marshall 1992: 53; eigene Hervorhebung).

Dieser ideale Staatsbürgerstatus ist eine Idee, die sich unmittelbar aus den Dynamiken der bürgerlichen und politischen Rechte ergibt und mit ihnen untrennbar verbunden ist. Der soziale Staatsbürgerstatus ist bei Marshall nicht als ein spezifischer Rechtsanspruch gedacht, nicht als Garantie einer a priori festgelegten Leistung, sondern als eine qualitative Eigenschaft, ein Status eben, der einen kontingenten, gleichwohl prinzipiellen Anspruch gegen den Staat ermöglicht und sich auf den *gleichen sozialen Wert* bezieht, der jedem Individuum zugestanden wird.

Und jede Form der *Entrechtlichung*, wie wir sie bspw. bei den Hartz-Gesetzen durch Zunahme von Ermessenentscheidungen beobachten können, vermindert den sozialen Status einer bestimmten sozialen Gruppe, die nun nicht mehr gleich im Vergleich zu anderen Gruppen behandelt wird. Solche Gruppen, die niemals den Status des Staatsbürgers erreicht haben, verbleiben in einem minderen Status. Er ist von dem des Staatsbürgerstatus weit entfernt, aber als Ideal, als anzustrebendes Ziel ist dieser im gesellschaftlichen Horizont immer präsent.

Von der nationalen Sozialpolitik über das Mehrebenen-System der EU bis zu »global social governance«

Wie verändert sich Sozialpolitik, sofern sie den nationalstaatlichen Rahmen übersteigt und sich auf die transnationale Ebene bezieht? Welche neuen sozialpolitischen Herausforderungen entstehen und wie reagiert Sozialpolitik darauf? Zwingt uns die Globalisierung, zentrale Fragen neu zu denken, und wenn ja, was wäre das Neue an der Sozialpolitik in einer globalisierten Welt? Meine bisherigen Überlegungen beruhten auf Prämissen des nationalstaatlichen Containers, eine Perspektive, die der einer globalisierten Welt nicht mehr angemessen scheint (vgl. etwa Beck 2007, 2008; Grande

2006; ders./Pauly (Hg.) 2005). Ohne das Problem in seiner Komplexität abhandeln zu können, möchte ich mich hier auf sechs zentrale Aspekte beschränken.

(i) Globalisierung führt dazu, dass viele Entwicklungsländer eine neoliberale Politik verfolgen, um ihre Konkurrenzfähigkeit auf den globalen Märkten zu verbessern, was nicht ohne Folgen für die Sozialpolitik dieser Länder bleibt (Rudra 2007; Kurtz 2002). Umgekehrt leiden viele noch unter den Folgen der Kolonialisierung und diese Kombination führt zu grundlegend anders strukturierten sozialen Problemen als in den OECD-Staaten. Es geht zwar auch immer um die Frage der Kommodifizierung und Dekommodifizierung von Arbeit, weil diese Länder Produkte und Waren für den Weltmarkt bereitstellen und auf den globalen Märkten konkurrieren oder in die langen Produktketten eingebunden sind. Dennoch kann man beobachten, dass der Kontext zwischen Arbeitsmarkt und sozialer Sicherung für große Teile der Bevölkerung nicht so eng ist wie in den OECD-Staaten, sondern weitgehend entkoppelt ist. Soziale Sicherheit muss auch oder gerade für die Bevölkerungsgruppen bereitgestellt werden, die nicht in den Arbeitsmarkt inkludiert sind, sondern in der informellen Ökonomie weit gefährdeter und verletzlicher sind. Vielleicht müsste man – überspitzt formuliert – die Figur der Dekommodifizierung durch Sozialpolitik durch die der »Rehumanisierung« ergänzen oder gar ersetzen, weil es hier um elementarere Formen des Lebens geht, nämlich um das »nackte Leben«, das Leben schlechthin. Sozialpolitik vor der Industrialisierung und Proletarisierung hatte genau diese Stoßrichtung und wird in der Literatur über die Sozialpolitik der Entwicklungsländer als »protective welfare state« (Rudra 2007: bes. 382f.) bezeichnet. Sie konzentriert sich im Wesentlichen auf die Sicherung der Armen und der Arbeiter. Umgekehrt zielen viele Sozialpolitiken darauf, wichtige exportorientierte Industrie- und Wirtschaftszweige für die globalisierte Konkurrenz fit zu machen. Folgerichtig werden soziale Leistungen beschränkt oder auf diese Gruppen des Arbeitsmarkts beschränkt, was zur Ausbildung von »productive welfare states« (ebd.) führt und viele soziale Leistungen auf diese Zweige konzentriert. Insgesamt lässt sich – im Gegensatz zu den OECD-Staaten – eine Abnahme der Sozialausgaben in den Entwicklungsländern für beide Typen beobachten. Nur wenige, ausschließlich lateinamerikanische Länder wie Argentinien, Brasilien, Mexico und Uruguay, fallen in eine Zwischenkategorie, die Forderungen der Armen und des Kapitals zusammenführt, was die Konkurrenz um knappe Ressourcen steigert (Rudra 2007: 391).

(ii) Dies würde bedeuten, dass es in diesen Ländern um grundlegende Probleme der Inklusion und Exklusion geht. Während in den OECD-Staaten der Wohlfahrtsstaat verhindern soll, dass die Exklusion aus einem Funktionssystem den Ausschluss aus anderen zur Folge hat, also die Menschen weiterhin am Bildungs-, Rechts-, Medizin-, Liebes- und am politischen System teilhaben können,[9] stellt sich das in vielen Entwicklungsländern fundamental anders dar.

Das Problem der Exklusion wurde in der sozialpolitischen Diskussion erst in der letzten Zeit intensiver thematisiert. Dies liegt unter anderem daran, dass mit der Kategorie der sozialen Ungleichheit ein konkurrierender Terminus existiert. *Soziale Ungleichheit* ist – so meine Vermutung – eine Kategorie, die allein auf die in eine Gesellschaft Inkludierten Anwendung findet und deren ungleiche Einkommens- und Teilhabepositionen bezeichnet. Diese Differenzen, die ihren Ausdruck in unterschiedlichen Interessen und Normen finden, werden in ihrem Kampf um Anerkennung innerhalb der Institutionen und Verfahren der pluralistischen Demokratie thematisiert, verhandelt und entschieden.

Exklusion dagegen ist nur als Gegenbegriff zur Inklusion denkbar und markiert eine Differenz, die weit tiefer greift als soziale Ungleichheit. Exklusion meint die *Exilierung* bestimmter sozialer Gruppen bzw. Individuen innerhalb einer bestehenden Gesellschaft, die ihren Ausdruck im Ausschluss aus den Kreisläufen von Produktion, Konsum, Bildung, Recht, Politik und sozialstaatlichen Institutionen findet (Castel 1996, 2000b; Luhmann 1995; Kronauer 2002: bes. Kap. 3). Seinen Ausgangspunkt nimmt Exklusion meist (aber nicht ausschließlich) im dauerhaften, also nicht temporären Ausschluss aus dem ökonomischen System. In Ermangelung ökonomischer Ressourcen, geringer Institutionalisierung sozialstaatlicher und anderer Rechte und schwacher Staatlichkeit wird eine Art Kettenreaktion in Gang gesetzt, in der der Ausschluss aus einem Funktionssystem den Ausschluss aus allen anderen zur Folge hat.

»[...] – keine Arbeit, kein Geldeinkommen, kein Ausweis, keine stabilen intimen Beziehungen, kein Zugang zu Verträgen und gerichtlichem Rechtsschutz, keine Möglichkeit, politische Wahlen von Karnevalsveranstaltungen zu unterscheiden, Analphabetentum und medizinische wie auch ernährungsmäßige Unterversorgung – beschränkt das, was auch in anderen Systemen erreichbar ist und definiert mehr

---

9 Zu dieser Denkfigur vgl. Luhmann 1997; Kronauer 2002; Castel 2000a; Bude/Willisch (Hg.) 2008.

oder weniger große Teile der Bevölkerung, die häufig dann auch wohnmäßig separiert und damit unsichtbar gemacht werden« (Luhmann 1997: 639f.).

Ob also die operationalen Logiken der jeweiligen Teilsysteme in Gang gesetzt werden können bzw. sich in Gang setzen, hängt von der vorgängigen Filterung der Bevölkerung durch die Kategorien von Inklusion/Exklusion ab. Dies hat zur Folge, dass nicht nur – wie erwähnt – bestimmten Gruppen der Zugang zu den relevanten Staatsbürgerrechten und institutionalisierten Verfahren verwehrt ist, sondern umgekehrt, dass sich bestimmte Teilsysteme und die in ihnen agierenden Gruppen und Personen nicht an die Rechte und Verfahren halten. Politik, Verwaltung, Polizei, Justiz und erst Recht das Militär handeln und entscheiden dann gegenüber den Exkludierten nach eigenem Ermessen und nicht entlang ihrer jeweiligen institutionalisierten Vorgaben bzw. funktionalen Codes.[10]

Wer kein Einkommen hat, hat kein Bankkonto, hat keinen Rechtsschutz, hat keinen Zugang zur Politik, keinen Zugang zum Gesundheitssystem und ist auch für viele nicht heiratsfähig. Er gilt nicht als Teil der Gesellschaft. Und umgekehrt sind große Teile der Bevölkerung von Beginn an aus der Gesellschaft ausgeschlossen, weil sie nie die Chance hatten, einen Zugang zu den unterschiedlichen Funktionssystemen zu finden. Sie also zu vergesellschaften, sie an den Prozessen und Dynamiken der Funktionssysteme erst teilhaben zu lassen, was ich oben als »Rehumanisierung« bezeichnet habe, wäre die zentrale Aufgabe der Sozialpolitik – normativ formuliert, nicht analytisch.

(iii) Auch die oben formulierte Denkfigur des grundlegenden Widerspruchs zwischen politischer Gleichheit und faktischer sozialer Ungleichheit wäre für viele Staaten der so genannten Dritten und Vierten Welt unangemessen. Denn in vielen ist die politische Gleichheit nicht realisiert, sie sind vielmehr durch grassierende politische Ungleichheit und diktatorische Unterdrückung gekennzeichnet. In vielen Erdölstaaten ist die Alimentierung der Bevölkerung ein Ersatz für die Bereitstellung politischer Gleichheit, während die soziale Ungleichheit auf einem sehr hohen Niveau durch massive Umverteilung ausgeglichen wird. In wieder anderen überlagert sich politische (oder auch ethnische, religiöse, kulturelle) Ungleichheit mit sozialer Ungleichheit, was diese Bevölkerungsgruppen nicht nur extrem verletzlich macht, sondern sie zugleich aus der Gesellschaft exkludiert.

---

10 Die massenhafte Erschießung Jugendlicher durch die brasilianische Polizei in den Favelas großer Städte in Brasilien ist nur ein Beispiel unter vielen.

(iv) Zu bedenken wären auch die unterschiedlichen *Gerechtigkeitskonzepte*, die in diesen Ländern im Gegensatz zu denen der OECD-Welt stehen. Sei es in Lateinamerika, in Afrika und vor allem auch in Asien – überall haben wir es mit ganz unterschiedlichen Konzepten zu tun, die sich von denen in der OECD-Welt unterscheiden. Auch wird deutlich, dass wir mit einer immensen Spannbreite von Gerechtigkeitskonzeptionen konfrontiert sind, die gerade in den Phasen des Auf-, Um- und Abbaus von Wohlfahrtsstaaten aufeinander prallen (Rüb 1998). Die in ihrer Wirkung umstrittenen Mikro-Kredite, die in Bangladesch und Indien eingeführt wurden und inzwischen auch in anderen Weltregionen, vor allem Afrika und Lateinamerika, angewendet werden (vgl. dazu Rogaly 1996), verdeutlichen nicht nur ein neues Gerechtigkeitskonzept, sondern auch neue Instrumente und Techniken von sozialer Sicherung, die in der OECD-Welt nie zum Einsatz kamen.

(v) Das führt zum nächsten Punkt, dem *schwacher Staatlichkeit*. Um soziale Leistungen flächendeckend, gleichmäßig und dauerhaft zur Verfügung stellen zu können, bedarf es nicht nur eines robusten Steuersystems, um die dafür notwendigen Finanzen aufbringen zu können; es bedarf zudem eines ausgebauten Verwaltungsapparates, der in der Lage ist, eine qualitativ gute Versorgung mit Einkommensersatz und Dienstleistungen zu gewährleisten. Verletzlichkeit ist in fragilen oder zerfallenden Staaten in insgesamt vier Dimensionen extrem hoch und ihre Reduktion würde vier Rechte einschließen: Zunächst (a) das Recht auf *körperliche Unversehrtheit*, das heißt die Abwesenheit von Folter in Gefängnissen, von marodierenden Banden, die Menschen vertreiben oder töten, der Schutz vor ethisch aufgeheiztem Hass bis hin zum Schutz vor Genozid; und es würde auch den Schutz von Frauen und Kindern vor der Gewalt der Männer einschließen; dann (b) ein Recht auf eine fundamentale *gesundheitliche Versorgung*, so dass leicht heilbare und damit triviale Krankheiten (wie Durchfall, Infektionen und ähnliches) keine tödlichen Auswirkungen haben, sondern durch ein erreichbares Gesundheitssystem geheilt werden können; dann (c) das *Recht auf ausreichende Nahrung*, inklusive sauberem Wasser; also das Recht, nicht wegen Hungers sterben zu müssen, sei es auf der Flucht oder sei es im eigenen Land; und endlich (d) das Recht auf ein *soziales Minimum*, besser: Minimissimum, also auf angemessenen Wohnraum samt dazugehöriger Infrastruktur (Wasser, Elektrizität, Verkehr, Kommunikation) und das Recht auf eine fundamentale (Aus)Bildung.

Diese fundamentalen Rechte sind im Kern ein *Recht auf Staat.* Hier bildet der Mensch als solcher die Bezugsbasis, vor jeglicher kultureller oder sonstiger Besonderheit. Gerade hier liegt die fundamentale Bedeutung der *staatlichen* Sozialpolitik. Gesellschaften sind, um ein Minimum an Sozialität zu realisieren, auf den Staat und seine organisatorischen Ressourcen angewiesen, sie sind »staatsbedürftig« (Vogel 2007) – allein schon um das »nackte Leben« zu schützen.

(vi) Schließlich und vielleicht am wichtigsten, aber zugleich am ungeklärtesten: Wir haben es mit einer neuen Form der Verletzlichkeit zu tun, die die tradierten Konzepte von Sozialpolitik hinter sich lässt. Sind Naturkatastrophen Naturkatastrophen oder sind sie durch menschliche Entscheidungen (mit)verursacht? Hier muss man sicherlich unterscheiden zwischen einem Erdbeben, das durch tektonische Verschiebungen der Erdplatten verursacht wird und Veränderungen des Wetters, die durch den menschlich induzierten Klimawandel ausgelöst werden.[11] Während soziale, ökonomische und politische Faktoren für den Grad der Verletzlichkeit nach wie vor eine zentrale Rolle spielen, treten nun klimatische oder ökologische hinzu, die bisher als sozialpolitisch irrelevant betrachtet wurden. Die ökologische Verwundbarkeit ist nur auf den ersten Blick gleich verteilt. Zwar sind reiche wie arme Bevölkerungsschichten von einem Unwetter gleich bedroht und ihre Häuser werden vom Regen oder von Erdrutschen zerstört. Gleiches gilt für die städtischen Randsiedlungen in vielen (Mega-)Städten Lateinamerikas, Asiens und Afrikas, in denen sich ökonomische und ökologische Verletzlichkeiten überlappen. Hier leben Bevölkerungsgruppen, die sowohl von öffentlichen und sozialen Infrastrukturen (Strom, Wasser, Verkehr, sozialen Einrichtungen) abgeschnitten als auch durch ökologische Bedrohungen (Unwetter, Erdrutsche, Hochwasser und ähnliches) besonders betroffen sind und zudem aus dem demokratisch-politischen Prozess exkludiert wurden (Dietz 2011: bes. 74–111).

Diese Verletzlichkeiten unterscheiden sich mindestens hinsichtlich dreier Faktoren (vgl. dazu Blaikie 1994): Zunächst (a) sind Ärmere mehr betroffen oder werden eher getötet als Reiche, die auch über bessere Flucht-

---

11 Zwar ist auch die durch Menschen produzierte Dimension des Klimawandels umstritten, aber inzwischen geht die Mehrheit aller Klimaforscher davon aus, dass er durch menschlich produzierte Faktoren in Gang gesetzt worden ist, die man auch verändern könnte. Eine Mehrheit kann zwar die Wahrheit einer Aussage nicht ersetzen, aber Mehrheit meint hier, dass diese die Wahrheit durch wissenschaftliche Forschungen anerkennt. Vgl. ausführlich Welzer 2007; Leggewie/Welzer 2011.

oder Rettungsmöglichkeiten verfügen: Ein Blick auf die Verteilung der Betroffenheit der Bevölkerung bei Hurrican Katrina in New Orleans macht dies sofort deutlich. Hier machen Zugang zu Telekommunikationsmöglichkeiten, der Besitz von Autos zur Flucht, Rettungsausrüstungen, Sicherheitsvorkehrungen etc. den Unterschied aus, der über Leben oder Tod entscheidet; dann sind (b) die Entscheidungen, an gefährlichen Hängen zu wohnen, unterschiedlich zu Stande gekommen. Während die Reichen wegen schöner Aussicht an gesicherten Hängen faktisch kein Risiko eingehen, können es die Armen nicht: Sie sind mehr oder weniger gezwungen, sich in Hütten an ungefestigten Hängen oder in ungeschützten Favelas der Megastädte nieder zu lassen, um ihre minimalen Chancen auf Einkommen und Arbeit zu erhöhen. Und schließlich sind (c) die so genannten Coping-Kapazitäten ungleich verteilt. Die Reichen haben eher Versicherungen für solche Fälle abgeschlossen, die den Schaden kompensieren, die Armen nicht. Die Reichen bekommen Kredite für einen Wiederaufbau, die Armen sind nicht kreditwürdig etc.

Man kann an diesen Beispielen beobachten, dass sich hier die Leitlinien verschieben: Verletzlichkeit bekommt hier eine andere Qualität als in den tradierten westeuropäischen Wohlfahrtsstaaten. Hier wird Klima zu einem weiteren Faktor, der über die Verletzlichkeit von Gruppen bestimmt und die Wahrscheinlichkeit eines natürlichen Todes für bestimmte Bevölkerungsgruppen drastisch reduziert.

Alle erwähnten sechs Dimensionen haben eine übergreifende Gemeinsamkeit, die mit der Globalisierung zusammen hängt: Das räumliche und zeitliche Auseinanderfallen von Risiko*verursachung* und Risiko*betroffenheit* (Beck 2008: 31). Die *räumliche* Dimension betrifft die grenzüberschreitende Wirkung von ökonomischen oder politischen Entscheidungen. Der Aufbau oder die Verlagerung von Produktionsstätten, über die Land A entscheidet, hat immense Auswirkungen in den Ländern B, C und D, ohne dass diese auf die Entscheidung von A Einfluss nehmen können. Die *zeitliche* Dimension betrifft die Wirkungen in der Zukunft. Die Wirkungsketten werden länger, komplexer und viele irreversibel. Wie sich der unverminderte CO_2-Ausstoß auf das Klima in Land A im Jahr X auswirkt, kann niemand vorhersagen. Welche Folgen eine Investitionsentscheidung für Standort A im Land B hat und welche Bedeutung dies für die Migration, die Demographie, die Umwelt, die soziale Struktur etc. hat, ist unsicher. Hinzu kommt, dass auf diese Weise eine »organisierte Unverantwortlichkeit« (Beck 2008: 31) entsteht, weil die Betroffenen niemanden für diese

Entscheidungen zur Verantwortung ziehen können. In einer Welt nationalstaatlicher Prägung war dies erheblich einfacher, weil Risikoproduzent und Risikobetroffene sich als soziale Kräfte in einem Land gegenüberstanden und gegeneinander kämpften. Organisierte Verantwortungslosigkeit hat viele Profiteure und macht eine Regulierung globaler Probleme auf der globalen Ebene eher unwahrscheinlich, aber nicht unmöglich. Damit verbunden ist die Unwahrscheinlichkeit der Risikokompensation, wie sie die tradierte Sozialpolitik in Form von Geldleistungen und sozialen Dienstleistungen voraussetzt. Die »Logik der Kompensation« (Ewald 2002), die in den OECD-Staaten die Sozialpolitik bisher weitgehend dominiert hat, verliert ihre Bedeutung, ihre regulierende Kraft und normative Plausibilität. Durch welche Logik sie ersetzt wird, ist unklar und offen. Normativ müsste sie durch die Vorstellung der Vorbeugung, der präventiven Voraussicht ersetzt werden (so Ewald 2002), was aber erhebliche Schwierigkeiten mit sich bringt.

Schlussbemerkung

Sozialpolitik ist in der globalisierten Welt nach wie vor weitgehend nationalstaatlich organisiert; trotz Europäisierung und Globalisierung sind soziale Regulation betreibende Governance-Regime auf transnationaler Ebene nur rudimentär verbreitet. Die globale Governance, gerade im sozialpolitischen Bereich, verfügt über kein Zentrum, sondern ist hochgradig fragmentiert und segmentiert. Hinzu treten auch private Akteure und private Regulierungsregime, die die bisherigen Akteure in einen minderen Rang versetzen (Deacon 1999, 2000). Insofern hinken die sozialpolitischen Regulierungsregime den faktischen Anforderungen hinter her. Aber die Denkfigur der *sozialen Verletzlichkeit* ist und bleibt eine Herausforderung, an der sich die Sozialpolitik national wie transnational messen lassen muss. Die sozialen, ökonomischen, gesellschaftlichen und politischen Rahmenbedingungen aller Gesellschaften des 21. Jahrhunderts bilden strukturelle Rahmenbedingungen aus, die die Wahrscheinlichkeit senken, dass Menschen eines natürlichen Todes sterben. Die Zunahme unnatürlicher Tode ist nach wie vor eine zentrale Herausforderung.

Direkte, also interpersonale und staatliche Gewalt sind neben der von kriminellen Banden bzw. von Gewaltunternehmern ausgeübten Gewalt immer noch und zunehmend die Ursache für unnatürlich Tote, gerade in Afrika und Lateinamerika. Sie zu bekämpfen ist die Aufgabe des Rechts- oder Sicherheitsstaates. Neben diese direkte Gewalt tritt die von sozialen Strukturen, die die Wahrscheinlichkeit unterminieren, dass Menschen eines natürlichen Todes sterben. Und diese Strukturen sind menschengemacht, Ausdruck von bestimmten, historisch entstandenen Herrschafts- und Machtstrukturen, die die Wahrscheinlichkeit eines natürlichen Todes senken und Menschen und bestimmte Gruppen sozial verwundbarer machen als andere. Der natürliche Tod wird durch Arbeitsbedingungen in Betrieben und in der Landwirtschaft, durch verschiedenen Formen der Exklusion, durch mangelnde medizinische Versorgung, fehlende oder nur rudimentär ausgebaute soziale Sicherungssysteme, durch unzureichende Wohnungs- und Ernährungslagen und durch ökologische und Naturrisiken verhindert. An seine Stelle tritt der durch strukturelle Faktoren ausgelöste nicht-natürliche Tod. Und die Wahrscheinlichkeit zu erhöhen, dass statt des durch ungünstige strukturelle Kontexte erzwungenen »unnatürlichen« Todes die Wahrscheinlichkeit des natürlichen Todes gesteigert wird, ist und bleibt eine der zentralen Aufgaben der Sozialpolitik – national wie transnational.

Literatur

Anter, Andreas (2004), *Die Macht der Ordnung*, Tübingen.
Beck, Ulrich (2008), *Die Neuvermessung der Ungleichheit unter den Menschen: Soziologische Aufklärung im 21. Jahrhundert*, Frankfurt/M.
— (2007), *Weltrisikogesellschaft. Auf der Suche nach der verlorenen Sicherheit*, Frankfurt/M.
Berger, Peter L./Luckmann, Thomas (1969), *Die gesellschaftliche Konstruktion der Wirklichkeit. Eine Theorie der Wissenssoziologie*, Frankfurt/M.
Blaikie, Piers, u.a. (1994), *At Risk. Natural Hazards, Peoples' Vulnerability, and Disasters*, London/New York.
Bogs, Walter (1969), »Von der Freiheit durch das Gesetz. Bemerkungen über Anspruchs- und Ermessensleistungen im Sozialrecht«, in: *Sozialpolitik und persönliche Existenz*, Festgabe für Hans Aichinger anlässlich seines 70. Geburtstages am 5. Oktober 1969, S.55–62.
Botton, Alain de (2004), *StatusAngst*, Frankfurt/M.
Bruckmeier, Karl (1988), *Kritik der Organisationsgesellschaft. Wege der systemtheoretischen Auflösung der Gesellschaft von M. Weber, Parsons, Luhmann und Habermas*, Münster.

Bude, Heinz/Willisch, Andreas (2008) (Hg.), *Exklusion. Die Debatte über die »Überflüssigen«*, Frankfurt/M.
Butler, Judith (2005), *Gefährdetes Leben. Politische Essays*, Frankfurt/M.
Castel, Robert (2005), *Die Stärkung des Sozialen. Leben im neuen Wohlfahrtsstaat*, Hamburg.
— (2000a), *Die Metamorphosen der sozialen Frage. Eine Chronik der Lohnarbeit*, Konstanz.
— (2000b), »Die Fallstricke des Exklusionsbegriffes«, in: *Mittelweg 36*, 3, S. 11–25.
— (1996), »Nicht Exklusion, sondern Desaffiliation. Ein Gespräch mit Francois Ewald«, in: *Das Argument*, 217, S. 775–780.
Deacon, Bob (2000), *Globalization and Social Policy: The Threat to Equitable Welfare*, Geneva, United Nations Research Institute for Social Development.
— (1999), »Social Policy in a Global Context«, in: Hurrel, Andrew/Woods, Ngaire, *Inequality, Globalization, and World Politics*, Oxford, S. 211–248.
Dietz, Kristina (2011), *Der Klimawandel als Demokratiefrage. Sozial-ökologische und politische Dimensionen von Vulnerabilität in Nicaragua und Tansania*, Münster.
Elster, Jon (1999), *Alchemies of the Mind: Rationality and the Emotions*, Cambridge.
Engels, Friedrich (1848), *Die Lage der arbeitenden Klasse in England. Nach eigner Anschauung und authentischen Quellen*, Leipzig.
Ewald, Francois (2002), »The Return of Descartes' Malicious Demon: An Online of a Philosophy of Precaution«, in: Baker, Tom/Simon, Jonathan, *Embracing Risk, The Changing Culture of Insurance and Responsibility*, Chicago, S. 273–301.
— (1993), *Der Vorsorgestaat*, Frankfurt/M.
Frerich, Johannes (1993), *Handbuch der Geschichte der Sozialpolitik in Deutschland, Bd.3, Sozialpolitik in der Bundesrepublik Deutschland bis zur Herstellung der Deutschen Einheit*, München/Wien.
Galtung, Johan (1975), *Strukturelle Gewalt. Beiträge zur Friedens- und Konfliktforschung*, Reinbek bei Hamburg.
Gladen, Albin (1974), *Geschichte der Sozialpolitik in Deutschland*, Wiesbaden.
Grande, Edgar (2006), »Cosmopolitan Political Science«, in: *The British Journal of Sociology*, 57 (1), S. 87–111.
— /Pauly, Louis W. (2005) (Hg.), *Complex Sovereignty: Reconstituting Political Authority in the Twenty-First Century*, Toronto.
Greven, Michael (2000), »Über demokratischen Dezisionismus«, in: ders., *Kontingenz und Dezision. Beiträge zur Analyse der politischen Gesellschaft*, Opladen, S. 51–62.
— (1999), *Die politische Gesellschaft. Kontingenz und Dezision als Probleme des Regierens und der Demokratie*, Opladen.
Guldimann, Tim/Rödel, Ulrich (1978), *Sozialpolitik als soziale Kontrolle*, Frankfurt/M.
Heller, Hermann (1992) [1924], *Staatslehre als politische Wissenschaft*, Gesammelte Schriften, Bd. 2, Tübingen.
Hentschel, Volker (1991), *Geschichte der deutschen Sozialpolitik (1880-1980): soziale Sicherung und kollektives Arbeitsrecht*, Frankfurt/M.

Hobbes, Thomas (1991) [1651], *Leviathan oder Stoff, Form und Gewalt eines bürgerlichen oder kirchlichen Staates*, übers. und eingeleitet von Iring Fetscher, Frankfurt/M.

Kaufmann, Franz-Xaver (2005), *Sozialpolitik und Sozialstaat: Soziologische Analysen*, Wiesbaden.

— (2003), *Varianten des Wohlfahrtsstaates. Der deutsche Sozialstaat im internationalen Vergleich*, Frankfurt/M.

— (1998), »Der Sozialstaat als Prozeß – für eine Sozialpolitik zweiter Ordnung«, in: Ruland, Franz u.a., *Verfassung, Theorie und Praxis des Sozialstaates*, Festschrift für Hans F. Zacher, Heidelberg, S. 307–322.

Kronauer, Martin (2008), »Plädoyer für ein Exklusionsverständnis ohne Fallstricke«, in: Bude, Heinz/Willisch, Andreas (Hg.), *Exklusion. Die Debatte über die »Überflüssigen«*, Frankfurt/M., S. 146–160.

— (2002), *Exklusion. Die Gefährdung des Sozialen im hoch entwickelten Kapitalismus*, Frankfurt/New York.

Kurtz, Markus J. (2002), »Understanding the Third World Welfare State after Neoliberalism. The Politics of Provision in Chile and Mexico«, in: *Comparative Politics*, 34 (3), S. 293–313.

Leggewie, Claus/Welzer, Harald (2011), *Das Ende der Welt, wie wir sie kannten. Klima, Zukunft und die Chancen der Demokratie*, Frankfurt/M.

Lijphart, Arend (1999), *Patterns of Democracy. Governments Forms and Performance in Thirty-Six Countries*, New Haven/London.

Luhmann, Niklas (1997), *Die Gesellschaft der Gesellschaft*, Frankfurt/M.

— (1995), »Inklusion und Exklusion«, in: ders., *Soziologische Aufklärung 6: Die Soziologie und der Mensch*, Wiesbaden, S. 237–264.

— (1993), »Wie ist soziale Ordnung möglich?«, in: ders., *Gesellschaftsstruktur und Semantik*, Bd. 2, Frankfurt/M., S. 195–285.

Marshall, Thomas H. (1992), *Bürgerrechte und soziale Klassen. Zur Soziologie des Wohlfahrtsstaates*, Frankfurt/New York.

— (1950), *Citizenship and Social Class – and other Essays*, Cambridge.

Nullmeier, Frank (2000), *Politische Theorie des Sozialstaats*, Frankfurt/New York.

— /Rüb, Friedbert W. (1993), *Die Transformation der Sozialpolitik. Vom Sozialstaat zum Sicherungsstaat*, Frankfurt/New York.

Palonen, Kari (1998), *Das ›Webersche Moment‹. Zur Kontingenz des Politischen*, Opladen.

— (2003), »Four Times of Politics: Policy, Polity, Politicking, and Politization«, in: *Alternatives*, 28, S. 1–12.

Parsons, Talcott (1968) [1937], *The Structure of Social Action*, New York.

Peters, Horst (1978), *Die Geschichte der sozialen Versicherung*, St. Augustin.

Piven, Francis F./Cloward, Richard A. (1971), *Regulating the Poor: The Functions of Public Welfare*, New York.

Popitz, Heinrich (1976), *Prozesse der Machtbildung*, Tübingen.

Rogaly, Ben (1996), »Micro-Finance Evangelism. ›Destitute Women‹ and the Hard Selling of a New Anti-Poverty Formula«, in: *Development in Practice*, 6 (2), S. 100–112.

Rohe, Karl (1994), *Politik. Begriffe und Wirklichkeiten*, Stuttgart/Berlin/Köln.

Rudra, Nita (2007), »Welfare States in Developing Countries: Unique or Universal?«, in: *The Journal of Politics*, 69 (2), S. 378–396.

Rüb, Friedbert W. (2003), »Risiko – Versicherung als riskantes Geschäft«, in: Lessenich, Stephan (Hg.), *Wohlfahrtsstaatliche Grundbegriffe – Historische und aktuelle Diskurse*, Frankfurt/New York, S. 303–330.

— (1998), »Versicherungsprinzip und soziale Gerechtigkeit«, in: Blasche, Siegfried/Döhring, Dieter (Hg.), *Sozialpolitik und Gerechtigkeit*, Frankfurt/New York, S. 314–355.

Schimank, Uwe (2005), *Die Entscheidungsgesellschaft. Komplexität und Rationalität der Moderne*, Wiesbaden.

Schoeck, Helmut (1968), *Der Neid: eine Theorie der Gesellschaft*, Freiburg/München.

Sternberger, Dolf (1980), »Der Begriff des Politischen«, in: ders., *Staatsfreundschaft*, Schriften Bd. 4. Frankfurt/M.

Vobruba, Georg (2002), »Freiheit: Autonomiegewinne der Leute im Wohlfahrtsstaat«, in: Lessenich, Stephan (Hg.), *Wohlfahrtsstaatliche Grundbegriffe. Historische und aktuelle Diskurse*, Frankfurt/New York, S. 137–156.

— (1983), *Politik mit dem Wohlfahrtsstaat*, Frankfurt/M.

Vogel, Berthold (2007), *Die Staatsbedürftigkeit der Gesellschaft*, Hamburg.

Welzer, Harald (2007), *Klimakriege – Wofür im 21. Jahrhundert getötet wird*, Frankfurt/M.

Windhoff-Heritier, Adrienne u.a. (1990), *Verwaltungen im Widerstreit von Klientelinteressen. Arbeitsschutz im internationalen Vergleich*, Wiesbaden.

Zacher, Hans F. (1982), »Zur Anatomie des Sozialrechts«, in: *Die Sozialgerichtsbarkeit*, 29, S. 329–33.

Von der vernünftigen Suche nach Leidenschaft:

Ein Vorschlag, Gesellschaftsanalyse und Sozialpolitik-Forschung zu dezentrieren

Hans-Jürgen Burchardt

Als Ulrich Menzel 1992 mit dem *Ende der Dritten Welt* auch das Scheitern der großen Theorie ausrief, beging er einen dieser Irrtümer, die oft zu beobachten sind, wenn kategorische Proklamationen auf frischen Zeitgeist treffen. Denn die ›große Theorie‹ befand sich zu Beginn der 1990er Jahre nicht an ihrem Ende, sondern am Anfang eines neuen Höhenflugs, ausgelöst durch den Zusammenbruch der damaligen UdSSR. Der profunde Wandel der dortigen Gesellschaften erforderte Orientierung und Antworten; und was scheint besser dafür geeignet als bewährtes Wissen und lieb gewonnene Wahrheiten. Die westliche Modernisierungstheorie wurde als Transitionsforschung zum Krisengewinner, konnte ihre bereits auf dem Prüfstand stehenden Vorannahmen weitgehend bewahren und bot – ansprechend parzelliert – über Theorien mittlerer Reichweite alte Rezepte in kleinen Dosen als neue Handlungsanleitungen feil. Wer anfangs an der Renaissance der Modernisierung zweifelte, wurde mit dem zweiten, zeitgleich verkündeten Apodiktum vom *Ende der Geschichte* zur Ordnung gerufen.

Unbeschadet kommt der westliche Modernisierungsgedanke bis heute mit liberalen, konservativen oder gar gesellschaftskritischen Vorzeichen daher. Mit seinem variierenden Fokus auf endogene oder exogene Faktoren zeichnet er sich durch eine reiche Bandbreite an Akzenten aus, ohne sich je untreu zu werden. Immer geht es um zwei Erzählungen: Zum einen um ein Entwicklungsverständnis als linearen, evolutionistischen Prozess, der primär am Erreichen eines abstrakten, in die Zukunft projizierten und an europäischen Erfahrungen und Standards gemessenen Telos ausgerichtet ist. Und zum anderen um einen androzentrischen, meist durch die liberale Theorie aufgeladenen individualtheoretischen Akteursbegriff, der das Individuum als einen rational agierenden Nutzen-, beziehungsweise Freiheitsmaximierer versteht, welcher sowohl für Strukturen und Institutionen als auch die gesellschaftliche Entwicklung als Ganzes konstitutiv ist.

Doch die Dynamiken und Umbrüche der Weltgesellschaft des 21. Jahrhunderts scheinen mit diesen beiden Dimensionen immer weniger erfassbar zu sein (vgl. auch den Beitrag von Rehbein in diesem Band). Im Folgenden wird darum versucht, diese beiden Erzählungen kritisch zu beleuchten und zu dezentrieren. Dazu wird mit Norbert Elias Figurationsansatz ein methodischer Zugang bemüht, der auf Kontexte und Eigenarten sozialen Wandels gebührend eingeht, ohne auf systematische Betrachtungen und Vergleichbarkeit zu verzichten. Abschließend werden kursorisch Anwendungsmöglichkeiten für eine Sozialpolitik-Forschung jenseits der OECD illustriert.

Die Starrheit des Evolutionismus

Die erste Erzählung des westlichen Modernisierungsgedankens wurde zweifelsohne stark vom Fortschrittsnarrativ der französischen Aufklärung beeinflusst. Eine besondere Rolle spielte hier der Philosoph Marquis de Condorcet, der 1793 mit seinem Traktat *Esquisse d' untableauhistorique des progrès de l'esprithumain* als erster eine fortschrittsbasierte säkulare Zukunftsvision vorstellte, die ihre globale Ausbreitung über einen universellen zivilisatorischen Aufholprozess erfahren sollte. Mit seinen rigiden mathematischen Methoden beeinflusste Condorcet Gelehrte wie Auguste Comte und half damit das mechanische Gesellschaftsbild zu begründen, welches später auch die Wirtschaftstheorie beeinflusste, die – wie zum Beispiel im Falle von Friedrich List – wiederum für die Entwicklungstheorie bedeutsam wurde (Lüchinger 2002).

Seit Condorcet wird Entwicklung oft in einer rigiden zeitlichen Logik als (Fortschritts-)Abfolge des Vergangenen, des Gegenwärtigen und des Zukünftigen begriffen. Hieraus erklärt sich die Verfangenheit einflussreicher Stränge der sozialwissenschaftlichen *area studies* – zum Beispiel in Studien zu Staat oder Demokratie – in Kategorien wie Progression, Konsolidierung, Defizit oder Regression. Gleichzeitig impliziert diese lineare Zeitvorstellung eine Überwindung beziehungsweise Aufhebung lokaler Unterschiede, verschiedener Kontexte und partikularer Dynamiken und begründet so den Universalismus einer eurozentristischen »one multiple repeated history« (Taylor 1999), dessen Fortschrittsgedanke für manchen Betrachter heute bereits die Qualität eines okzidentalen (Aber-)Glaubens erreicht hat (Gray 2010).[1]

In den letzten drei Jahrzehnten wurde dieser eurozentristische Tunnelblick durch verschiedene *cultural turns*, wie den *spatial, linguistic* und *historical turn* im nennenswerten Umfang dekonstruiert (Bhabha 2000; Conrad/Randeira 2002; Gareau 1985; Said 1978; Samir 1989). Eine besondere Bedeutung kommen hier den *postcolonial studies* zu, die es sich zur Aufgabe gemacht haben, die ideengeschichtliche und ideologische Herleitung der historischen, ethnischen, genderspefizischen und anderen Verengungen, die Entwicklungstheorien und -politiken auszeichnen, zu benennen (Escobar 1995; Lewis/Mills 2003; Spivak 1990) und gesellschaftliche Entwicklung jenseits der OECD zu dezentrieren. Dezentrierung[2] meint einerseits, »*Europa zu provinzialisieren*« (Chakrabarty 2000), also mit der Interpretation zu brechen, dass die italienische Renaissance, protestantische Reformen in England, die französische Revolution und die deutsche Aufklärung zu einer universellen Globalgeschichte der Moderne zusammenschmolzen und es somit nur einen überlegenen Entwicklungsweg Europas sowie einen einseitigen Kultur- und Wissenstransfers in die ›Dritte Welt‹ gegeben hat (Budde et al. 2006; Conrad et al. 2007; Therborn 2003).[3]

---

1 Auf der Vorstellung, dass die Universalisierung der Aufklärung primär durch Expertenwissenstransfers zu erreichen wäre, die die Fortgeschrittenen den Anderen zugute kommen lassen, basiert gleichzeitig die »institutionalisierte Besserwisserei« (Lepenies 2009, 2008), die die Entwicklungspolitik bis heute prägt.

2 Der eigentlich aus der Entwicklungspsychologie stammende Begriff *Dezentrierung* soll zum Ausdruck bringen, dass bei der Betrachtung eines Gegenstandes mehrere Merkmale zu berücksichtigen und in Beziehung zu setzen sind. Diese Beziehungen sind nicht nur zu erkennen, sondern müssen auch relational verstanden werden. Die Analyse hat darum eine Perspektive einzunehmen, die die Mehrdimensionalität von Objekten voraussetzt und methodisch einzufangen versucht.

3 So ist auch die Staatswerdung der europäischen Gesellschaften nicht teleologisch als ein ununterbrochener Prozess der Modernisierung zu begreifen, der über Säkularisierung und Rationalisierung einer Art natürlichem Impetus gehorcht. Vielmehr verlief die Konsolidierung der europäischen Staaten nicht in festen Sequenzen und nach gleichen Mustern, sondern in unterschiedlichen und auch widersprüchlichen Dynamiken (Ertmann 1997; Schlichte 2005). Insbesondere das Gewalt- und Steuermonopol, bis heute die wichtigsten Pfeiler moderner Staatlichkeit, wurden wesentlich durch einen Rüstungswettlauf und kriegerische Konflikte konkurrierender Fürsten begründet, die zu einer Konvergenz zwischen Ressourcenextraktion und Erzwingungsapparat führten (Knöbl/Schmidt 2000; Tilly 1990). Der Umstand, dass erst die Anwesenheit von Krieg zu moderner westlicher Staatlichkeit führte, unterstreicht die Besonderheit der europäischen Entwicklung und die Unmöglichkeit ihrer Übertragung auf andere Länder (Überblick: Burchardt 2009).

Andererseits wird versucht, sich den Pfaden, gesellschaftlichen Leitbildern und Praktiken in den ›Ländern des Südens‹ nicht mehr nur mit westlichen Erfahrungen anzunähern, sondern neue methodische und konzeptionelle Zugänge zu entwickeln (Sousa Santos 2007).

Diese und andere[4] Bemühungen, die westlichen Sozialwissenschaften zu dezentrieren (Reuter/Villa 2010), sind bisher nur begrenzt in den Mainstream-Debatten angekommen. Dies ist nicht nur dem Einfluss oder der Ignoranz des westlichen Diskurses geschuldet[5], sondern liegt ebenso an der spezifischen Kritik am Eurozentrismus selbst: Als Konsequenz der Dekonstruktionsleistungen wird oft die Übertragung von im Westen erprobten methodischen Zugängen auf andere Regionen abgelehnt. Gleichzeitig ist es den eurozentrismus-kritischen Beiträgen noch nicht gelungen, ein eigenes methodisches Gerüst zu entwickeln, welches offen genug ist, um relevante Partikularitäten relativ vorbehaltlos zu erfassen, aber gleichzeitig hinreichende Konsistenz aufweist, um aus den identifizierten Komponenten zu einer gesellschaftlichen Gesamtanalyse zu kommen, die generelle Aussagen und systematische Vergleiche erlaubt (Osterhammel 2001; Sousa

---

4 Ein weiterer nennenswerter Versuch in diese Richtung geht von der neo-weberianisch inspirierten Debatte um die multiple Moderne aus, die partikulare Entwicklungen außerhalb des Westen nicht als Abweichung, sondern als eigenständige Ausprägung versteht (Eisenstadt 2003, 2006; Knöbl 2007). Wird der Kern der Moderne(n) hierbei auch kontextualisiert und insofern als vielgestaltig und variabel betrachtet, bleibt die europäische Moderne mit ihren Rationalitätsstrukturen und Reflexivitätspotenzialen doch der originäre Referenzpunkt, mit dem sich das ›Moderne‹ identifizieren und definieren lässt (Schwinn 2009). Der Kolonialismus als Möglichkeitsbedingung dieser Moderne wird ebenfalls unzureichend problematisiert (Pomeranz 2000). Analog dazu verhalten sich die Übertragungen des ›varieties of capitalism‹ Ansatzes auf Regionen jenseits der OECD (z.B. Schneider 2009), die oft vernachlässigte institutionelle Zusammenhänge verkoppeln, aber analytisch immer die kapitalistische Verwertung als dominanten Vergesellschaftungsmodus voraussetzen.

5 Weit mehr als drei Viertel der weltweiten Forschung und wissenschaftlichen Kommunikation findet bis heute in wenigen OECD-Kernländern statt (Lander 2003; Weingart 2006). Die Mehrheit der Forscher aus dem Süden sieht sich deutlich erschwerten Arbeitsbedingungen ausgesetzt (Tickner 2003) und in Forschungskooperationen werden ihnen nicht selten nachgeordnete Tätigkeiten zugeordnet, die den Betroffenen auch schon einmal solche Eindrücke vermitteln: »[...]we have moved from being hunter-gatherers to data-gatherers who performed basic tasks that would accrue to the benefit of academics in the north« (Kahn 2001: 27). Zusätzlich verführt der gewünschte Anschluss an die epistemologische und materielle Dominanz des Nordens bei Forschern aus dem Süden nicht selten zum »captive mind« (Alatas 2003), einer eurozentristischen Prägung des intellektuellen Denkens und Wirkens, die mehr den Referenzen der internationalen *community* als den realen Verhältnissen vor Ort entspricht.

Santos 2005). Produktiver wäre ein Umgang, der sich trotz Kritik durch eine Offenheit gegenüber bewährten Kategorien auszeichnet, da erst deren Anwendung auf das neue Bezugsfeld Justierungen und Innovationen ermöglicht. Ein solches Verfahren würde den Eurozentrismus zum Beispiel mit widersprechenden bis widerspenstigen Erfahrungen und Gegenständen aus der ›Dritten Welt‹ konfrontieren, Brückenschläge zu Wissen und Praktiken aus den Industrieländern erlauben und bei einer gleichzeitigen Ausweitung der empirischen Erkenntnisgenerierung eurozentristische Vorgaben aufweichen. Anders werden vorhandene Gräben eher vertieft und die zu Recht beklagte dichotome Arbeitsteilung zwischen systemischen, westlich geprägten Sozialwissenschaften und den Regionalstudien kaum gelockert.

Insbesondere der Befürchtung, dass die Aufgabe eines universellen Gesellschaftsverständnisses Gefahr läuft, in dessen anderes Extrem, also in die Vorstellung von Inseln kultureller Partikularität bzw. in Kulturrelativismus zu münden, muss begegnet werden. So etwas kann meines Erachtens nicht ohne die Berücksichtigung der Subjektebene, also der zweiten Erzählung des westlichen Modernisierungsgedankens gelingen. Hier überwiegen bisher Beiträge über die Nicht-Repräsentierbarkeit bzw. fehlende Möglichkeit der analytischen Darstellung subalterner Subjekte in der ›Dritten Welt‹ (klassisch: Spivak 1988), deren Spiegelung als *othering* (Dietze et al. 2009; Reuter 2002) oder ethnologisch geprägte Entwürfe (Denzin et al. 2008). Weitergehende Versuche, die ein nicht-individualtheoretisches Verständnis der Akteurs-Konstituierung entwickeln, welches auch zur Kontextualisierung und Analyse gesamtgesellschaftlicher Prozesse in den Ländern des Südens hilfreich ist, liegen noch nicht vor. Im Folgenden soll darum eine Beschäftigung mit dieser Dimension stattfinden.

Zurück in die Zukunft: Vom Individuum zum Subjekt

Die zweite Erzählung handelt von dem (männlichen) Individuum als einem rational agierenden Nutzen-, beziehungsweise Freiheitsmaximierer als weiteres Schlüsselkonzept des Westens. Bewegte sich die Betrachtung menschlichen Handelns seit Platon zwischen – unbeständigen und oft maßlosen – Leidenschaften und – nicht selten wirkungsloser – Vernunft, sind ab Ende des 16. Jahrhunderts zwei Tendenzen zu beobachten: Die

Neubewertung der rationalen Kontrolle als zu verinnerlichende Tugend – umfassend entfaltet erstmals bei René Descartes – und die Entwicklung der Kategorie des Interesses, in der sich die positiven Eigenschaften jener früheren Dichotomie zu verbinden schienen: Die Vernunft sollte die zerstörerischen Kräfte der Leidenschaften dämpfen, letztere wiederum gaben ersterer Richtung und Kraft. So wurden die für Gesellschaft und Politik einflussreiche Kategorie der Leidenschaften wie (Macht-)Gier, Habsucht, Gewinnsucht, sexuelle und andere Begierden in der europäischen Staatsphilosophie als handlungsbestimmende Momente sozialer Entwicklung langsam zurückgedrängt und durch die des Interesses ersetzt. Dieses Verständnis hatte für die damalige Epoche in Europa ganz pragmatische Vorteile. Sie versprach Berechenbarkeit und Verlässlichkeit des eigentlich Unberechenbaren, des Menschen. In der Politik wird der macht- oder ruhmsüchtige Despot dann zum kalkulierenden und kalkulierbaren Herrscher; Regieren wurde ziviler. Und Gelderwerb war nicht mehr der verwerfliche Ausdruck von Habgier und Geiz, sondern ein ruhiges – also rationales – Verlangen. Zügellose Leidenschaften verwandelten sich in eingehegte Interessen, die Handeln zunehmend strategisch abwägen und gleichzeitig abwägbar machten.

Für viele begründete erst Adam Smith 1776 in *The Wealth of Nation* mit seinem Gebot, dass alle Leidenschaften durch die individuelle Verfolgung ökonomischer Interessen befriedigt werden können, die Theorietradition des rational-utilitaristischen Individuums.[6] Da für die westlichen Wissenschaften Mess- und Berechenbarkeit zentral sind, hat sich sein praktikables Handlungsverständnis des freien, individuellen und rationalen Nut-

---

6 Zwar wird unter Erinnerung an Smiths früherer Veröffentlichung »*The Theory of Moral Sentiments*« immer wieder darauf hingewiesen, dass dem schottischen Moralphilosophen mit dieser Zuschreibung Unrecht getan wird (Máiz 2010; Silver 1990). Fest steht allerdings, dass die erstgenannte Veröffentlichung von Smith zur Grundlage für eine analytisch weitgehende Vernachlässigung der Affektdimension wurde und zu einer – bis heute wirksamen – Engführung des Forschungsfeldes führte. Auch jüngere Ansätze wie z.B. die auf der reflexiven Moderne (Beck et al. 1994) basierende Neukonzeptionalisierung des Kosmopolitismus (Beck 2006), das der Weltgesellschaft (Meyer 2005) oder das der multiplen Moderne (Eisenstadt 2003) operieren ganz explizit mit diesem Akteursbegriff. In den neueren Überlegungen zu Global Governance (Zürn et al. 2007) oder zur transnationalen Normsetzung (Jakobeit et al. 2010) wird ein solches Subjekt-Konstrukt ebenfalls implizit bzw. unreflektiert vorausgesetzt und in den entwicklungstheoretischen Debatten gibt es hierzu kaum tiefergehende Auseinandersetzungen, obwohl aktuelle Phänomene wie Fundamentalismus, Ethnisierung oder Religionisierung eine solche Beschäftigung empirisch nahe legen.

zenmaximierers weitgehend durchgesetzt. Über diese Idee der Freiheit und Selbstverantwortlichkeit wurde der Mensch gleichzeitig historisch, sozial, genderspezifisch, kulturell und lokal entkontextualisiert.

Die Frage des Affekthandelns wird seither entweder auf die mikroanalytische Ebene verlagert oder als Antipode zur Vernunft, also als Unberechenbarkeit oder Irrationalität behandelt. Soll auch diese zweite Erzählung dezentriert und kontextualisiert werden, ist eine tiefer gehende Beschäftigung mit Affekten erforderlich. Dabei geht es nicht um eine Fundamentalkritik des Individualismus, sondern ausschließlich um eine Reintegration der Affektdimensionen in die Analyse von Handlungsmotiven und sozialen Prozessen. Denn innerhalb von Handlungen lassen sich weder Emotionen vollständig vom kognitiven Erkennen trennen (Barbalet 2001; Ciompi/ Endert 2011), noch führen Menschen (kollektive) Rituale völlig unreflektiert oder unbewusst aus. Es darf sich auch keinesfalls darum handeln, Subjekten in bestimmten Teilen der Welt in ihren Handlungen eine prinzipiell stärkere Affektprägung zuzusprechen. Vielmehr ist davon auszugehen, dass jede/r Einzelne als soziales Wesen in unterschiedlichem Grad dazu neigt, sich über Kollektive zu identifizieren, sich in diesen zu organisieren, sein Handeln an ihnen zu orientieren und sich hierbei auch von Affekten leiten zu lassen. Wird nun angenommen, dass verschiedene gesellschaftliche Entwicklungswege zu einer unterschiedlichen Ausbalancierung zwischen Ratio und Affekt sowie zwischen Einzelnem und Kollektiv führen, wird über eine Betrachtung der jeweiligen Bezüge und Verflechtungen zwischen Affekthandeln und Kollektiv eine kontextspezifische Gesellschaftsanalyse möglich, ohne sämtliche Subjekte auf die Theorietradition einer spezifischen westlichen Ratio-Affekt-Balance festlegen zu müssen.

Prinzipiell wird hier also dafür votiert, in einer veränderten Subjektperspektive die rationalen und affektgeleiteten Wechselbeziehungen zwischen dem Menschen und seinem sozialen Umfeld, also die stattfindenden und sichtbaren gegenseitigen Artikulationsformen komplementär in den Fokus zu nehmen: Handeln sollte nicht nur über den liberalen, rational auf Nutzen ausgelegten Individualismus, sondern gleichzeitig als Form der – auch affektgeleiteten – Identitätssuche und -findung in Kollektiven verstanden werden. Die methodische Umsetzung einer solchen Perspektive ist mit beachtlichen Schwierigkeiten behaftet: Sie muss präzise klären, in welchem Verhältnis zum einen rationales und affektgeleitetes und zum anderen individuelles und kollektives Verhalten stehen und was in diesem Gemengelage letztendlich den Ausschlag für gesellschaftliche Prozesse beeinflussendes Handeln gibt. Schon allein die erste Dimension dieser Frage führt zu einem weiteren Hindernis: Wie kann das gesellschaftlich Unberechenbare berechenbar gemacht werden, so dass es wissenschaftlich gemessen, betrachtet und verglichen werden kann? Denn Leidenschaften lassen sich zwar schmecken, genießen oder erleiden; lassen sie sich aber auch analytisch erfassen, ohne die Erhebung auf das Individuum oder die Kleingruppe – wie wir es von den bekannten sozialpsychologischen oder ethnologischen Methoden kennen – zu begrenzen? Wie ist es möglich, Vernunft und Leidenschaft nicht als Antipoden zu denken, bei denen eine Seite die andere aufhebt, sondern als komplementäre Beziehung zu begreifen, bei der erst die Berücksichtigung beider Seiten zum Verständnis einzelnen Handels und gesellschaftlicher Entwicklung beiträgt?

Eine mögliche Antwort auf diese Frage gibt uns Albert O. Hirschman (1977)[7] in seiner Abhandlung *The Passions and the Interests*. Er verweigert sich der Versuchung, die nächste Re-Interpretation zentraler Wegbereiter des Modernisierungsgedankens – wie Karl Marx oder Max Weber – zu wagen und schlägt stattdessen vor, ideengeschichtlich einfach hinter Adam Smith und dessen Affektneutralisierung zurückzugehen. Dabei stößt er auf den niederländische Philosophen Baruch Spinoza. Dieser versuchte mit einer rigiden, aus der Geometrie entliehenen Denkmethode, einem Beharren auf dem Individuum, welches er aber – als zusammengesetzte Individuen – immer relational zur Gesellschaft begreift, einem gleichzeitig Geist und Materie als Einheit verstehenden Monismus und einer Skepsis gegenüber Zweckurteilen Leidenschaften methodisch zu analysieren und empirisch zu studieren (Abdo Ferez 2007; Röd 2002). Spinoza lehnte den seit der Antike angenommenen kausalen Zusammenhang zwischen dem physischem Zustand des Körpers und den Affekten ab und verortete letztere statt dessen im Wechselspiel zwischen Geist und Körper, die für ihn die verschiedenen Modi einer gleichen Substanz sind. Mit der Einführung des Modus Geist entwickelte er die okkulte Anthropologie eines René Descar-

---

7 Der für sein nonkonformistisches Denken bekannte Ökonom hat bei vielen aufgrund seiner Plädoyers zugunsten einer ›Selbstsubversion des Denkens‹ oder eines ›Possibilismus‹ in den Sozialwissenschaften Aufmerksamkeit erlangt. Bleibt bei einer rigiden methodischen Überprüfung dieser Postulate auch wenig Substanz zurück (Döring 2006), lag das wahre Interesse von diesen Interventionen wohl in einer effektvoll inszenierten Katalyse, mit der Hirschman monodisziplinäre Orthodoxien und zu lieb gewonnene Forschungstraditionen aufzubrechen versuchte. Das oben genannte Werk hat er nach eigenen Aussagen als einziges aus reiner Lust an der Forschung geschrieben (Hirschman 1997: 76) – die Motivation wurde hier zum Programm.

tes weiter zu einer analytischen Perspektive, die wir heute wohl als Sozial- oder Kulturanthropologie bezeichnen würden.

Leidenschaften definiert Spinoza in dem 1677 posthum erschienenen Werk *Ethica, ordine geometrico demonstrata* als Affektionen, die das Wirkvermögen des Menschen vergrößern oder vermindern; er identifiziert hierbei rund 50 Affekte mit verschiedenen Wirkungsgraden. Eine ausführliche Darstellung der Affektkatalogisierung Spinozas (2006), die mit den Grundaffekten Freude (Lust) und Trauer (Unlust) sowie deren Bewusstwerdung als Begierde beginnt und dann in sekundäre Affekte überleitet – von denen Hass und Liebe fundamental sind –, würde hier zu weit führen. Prinzipiell ist aber zu unterstreichen, dass Affekte für Spinoza konstitutiv sind – das heißt, der Mensch ist immer rational und leidenschaftlich zugleich. Anders ausgedrückt: Vernunft muss, um wirksam zu sein, in Affekten wurzeln – oder noch radikaler: Leidenschaften schaffen (oder zerstören) Gesellschaft und machen Gesellschaft menschlich! In der Ontologie Spinozas wirken Affekte also nicht nur auf das Individuum, sie haben auch Einfluss auf relationale Kategorien wie Identität, Anerkennung, Macht und Politik – ebenso, wie sie von diesen beeinflusst werden. Eine intensivere Beschäftigung mit Spinoza bietet also einen Zugang an, wie die methodisch oft vernachlässigte Dimension der Affekte stärker in die Analyse zeitgenössischer sozialer Phänomene einfließen könnte.[8]

Dienen die Systematisierungen Spinozas bei der Bestimmung von Kategorien für eine Affektanalyse als wichtige Referenz, ist die Messbarkeit des Unberechenbaren damit noch nicht gesichert. Doch Spinoza denkt Akteurshandeln immer relational zu Kollektiven und begreift (rationale wie affektive) Verhaltensvariabeln als einen konstitutiven Bestandteil gesellschaftlicher Gefüge, die wiederum einen gewissen Konstituierungsgrad benötigen, um Akteurshandeln zu prägen. So können über die Beschreibungen des Kollektivs auch Rückschlüsse über die Bezüge des Handelns des Einzelnen und – bei entsprechender Forschungsausrichtung – dem Einfluss von Affekten gezogen werden. Also ebenso wie Institutionen als sedimentierte Formen des Akteurshandelns angesehen werden können, bei

---

8 Spinoza erlaubt mit diesem Zugang auch die Analyse von Machtgefügen, die sich innerhalb eines sowohl geografisch als auch philosophisch begründeten Souveränitätsverständnisses (wie Staat) nicht erklären lassen – dies prädestiniert seinen Ansatz für die Beschreibung von Organisationsformen wie z.B. *failing states*, die heute meist über die Abwesenheit des Souveräns, aber nicht über die ihnen eigenen inhärenten Beziehungsformen beschrieben werden.

denen Deutungsmuster und Wertvorstellungen der Akteure wichtige Weichensteller von Handlungsorientierungen sind, könnten Akteure und gesellschaftliche Institutionen dann auch unter der Berücksichtigung einer Affektanalyse erforscht werden. Mit anderen Worten: dem Wirkungsgrad von Affekten innerhalb sozialer Organisationen kann mit einer Wirkungsbestimmung zwischen Struktur und Handlung nachgespürt werden.

Mit der Figuration zur dezentrierten Analyse

Damit kommen wir zur zweiten Dimension der oben genannten theoretischen Herausforderung: der Relationsbestimmung von individuellem und kollektivem Verhalten. Dies bedeutet allerdings nichts anderes, als sich mit einer weiteren anspruchsvollen Problematik auseinanderzusetzen. Aus Platzgründen kann die hierfür eigentlich erforderliche kritische Würdigung des dazu existierenden Wissensstandes – mit einer gebührlichen Berücksichtigung nicht-westlicher Ansichten (zum Beispiel Alatas 2006) – nicht erfolgen. Wenig Zweifel besteht aber wohl darüber, dass im 20. Jahrhundert mit Blick auf diese Fragestellung die Arbeiten der drei Sozialtheoretiker Pierre Bourdieu mit seinem Hauptwerk *Die feinen Unterschiede* (1982), Norbert Elias mit seinem Lebenswerk *Über den Prozess der Zivilisation* (1997 [1939]) und Anthony Giddens mit seiner *Theorie der Strukturierung* (1984) weltweit sehr einflussreich gewesen sind. Alle drei Klassiker sind sich darin einig, dass Struktur und Handlung primär in sozialer Praxis und Prozessen analysiert werden müssen. Gleichzeitig lässt sich bei allen die Aufforderung ableiten, die westlichen Leitbilder vom Staat, Recht, Demokratie und Markt weniger aus einer isolierten, sondern stärker integralen Perspektive zu betrachten. Als Zuschnitte für Studien werden darum von allen dreien bestimmte soziale Felder vorgeschlagen, die sich nicht nur durch Funktionen bzw. deren Äquivalenzen auszeichnen, sondern diese als Räume zu verstehen, in denen um Herrschaft, Partizipation oder Verteilung gerungen wird.

Neben diesen Gemeinsamkeiten unterscheiden sich die drei Theorien in wichtigen Akzentsetzungen. Mir scheint – mit Blick auf die Zivilisationstheorie vermutlich für manchen irritierend – besonders der Figurationsansatz von Elias Anregungen für die Entwicklung eines methodischen Gerüsts jenseits des Eurozentrismus zu bieten. Elias weist im Gegensatz zu Bourdieu und Giddens regelmäßig darauf hin, dass sein Ansatz offen ist für nicht-westliche Gesellschaftsformen – explizit bezieht er sich auch auf Entwicklungsländer. Soziale Entwicklung stellt er sich »als Modelle in Raum und Zeit« vor (Elias 2006 [1970]: 216); die empirische Erfassung und Berücksichtigung von lokalen Kontexten ist für ihn also von größter Bedeutung.

Um den Einzelnen und das Kollektiv erkennbar zu machen, lehnt Elias statische Zustandsanalysen sowie ihre Methoden der isolierten Faktoren- oder Variablengenerierung ab. Er schlägt stattdessen vor, sich dem zu untersuchenden Gegenstand von seinen Beziehungsdynamiken her anzunähern. Denn ihm zufolge befindet sich der Mensch nicht nur in Prozessen, er *ist* der Prozess; das einzig Unwandelbare an ihm ist seine dem Wandel entsprungene Wandelbarkeit (Elias 2006).

Elias ist somit überzeugt, dass es den ›homo clausus‹, also das auf einen eigenen Kern reduzierbare und außerhalb der Gesellschaft liegende Individuum nicht gibt. Vielmehr können Menschen nur im Plural gedacht werden, da sie in generationsübergreifende Interdependenzen eingebunden sind, die sie ebenso prägen wie sie in ihren Affekten, Gedanken und Handeln von ihnen geprägt werden. Gesellschaftliche Wechselbeziehungen zwischen Strukturen und (rationalem wie affektivem) Handeln sind darum immer am konkreten Beispiel zu illustrieren, anstatt sie universell zu erklären.

Elias löst dafür den Begriff der Gesellschaft in Figurationen auf, in denen eine Vielzahl von Individuen – die aber keine Einzelwesen sind –, über verschiedene labile Machtbalancen in zahlreichen Verflechtungen auf unterschiedliche Weise aneinander gebunden sind. Auch Macht ist für Elias also keine Zustandsbeschreibung, sondern lässt sich nur als Beziehungsattribut fluktuierender Machtwandelungen erklären. Er beschreibt dieses Verständnis bildlich als einen Gruppentanz, zum Beispiel einen Tango: Musik, Paarbildung und Tanzschritte sind prinzipiell vorgegeben. Die Tanzfiguration ist insofern relativ unabhängig vom Einzelnen, aber ohne eine Pluralität der aufeinander bezogenen Individuen gibt es auch keinen Tanz. Ist der Einzelne also nicht entscheidend, kann der Tanz nur durch die Gruppe (der Einzelnen) stattfinden. Die Handlungen aller Tänzer sind interdependent und bewegen sich in einem Spannungsgefüge, dessen Veränderung ebenso sie wie die Figuration verändern kann.

Mit einem solchen Verständnis von Gesellschaft bricht Elias radikal mit den beiden Erzählungen des westlichen Modernisierungsnarrativs: Entstehen aus den Willensakten, Plänen und Leidenschaften Vieler Strukturen, sind deren soziale Abläufe aufgrund der Interdependenzen in ihrem Ganzen doch ungesteuert. Gesellschaftliche Entwicklung ist erstens nicht linear, sondern immer kontingent. Und zweitens werden Vernunft und Affekt nicht als Antipoden, sondern als komplementäre Beziehung begriffen. Mit anderen Worten: Weder universelle Strukturen oder Dynamiken determinieren für Elias das Partikulare, noch wird letzteres ausschließlich durch eigene Identitäten, Ethnie oder Traditionen bestimmt. Wichtig ist vielmehr die Interdependenz zwischen beiden, die sich in verschiedenen Formen sozialen Wandels ausdrückt. Um diese Interdependenzen empirischen Betrachtungen unterziehen zu können, ist die Integration der Affektdimension in die Analyse zentral. Mit ihr gelingt der Brückenschlag einer systematischen Untersuchung von Struktur und Handlung in lokalen Kontexten.

Natürlich scheint die Übertragung einer einfachen Spielfiguration wie ein Tanz auf komplexe gesellschaftliche Zusammenhänge schwierig. Doch der eliassche Fokus auf die sozialen Interdependenzen erlaubt es Vorschläge zu entwickeln, wie die Charakteristika zwischen Einzelnem und Kollektiv ausgelotet, zu Kategorien erfasst und dann der empirischen Messung zugänglich gemacht werden können: Als erstes rekurriert Elias hierbei auf die Kategorie der *affektiven Valenzen*, also auf ein auch affektgeprägtes Beziehungsgeflecht zwischen Menschen, wobei für Elias menschliche Befriedigung primär immer auf andere Menschen ausgerichtet ist. Bei größeren gesellschaftlichen Einheiten heften sich diese Gefühlsbindungen für ihn nicht nur an Personen, sondern auch an einigende Symbole – hier wird Affektartikulation bereits direkt mit Kollektivartikulation in Bezug gesetzt. Gerade anhand dieses Hinweises lässt sich verdeutlichen, wie Elias mit seinem Fokus auf Affekt Kulturrelativismus vermeidet: Hat Kultur meistens ›Nation‹ oder einen anderen Ursprungsmythos als einen zentralen Referenzpunkt, beziehen sich Affekte bei Elias immer auch auf soziale Positionierungen: Traditionen sind zum Beispiel nicht nur lokal oder ethnisch verwurzelt, sondern direkt mit sozialem Wandel verkoppelt. Der Wandel selbst gerät in den Blick der Betrachtung, nicht nur der Ort und Ursprung mit seiner jeweiligen Prägekraft und seinen Ein- und Ausschlussmechanismen.

Als nächstes macht Elias die Qualität und Quantität der sozialen *Interdependenzen* über die Kategorien *Integrierung* und *Differenzierung* messbar. Integrierung ist als erstes eine physische Gewalt mindernde Überlebensfunktion einer Gruppe, die in soziale Strukturen, gesellschaftliche Organisation und schließlich staatliche Monopole mündet. Differenzierung und insbesondere Arbeitsteilung (wobei mit dem Kapitalismus eine neue Qualität erreicht wurde) vertieft und verbreitet die Interdependenzen. Beide Prozesse sind unabdingbar verbunden: Das heißt zum Beispiel, die Staatswerdung der westlichen Gesellschaft kann nicht von der Entstehung des Kapitalismus getrennt werden. Nicht ökonomische Strukturzwänge oder politische Regimekonfigurationen stehen für ihn darum im Zentrum der Analyse, sondern die Machtdifferenziale und -balancen, die diese Interdependenzketten zusammenhalten.

Elias systematisiert diese drei Kategorien zu einer Triade der *Grundkontrollen*, bei der die Differenzierung das Kontrollmaß außermenschlicher Geschehenszusammenhänge, die Integrierung die Kontrolle zwischenmenschlicher Zusammenhänge und die von ihm vermutete Affektreduktion die Selbstkontrolle darstellt (Elias 2006 [1970]). Mit diesem Zugang über eine Kombination von psycho- und soziogenetischen Studien hat Elias eingrenzbare und empirisch nutzbare Kategorien entwickelt, die eine Analyse des Wandels von sozialen und Persönlichkeitsstrukturen innerhalb eines spezifischen gesellschaftlichen Prozesses erlauben.

Der Lackmustest: Figuration in der Anwendung

Elias selbst erprobte sein Konzept anhand der Betrachtung des europäischen Entwicklungswegs, wo für ihn eine wachsende Affektkontrolle (Gewaltreduktion) und die Verdichtung von Integrierung sowie Differenzierung zu einer zunehmenden Horizontalisierung sozialer Beziehungen bzw. der Machtbalancen führten. Doch seine ›Zivilisationstheorie‹ weckte schon als Begriff Assoziationen auf ein normatives und teleologisches Gesellschaftsverständnis und hat zahlreiche Dispute sowie Vorwürfe des Eurozentrismus oder sogar des Rassismus provoziert (Duerr 1988; Hinz 2000). Sowohl diese Reaktionen als auch die bis heute weitgehend anhaltende Ignoranz, die eliassche Methode für die Forschungspraxis einzusetzen, liegt in dem wohl tragischen Umstand begründet, dass Elias nicht nur zu den meistzitierten, sondern auch zu den mit am meisten fehl interpretierten Klassikern der Gesellschaftsanalyse gehört.

Denn mit den durchaus berechtigten Kritiken zur Anwendung[9] wurde gleichzeitig auch das »begriffliche Werkzeug« – wie Elias (2006: 172 (1970]) den Figurationsansatz selbst bezeichnete –, diskreditiert. Das Kind wurde also mit dem Bade ausgeschüttet. Dabei bietet der Figurationsansatz ein konsistentes Methodengerüst für ergebnisoffene, kontextsensible und doch systematische Erhebungen verschiedener Gesellschaften an: Erstens nimmt das Figurationsmodell von Elias Affekte in seinen Fokus und betrachtet diese explizit auch in ihrem kollektiven Ausdruck über nationale Symbole, Bewegungen etc. Zweitens basiert es weder in seinem Akteurs- noch in seinem Strukturbild auf einem essentialistischen Verständnis, sondern verfolgt *relational* eine Verknüpfung sozialer und politischer mit ökonomischen und anderen Determinanten, dessen empirisch zu bestimmende Interdependenzen zu unterschiedlichen (Ver-)Gesellschaftsmodi und -mustern führen können. Das heißt, das Figurationsmodell ist weder staats- noch marktzentriert und arbeitet ohne die damit verbundenen Vorannahmen – dies kommt einer vorbehaltslosen Annäherung an die Prozesse der Länder des Südens sehr nahe und könnte auch für die Analyse der Länder des Nordens den Weg zu neuen aufschlussreichen Einsichten ebnen.[10] Drittens kann das Modell mit seiner Kategorie Integrierung auch gesellschaftlicher Exklusion auf den Grund gehen – eine wichtige Komponente

---

9 Die Zivilisationstheorie ist sowohl in ihren historischen Darstellungen und Interpretationen als auch in ihren theoretischen Prämissen vielfach kritisiert worden (van Krieken 1990; Kuzmics 2000). So erlaubt eine konsequente Anwendung ihrer Kategorien im Prinzip doch nur eine unilineare Verlaufsform gesellschaftlicher Entwicklung – allerdings nicht teleologisch, sondern als progressive, stagnierende oder regressive Tendenz (Anders 2000). Auch die Anschauung, dass der Entwicklungsprozess der westlichen Gesellschaften am besten als ein Prozess zunehmender Affektkontrolle beschrieben werden kann, ist hinterfragbar. Die destruktiven Tendenzen und Gewaltexzesse moderner Gesellschaften im 20. Jahrhundert sind wohl nicht nur als temporäre Regression zu verstehen (Imbusch 2005) – vielleicht wurden sie sogar erst durch die ›Zivilisation‹ möglich (Baumann 1992).

10 Eine wichtige Kritik am Figurationsansatz weist darauf hin, dass Elias das zentrale Verhältnis von Ökonomie und Macht in die Kategorie der Differenzierung verbannt und nur implizit berücksichtigt. Diese Schwachstelle hat Elias zusammen mit der Methode der relationalen Analyse vermutlich von Georg Simmel übernommen, der zwar alle sozial relevanten Einheiten in ihren Beziehungen betrachten wollte, in letzter Instanz dann aber nicht erklären konnte, dass ›Geld‹ im Kapitalismus einen Eigenwert hat, also selbst jenseits von den Bezügen liegt, die es prägt. Davon ausgehend, dass bei Annäherungen an die ›Dritte Welt‹ mit dem Figurationsansatz die kapitalistische Vergesellschaftung als dominanter Modus erst zu beweisen ist, ist dieser Hinweis zwar ernst zu nehmen, kann aber zurückgestellt werden.

in Ländern des Südens, die von vielen Analysen zur Sozialpolitik, aber auch von Giddens und Bourdieu zu wenig beachtet wird (Souza 2007; vgl. hierzu auch die Bemerkungen von Rüb in diesem Band).

Dabei stellt Elias viertens immer Macht und soziale Positionierung ins Zentrum seiner Betrachtung. Über den Begriff der fluktuierenden Machtbalancen nimmt er hierbei sowohl die Dynamiken von Räumen sozialer Ordnung als auch deren Legitimationsformen in den Blick. Ohne also Affekt und Kontext zu vernachlässigen, gelingt ihm eine Analyseform, die nicht in Kulturrelativismus oder Ethnologisierung abrutscht. Im Grunde argumentiert er einvernehmlich mit Gayatri Spivak (2003) – einer der wichtigsten Vertreterinnen des Postkolonialismus –, dass jeder Kampf um kulturelle Diskriminierung auch ein Kampf um sozialen Aufstieg ist. Und fünftens bietet das Konzept mit seinem Raum-Zeit-Begriff nicht nur die Option auf eine starke Kontexualisierung sozialer Prozesse, sondern ebenfalls eine methodisch-analytische Perspektive, wie soziale Prozesse als interdependente – auch transnationale – Mehr-Ebenen-Verläufe nachgezeichnet werden können.

Für eine Reaktivierung des Figurationsansatzes ist es natürlich erforderlich, ihn an den heutigen wissenschaftlichen Kenntnisstand anzupassen. Eine derartige Aufgabe sollte sich an den drei Kategorien der eliasschen Triade orientieren: Impliziert die Kategorie der affektiven Valenzen eine historische Retrospektive, die eine kontextualisierte Analyse garantiert, ist doch zu überlegen, ob die Drei-Generationen-Betrachtung von Elias nicht forschungsökonomisch optimiert werden muss, um den Erhebungsaufwand praktikabel zu halten. Zu verbreitern ist außerdem Elias' Fokussierung von Affekten auf Selbstkontrolle und auf das Handlungsmotiv der archaischen Angst des Einzelnen gegenüber dem Anderen (Natur, Mensch). Denn soziale Kohäsion verlangt nicht nur inneren Gewaltverzicht, sondern auch Empathie und Solidarität. Hier bietet sich eine Synthese mit der Affektkatalogisierung Spinozas an – die schließlich auch die Lust kennt – und eine weiter ausgelegte Forschungsperspektive erlaubt (vgl. Bodei 1995).

In Bezug auf die Frage der Integrierung ist die Annahme, dass die Diffusion von Affekten primär als *top-down*-Tendenz stattfindet, zu korrigieren – diese Vermutung wurde von neueren historischen Analysen weitgehend relativiert (Schorn-Schütte 2006). Seine Kategorie der Differenzierung grenzt Elias zwar explizit von strukturfunktionalistischen Annahmen ab, verwendet diese aber implizit in der eigenen Analyse. Darum wäre zu prüfen, ob über eine nüchternere Beschäftigung mit von Elias bekämpften Theorieansätzen nicht neue Synthesen möglich werden, die Indikatorenentwicklung und Operationalisierungen erlauben, ohne den Fokus auf soziale Praxis bzw. Prozesse zu vernachlässigen. Von kardinaler Bedeutung ist schließlich eine gebührliche Berücksichtigung der Androzentrismus-Kritik.[11]

So neu justiert verspricht der Figurationsansatz für die Annäherung an Nicht-OECD-Gesellschaften fruchtbare Erkenntnisse. Besonders deutlich kann dies an der Forschung zur Sozialpolitik gezeigt werden, wenn man letztere – wie in diesem Band – als Kristallisationspunkt politischer Herrschaft und Nahtstelle gesellschaftlicher Interessenskonstellationen begreift und zusätzlich den Nexus zwischen Sozialpolitik und sozialer Ungleichheit betrachtet. Als anschauliches Beispiel bietet sich hier Lateinamerika an: Die Region zeichnet sich durch eine auch historisch bemerkenswerte Beharrungskraft der weltweit höchsten sozialen Ungleichheiten aus, und dies, obwohl sie seit längerem über konsolidierte Demokratien, wirtschaftliche Prosperität und – lokal – entfaltete Wohlfahrtsstaatlichkeit verfügt.[12] Das Versprechen des westlichen Modernisierungsgedankens, dass der Markt

---

11 Hier besteht z.B. die Möglichkeit, bei der Kategorie affektive Valenzen Erhebungen gendersensibel vorzunehmen, bei der Kategorie der Integrierung den Machtpositionen und Rechten von Frauen analytisch besondere Beachtung zu schenken oder bei der Kategorie der Differenzierung den Wandel von Frauen- und Männerberufen zu untersuchen, um deren gesellschaftliche Zuschreibung als spezifischen Modus der Geschlechterkonstruktion zu erfassen.

12 Auch nach mehr als einer Dekade Wirtschaftsboom und expansiven Sozialpolitiken zeichnet sich Lateinamerika heute durch das höchste Ungleichheitsniveau weltweit aus. Nimmt man den Gini-Koeffizienten als Anhaltspunkt, hat sich die aktuelle Ungleichheit an das Niveau zu Beginn der 1980er Jahre angenähert, unabhängig davon, ob es sich um primär agrarisch oder industriell geprägte Länder handelt. Zwar sanken die Armutsraten in der letzten Dekade deutlich, doch die 15% der Bevölkerung, die der Armut entkommen konnten, fristen in den meisten Ländern ihr Dasein meist nur knapp über der Armutsgrenze und sind permanent vom Risiko eines erneuten sozialen Abstiegs bedroht, während auf der anderen Seite das reichste Zehntel weiter bis zu 50% des Volkseinkommens auf sich konzentriert. Die extreme Ungleichheit betrifft aber nicht nur Einkommens- und Vermögensungleichheiten, sondern auch den ungleichen Zugang zu Land und zu zentralen öffentlichen Gütern wie Bildung, soziale Sicherung oder Gesundheit; besonders benachteiligt werden hier Frauen, Kinder, Alte und Indigene. Prinzipiell handelt sich in Lateinamerika um strukturierte Ungleichheiten im Sinne über Generationen hinweg wirkender, dauerhafter Einschränkungen des Zugangs zu allgemein verfügbaren oder erstrebenswerten sozialen Gütern und Positionen, die sich seit dem Ende des 19. Jahrhunderts bis heute auf international überdurchschnittlichem Niveau verfestigt haben (Überblick: Wehr/Burchardt 2011).

mit seiner ökonomischen Effizienz Wohlstand schaffe und die Demokratie über politisch-legale Gleichheit für die Mehrheit für sozialen Ausgleich sorge, galt und gilt in Lateinamerika bisher nicht. Die meisten Erklärungen dieses »Latin American Paradox« kaprizieren sich dennoch weiter auf Institutionendefizite, technokratisches Implementationsversagen oder strukturelle Zwänge (kritisch: Burchardt 2010).

Eine Figurationsanalyse hingegen würde als erstes herausarbeiten, welche Qualität die Vergesellschaftung in den jeweiligen Ländern hat. Über die Betrachtung der drei Grundkontrollen würde dabei auffallen, dass die gesamte Region eine ausgeprägt hohe Offenheit gegenüber internationalen Einflüssen – zuletzt des Neoliberalismus – besitzt. Offensichtlich orientieren sich sowohl die Eliten als auch intellektuelle Kreise und selbst breite Bevölkerungsgruppen stark nach außen, und zwar sowohl funktional (ökonomisch/politisch) als auch affektiv (Leitbilder, Konsummuster, Lebensstile). Es sind also nicht allein der Sachzwang des Weltmarktes oder hegemoniale Mächte (zum Beispiel der Diskurse), die diese Referenz garantieren, sondern auch die anhaltende affektgebundene Außenorientierung wichtiger sozialer Gruppen selbst.

Die daraus resultierende schwache (Binnen-)Integrierung und Differenzierung hat entsprechende Konsequenzen: Wenn die staatliche Ressourcengenerierung primär über Exporte stattfindet und das wirtschaftliche Gravitationszentrum für Eliten jenseits der eigenen Landesgrenzen liegt, wird verständlich, warum in Lateinamerika der Staat oft nicht als Souverän subjektloser Gewalt, sondern als Beuteobjekt zur Rentenaneignung angesehen wird, das Steuermonopol im Gegensatz zum Gewaltmonopol kaum durchgesetzt ist und die nationalen Sparquoten ebenso niedrig wie die Devisenflucht hoch sind. Eine grobmaschigere Integrierung fördert nach Elias die Bedeutung politischer Affekte und könnte zusätzlich erklären, warum der lateinamerikanische Staat oft zum Behemoth wurde und Leidenschaften in der Region (zum Beispiel über Populismus) bis heute eine bedeutsame Legitimationsquelle sind.

Das bemerkenswert hohe Maß an informell Beschäftigten von heute durchschnittlich 50 Prozent in Lateinamerika – einer der zentralen Gründe der sozialen Ungleichheiten (vgl. den Beitrag von Weinmann in diesem Band) – lässt erahnen, dass eine wachsende Differenzierung der ökonomischen Binnenstrukturen für die Wirtschaftseliten geringe funktionale Bedeutung und wenig Priorität hat, also ökonomische Außenkontakte für hinreichend Kompensationsangebote sorgen. Ebenso sind die Sozialsysteme nicht breit aufgefächert und produktivitätsfördernd, sondern stark vertikalisiert, haben darum oft regressiven Charakter und perpetuieren soziale Ungleichheiten, anstatt sie abzumildern (Burchardt/Weinmann 2012). So ausgerichtete Interdependenzketten bestärken bestehende Hierarchisierungen und soziale Distanzen ebenso wie sie Exklusion legitimieren bzw. naturalisieren. Mit anderen Worten: Der Figurationsansatz würde die perpetuierten sozialen Ungleichheiten Lateinamerikas nicht als wie auch immer geartete Defizitform der westlichen Modernisierung verstehen, sondern als erfolgreiche, weil sehr anpassungsfähige Form von politischer Herrschaft; die vielleicht sogar Ausdruck eines eigenen Vergesellschaftungsmodus ist (vgl. zum Beispiel Weis 2010).

Für die Forschung zu Sozialpolitik ergeben sich aus einer solchen Perspektive klare Konsequenzen: Der sozialpolitische Auftrag, Ungleichheiten abzumildern, kann nur gelingen, wenn die Scharniere bzw. Justierungspunkte dieser Herrschaftsmechanismen in ihrem Bewegungsradius erkannt werden. So könnte zum Beispiel mit Elias gefragt werden, wie weit Spar- und Investitionsquoten, Vermögensverteilung und Einkommens(dis)paritäten in Lateinamerika auch Auskunft geben über die affektiven Bezüge, die einzelne oder Gruppen zu ihrer Gesellschaft haben. Inwieweit entscheiden Affekte mit, ob das Mittel zum Zweck, also das Einkommen zum Auskommen wird, oder der Zweck zum Mittel, also Geld zu Macht, Status, Prestige oder Lust wird? Was bedeutet es für gesellschaftliche Entwicklung, wenn Korruption oder Profitgier mit Unrecht, Scham und Schuld besetzt oder stattdessen sanktioniert werden? Wie ist das Wechselverhältnis zwischen ökonomischen Strukturen und persönlichen Beziehungen? Welche Rolle spielen hier die Geschlechterbeziehungen? Welche Auskünfte erhalte ich über wirtschaftliche, politische oder intellektuelle Eliten, die scheinbar langfristig bereit sind, trotz vorhandenem großen Reichtums die extremsten sozialen Ungleichheitsraten weltweit zu akzeptieren? Welche Optionen ergeben sich hieraus für demokratisch zu legitimierende Sozialpolitiken, die sich der sozialen Gerechtigkeit verpflichtet sehen?

Folgt die Politik in Lateinamerika weiter den Mustern westlicher Erfahrungen, besteht die Gefahr, dass auch die nächste Generation von neuen Sozialreformen zum Scheitern verurteilt ist. Die Expansion von Sozialpolitiken kann dann zum Beispiel nicht zu einer Abnahme, sondern zur Zunahme von Ungleichheiten führen. Deutlicher wird dies bei der Betrachtung des neuen Entwicklungsmusters in der Region, welches seit der letzten Dekade stark von progressiven Regierungen und sozialpolitischen Akzentsetzungen geprägt ist: Seither finden im Fahrwasser eines ökonomischen Aufschwungs signifikante Ressourcenzuweisungen an sozial Benachteiligte statt, die oft zu kollektiver Aufwärtsmobilität führen, allerdings nicht über Um-, sondern hauptsächlich über Neuverteilungen. Das Fundament dafür ist eine staatlich gelenkte Extraktion von Naturressourcen, die dank des aktuellen globalen Rohstoffhungers sehr profitabel auf internationalen Märkten verkauft werden können. Dieses auch als ›(Neo-)Extraktivismus‹ (Gudynas 2011) bezeichnete Gesellschaftsmodell stützt sich in seinem Leitbild – im Grunde eine Renaissance des westlichen Fortschrittsglaubens des 20. Jahrhunderts –, seiner ökonomischen Basis, seinen sozialpolitischen Programmen und damit verbunden in seiner demokratischen Legitimation wieder primär auf Außenkontakte. Es fördert kaum die Heranreifung neuer lokaler Produktivitätskerne sowie die gesellschaftliche Verankerung von Staatlichkeit und erschwert die Diversifizierung von Wirtschaftsstrukturen wie die institutionelle Auffächerung von Sozialpolitik. Stattdessen provoziert dieses Modell über wachsende sozial-ökologische Problemlagen neue Ungleichheiten und soziale Spannungen, die die sozialpolitischen Erfolge teilweise wieder konterkarieren. Mit dem Figurationsansatz lassen sich nicht nur die Genese und das Basismuster dieses Neo-Extraktivimus identifizieren. Er verdeutlicht zusätzlich, dass bei schlechteren Außenbedingungen dem Modell nicht nur der wirtschaftliche Grund, sondern auch die politische Legitimation wegbrechen kann; mit Blick auf die erfolgreiche Demokratisierung der Region eine beunruhigende Aussicht– nicht nur für Lateinamerika.

Dies sind zweifelsohne nur erste Hinweise, wie Elias methodisches Modell für kontextsensible Analysen eingesetzt werden kann. Hierbei geht es nicht um eine Revitalisierung klassischer Theorie oder gar theoretischer Neuentwürfe. Vielmehr haben sich zahlreiche Erkenntnisse der westlichen Gesellschaftsanalyse durchaus bewährt und lassen sich über einen Perspektivenwechsel oder neue kategoriale Verknüpfungen vorantreiben. Der Figurationsansatz garantiert dies und scheint gleichzeitig ein Erfolg versprechender Weg, das westliche Modernisierungsnarrativ in seinen zwei Erzählungen zu dezentrieren und dessen Universalismus abzulegen. Er rutscht nicht in kleinteilige Betrachtungen oder in Kulturrelativismus ab, die für Analysen gesellschaftlicher Partikularitäten insbesondere im Nord-Süd-Kontext nicht selten sind und nur wenig generalisierbare Erklärungskraft besitzen. Stattdessen entwickelt Elias ein Methodengerüst, welches das große Ganze in den Blick nimmt, ohne das kleine Besondere aus dem

Auge zu verlieren. Dem Figurationsansatz gelingt es, traditionelle Dichotomien wie universell/partikular, Struktur/Handlung, Vernunft/Gefühl, Natur/Gesellschaft methodisch zu verkoppeln und damit Systematik und Vergleichbarkeit zu erhalten. Zwar wird aufs Eigene geschaut, dann aber groß gedacht!

Der Figurationsansatz erlaubt damit, sich den aktuellen Umbrüchen in der Weltordnung weitgehend ergebnisoffen anzunähern. Ein solcher methodischer Aufbruch zu anderen Ufern kann sich lohnen. Die sich wandelnde Welt sollte nicht mehr wie bisher nach bewährten Mustern pedantisch vermessen und beflissen in alte Schubladen eingeordnet werden, um weiter der Illusion einer Domestizierung des Unbekannten aufzusitzen. Statt die multipolare Welt argwöhnisch zu beäugen, ist ihr mit mehr Empathie und Neugier – also mit Leidenschaft – zu begegnen. Die westlichen Wissenschaften könnten sich beim neuen Entdecken solcher Welten auch selbst neu erfinden – und der Gefahr entrinnen, sich schon bald zu verlieren.

Literatur

Abdo Ferez, Maria Cecilia (2007), *Die Produktivität der Macht. Eine Analyse der politischen Theorie von Baruch Spinoza*, Berlin.

Alatas, Syed Farid (2006), *Alternative Discourses in Asian Social Science Responses to Eurocentrism*, New Dehli.

— (2003), »Academic Dependency and the Global Division of Labour in the Social Sciences«, in: *Current Sociology*, 51 (6), S. 599–613.

Anders, Kenneth (2000), »Fortgeschrittener Humanismus oder humanistischer Fortschritt? Norbert Elias und das Teleologieproblem«, in: Treibel, Annette/ Kuzmics, Helmut/Blomert, Reinhard (Hg.), *Zivilisationstheorie in der Bilanz. Beiträge zum 100. Geburtstag von Norbert Elias*, Opladen, S. 53–67.

Barbalet, Jack (2001), *Emotion, Social Theory, and Social Structure: A Macrosociological Approach*, Cambridge.

Baumann, Zygmunt (1992), *Dialektik der Ordnung. Die Moderne und der Holocaust*, Hamburg.

Beck, Ulrich (2006), *Cosmopolitan Vision*, Cambridge.

— /Giddens, Anthony/Lash, Scott (1994), *Reflexive Modernization. Politics, Tradition and Aesthetics in the Modern Social Order*, Cambridge.

Bhabha, Homi K. (2000), *Die Verortung der Kultur*, Tübingen.

Bodei, Remo (1995), *Una geometría de las pasiones*, Barcelona.

Bourdieu, Pierre (1982), *Die feinen Unterschiede. Kritik der gesellschaftlichen Urteilskraft*, Frankfurt/M.
Budde, Gunilla/Conrad, Sebastian/Jans, Oliver (2006) (Hg.), *Transnationale Geschichte – Themen, Tendenzen und Theorien*, Göttingen.
Burchardt, Hans-Jürgen (2010), »The Latin American Paradox: Convergence of Political Participation and Social Exclusion«, in: *Internationale Politik und Gesellschaft*, 3, S. 40–51.
— (2009), »Neue Perspektiven auf Staat und Demokratie in den Nord-Süd-Beziehungen«, in: ders., (Hg.), *Nord-Süd-Beziehungen im Umbruch. Neue Perspektiven auf Staat und Demokratie in der Weltpolitik*, Frankfurt/M., S. 9–42.
— /Weinmann, Nico (2012), »Social Inequality and Social Policy outside the OECD: A New Research Perspective on Latin America«, in: *ICDD, Working Papers IV*, Kassel.
Chakrabarty, Dipesh (2000), *Provincializing Europe: Postcolonial Thought and Historical Difference*, Princeton.
Ciompi, Luc/Endert, Elke (2011), *Gefühle machen Geschichte. Die Wirkung kollektiver Emotionen – von Hitler bis Obama*, Göttingen.
Conrad, Sebastian/Randeira, Shalini (2002) (Hg.), *Jenseits des Eurozentrismus. Postkoloniale Geschichten in den Geschichts- und Kulturwissenschaften*, Frankfurt/New York.
Conrad, Sebastian/Eckert, Andreas/Freitag, Ulrike (2007) (Hg.), *Globalgeschichte. Theorien, Ansätze, Themen*, Frankfurt/New York.
Denzin, Norman K./Lincoln, Yvonna S./Tuhiwai Smith, Linda (2008) (Hg.), *Handbook of Critical and Indigenous Methodologies*, Los Angeles.
Dietze, Gabriele/Brunner, Claudia/Wenzel, Edith (2009) (Hg.), *Kritik des Okzidentalismus. Transdisziplinäre Beiträge zu (Neo-)Orientalismus und Geschlecht*, Bielefeld.
Döring, Thomas (2006), »Albert Hirschmans ökonomische Perspektive – Grenzen überschreitend oder zwischen allen Stühlen?«, in: Pies, Ingo/Leschke, Martin (Hg.), *Albert Hirschmans grenzüberschreitende Ökonomik*, Tübingen, S. 205–230.
Duerr, Hans-Peter (1988), *Der Mythos vom Zivilisationsprozeß, Bd. 1: Nacktheit und Scham*, Frankfurt/M.
Eisenstadt, Shmuel Noah (2006), *Die großen Revolutionen und die Kulturen der Moderne*, Wiesbaden.
— (2003), »Die institutionellen Ordnungen der Moderne. Die Vielfalt der Moderne aus einer Weberianischen Perspektive«, in: Albert, Gert (Hg.), *Das Weber-Paradigma. Studien zur Weiterentwicklung von Max Webers Forschungsprogramm*, Tübingen, S. 328–351.
Elias, Norbert (2006) [1970], *Was ist Soziologie?*, Frankfurt/M.
— (1997) [1939], *Über den Prozeß der Zivilisation. Soziogenetische und psychogenetische Untersuchungen*, 2 Bde., Frankfurt/M.
Ertmann, Thomas (1997), *The Birth of the Leviathan. Building States and Regimes in Medieval and Early Modern Europe*, Cambridge.
Escobar, Arturo (1995), *Encountering Development. The Making and Unmaking of the Third World*, Princeton.

Gareau, Frederick H. (1985), »The Multinational Version of Social Science with Emphasis upon the discipline of sociology«, in: *Current Sociology*, 33, S. 1–169.

Giddens, Anthony (1984), *Die Konstitution der Gesellschaft. Grundzüge einer Theorie der Strukturierung*, Frankfurt/New York.

Gudynas, Eduardo (2011), »Neo-Extraktivismus und Ausgleichsmechanismen der progressiven südamerikanischen Regierungen«, in: *Kurswechsel*, 3, S. 69–80.

Gray, John (2010), *Von Menschen und anderen Tieren. Abschied vom Humanismus*, Stuttgart.

Hinz, Michael (2000), »Zur Affektgeladenheit und zum Bedeutungswandel des Zivilisationsbegriffs: Norbert Elias, Wilhelm E. Mühlmann und Hans Peter Duerr im Vergleich«, in: Treibel, Annette/Kuzmics, Helmut/Blomert, Reinhard (Hg.), *Zivilisationstheorie in der Bilanz. Beiträge zum 100. Geburtstag von Norbert Elias*, Opladen, S. 71–103.

Hirschman, Albert Otto (1997), *Tischgemeinschaft – Zwischen öffentlicher und privater Sphäre. Jan-Patočka-Gedächtnisvorlesung 1996*, Wien.

— 1977), *The Passions and the Interests: Political Arguments for Capitalism before Its Triumph*, Princeton.

Imbusch, Peter (2005), *Moderne und Gewalt. Zivilisationstheoretische Perspektiven auf das 20. Jahrhundert*, Wiesbaden.

Jakobeit, Cord/Kappel, Robert/Mückenberger, Ulrich (2010), »Zivilisierung der Weltordnung. Normbildung durch transnationale Netzwerke«, in: *Leviathan*, 38, S. 411–427.

Kahn, Michael Jeffrey (2001), »Developing mechanisms to promote South-South Research in Science and Technology: the case of the Southern African development Community«, in: *African Sociological Review*, 5 (1), S. 17–35.

Knöbl, Wolfgang (2007), *Die Kontingenz der Moderne. Wege in Europa, Asien und Amerika*, Frankfurt/New York.

— /Schmidt, Gunnar (2000) (Hg.), *Die Gegenwart des Krieges. Staatliche Gewalt in der Moderne*, Frankfurt/M.

Krieken, Robert van (1990), »The Organization of the Soul: Elias and Foucault on Discipline and the Self«, in: *European Journal of Sociology*, 31 (1), S. 353–371.

Kuzmics, Helmut (2000), »Fragen an das Werk von Norbert Elias: Einige Kriterien zur kritischen Überprüfbarkeit der Zivilisationstheorie«, in: Treibel, Annette/ Kuzmics, Helmut/Blomert, Reinhard (Hg.), *Zivilisationstheorie in der Bilanz. Beiträge zum 100. Geburtstag von Norbert Elias*, Opladen, S. 261–284.

Lander, Edgardo (2003) (Hg.), *Colonialidad del Saber: Eurocentrismo y Ciencias Sociales: Perspectivas Latinoamericanas*, Buenos Aires.

Lepenies, Philipp H. (2009), »Lernen vom Besserwisser. Wissenstransfer in der Entwicklungshilfe aus historischer Perspektive«, in: Büschel, Hubertus/Speich, Daniel (Hg.), *Entwicklungswelten. Globalgeschichte der Entwicklungszusammenarbeit*, Frankfurt/M., S. 33–59.

— (2008), »An Inquiry into the Historic Roots of the Modern Concept of Development«, in: *Contributions to the History of Concepts*, 4 (2), S. 202–225.

Lewis, Reina/Mills, Sara (2003), *Feminist Postcolonial Theory. A Reader*, Edinburgh.
Lüchinger, Stephan (2002), *Das politische Denken von Condorcet (1743–1794)*, Bern.
Máiz, Rámon (2010), »La hazaña de la Razón: la exclusión fundacional de las emociones en la teoría política moderna«, in: *Revista de Estudios Políticos*, 149, S. 11–45.
Meyer, John W. (2005), *Weltkultur. Wie die westlichen Prinzipien die Welt durchdringen*, Frankfurt/M.
Osterhammel, Jürgen (2001), »Transnationale Gesellschaftsgeschichte: Erweiterung oder Alternative?«, in: *Geschichte und Gesellschaft*, 27 (3), S. 464–479.
Pomeranz, Kenneth (2000), *The Great Divergence. Europe, China, and the Making of the Modern World Economy*, Princeton/Oxford.
Reuter, Julia (2002), *Ordnungen des Anderen. Zum Problem des Eigenen in der Soziologie des Fremden*, Bielefeld.
— /Villa, Paula-Irene (2010) (Hg.), *Postkoloniale Soziologie. Empirische Befunde, theoretische Anschlüsse, politische Intervention*, Bielefeld.
Röd, Wolfgang (2002), *Benedictus de Spinoza – Eine Einführung*, Stuttgart.
Said, Edward W. (1978), *Orientalism*, London.
Samir, Amin (1989), *Eurocentrism*, New York.
Schlichte, Klaus (2005), *Der Staat in der Weltgesellschaft. Politische Herrschaft in Asien, Afrika und Lateinamerika*, Frankfurt/New York.
Schneider, Ben R. (2009), »Hierarchical Market Economies and Varieties of Capitalism in Latin America«, in: *Journal of Latin American Studies*, 41 (3), S. 553–575.
Schorn-Schütte, Luise (2006), *Historische Politikforschung. Eine Einführung*, München.
Schwinn, Thomas (2009), »Multiple Modernities: Konkurrierende Thesen und offene Fragen. Ein Literaturbericht in konstruktiver Absicht«, in: *Zeitschrift für Soziologie*, 38 (6), S. 454–476.
Silver, Allan (1990), »Friendship in Commercial Society: Eighteenth-Century Social Theory and Modern Sociology«, in: *American Journal of Sociology*, 95 (6), S. 1474–1505
Sousa Santos, Boaventura de (2007) (Hg.), *Another Knowledge is Possible. Beyond Northern Epistemologies*, London.
— (2005), »Vom Postmodernen zum Postkolonialen. Und über beides hinaus«, in: Brunkhorst, Hauke/Costa, Sergio (Hg.), *Jenseits von Zentrum und Peripherie*, München, S. 197–219.
Souza Jessé (2007), *Die Naturalisierung der Ungleichheit – Ein neues Paradigma zum Verständnis peripherer Gesellschaften*, Wiesbaden.
Spinoza, Baruch de (2006), *Ethik in geometrischer Ordnung dargestellt*, Werke in drei Bänden, herausgegeben von Wolfgang Bartuschat, Bd. 1, Hamburg.
Spivak, Gayatri Chakravorty (2003), *Death of a Discipline*, New York.
— 1990), *The Post-Colonial Critic. Interviews, Strategies, Dialogues*, herausgegeben von Sarah Harasym, New York/London.
— (1988), »Can the subaltern speak?«, in: Nelson, Cary/Grossberg, Lawrence (Hg.), *Marxism and the Interpretation of Culture*, Chicago, S. 271–313.

Taylor, Peter (1999), *Modernities: A Geohistorical Interpretation*, Cambridge.
Therborn, Göran (2003), »Entangeld Modernities«, in: *European Journal of Social Theorie*, 6 (3), S. 293–305.
Tickner, Arlene B. (2003), »Seeing IR Differently: Notes from the Third World. I Millennium«, in: *Journal of International Studies*, 32 (2), S. 295–324.
Tilly, Charles (1990), *Coercion, Capital, and European Status, AD 990–1990*, Cambridge.
Wehr, Ingrid/Burchardt, Hans-Jürgen (2011), *Soziale Ungleichheiten in Lateinamerika – Neue Perspektiven auf Wirtschaft, Politik und Umwelt*, Baden-Baden.
Weingart, Peter (2006), »Knowledge and Inequality«, in: Therborn, Göran (Hg.), *Inequalities of the World. New theoretical frameworks, multiple empirical approaches*, London/New York, S. 163–190.
Weis, Anita (2010), »El proceso de individualización de los obreros industriales en Colombia«, in: Pérez Rivera/Hésper Eduardo (Hg.), *Norbert Elias. Un sociólogo contemporáneo. Teoría y método*, Medellín, S. 117–131.
Zürn, Michael/Binder, Martin/Ecker-Ehrhardt, Matthias/Radtke, Katrin (2007), »Politische Ordnungsbildung wider Willen«, in: *Zeitschrift für Internationale Beziehungen*, 1, S. 129–164.

Globale Politik aus der Perspektive einer kaleidoskopischen Dialektik

Boike Rehbein

In einer globalisierten Welt besteht die nicht unberechtigte Vermutung, dass es eine universale Politik geben müsse, die alle Gesellschaften gleichermaßen steuere und von ihnen gleichermaßen gesteuert werde. Wenn es darum geht, diese Politik auszuformulieren, greift man allerdings nicht auf das politische Inventar aller Gesellschaften zurück, sondern nur auf europäische Demokratien, die sich historisch auf die Französische Revolution und die Aufklärung stützen. Nicht nur amerikanische Ideologen, sondern auch alternative transnationale Bewegungen, internationale Organisationen und revolutionäre Politikwissenschaftler identifizieren globale Politik mit der euro-amerikanischen Moderne. Das liegt historisch und philosophisch nahe.

Wir sind es gewohnt, in Auseinandersetzung mit der eigenen Tradition und der eigenen Gesellschaft sozialwissenschaftliche Theorien zu entwickeln und diese Theorien dann in empirischer und in normativer Absicht auf andere Gesellschaften zu übertragen. Innerhalb Westeuropas und innerhalb einer kolonialen Welt war dieses Verfahren zwar nicht unstrittig, aber zumindest teilweise plausibel. Es entsprach der Philosophie der Aufklärung und der Modernisierungstheorie. Alle Gesellschaften sollten – empirisch und normativ – dem Beispiel der fortgeschrittensten Gesellschaften folgen, die, solange es Sozialwissenschaften als eigene Disziplinen gibt, an einer Hand abzuzählen waren. Man fand sie in Frankreich, Großbritannien, Deutschland und den USA.

200 Jahre europäischer Weltherrschaft, 200 Jahre Sozialwissenschaften und eine 2500 Jahre alte eurozentrische Tradition des Denkens werden nun durch den Aufstieg neuer Mächte herausgefordert. Die multizentrische Welt, die in den meisten Perioden der Geschichte vorherrschte, ist mit dem Wiederaufstieg Chinas und Indiens sowie dem Aufstieg neuer Zentren wie São Paulo, Johannesburg, Teheran, Abu Dhabi und Singapur zurückgekehrt (Nederveen Pieterse 2009). Daraus erwächst die Möglichkeit, zum

ersten Mal den ethnozentrischen Käfig, in dem bislang noch jedes Denken gefangen war, ernsthaft zu verlassen. In der multizentrischen Welt ist es nicht mehr möglich, aus Arroganz und Ignoranz auf den Voraussetzungen der je eigenen Tradition zu beharren, selbst wenn diese sich als universal gültig wähnt. Zu deutlich hat die postkoloniale Kritik die Blindheit der eurozentrischen Tradition für koloniale und andere hegemoniale Strukturen – im Denken und in der Wirklichkeit – aufgewiesen. Zu stark ist die ökonomische und politische Kraft Chinas oder Indiens, den Ansprüchen ihrer eigenen Traditionen Nachdruck zu verleihen. Zu offensichtlich sind die Aporien einer ausschließlich auf sich selbst bezogenen Tradition eurozentrischer Wissenschaft geworden.

Im Folgenden schlage ich eine kaleidoskopische Dialektik als eine Wissenschaftstheorie vor, die der neuen Ausgangslage gerecht werden soll (vgl. Rehbein 2010; 2012). Diese Dialektik nimmt den Grundgedanken von Hegels Dialektik auf, dass wissenschaftliche Perspektive und Wissenschaftstheorie aneinander sowie an eine bestimmte gesellschaftliche Verfassung geknüpft sind und reflexiv durchlaufen werden müssen. Sie folgt Hegel jedoch nicht im Universalismus, in der Voraussetzung des christlichen Gottes, im Evolutionismus und im Anspruch auf Allwissenheit. Um das im Folgenden dargelegte Verfahren in einer multizentrischen Welt zu charakterisieren, bezeichne ich diese Dialektik als kaleidoskopisch.

Der Aufsatz beschäftigt sich zunächst mit den Vorannahmen des Universalismus und der Kritik an ihnen, um dann über die Dichotomie von Universalismus und Relativismus hinauszugehen. Es wird gezeigt, dass die Dichotomie auf einem veralteten Verständnis von Wissenschaft beruht, das sich an zeitlos geltenden Kausalerklärungen ohne empirische Bindung orientiert. In den Sozialwissenschaften hat die euro-amerikanische Weltherrschaft dieses Verständnis befördert. Nach der Kritik am Eurozentrismus, an Universalismus und Relativismus sowie an der Vorstellung von Kausalität wird in der zweiten Hälfte des Aufsatzes ein alternatives Verständnis von Wissenschaft entwickelt. Zuerst erläutert der Aufsatz den Begriff der Konfiguration als zentrales Element einer kaleidoskopischen Dialektik. Sodann wird der hermeneutische Charakter von Sozialwissenschaft mit dem Begriff der Konfiguration verknüpft, um auf dieser Basis Sozialwissenschaft als spezifischen Lernprozess zu konzipieren. Abschließend wird aufgezeigt, was dieses Verständnis für eine globale Politik bedeuten könnte.

Eurozentrismus und Universalismus

Wir gehen davon aus, dass sich die europäische Moderne über die Welt ausgebreitet hat und die globale Moderne jetzt eine Weltgesellschaft nach europäischem Muster bestimmt (Dirlik 2000). Diese Moderne umfasst Demokratie, Kapitalismus, Bürokratie, Zivilgesellschaft, Bürgerrechte, Gleichheit und Hochtechnologie. Mit der europäischen Moderne hat sich auch die wissenschaftliche Haltung zur Welt durchgesetzt, die mit dem Glauben an die Machbarkeit der Welt einherging. Die technologische Interpretation der Natur durch Bacon, Galilei und Descartes beinhaltete den Glauben an die Gesetzmäßigkeit der Natur und ihre Ausnutzung mittels der menschlichen Technik. Diese Interpretation wurde durch Hobbes auf die Gesellschaft übertragen. Nachdem Newton die Natur in ein homogenes, von allgemeinen Gesetzen bestimmtes Universum aus identischen Atomen verwandelt hatte, interpretierten Comte und Durkheim die Wissenschaft von der Gesellschaft als soziale Physik. Die moderne Weltgesellschaft scheint dieser Interpretation mehr zu entsprechen als jede andere Form von Gesellschaft zuvor.

Die Wissenschaftstheorie, die den Sozialwissenschaften zugrunde liegt, teilt nicht mehr das mechanistische Weltbild, wohl aber noch weitgehend die cartesianische Konzeption von Wissenschaft, der zufolge man von unbezweifelbaren, bekannten Sätzen zum Unbekannten fortschreitet und im Idealfall zu unwandelbaren, kausal konzipierten Gesetzen gelangt, aus denen die beobachtbaren Phänomene abgeleitet werden können. Wir vermögen uns Wissenschaft kaum anders vorzustellen. Die europäische Weltherrschaft hat den Universalismus in den Sozialwissenschaften, wie auch in Politik und Alltagsverstand, begünstigt. Die Welt nach dem Aufstieg Europas war durch *eine* Weltanschauung, *eine* wissenschaftstheoretische Grundlage und *eine* historische Tradition beherrscht.

Die euro-amerikanische dominierte Weltgesellschaft ist seit ihrer vollkommenen Entfaltung 1989 (Fukuyama 1992) heterogen geworden. Eine multizentrische Welt ist an ihre Stelle getreten, besser gesagt, die multizentrische Welt der Vergangenheit ist – zumindest der Form nach – zurückgekehrt (Rehbein/Schwengel 2008). Der Aufstieg des globalen Südens ermöglicht es nun, die selbstverständlichen Voraussetzungen der eurozentrischen Theorie in Frage zu stellen, weil plötzlich radikal andere Konzeptionen von Erkenntnis auftauchen und ernst genommen werden müssen. Die ökonomische Krise Europas und Nordamerikas wird eine Krise der europäischen Wissenschaft zur Folge haben, die eine einzigartige Chance darstellen kann.

Seit dem Ende der Kolonialzeit und der euro-amerikanischen Weltherrschaft ist der Universalismus in Verruf geraten (Spivak 1999). Die verschiedenen Post-ismen, wie Poststrukturalismus, Postmoderne und Postkolonialismus, haben gezeigt, dass der Universalismus eine göttliche Allwissenheit voraussetzt, die heute nicht mehr plausibel wirkt, oder in einen Zirkel führt, indem er sich selbst als universal begründen muss. Mit der Rückkehr der multizentrischen Welt wirkt der Universalismus auch in politischer Hinsicht auf eine chauvinistische Art veraltet. Die Destruktion des Universalismus hinterlässt nun einen Relativismus, der nicht nur in einen Selbstwiderspruch führt, indem alles außer der Relativität selbst relativ sein soll, sondern auch keine Orientierung in Erkenntnistheorie und Ethik zu liefern vermag. So lange der Widerstreit zwischen Universalismus und Relativismus nur aus der eurozentrischen Tradition heraus bearbeitet werden konnte, musste er in eine Aporie führen.

Die Dichotomie von Universalismus und Relativismus ergibt sich aus der Norm von Allwissenheit, an der sich die eurozentrische Tradition orientierte. Man ging davon aus, Erkenntnis auf unbezweifelbare Grundlagen stützen zu müssen und zu können, um eine mit sich selbst identische und widerspruchsfreie Wahrheit zu erkennen. Es konnte nur eine Wahrheit geben. Diese Wahrheit sollte die Welt aus dem Ursprung heraus erklären und unveränderlich sein. Die Vorstellung ist sicher insofern richtig, als Gedanken und Aussagen wahrer oder falscher sind. Sie ist jedoch insofern vollkommen abwegig, als aufeinander nicht reduzierbare und miteinander nicht kompatible Theorien existieren. Hegel hat das Problem klar erkannt und dahingehend gelöst, dass der Durchgang durch alle Theorien (und Wissenschaftstheorien) ihre Einseitigkeit erweisen und am Ende zu ihrer Aufhebung in einer Theorie aller Theorien führen sollte. Hegel ging jedoch weiterhin davon aus, dass die Welt eine einheitliche Totalität sei, die aus einer einzigen objektiven Perspektive erkennbar sei. Diese Annahme konnte er – wie Descartes – nur dadurch rechtfertigen, dass ein einziger, allmächtiger Gott die gesamte Wirklichkeit geschaffen haben sollte. Die Offenbarung Gottes sollte zugleich die Möglichkeit absoluter Erkenntnis begründen (Descartes 1984: 60; Hegel 1970: 28, 580).

Bindet man Erkenntnis nicht mehr an Gott, ist sie fallibel und relativ. Es wäre zwar möglich, eine rein deskriptive Theorie der Gesellschaft im Sinne eines naturwissenschaftlichen Modells zu konstruieren, aber diese

Konstruktion wäre weder begründbar noch reflektiert. Sie wäre der Form nach wissenschaftlich, könnte aber ihre Geltung nicht ausweisen. Jede deskriptive Sozialwissenschaft ist so gut wie jede andere. Die Wissenschaftlerin oder der Wissenschaftler entnimmt alle Begriffe, Methoden, Theorien und Ziele einer vorgefundenen, gesellschaftlichen Tradition. Ferner muss der Sinn verstanden werden, den der Gegenstand sich selbst gibt. Schließlich beeinflusst die wissenschaftliche Tätigkeit den Gegenstand und ändert ihn dadurch, ja am Ende kann der Gegenstand die wissenschaftliche Tätigkeit kritisieren oder gar eine eigene Theorie vorschlagen. Die Geltung sozialwissenschaftlicher Theorien kann weder objektiv noch konstruktivistisch begründet werden, sondern bleibt immer relativ zu Geschichte und Gesellschaft.

Diese Relativität ist nicht mit Beliebigkeit zu verwechseln, sondern ist durchaus im Sinne der Relativitätstheorie gemeint. Die Perspektive und damit ihre Wahrheit ist relativ zum jeweiligen Bezugssystem. Die Frage lautet nun, ob sich eine allgemeine Theorie der Bezugssysteme finden lässt. Eine Theorie dieser Art schwebte Hegel und Einstein vor. Eine Lösung nach dem Vorbild Hegels wäre nur möglich, wenn ein göttlicher Standpunkt vorausgesetzt würde und zugänglich wäre. Und eine Lösung nach dem Vorbild Einsteins ließe sich nur anstreben, wenn Theorie und Gegenstand logisch voneinander unabhängig wären. Hegels Lösung ist vermessen und in einer Welt vieler Gesellschaften, Religionen und Götter nicht mehr haltbar. Einsteins Lösung ist in den Sozialwissenschaften logisch ausgeschlossen. Ich möchte im Folgenden argumentieren, dass das Problem und die Vorschläge zu seiner Lösung auf der falschen Voraussetzung beruhen, dass es eine allgemeine, von den Phänomenen unabhängige, überzeitliche Wahrheit geben müsse.

Totalität und Singularität

Die eurozentrische Theorie deutet den Gegenstand der Sozialwissenschaften als eine homogene Totalität, die von universalen Gesetzen regiert wird. Heute gibt es jedoch keine empirisch vorzufindende, homogene Gesellschaftsordnung mehr, die die höchste Stufe der Entwicklung repräsentieren würde. Die moderne, nach europäischem Modell gestaltete Weltgesellschaft ist mit ihrer Entstehung schon wieder Vergangenheit. Heute interagieren zahlreiche gesellschaftliche Kräfte auf verschiedenen Ebenen und auf unterschiedliche Weise miteinander. Vor allem aber interagieren nun Kräfte mit unterschiedlichen Traditionen, gewachsenen Kulturen, Normen und Werten miteinander.

Auf die Vielheit von Kulturen und erkenntnistheoretischen Perspektiven reagieren die verschiedenen Post-ismen. Sie fordern, die Differenzen bestehen und einen Pluralismus gelten zu lassen. Ernesto Laclau hat dagegen argumentiert, dass diese Forderung in einen Selbstwiderspruch mündet: Entweder alle Partikularitäten fordern Gleichberechtigung, dann richten sie sich an einem als universal vorausgesetzten Maßstab aus, oder sie gelten als gleichwertig, dann ist der universale Maßstab verwirklicht (Laclau 2002: 90). Partikulares steht immer in Relation zu anderen Partikularitäten. Gemeinsam setzen sie eine soziale Totalität voraus, »in der sie konstituiert sind« (ebd.: 38). Die Leugnung des Begriffs der Totalität leugnet also auch den der Partikularität. Laclau fügt hinzu, dass die Totalität nicht in Hegels Sinne als Subjekt oder Substanz zu erkennen sei, sondern als leerer Ort vorausgesetzt werden müsse (ebd.: 20). Er verdeutlicht außerdem, dass unser Geschichtsbild eine Totalität impliziert, da wir – wie Hegel – von einer Evolution aus einem gemeinsamen Grund ausgehen. Auch unsere Logik impliziert den Begriff der Totalität, da dieselbe Form für alle Inhalte gelten soll. Er selbst behält von der Totalität nur einen Platzhalter bei.

Laclau unterscheidet nicht ausdrücklich zwischen den Begriffen Totalität, Universalität und Allgemeinheit. Tatsächlich gebrauchen wir Allgemeinbegriffe (wie Mensch oder Möbel), die universal zu sein scheinen. Aber bei genauerer Prüfung beziehen sie sich nicht auf eine abstrakte Totalität oder auf eine zeitlose Allheit, sondern auf eine zeitlich (historisch) bestimmte, endliche Mannigfaltigkeit. Das Allgemeine bezeichnet immer ein Besonderes. Ein Satz der Art »Alle X sind p« bezieht sich auf eine endliche Anzahl von X, aber nicht auf alle *möglichen* X, zumeist auch nicht auf die X der Zukunft. Das gilt insbesondere für die Sozialwissenschaften. Hier sollen Sätze selten für die Zukunft gelten, sondern immer für bestimmte Gesellschaften oder für die Welt in einem bestimmten Zustand. Allgemeine Sätze sind eine Illusion, die vor allem aus der Sprache herrührt. Ein Satz kann allgemein formuliert werden – und in dieser Form ist er vermutlich immer und grundsätzlich falsch. Er muss eine Bestimmung seines Geltungsbereichs enthalten, um wahr oder auch nur wahrheitsfähig zu sein.

Der Universalismus verstrickt sich in Widersprüche, weil er auf eine Totalität bezogen wird. Ein Satz soll für alle (wirklichen und möglichen)

Fälle gelten. Diese Forderung wäre nur zu erfüllen, wenn die Wirklichkeit eine homogene Einheit, auf einen Ursprung zurückzuführen und für alle Zeiten im Prinzip unveränderlich zu begreifen wäre. Für die Sozialwissenschaften zwischen Hegel und Fukuyama war die Forderung durch die europäische Weltherrschaft erfüllt. Für die Naturwissenschaften von Descartes bis Einstein war sie durch den einheitlichen Ursprung und die mathematische Formalisierbarkeit der Welt erfüllt. In dieser Gestalt ist der Universalismus eine Illusion. Er abstrahiert von einer wirklichen, begrenzten Gesamtheit auf eine zeitlose, alles umfassende Totalität.

Ein Theorem, ein Gesetz, ein Axiom und eine Begrifflichkeit gelten nur für einen bestimmten Gegenstandsbereich – nicht für einen Einzelfall und nicht für alle Fälle. Das bedeutet, dass es mehrere Wissenschaften gibt. Die eine arbeitet mit der einen Theorie, eine andere mit einer anderen. Sie widerlegen einander nicht, weil sie sich auf unterschiedliche Gegenstandsbereiche beziehen. Dieser »Pluralismus« wirkt nur deshalb irritierend, weil wir von einer einzigen, allgemeinen und konsistenten Wahrheit ausgehen. Selbst die postmodernen Theoretiker orientieren ihre Kritik an diesem Wahrheitsbegriff. Tatsächlich aber scheinen die Wissenschaften seit jeher einen anderen, bestimmteren Wahrheitsbegriff zu verwenden. Nur einige Idealisten wie Descartes, Galilei, Newton, Carnap und vielleicht Einstein haben etwas anderes behauptet und geglaubt. Aber es ist noch nie gelungen, die Chemie auf die Physik oder gar die Biologie auf die Physik zu reduzieren und die Gesetze der einen mit denen der anderen Wissenschaft kompatibel zu machen.

Der Pluralismus ist der Normalzustand und muss daher – freiwillig oder erzwungen – akzeptiert werden. Es geht nun darum, über den unfruchtbaren Streit zwischen Universalisten und Relativisten hinauszukommen. Entscheidend ist dafür, die unterschiedlichen Wissenschaften (Paradigmen oder Traditionen) in Kommunikation miteinander zu bringen, zueinander in Relation zu setzen. Das ist die Idee einer kaleidoskopischen Dialektik. Das Ziel besteht nicht darin, eine Theorie in eine andere aufzuheben, sondern jede Theorie um Theorien anderer Gegenstandsbereiche so zu bereichern, dass Anschlussstellen, gegenseitige Einflüsse, Überlagerungen, Unterschiede und Ähnlichkeiten deutlich werden.

Darüber hinaus muss eine ernstzunehmende Wissenschaftstheorie die Zeitlichkeit von Wissenschaft berücksichtigen. Für Hegel konnte es nach seiner eigenen Erkenntnis der göttlichen Offenbarung durch die Menschheitsgeschichte keine qualitativ neue Erkenntnis mehr geben. Diese Auffassung ist ethnozentrisch und autoritär. Sie verbietet oder ignoriert die Möglichkeit, dass die Dialektik von Erkenntnisgewinn und Verbesserung der Wissenschaftstheorie auch in der Zukunft fortdauert. Wir tun in der eurozentrischen Philosophie und Wissenschaftstheorie immer so, als könnten wir die Grundlagen der Wahrheit für alle Zeiten festlegen. Das wiederum würde voraussetzen, dass wir einen Angelpunkt der Erkenntnis und einen Zipfel der Allwissenheit bereits erlangt hätten. Diese Voraussetzung bestreite ich.

Erklärung

Die Vorstellung des allgemeinen, zeitlos geltenden Gesetzes äußert sich in der Form der Kausalerklärung. Trotz Humes' Einwänden gegen die Vorstellung von Kausalität suchen wir immer noch nach Kausalerklärungen. Dabei streben wir die Auffindung einer Ursache an, die ein Ereignis hervorgebracht oder ausgelöst haben soll. Natürlich verursachen wir durch den Hammerschlag, dass der Nagel in die Wand getrieben wird. Aber was ist genau die Ursache? Die Armbewegung, das gesamte System des menschlichen Körpers, die Atome an der Berührungsstelle von Hammer und Nagel, das Produkt aus Geschwindigkeit und Masse oder unser Wille? Oder ist es nicht vielmehr die Konfiguration all dieser Faktoren – und noch vieler mehr?

Die eurozentrische Wissenschaftstheorie hat das Problem dadurch zu lösen versucht, dass sie Gesetz und Randbedingung unterschied (Hempel 1972). Ein erklärender Faktor wurde isoliert und der Rest der Faktoren zu Randbedingungen degradiert. Das Gesetz entspricht einem zeitlos geltenden Kausalverhältnis, während die Randbedingungen alles abdecken, was zur Entstehung des Verhältnisses beiträgt. Adorno hat darauf hingewiesen, die Kausalketten seien prinzipiell nicht zu überblicken (1975: 263). Daher gibt es sehr viele Möglichkeiten, ein Phänomen durch allgemeine Gesetze zu erklären. So sieht man sich der Alternative gegenüber, auf die Laclau reagiert, entweder die Vielheit recht willkürlich auf allgemeine Gesetze zu reduzieren oder die Vielheit einfach bestehen zu lassen. Die kaleidoskopische Dialektik soll eine dritte Möglichkeit eröffnen, indem Gesetz und Randbedingung als Einheit aufgefasst werden.

Der Wissenschaftstheorie des 19. Jahrhunderts zufolge gilt ein Gesetz unabhängig von den Phänomenen. Genau das ist meines Erachtens nicht der Fall. Gesetze entstehen historisch gemeinsam mit den Phänomenen. Wenn man von der Geschichte und den Phänomenen abstrahiert, erhält man den Eindruck einer allgemeinen Gültigkeit, tatsächlich aber gilt jedes Gesetz, wenn man es präzise fasst, nur für den Gegenstandsbereich, der seine reale Manifestation ist. Manche Gesetze gelten für viele Phänomene, andere für wenige, aber keines gilt für alle oder eines. Die kaleidoskopische Konzeption von Gesetzen lässt sich anhand eines Spiels illustrieren. Wir stellen uns die Welt wie ein Erwachsenenspiel vor, während sie sich eher mit einem Kinderspiel vergleichen lässt. Dem Erwachsenenspiel liegt ein Regelkanon zugrunde, der vor Spielbeginn gelesen und dann akribisch befolgt wird. Kinder hingegen beginnen mit einer Grundform des Spiels und handeln den Fortgang mitsamt den Regeln sukzessive aus. Das Kinderspiel hat keine Konsistenz, ist kaum präzise nachvollziehbar und endet selten mit einem Ziel oder einem Sieger, sondern eher im Streit.

Jede Konfiguration beinhaltet Allgemeinaussagen und Gesetze, die jedoch genau für den jeweiligen Gegenstandsbereich gelten, also für die bearbeitete Konfiguration. Daher sollte bei jeder Erkenntnis klar angegeben werden, auf welchen Gegenstandsbereich sie sich bezieht, auch wenn die Konfiguration immer offen ist, neue Relationen entstehen und neue Relationen entdeckt werden. Wir können uns das anhand der Relativitätstheorie verdeutlichen. Einstein hat als Beispiel gewählt, dass ein Mann in einem fahrenden Zug einen Ball auf dem Boden springen lässt (vgl. Einstein 1956: 125ff.). Für ihn beschreibt der Ball eine Auf- und Abbewegung. Für einen Beobachter, der den fahrenden Zug vom Bahnhof aus betrachtet, beschreibt der Ball hingegen eine oszillierende Bewegung in Fahrtrichtung. Einstein zufolge sind beide Beschreibungen berechtigt. Es kommt nur darauf an, ob man den Zug oder die Erde als Bezugssystem wählt. Wir würden immer die Erde als Bezugssystem wählen. Wenn man Bewegungen in Bezug auf das ganze Universum betrachtet, fehlt jedoch der ruhende Vergleichspunkt. Das Gleiche gilt für die Sozial-wissenschaften. Wir untersuchen als Konfiguration ein System – wie den Zug –, zu dem wir uns selbst in Relation setzen, und stellen dann Relationen zu anderen Systemen her.

Die Vorstellung eines Ursprungs, eines Ziels von Entwicklung und Erkenntnis und einer allgemeinen Entwicklungslogik soll die Vielfalt auf etwas Einfaches reduzieren – letztlich alles auf eine Tautologie oder einen

Widerspruch zurückführen. In den Naturwissenschaften unternimmt man vielleicht noch Versuche, alle Perspektiven auf eine zu reduzieren. In den Sozialwissenschaften ist der Versuch abwegig. Denn das Soziale besteht nicht aus uniformen Systemen wie das Universum oder die Bahn, sondern aus Bereichen mit unterschiedlicher Logik. Die indische Gesellschaft lässt sich nicht auf die deutsche reduzieren, das Feld der Kunst funktioniert nicht wie das Feld der Wirtschaft, und kein Dorf ist wie das andere. Hegel meinte, diese Vielfalt spiele keine Rolle für die Erklärung der Welt, sondern die Konzentration auf wenige allgemeine Aussagen und Begriffe sei hinreichend. Damit würde der Großteil dessen, was wir über die soziale Welt wissen und was in der sozialen Welt existiert, aus den Sozialwissenschaften ausgeschlossen. Prinzipiell wissen wir in den Sozialwissenschaften nicht zu wenig, sondern zu viel. Die Reduktion der Vielheit auf wenige Aussagen orientiert sich am völlig absurden Ideal einer homogenen Gesellschaft, die sich aus einem singulären Ursprung heraus im europäischen Allgemeinen verwirklicht.

Konfigurationen

Die Erkenntnis muss ihre eigene Unabschließbarkeit anerkennen und einbeziehen. Sie hat drei Dimensionen. Erstens entwickelt sich die Wirklichkeit nach jeder Erkenntnis weiter. Zweitens wird das Wissen wohl immer unvollständig oder zumindest unvollkommen bleiben. Drittens können nie alle Perspektiven auf die Wirklichkeit berücksichtigt werden, zumal in jedem Moment neue Perspektiven entstehen und sich alte Perspektiven ändern.

Mit Allgemeinbegriffen wird viel zu nachlässig und pauschal verfahren. Ohne eine größere Anzahl konkreter Fälle untersucht zu haben, stellt man Aussagen mit universaler Gültigkeit auf. So wird unter einen Begriff wie »Kapitalismus« eine Vielzahl von konkreten Begriffen und Phänomenen subsumiert, die bestenfalls Familienähnlichkeiten aufweisen. Man spricht von *dem* Kapitalismus und bezieht sich auf den freien Markt (oder den ungleichen Tausch), die Ausbeutung von Arbeitskraft (oder von Ressourcen oder von Sklaven oder von Kolonien – oder freie Vertragsverhältnisse wie Lohnarbeit), die Erzielung von Mehrwert (oder Effizienzsteigerung), freie Konkurrenz (oder ungleiche Verteilung von Kapital), ein globales Wirtschaftssystem (oder eine bestimmte Institutionalisierung wie amerikanischer Liberalismus, rheinischer Wohlfahrtsstaat, asiatischer Staatskapitalismus) usw. Aus einem Sammelsurium dieser Art kann man Axiome beliebiger Art konstruieren, aus denen man fast alle sozialen Phänomene ableiten kann. Mit anderen Worten, der Gebrauch eines Wortes wie Kapitalismus hat mit Wissenschaft nur insofern zu tun, als er Konstruktionen von Aussagen ermöglicht, die eine wissenschaftliche *Form* aufweisen.

Entgegen unserer konventionellen Meinung zeichnet sich Wissenschaft nicht durch Universalität oder Abstraktheit aus. Das Wahlrecht ist universal, ebenso wie der Wunsch nach wohlschmeckender Nahrung oder die Meinung, dass früher alles besser war. Nichts davon ist Wissenschaft. Die im Alltag vorgebrachten Auffassungen sind häufig höchst abstrakt. Auffassungen dieser Art haben keinen empirischen Gehalt und keinen definierbaren Gegenstand und können zumeist auch nicht gerechtfertigt werden. Sie werden aus leeren Begriffen zusammengesetzt. Wissenschaft zeichnet sich hingegen durch die bewusste Konstruktion von Modellen aus. Diese Modelle können mehr oder weniger allgemein sein, aber sie müssen stets einen empirischen Bezug haben und ihren Gegenstandsbereich definieren. Wissenschaft bleibt immer auf der Ebene des *Besonderen*, strebt aber nach *mehr* Allgemeinheit. Auch wenn die kaleidoskopische Dialektik alles bekannte Wissen integrieren könnte, wäre das damit verknüpfte Allgemeine doch an die spezifische Empirie gebunden und würde kein allgemeines Gesetz umfassen, das eine universale, zeitlose Geltung besitzt. Es gilt stets nur für die wirklichen, bekannten Fälle und nicht auch für die möglichen und zukünftigen Fälle.

Adorno hat versucht, Heterogenität, Unvollkommenheit, Ablehnung von Kausalität und Zukunft in Hegels Dialektik zu integrieren. Damit hat er die wichtigste Vorarbeit für eine kaleidoskopische Dialektik bereits geleistet. Er konnte sie nicht vollständig ausarbeiten, weil er am Totalitätsbegriff festhielt und die Welt als eine homogene, euro-amerikanisch beherrschte Einheit auffasste. Die wissenschaftstheoretische Argumentation gegen Hegel musste daher immer an der gesellschaftlichen Wirklichkeit scheitern. Dennoch hat sich Adorno in seinen empirischen Analysen einer Konzeption bedient, die den Anforderungen an eine kaleidoskopische Dialektik in weiten Teilen gerecht wird. Er bezeichnete sie als »Konstellation« oder »Konfiguration«. Die Kausalanalyse impliziere die Identität des Gegenstands und lineare Ursache-Wirkungs-Zusammenhänge (1975: 31). Das Denken in Konstellationen leugne diese beiden Voraussetzungen. Es zeichne sich ihnen gegenüber durch drei Kernelemente aus: erstens die Suche nach Relationen des Gegenstands, zweitens die Suche nach Relationen zu seiner Geschichte und drittens die Aufhebung seiner scheinbaren Selbständigkeit (ebd.: 164).

Zentral für eine kaleidoskopische Dialektik ist es, im Anschluss an Adornos Begriff der Konfiguration den Gegenstand mit seiner Geschichte und mit anderen Gegenständen in Relation zu setzen. Das schließt eine Vielheit von Relationen ein, die sich nicht auf den Widerspruch der etablierten Dialektik reduzieren lassen. Die Unselbständigkeit des Gegenstands ergibt sich aus der Vielheit der Relationen, nicht aber wie bei Adorno aus der Relation zur Totalität. Die Konfiguration ist auf der Ebene des *Besonderen* anzusiedeln, muss genau an einen *empirischen Gegenstandsbereich* gebunden werden und darf keine Teleologie aus einem *Ursprung* heraus verfolgen. Ferner ist sie heterogen. Mit dem Begriff der Konfiguration implizieren wir zumeist, dass die Teile irgendwie zusammenpassen. Das dürfte aber selten der Fall sein, weder für den Beobachter noch in Wirklichkeit. Vielmehr überlagern, durchkreuzen und widersprechen sich die Fragmente. Darüber hinaus ist die Zeit in Rechnung zu stellen. In Wirklichkeit gilt das, was heute gilt, morgen nicht mehr oder nicht mehr auf die gleiche Weise.

Das Ziel einer kaleidoskopischen Dialektik ist weder die Auffindung allgemeiner Gesetze noch die Beschreibung einer Singularität noch der Blick auf die ganze Geschichte, sondern es ist die Erkenntnis von Relationen und Ähnlichkeiten. Die Relationen können unterschiedlichster Art sein. Sie sind nicht auf den Widerspruch zu reduzieren. Der Widerspruch ist nur eine mögliche Relation und trägt noch nicht einmal besonders viel zur Bestimmung des Gegenstands bei. Bei den Ähnlichkeiten handelt es sich um Familienähnlichkeiten, die Wittgenstein (1984) in die Wissenschaftstheorie eingeführt hat. Die Mitglieder einer Familie haben Gemeinsamkeiten, aber keine zwei haben genau die gleichen Eigenschaften gemeinsam. »Es übergreifen und kreuzen sich die verschiedenen Ähnlichkeiten, die zwischen den Gliedern einer Familie bestehen: Wuchs, Gesichtszüge, Augenfarbe, Gang, Temperament [...] Wir sehen ein kompliziertes Netz von Ähnlichkeiten, die einander übergreifen und kreuzen. Ähnlichkeiten im Großen und Kleinen« (1984: Aphorismus 66f.). Die Ähnlichkeiten kann man durch ihre historische Entstehung erklären, aber man kann sie nicht auf allgemeine Gesetze oder Kausalursachen zurückführen. Bei einem Familienmitglied wurde der Gang durch die Berufstätigkeit verändert, bei einem anderen die Nase durch einen Schlag, bei einem dritten das

Temperament durch Einflüsse der Hormone. Die Erklärung aller Einzelheiten ergäbe nicht nur eine unüberblickbare Kausalkette, sondern eine Erklärung der Welt – mitsamt allen Einzelheiten, da sie alle Familien und alle Einflüsse umfassen müsste.

Man könnte nun sagen, genau diese Erklärung der Welt müsse man anstreben, sozusagen einen komplexen, nicht mehr ursprungslogischen und eurozentrischen Hegel. Man müsse eine allgemeine Erkenntnis als Ideal anstreben. Bis dahin werde weder das Einzelne noch das Allgemeine wirklich erkannt, sondern immer nur vorgreifend, unvermittelt und prätentiös. Hegel war in der Tat der Meinung, dass nur der Begriff des Ganzen Wissenschaft sei. Aus seiner Perspektive kann es somit keine Wissenschaft geben. Denn es gibt keinen abduktiven Schluss, der zwischen Einzelnem und Allgemeinem, zwischen Induktion und Deduktion sich der Wahrheit annähern würde (Peirce 1958: 368). Die Erkenntnis muss ihre eigene *prinzipielle* Unabschließbarkeit anerkennen und einbeziehen. Alles, was wir leisten können, sind Konfigurationen, die mehr oder weniger Gegenstände, Relationen und Familienähnlichkeiten umfassen.

Die Zusammenfügung unterschiedlicher Konfigurationen und deren Analyse durch die Herausarbeitung von Relationen und Familienähnlichkeiten wird meines Erachtens einer multizentrischen Welt gerecht. Miteinander inkommensurable Systeme von Wissenschaft und Ethik treffen aufeinander. Sie bestehen faktisch nebeneinander, haben ihren Gegenstandsbereich und großenteils für ihren Gegenstandsbereich eine gewisse Plausibilität und Berechtigung. Eine kaleidoskopische Dialektik ermittelt für welchen Gegenstandsbereich sie mit welcher Plausibilität gelten, indem sie auf allen Ebenen miteinander konfrontiert werden, ohne dass eine gemeinsame Erkenntnistheorie vorausgesetzt wird.

Die kaleidoskopische Dialektik ist insofern nicht »dialektisch«, als sie ohne Totalität auskommt und dem Widerspruch keine privilegierte Rolle unter den Relationen zuschreibt. In diesem Sinne ähnelt sie der sokratischen Dialektik mehr als der hegelschen. Laclaus Begriff der Differenz ist ebenso unzureichend wie Hegels Begriff des Widerspruchs. Im Anschluss an Saussure hält Laclau die Sprache (und wohl jedes symbolische System) für ein »System von Differenzen«. Jede Bestimmung ist eine Negation, jede Identität ist eine Differenzierung. Diese Konzeption halte ich für übermäßig abstrakt und vereinfachend. Nichts ist allein durch Differenz und allein als Identität bestimmt. Zahlreiche Typen von Relationen lassen sich nicht auf Identität oder Differenz reduzieren, und Identität in einer Hinsicht bedeutet nicht Identität als ganze Entität in jeder Hinsicht. Es gibt viele Arten von Relationen, letztlich vielleicht sogar »unzählige« (Wittgenstein 1984: Aphorismus #23).

Den Unterschied zwischen dem kaleidoskopischen Konzept der Familienähnlichkeiten und dem klassischen Konzept der Differenz vermag das von den Post-ismen eingeführte Beispiel der Übersetzung zu illustrieren. Dem klassischen Konzept zufolge impliziert die Übersetzung eines Wortes in ein anderes einen gemeinsamen Maßstab, also eine Art (mögliche oder wirkliche) Metasprache oder eine abstrakte Grammatik. Einer kaleidoskopischen Konzeption zufolge impliziert sie lediglich eine Relation, also die Ähnlichkeit in einer Hinsicht. Es gibt keine gemeinsame Urform oder eigentliche Bedeutung der Wörter »cup« und »Tasse«. Und es gibt auch keine für sie geltende Metasemantik, keinen allgemeinen Maßstab der Übersetzung und keine Ursyntax. Dass sie Sprache oder eine Welt überhaupt voraussetzen, verweist nicht auf eine – leere oder absolute – Totalität, sondern auf Begriffe, die einen bestimmten Gegenstandsbereich abdecken, also auf der Ebene des Besonderen anzusiedeln sind.

Verstehen

Die deduktive Methode ist nur dort angemessen und funktionsfähig, wo Phänomene durch Gesetze erklärt werden können, die sich wiederum auf Axiome zurückführen lassen. Im Idealfall ließe sich die Vielfalt der Welt auf diese Axiome reduzieren. Aber genau das ist meines Erachtens nicht möglich, weil es unterschiedliche Perspektiven und unterschiedliche Ebenen der Welt gibt. Die Perspektiven kann man zwar erklären und die Erklärung vielleicht gar auf einheitliche Axiome zurückführen, aber man kann nicht das reduzieren, was aus diesen Perspektiven zu sehen ist.

Dieses Problem wurde in den Naturwissenschaften durch die Unschärferelation anerkannt, aber in den Sozialwissenschaften hat es einen fundamentalen Stellenwert. Welche Schicht betrachtet die Gesellschaft objektiv? Mit welchem Vorwissen, in welchem Alter, mit welchem Geschlecht sieht man das Wesentliche? Wenn man die Perspektivenvielfalt einbezieht, ist das Problem noch nicht gelöst. Denn es stellt sich die Frage, welche Perspektiven man wie berücksichtigen müsste. Die von der Tradition gewählte Lösung besteht darin, einen Blick von außen auf das Ganze der Gesellschaft anzunehmen. Der Blick auf das Ganze ist jedoch auch nur ein möglicher Blick. Erstens sind auch auf das Ganze viele Perspektiven möglich, zweitens sieht man beim Blick auf das Ganze viele Besonderheiten nicht, drittens ändert sich auch das Ganze, und viertens schließt die Perspektive auf das Ganze nicht das ein, was man aus den partikularen Perspektiven sieht. Die Theorie des Ganzen muss gleichsam auf mittlerer Ebene angesiedelt sein: Sie umfasst die Begriffe, die jeweils im Besonderen vorausgesetzt werden, sie liefert eine Perspektive, die in regulativer Absicht aus den einzelnen Perspektiven konsensfähig ist, und sie bleibt an die Empirie gebunden.

Die Perspektiven sind relativ zueinander, und jede Perspektive eröffnet ein Blickfeld, das keine andere ermöglicht. Aus diesen beiden Gründen sind sie nicht aufeinander oder auf eine Metaperspektive reduzierbar. Als Beispiel mögen zwei Personen dienen, die einander gegenüber sitzen. Sie sehen jeweils das Gesicht des anderen von vorne. Eine Beobachterperspektive, die auf das Ganze blickt, vermag zwar die Situation zu beschreiben und im Gegensatz zu den beteiligten Personen beide Gesichter in den Blick bekommen, aber aus ihr sieht man keines der Gesichter von vorne. Die Metaperspektive muss also zumindest virtuell die Perspektiven beider Personen nachvollziehen, um eine vollständige Beschreibung der Gesichter von vorne zu liefern. So wäre die Metaperspektive zwar privilegiert, aber sie wäre nicht in Hegels Sinne die Aufhebung der Perspektiven.

Die Entwicklung des Subjekts, der Perspektive und der Erkenntnis vollziehen sich in einem einzigen Zusammenhang. Man kann das eine nicht vom anderen abtrennen. Nach einer Erkenntnis ist man ein neuer Mensch und sieht die Welt in einem anderen Licht. Bis hierhin sollte man Hegel folgen. Dann muss man sich von ihm trennen, weil weder Ursprung noch Ziel bekannt ist, weil es nicht eine einzige Tradition gibt und weil der Anspruch auf Allwissenheit nicht einzulösen ist. Die kaleidoskopische Dialektik muss wie die hegelsche stets die wissenschaftstheoretische Reflexion mit der perspektivisch angelegten Wissenschaft verbinden. Gemeinsam eröffnen sie neue Welten. Je mehr Welten durchschritten werden, desto weiter ist die Dialektik entwickelt. Aber sie findet keine Erfüllung und keine Aufhebung in einer allwissenden Perspektive.

Die Situation wird in den Sozialwissenschaften dadurch noch komplizierter als in den Naturwissenschaften, dass Subjekt und Objekt prinzipiell identisch sind; sie können die Rollen tauschen, sich aufeinander beziehen und sich oder ihr Handeln auf der Basis von Wissenschaft ändern. Die soziale Welt ist teilweise sinnhaft. Die Sinnhaftigkeit impliziert, dass man in den Sozialwissenschaften einen Sinn verstehen muss, bevor man Aussagen über einen Gegenstand treffen kann. Man kann das Objekt nicht nach der Formulierung Einsteins (1958) »frei konstruieren«, sondern muss den Sinn berücksichtigen, den Subjekte, die Teil des Gegenstands sind, dem Gegenstand geben (Habermas 1970: 199). Das wird spätestens dann deutlich, wenn man wissenschaftliche Sätze auf eine Gesellschaft anzuwenden sucht, deren Sprache man nicht spricht. Die Reduktion auf allgemeine »Gesetze« ist in den Sozialwissenschaften auch deshalb unmöglich, weil Menschen diese »Gesetze« auf der Grundlage von Überlegung ändern können. Daher haben Gesetze in den Sozialwissenschaften einen statistischen Charakter (Hempel 1972). Da die Sozialwissenschaften Teil ihres Gegenstands sind, haben sie einen Einfluss auf ihn. Menschen können ihr Verhalten nicht nur auf der Basis von Überlegung ändern, sondern auch auf der Basis von Sozialwissenschaften (Bourdieu et al. 1997: 796f.).

Man muss sich verdeutlichen, dass Sozialwissenschaften nicht den Status göttlicher Offenbarung haben, wie es noch für Hegel der Fall war. Hegel hielt die Details der sozialen Welt jedoch nicht für erklärungsbedürftig. Dennoch muss eine Wissenschaft nach dem Vorbild von Hegel, aber auch von Descartes, Einstein oder Durkheim den Anspruch verfolgen, die wesentlichen Aspekte der sozialen Welt vorhersagen zu können, zumindest mit einer sehr hohen Wahrscheinlichkeit (Hempel 1972). Dieser Anspruch ist verfehlt. Peter Winch (1958: 94) hat es auf den Punkt gebracht: Ein Gedicht vorherzusagen, bedeutet, es selbst zu schreiben.

Der Gegenstand der Sozialwissenschaften hat auch einen Einfluss auf diese. Selbst wenn wir politischen, ökonomischen und ideologischen Druck ausschließen, sind die Sozialwissenschaften stets Bestandteil einer soziokulturellen und geschichtlichen Umgebung, die einen Einfluss auf sie hat. Das betrifft nicht nur ihren Wissensbestand, sondern auch Methoden, Wahrheitskriterien, Ziele und den Wirklichkeitsbegriff (Gadamer 1960). Der Gegenstand der Sozialwissenschaften kann ihnen sogar widersprechen. Die Allgemeingültigkeit sozialwissenschaftlicher Sätze wird nicht nur dadurch eingegrenzt, dass ihr Gegenstandsbereich zeitlich und inhaltlich bestimmt werden muss. Sie wird überdies relativiert, indem sie zum Gegenstandsbereich in einem Verhältnis wechselseitiger Beeinflussung steht.

Verstehen und Lernen

Die Erkenntnis der wechselseitigen Beeinflussung von Wissenschaft und Gegenstand hat Habermas zu seiner Weiterentwicklung von Adornos kritischer Theorie veranlasst. Habermas (1984) zufolge besteht das Ziel der Sozialwissenschaften in einer Verständigung im Sinne einer Übereinkunft. Alle Perspektiven werden in einer zwanglosen Diskussion vorgebracht und begründet. Die Verständigung über die Gründe wäre das Ziel einer Sozialwissenschaft – ähnlich wie Peirces abduktiver Schluss. Eine Verständigung ist meines Erachtens jedoch nicht hinreichend. Die Beteiligten können der Übereinkunft auf der Basis von Angst, rhetorischer Unfähigkeit, Unwissenheit oder strategischer Erwägung zustimmen.

Verständigung ist keine ideale Gesellschaft, sondern setzt sie teilweise voraus, weil nur dann der von Habermas so genannte zwanglose Zwang des besseren Arguments wirklich zwanglos ist. Ferner beruht Verständigung auf einem abendländischen Modell von Gesellschaft, in dem man sich über Öffentliches verständigt und Privates sozusagen zu Hause lässt. Alle Individuen dürfen tun und lassen, was sie wollen, solange sie sich der öffentlichen Übereinkunft unterordnen. Man einigt sich über eine objektive, allgemeine Welt. Was diese Welt für die Betreffenden bedeutet, spielt keine Rolle. Die allgemeinen Regeln sollen für alle gleichermaßen gelten. An jedem Standpunkt in der Welt ist das Leben jedoch unterschiedlich. Daher muss die Verständigung durch Verstehen ergänzt werden. Verständigung bedeutet Anpassung, Verstehen bedeutet Lernen. Eine ideale Gesellschaft begründet Verständigung nur, wenn sie selbst auf Verstehen gründet und mit Lernen verknüpft ist.

Verstehen könnte meiner Ansicht nach sowohl Lernen wie auch Verständigung ermöglichen. Beide sind nicht das Ziel und decken nicht die gesamte ideale Welt ab. Neben dem Verstehen bilden auch Erklären und andere Erkenntnisformen die Grundlage für Lernen und Verständigung. Sie sind allesamt erforderlich und dennoch unvollkommen. Meist gehen wir davon aus, ein Lernprozess, eine Verständigung, eine Theorie oder die Verbesserung der Gesellschaft könne abgeschlossen werden. Es ist jedoch wahrscheinlicher, dass der einzelne Mensch und die gesamte Menschheit unvollkommen sind und auch eine Zukunft haben, in der etwas dazugelernt werden kann.

Der hier vorgeschlagene Zusammenhang von Verstehen und Verständigung steht in scharfem Gegensatz zur christlich-aufklärerischen Tradition. Die höchste ethische Formel für sie ist die »Goldene Regel«, die auch in Habermas' Konsens eingebettet ist. Man sollte sich anderen gegenüber so verhalten, wie sie sich (dem eigenen Wunsch zufolge) einem selbst gegenüber verhalten sollen. Die Regel impliziert, dass eine Verhaltensweise die beste sei. Selbst in der Transzendentalphilosophie verbindet sich die universalistische Interpretation der Goldenen Regel mit Unterdrückung. Lebensformen, Sichtweisen, Standards und Handlungen weichen stark voneinander ab. Eine universalistische Beurteilung ist ebenso wie ein vollständiger Konsens nur möglich, wenn sich alle Lebensformen, Sichtweisen und Standards an eine Form anpassen – zumindest prinzipiell. Verstehen hingegen eröffnet die Möglichkeit, dass man lernt, ohne sich anzupassen, und dass man sich verständigt, ohne eine Einigung zu erreichen. Genau das ist der Zweck von Verstehen.

Verstehen hat mit Relativismus ebenso wenig gemeinsam wie mit Universalismus. Der Universalismus will überzeugen, der Relativismus will ignorieren – und Verstehen will lernen (vgl. Luhmann 1975). In Zeiten beschleunigter Globalisierung ist es keine sinnvolle Option mehr, alle Möglichkeiten relativistisch nebeneinander bestehen zu lassen. Lebensformen, Sichtweisen und Standards können nicht nebeneinander bestehen, weil sie sich zunehmend beeinflussen und behindern. Wir teilen die Welt in immer höherem Maße. Daher müssen wir herausfinden, wie andere Menschen in der Welt sind. Und wir müssen uns immer mehr über Lebensformen, Sichtweisen, Standards und sogar einzelne Handlungen verständigen. Verstehen kann uns neue Gegenstände sehen lehren, ein neues Dasein eröffnen und eine Basis für Verständigung sein.

Hegel, Adorno und Habermas gehen von *einem* richtigen Leben für alle aus – ohne andere Menschen über ihre Vorstellungen vom richtigen Leben befragt zu haben. Die Vorstellung einer allgemeinen Theorie der Gesellschaft und einer klaren Bestimmung der guten, richtigen Gesellschaft nimmt ebenso wie jede universalistische Konzeption an, dass man die Gesellschaft vollständig und abschließend erfassen könnte. Sie zielt auch auf unumstößliche Wahrheiten ab oder setzt gar einige als gegeben voraus. Entsprechend den Devisen, dass der Himmel des Hundes voller Knochen ist und es kein richtiges Leben im falschen gibt, können wir uns die richtige, gute Gesellschaft nur vor dem Hintergrund der bestehenden vorstellen. Damit bleibt die Vorstellung immer unvollkommen und ein auf dieser Basis angestrebtes Ziel der Sozialtechnologie verfehlt. Deshalb muss eine sozialwissenschaftliche Theorie eine *kritische Theorie* sein, deren einziges

Ziel es sein kann, die bestehenden Verhältnisse relativ zur jeweiligen Konfiguration einen Schritt zu verbessern. Hieraus ergibt sich ein mögliches Arbeitsprogramm für eine kritische Theorie, die dem Aufstieg des globalen Südens gerecht wird. Man sucht nach empirisch fundierten Konfigurationen, die sich im Bereich des Besonderen bewegen, Relationen und Familienähnlichkeiten bestimmen und relativ zum Gegenstandsbereich bleiben. Die Konfiguration muss ergänzt werden um Verstehen und Verständigung. Als kritische Theorie ist sie ausgerichtet an einem besseren Leben. Genauer, bei jeder einzelnen Konfiguration ist zu fragen: Ist hier das gesellschaftlich für richtig gehaltene Leben verwirklicht? Die Frage wird relativ zur jeweiligen Konfiguration, also zum jeweiligen sozialen Bezugssystem, gestellt und beantwortet. Sodann wird das soziale Bezugssystem empirisch untersucht und kritisch hinterfragt.

Das Vorgehen ist nicht relativistisch, weil Wissenschaft Kritik üben kann an einer wirklichen Gesellschaft (oder einer Konfiguration) – erstens indem sie sie in Relation setzt zu deren eigenem Begriff des richtigen Lebens (wie Adorno (1979) vorgeschlagen hat) und zweitens indem sie sie in Relation setzt zu anderen Gesellschaften und deren Begriffen. Zu erforschen ist die Relation zwischen den Normen und Werten im Symbolsystem der Gesellschaft und ihren Verwirklichungen für die Individuen. Symbolsystem und Verwirklichungen müssen sozialstrukturell aufgeschlüsselt werden, indem die sozialen Unterschiede in den Voraussetzungen und Verwirklichungen herausgearbeitet werden. Auch in dieser Hinsicht müssen die Menschen verstanden werden, denn man muss herausfinden, wie das Leben für die Menschen selbst ist. Sodann sind die Ergebnisse zu Symbolsystemen anderer Gesellschaften (oder Konfigurationen) in Relation zu setzen, um zu ermitteln, welche Begriffe des richtigen Lebens überzeugender, allgemeiner und erstrebenswerter sind. Auch sie sind dann wieder empirisch zu untersuchen und kritisch zu hinterfragen.

Der Maßstab des richtigen Lebens wird zur Suche nach einem besseren Leben. Das richtige Leben bleibt relativ zu einer Konfiguration. Der Aufstieg des globalen Südens eröffnet die Diskussion über Standards von Denken und Handeln. In dieser Diskussion kann das richtige Leben ebenso eine regulative Idee bilden wie in der kritischen Theorie. Es geht darum, voneinander zu lernen. Lernen ist zugleich Erkenntnis und Erfahrung, Theorie und Ethik – wenn es ein Lernen zum Zwecke der Verbesserung des Lebens ist. Die Anwendung der kritischen Theorie ist selbst eine Verbesserung des Lebens oder kann zumindest dazu beitragen. Damit schlage ich eine hermeneutische Deutung der kritischen Theorie vor. Das tue ich aber nicht mehr vor dem Hintergrund der eurozentrischen Geschichte und nicht mehr innerhalb des universalistischen Paradigmas. Wenn Hegel meint, Theorie sei nichts anderes als die Zeit in Gedanken gefasst, so meint er damit, dass das Bekannte erkannt werden muss (1970: 35) – dass man also nur lernt, was man sowieso schon weiß (wie Gadamer (1960) ganz eindeutig darlegt). Jetzt hingegen können wir Europäer Unbekanntes erkennen.

Kritik und Politik

Verstehen und Verständigung reichen nicht aus, weil Denken und Handeln auch die Bedingungen des Daseins ändern. Die Änderungen können das Dasein verbessern oder verschlechtern. Das Resultat lässt sich nur innerhalb enger Grenzen technologisch steuern – denn sein eigenes Leben kann man ebenso wenig vorhersagen wie das Gedicht eines anderen Menschen. Es lassen sich aber Bedingungen erkennen, die zu einer bestimmten Form gegenwärtigen Daseins führen oder zumindest beitragen. Sie sind zu kritisieren, insofern sie Menschen von gesellschaftlichen Möglichkeiten ausschließen, die Erkenntnis des eigenen Daseins und seiner Bedingungen verhindern, zu einem schlechten Dasein führen oder schlechtes Handeln veranlassen. Hierzu gehören auch Verhältnisse symbolischer Gewalt (Souza 2008). Man kann den Anderen nicht nur verstehen, sondern auch erklären – und der Andere kann einen selbst verstehen und erklären. Hieraus ist eine Hermeneutik von Verstehen, Verständigung, Lernen und Kritik zu entwickeln.

Wenn die Gesellschaft die Substanz des Individuums bildet und bei der Erkenntnis kein jenseitiger Standpunkt eingenommen werden kann, gibt es keine Möglichkeit, sich aus dem hermeneutischen Zirkel zu befreien. Es ist nur möglich, den Zirkel fruchtbar zu machen, wenn etwas über ihn hinausweist. Und das ist zunächst die regulative Idee einer Verbesserung des Lebens – also einer Verbesserung der gesellschaftlichen Bedingungen, die wiederum zu einer Veränderung der Perspektive auf die Welt und der Wissenschaftstheorie führt. Die Einschätzung geschieht jedoch immer auf der Basis der bereits vorhandenen Wissenschaftstheorie. Diese Situation wirkt einigermaßen hoffnungslos. Die Idee der Erlösung oder des ganz Anderen ist alles, woran man sich orientieren kann. Adorno (1979) hat das ganz klar herausgearbeitet. Allerdings ist Adorno wie Hegel vor und Habermas nach ihm von einer einzigen, europäischen Tradition ausgegangen. In dieser »Totalität« weist nur die Idee einer besseren Welt über sie hinaus, die Erkenntnis, dass dieses Ganze nicht das Wahre sei. Heute sind wir jedoch nicht mehr in den Container der einen Tradition eingeschlossen, sondern wir werden mit ganz anderen sozialen Welten konfrontiert, die wir noch nicht einmal mehr, wie noch Hegel und Habermas, auf einen gemeinsamen historischen und systematischen Ursprung zurückführen können (vgl. Burchardt 2009).

Der Verlust an Orientierung und Universalismus wird durch einen Gewinn an Lernfähigkeit und Realismus aufgewogen. Wir vermögen, vollkommen Neues zu lernen, eine realistische Wissenschaftstheorie zu entwerfen sowie uns selbst und andere aus zuvor unbekannten Perspektiven zu betrachten und zu kritisieren. All das war schon immer möglich, aber aus ethnozentrischer Perspektive nicht zu sehen. Solange die Anderen unbekannt waren, ignoriert oder unterdrückt wurden, konnte und wollte man nichts grundlegend Neues lernen. Man konnte sich überdies der Illusion hingeben, die eine Welt aus dem Ursprung heraus ein für alle Mal zu erkennen. Jetzt besteht – vielleicht nur für einige Zeit – die Möglichkeit, den Ethnozentrismus zu überwinden.

Entscheidend ist die Konstruktion der Theorie als Kaleidoskop: die Einbeziehung der verschiedenen Perspektiven auf das Soziale, der ihnen zugrunde liegenden sozialen Positionen und der ständigen Revidierbarkeit, Ergänzung und Modifikation der Theorie. Die Theorie muss davon ausgehen, kein abschließendes Bild der Gesellschaft liefern zu können und keine (zeitlos) wahren Sätze aufstellen zu können. Sie darf nicht versuchen, ein Problem endgültig zu lösen. Und sie muss mögliche Anschlüsse und Weiterentwicklungen aufzeigen, anstatt sich ihnen gegenüber zu verschließen, indem sie ihre Schwächen und Unvollkommenheiten verdeckt. Die Theorie muss klar auf einen empirischen Bereich bezogen sein, unterschiedliche Grade von Allgemeinheit differenzieren (und nach mehr Allgemeinheit streben) sowie Relationen (und verschiedene Arten von Relationen) herausarbeiten.

Dieses Verfahren gilt auch für Ethik und Politik. Eine wechselseitige Verständigung und Lernen führen zur Erkenntnis eigener Unzulänglichkeiten, zur Kritik an der eigenen Gesellschaft und an anderen Gesellschaften. Jede Politik bleibt aber an die jeweilige Konfiguration gebunden. Eine globale Politik ist notwendig. Sie ist allerdings nur insofern global, als sie versucht, möglichst viele Perspektiven einzubeziehen – also möglichst viel zu lernen. Sie ist insofern nicht global, als sie keine Metaperspektive zu erlangen vermag und nie alle möglichen (künftigen und nicht verwirklichten) Perspektiven einbeziehen kann.

Sozialpolitik wird bislang aus der Perspektive des euro-amerikanischen Modells konzipiert. Wenn sich die euro-amerikanische Kultur über die Welt ausbreitet und alle Institutionen dem europäischen oder amerikanischen Modell entsprechen, gibt es aus kritischer Perspektive nur noch ein »Empire« (Hardt/Negri 2002). In ihm wäre Sozialpolitik eine Gnade des Kapitalismus, den Verlierern das Überleben zu ermöglichen. Aus affirmativer Perspektive hingegen soll die amerikanische Weltkultur ein Ensemble von Institutionen sein, das korrekte, rationalisierte Handlungsregeln verstetigt (Meyer 2005). In ihr wäre Sozialpolitik durch das amerikanische Vorbild repräsentiert.

Robert Castel (2005) hat gezeigt, dass die klassische Sozialpolitik des globalen Nordens nicht mehr wirksam sein kann. Erstens ist der Sozialstaat an vertraglich geregelte Lohnarbeit geknüpft, deren Bedeutung zugunsten flexibler und informeller Arbeitsformen abnimmt (2005: 40). Zweitens kann der Sozialstaat die Auswirkungen der Globalisierung nicht mehr so abfedern, dass die Arbeiterschaft in klassischer Weise geschützt wird (ebd.: 57). Diese Diagnose gilt umso mehr für die Staaten, in denen Arbeitsverträge noch keine große Rolle spielen und vielleicht auch nie spielen werden. In Staaten wie Indien oder Laos haben weniger als zehn Prozent der Bevölkerung einen formalen Arbeitsvertrag. Die Bedingungen, von denen eine einheitliche Konzeption der Weltgesellschaft (wie die von Hardt/Negri oder Meyer) ausgeht, sind nicht gegeben. Der euro-amerikanische Staat wird nicht auf die Welt übertragen, sondern von anderen Modellen umzingelt und von innen ausgehöhlt.

Die Aushandlungsprozesse zwischen Staat und Gesellschaft müssen neu konzipiert werden. Es wird jedoch nicht ausreichen, sozialdemokratische Vorstellungen zu kontextualisieren und zu variieren (Schwengel 2008). Der erste Schritt zu einem kaleidoskopischen Verständnis von Sozialpolitik besteht darin, die Vielfalt der Modelle des globalen Nordens zu erkennen, die weit über die krude Unterscheidung zwischen Sozialdemokratie und Neoliberalismus hinausgeht. Sodann muss erkannt werden, dass die Staaten des globalen Südens ihre eigenen, historisch entwickelten Modelle von

Sozialpolitik besitzen. Erste Ansätze zu ihrer Inventarisierung liegen bereits vor, die die alten Unterscheidungen zwischen Modellen des globalen Nordens durch bislang ganz unbekannte Unterscheidungen ergänzten (Wehr 2009). In das Inventar sind nun nicht nur nationalstaatliche, sondern auch lokale Lösungen aufzunehmen.

Die unterschiedlichen Modelle bestehen in transformierter Gestalt fort. Auch in Deutschland gehen nicht alle sozialpolitischen Lösungen aus dem totalitären Staat Castels oder Foucaults hervor, sondern Strukturen von Zünften, Arbeitervereinen, ländlichen Gemeinschaften und Familienbanden bilden noch heute die grundlegenden Schichten gesellschaftlicher Organisation. In weniger intensiv vom Kapitalismus transformierten Gesellschaften sind diese Strukturen noch präsenter. Sie beinhalten allesamt sozialpolitische Lösungen, von denen man etwas lernen kann. Genau dieser Lernprozess wäre der nächste Schritt nach der Inventarisierung.

Die Vielfalt lokaler und nationaler Modelle von Sozialpolitik muss zu den jeweiligen sozialen Strukturen erklärend in Relation gesetzt werden. Darüber hinaus ist zu verstehen, wie das Leben für die betroffenen Menschen ist. Schließlich muss einerseits eine Konfiguration der Modelle und ihrer Gesellschaften konstruiert und andererseits eine Verständigung zwischen den Vertretern unterschiedlicher Modelle gesucht werden. Das Ergebnis kann keine einheitliche globale Sozialpolitik sein, sondern ein Ensemble lokalisierter Modelle, die allenfalls Familienähnlichkeiten aufweisen und von den anderen Modellen lernen, um das Leben für die betroffenen Menschen zu verbessern.

Eine globale Sozialpolitik kann keinen europäischen Universalismus mehr vertreten, der auf der falschen Voraussetzung von allgemeiner Allwissenheit beruht. Sie kann sich auch nicht mehr auf den postkolonialen Partikularismus zurückziehen, der auf der falschen Voraussetzung einer möglichen Unabhängigkeit von Gesellschaften und Perspektiven beruht. Die Politik muss vielmehr die unterschiedlichen Perspektiven in eine Konfiguration bringen, die den hermeneutischen Prozess von Verstehen, Verständigung und Kritik durchläuft.

Literatur

Adorno, Theodor W. (1979), *Minima Moralia*, Frankfurt/M.
— (1975), *Negative Dialektik*, Frankfurt/M.

Bourdieu, Pierre et al. (1997), *Das Elend der Welt*, Konstanz.
Burchardt, Hans-Jürgen (2009) (Hg.), *Nord-Süd-Beziehungen im Umbruch. Neue Perspektiven auf Staat und Demokratie in der Weltpolitik*, Frankfurt/M.
Castel, Robert (2005), *Die Stärkung des Sozialen. Leben im neuen Wohlfahrtsstaat*, Hamburg.
Descartes, René (1984), *Meditationen über die Grundlagen der Philosophie*, Hamburg.
Dirlik, Arif (2007), *Global Modernity*, Boulder/London.
Einstein, Albert (1956), *Mein Weltbild*, Berlin.
Fukuyama, Francis (1992), *Das Ende der Geschichte*, München.
Gadamer, Hans-Georg (1960), *Wahrheit und Methode*, Tübingen.
Habermas, Jürgen (1984), *Theorie des kommunikativen Handelns*, Frankfurt/M.
— (1970), *Zur Logik der Sozialwissenschaften*, Frankfurt/M.
Hardt, Michael/Antonio Negri (2002), *Empire*, Frankfurt/M.
Hegel, G.W.F. (1970), *Phänomenologie des Geistes*, Werke Bd. 3, Frankfurt/M.
Hempel, Carl Gustav (1972), »Wissenschaftliche und historische Erklärungen«, in: Hans Albert (Hg.), *Theorie und Realität*, Tübingen, S. 237–261.
Laclau, Ernesto (2002), *Emanzipation und Differenz*, Wien.
Luhmann, Niklas (1975), »Die Weltgesellschaft«, in: ders., *Soziologische Aufklärung* 2, Opladen, S. 51–71.
Meyer, John W. (2005), *Weltkultur. Wie die westlichen Prinzipien die Welt durchdringen*, Frankfurt/M.
Nederveen Pieterse, Jan (2009), »Twenty-first Century Globalization: Global Sociology«, in: ders./Boike Rehbein (Hg.), *Globalization and Emerging Societies*, Basingstoke, S. 15–38.
Peirce, Charles S. (1958), *Selected Writings*, New York.
Rehbein, Boike, (2012), *Kaleidoskopische Dialektik* (im Erscheinen).
— (2010), *Kritische Theorie nach dem Aufstieg des globalen Südens*, Berlin.
— /Hermann Schwengel (2008), *Theorien der Globalisierung*, Konstanz.
Schwengel, Hermann (2008), »Society matters. Die kommunikationspolitische Dialektik von aktiver Gesellschaft und aktivierendem Sozialstaat«, in: Evers, Adalbert/Heinze, Ulrich (Hg.), *Sozialpolitik und Enträumlichung*, Wiesbaden, S. 321–337.
Souza, Jessé (2008), *Die Naturalisierung der Ungleichheit*, Wiesbaden.
Spivak, Gayatri Chakravorty (1999), *A Critique of Postcolonial Reason*, Cambridge (Mass.)/London.
Wehr, Ingrid (2009), »Esping-Andersen Travels South«, in: *Peripherie. Zeitschrift für Politik und Ökonomie in der Dritten Welt*, 114/115, S. 168–193.
Winch, Peter (1958), *The Idea of a Social Science and Its Relation to Philosophy*, London.
Wittgenstein, Ludwig (1984), *Philosophische Untersuchungen*, Werke Bd. 1, Frankfurt/M.

Sozialpolitiken jenseits der OECD
Ausgewählte Beispiele

Accounting for change in Latin America's welfare regime

Armando Barrientos

From a developing country perspective, the most striking finding emerging from the wealth of studies of welfare regimes in European countries stimulated by Esping-Andersen's (1990) *Three Worlds of Welfare Capitalism* has to be their resilience in the face of sustained social and economic reforms. Welfare regimes in European countries are defined by their strong path-dependence (Esping-Andersen 1999; Powell/Barrientos 2004). Latin American countries provide a counterfactual. Reforms in the 1990s recast occupationally stratified social insurance schemes, once a defining characteristic of welfare provision among Latin American countries. In twelve countries, reforms wholly or partially replaced them with individual retirement plans, while other countries, particularly Brazil, implemented parametric reforms (Mesa-Lago 2007). Since the turn of the century, a second wave of reforms has led to the rapid expansion of social assistance. Antipoverty programmes, such as Brazil's *Bolsa Família* and Mexico's *Oportunidades*, reach large numbers of households in poverty and are fast developing an institutional base (Barrientos/Santibañez 2009). In contrast to the path dependence which characterises European welfare regimes, the Latin American welfare regime appears to be characterised by substantive change over the last two decades. There are interesting implications for theory and policy. The power of welfare regime analysis derives in part from the fact that configurations of welfare provision are stable over time and across countries. The observed changes in the configuration of welfare provision in Latin America provide a sharp contrast. This contrast poses several interesting questions: How best can one describe the structure of the Latin American welfare regime? What explains the weakness of path dependence in the Latin American welfare regime? Where is the Latin American welfare regime heading? The main purpose of this chapter is to sketch out answers to these questions.

The analysis will rely on the welfare regime approach as a framework capable of revealing the essential dimensions of change. Esping-Andersen's (1990, 1999) welfare regime approach was intended to distinguish enduring configurations of social policy institutions and policies, defined as welfare regimes, across developed countries. Esping-Andersen finds three main configurations: liberal, conservative, and social democratic welfare regimes. Carefully adapted to conditions in developing countries, the welfare regime approach can provide a sound basis for the comparative study of social policy.[1]

Latin America provides an interesting ground in which to deploy the welfare regime approach. Several studies focus on identifying distinct welfare regimes among Latin American countries. Filgueira (1998) suggests that Latin American countries can be classified into three groups. Countries like Uruguay and Argentina fit into a group with stratified, but universalistic, social institutions. Nicaragua and other lower income countries reflect highly exclusionary institutions. The remaining countries can be placed into a hybrid group. Martinez Franzoni (2008) analyses several indicators of commodification, decommodification and defamilialism, and finds three main clusters: a state-targeted group of countries (including Argentina and Chile), a state-stratified group (including Brazil, Costa Rica, Mexico, Panama and Uruguay), and an informal-familialist regime (which includes the remaining countries). Pribble (2011) focuses on how industrialisation and political incorporation contribute to define social policy and maps out four different regimes, two agrarian-based and two industrially-based.

The approach adopted in this chapter stresses similarities across Latin American countries in order to focus on changes in a Latin American welfare regime over time. Adapting Esping-Andersen's typology, three distinct phases can be identified. Barrientos (2004) argued that prior to the 1980s Latin America's welfare mix was characterized by a reliance on stratified social insurance and employment protection supporting families through a male breadwinner, as in Southern European conservative welfare regimes. The important difference was that in Latin America these forms of protection applied to workers in formal employment only and excluded workers in informal employment who relied mainly on their households and the la-

---

[1] There is a growing literature applying the welfare regime approach to developing countries (Abu Sharkh/Gough 2010; Gough/Wood 2004; Rudra 2007); see also Haggard/Kaufmann (2008) for an alternative approach.

bor market as the main sources of protection against social risks. The tag *conservative/informal* was proposed as a means of describing this truncated social policy. In the late 1980s and 1990s, fundamental welfare and labor market reform recomposed the welfare mix, de facto dismantling employment protection and replacing social insurance with individual retirement saving plans offered by private providers. As the conservative components of social policy fell away, the emerging pattern was characterized as *liberal/informal* (Barrientos 2004). Since the turn of the century, the rapid emergence of social assistance in the form of large scale antipoverty programs led to a further change in the Latin American welfare regime. The dual nature of welfare support, social insurance for formal sector workers and social assistance for informal workers and low income households could be best described as a hyphenated welfare regime, liberal-informal (Barrientos 2009).

The discussion in the chapter takes forward this argument by tracing the emergence of social assistance and assessing its contribution to changing the Latin American welfare regime. The hyphenated nature of the Latin American welfare regime has attracted considerable interest from researchers and policy-makers. Studying the emergence of social assistance institutions in Mexico, Levy (2008) advances a concern that the consolidation of two parallel welfare systems, for formal and informal workers, biases occupational choice in favour of lower productivity informal jobs, with implications for growth and investment. Ferreira and Robalino (2010) and Ribe et al. (2010) suggest the development of social assistance institutions is welcomed, but that insufficient attention has been given to the need to integrate them with social insurance. The emergence in the region of Ministries of Development charged with social assistance and poverty reduction suggests the scope of existing Ministries of Labour and Social Security has been too narrowly focused on social insurance and on workers in formal employment. They point to a long term cleavage in welfare institutions (Barrientos 2011). Discussion of the future course of the Latin American welfare regime is likely to dominate policy debates in the region in the next decade.

The main focus of this chapter is to discuss the sources and implications of change in the welfare regime in Latin American countries. The structure of the chapter is as follows: section 2 revisits the main components of the welfare regime approach and assesses its usefulness for the study of changes in social policy in Latin America. Section 3 traces the growth of social assistance and its impact on the development of the Latin American welfare regime. Section 4 speculates about the future of the Latin American welfare regime. A final section draws out the main conclusions.

Welfare regime analysis and welfare production in Latin America

This section revisits the welfare regime framework and assesses its applicability to the study of welfare production institutions in Latin America.

Three Worlds of Welfare

Esping-Andersen (1990, 1999) presents a typology of welfare regimes for developed countries. In this approach, welfare regimes are understood as the articulation of welfare programmes and institutions – including the state, markets, and households – insuring households against social risks, and, therefore, promoting and protection welfare. Gough (2000) distinguishes three main components in the welfare regime framework: the welfare mix, welfare outcomes, and stratification effects. This distinction helps operationalise the analysis of welfare regimes. Below, Figure 1 provides a representation of these components and their linkages.

Figure 1: Components of the welfare regime

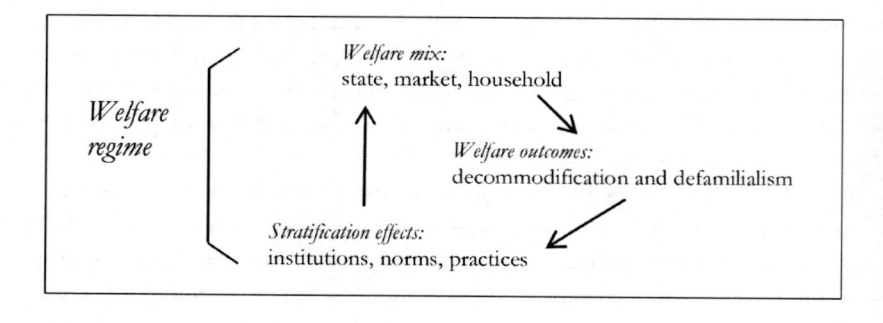

```
┌─────────────────────────────────────────────────────────────────┐
│                         Welfare mix:                            │
│                    state, market, household                     │
│     Welfare              ↑              ↘                       │
│     regime                        Welfare outcomes:             │
│                                   decommodification and         │
│                                   defamilialism                 │
│                         ↑                 ↙                     │
│                    Stratification effects:                      │
│                    institutions, norms, practices               │
└─────────────────────────────────────────────────────────────────┘
```

The welfare mix describes the specific configuration of state, market and household welfare production and protection. This is essentially a descriptive component. Esping-Andersen is keen to show that specific articulations of welfare producing institutions can be associated with specific welfare outcomes. He is basically concerned with two main outcome indicators: decommodification and defamilialism. Decommodification describes the extent to which households' welfare is independent from their labour market status, while defamilialism describes the extent to which individuals' welfare is independent of household status. These are evaluative components of the welfare regime approach.Stratification effects are an important third element of welfare regimes linking welfare outcomes back to the welfare mix. Stratification effects are »an active force in the ordering of social relations« (Esping-Andersen, 1999) and reflect interests, power, and incentives, sometimes embedded in institutions or political and economic forces. The welfare mix generates specific welfare outcomes which in turn reinforce the welfare mix through stratification effects. Stratification effects are essential to explaining the reproduction of welfare regimes and, in developed countries in particular, their path dependence. The stylised relationships between the different components are captured by the arrows in Figure 1, although the components are likely to interact with each other more freely.

A Latin American welfare regime?

Research has demonstrated that the welfare regime approach developed by Esping-Andersen can be usefully applied to Latin American countries. A particular concern was to examine changes in the welfare mix in Latin American countries following from the acute crises and structural adjustment in the 1980s (Barrientos 2004).

The welfare mix in Latin America prior to the 1980s was characterised as conservative/informal. It was argued that Latin American countries exhibited many features present in the Southern European variant of the conservative welfare regime. Social policy relied on stratified social insurance and employment protection supporting families through a male breadwinner. In Latin America these forms of protection applied only to workers in formal employment and excluded workers in informal employment who relied mainly on their households and the labour market as the main sources of protection against contingencies. Some features of the liberal and social democratic welfare regimes could also be observed but were found to be weak and underdeveloped. As regards those left outside social insurance and employment protection, reliance on the market could be taken to resemble the outcomes of a liberal welfare regime, but Latin American countries did not developed means-tested social assistance programmes which are such an important feature in the USA, UK or Australia. A ›truncated‹ social policy consisting of conservative features for formal workers and their dependants and reliance on informal employment and family support for the rest appeared to be the most accurate way of characterising Latin America's welfare regime (Fiszbein 2005).

In the late 1980s and 1990s, fundamental welfare and labour market reform recomposed the welfare mix, *de facto* dismantling employment protection, replacing social insurance with individual saving plans offered by private providers; encouraging private health insurance, and reforming education provision. As the conservative components of social policy fell away, the emerging pattern was characterised as liberal/informal (Barrientos 2004). Workers in formal employment had as a result of the reforms weaker job protection and the state role in social insurance changed from provider to regulator and insurer of last resort. The conservative component thus increasingly became a liberal one. However, in the Latin American context, means tested social assistance, a key characteristic of liberal welfare regimes in developed countries, continued to be absent. The informal segment of the welfare regime did not change significantly in the 1990s. For the majority of the labour force and population outside formal employment, the main source of welfare protection continued to be their capacity to work and the support of their families and communities. The changes in the welfare mix after the ›lost decade‹ did not apply uniformly to all countries in the region. Some low income countries lacked social insurance institutions in the first place, so there was not much to reform. At any event, the broad direction of change in the welfare mix is unmistakeable.

It has been questioned, with some justification, whether it is sensible to place Paraguay in the same welfare regime as, say, Brazil. Multiple welfare regimes might be more appropriate to capture the diversity of social policy institutions in the region (Martinez Franzoni 2008; Pribble 2011). It is important to keep in mind that the usefulness of the welfare regime approach is to construct ›ideal types‹ reflecting within the ambit of social policies and institutions varieties of capitalism. In Esping-Andersen's approach welfare regimes are heuristic devices supporting further theoretical development in circumstances where theoretical constructs are lacking or are significantly undeveloped. As Arts and Gelisen note, »typology is a means to an end – explanation – and not an end in itself« (Arts/Gelissen 2002, p. 140).[2] The focus of the paper is on regimes not countries. The aim is to facilitate conceptualisation of welfare production and its changes in the region. Latin American countries have shared characteristics as regards their social policy institutions and their changes over time to justify a focus on a single welfare regime for the region.

New forms of social assistance and the welfare regime

This section reflects on the expansion of social assistance in Latin America, sketches out the factors explaining this trend, and considers its impact on the welfare regime.

The expansion of social assistance

Since the turn of the century, the growth in social assistance has dominated changes in social policy in the region.[3] This represents an important shift in the components of social protection in the region from social insurance to social assistance programmes. Large scale direct income transfer programmes focused on poor and poorest households have been introduced or expanded in the majority of countries in the region. The earlier programmes, Mexico's *Progresa/Oportunidades* and Brazil's *Bolsa Escola/Bolsa Família* now reach around a quarter of all households, while Ecuador's *Bono de Desarrollo Humano* reaches about 40 percent of all households.[4] Human de-

---

[2] They add that the »construction of ideal-types can be fruitful under the condition that these will eventually lead to theory« (Arts/Gelissen, 2002: 140).

[3] Large scale antipoverty programmes or social assistance have grown rapidly in all development regions in the last decade, especially in middle income countries (Barrientos/Hulme 2009).

[4] Mexico's *Progresa* was first introduced in 1997/8 in selected rural areas. It was later extended nationwide as *Oportunidades* in 2003. *Bolsa Escola* in Brazil developed out of mu-

velopment income transfer programmes, branded as conditional cash transfers, have dominated attention from international policy makers (Cecchini/Madariaga 2011; Cecchini/Martínez 2011; Fiszbein/Schady 2009). In fact, there is considerable diversity in the design of social assistance programmes in Latin America. An expansion of non-contributory pension programmes in the region, a more traditional form of social assistance, is also noteworthy (Barrientos 2006). And, more recently, child transfers have been reformed and extended in Uruguay and Argentina (Gasparini/Cruces 2010). Integrated antipoverty programmes like Uruguay's *PANES* and Chile's *Chile Solidario* illustrate a different approach to design (Barrientos 2010). To an important extent, the diversity in the design of new social assistance programmes reflects policy learning and values at the country level.[5]

Social assistance programmes are often focused on households in extreme poverty and have beneficiary selection procedures that take account of differences in poverty intensity. The antipoverty programmes are increasingly multidimensional in nature. They aim to address the cumulative effects of deficits in income, employment, education and health care, widely perceived to be the main factors explaining poverty persistence. The focus on children and on regular and reliable transfers is intended to maximise the impact of the programmes on poverty persistence.

The growth of social assistance in Latin America has been uneven across countries. In middle income countries, the main challenge has been the institutionalisation of social assistance. Often antipoverty programmes have been introduced as short-term interventions, akin to development projects, as opposed to long term institutions task with the reduction, prevention, and eventual eradication of poverty. The shift from self-standing projects to stable public agencies supported by appropriate legislation has not been achieved successfully across the region. This is an important challenge which many countries are addressing through the creation of Ministries of Social Development separate from Ministries of Labour and Social Protection which have traditionally managed social insurance institutions in

---

nicipal initiatives in 1995, which received support and financing from the federal government in 1997. In 2001 *Bolsa Escola* became a federal programme extended nationwide, and together with other direct transfer programmes combined into *Bolsa Família* in 2003.

5 For programme information see Barrientos/Niño-Zarazúa/Maitrot (2010), Social Assistance in Developing Countries Database Version 5, http://papers.ssrn.com/sol3/papers.cfm?abstract_id=1672090.

the region. The spread of social assistance has been slower and more difficult in lower income countries (Barrientos/Santibanez 2009). Lower income countries in the region face significant constraints in delivery capacity and financing, slowing down the scaling up of antipoverty programmes (Moore 2008; Soares/Britto 2007). The influence of donors in the design and implementation of these programmes has not been universally positive.

Explaining the expansion of social assistance

The expansion of social assistance has the potential to fill in large gaps in welfare provision in the region. Social insurance reforms in the 1990s not only failed to raise coverage, but in some countries they were responsible for a reduction in coverage (Rofman et al. 2008). Figure 2 shows social insurance coverage of the economically active population for Latin America. The package of insurance and redistribution over the life cycle offered by social insurance funds, both reformed and unreformed, remain unattractive or unfeasible for important groups of low income and informal workers. And because formal employment worked as (the sole) gateway to gaining access to social protection, the exclusions in social insurance and informality became mutually reinforcing. At the start of the 21 century, social protection remained truncated with little to offer in the new context of liberalized labour markets (Scott 2005).

The truncated nature of social insurance in Latin America matched the political coalitions which evolved from and sustained the import substitution industrialisation development model, dominant in the post World War II period. The, often unfunded, expansion of social insurance entitlements to workers in the burgeoning public sector and industry provided a channel through which the surpluses extracted from agriculture could be redistributed to the emerging middle classes.[6] The export led-growth strategies which became dominant in the 1980s undermined these political coalitions, by, for example, restructuring public sector employment and by dismantling the protection from international competition available to

---

6 A more detailed discussion on this point is available elsewhere (Barrientos 2009; Barrientos/Santibañez 2009). This point was made by Huber (1996) who noted that social protection systems expanded the most in countries that followed import-substitution-industrialisation policies.

industrial sectors. Efforts to extend coverage of social insurance enjoyed little success.

Figure 2: Social Insurance coverage in Latin America 2000 and 2006

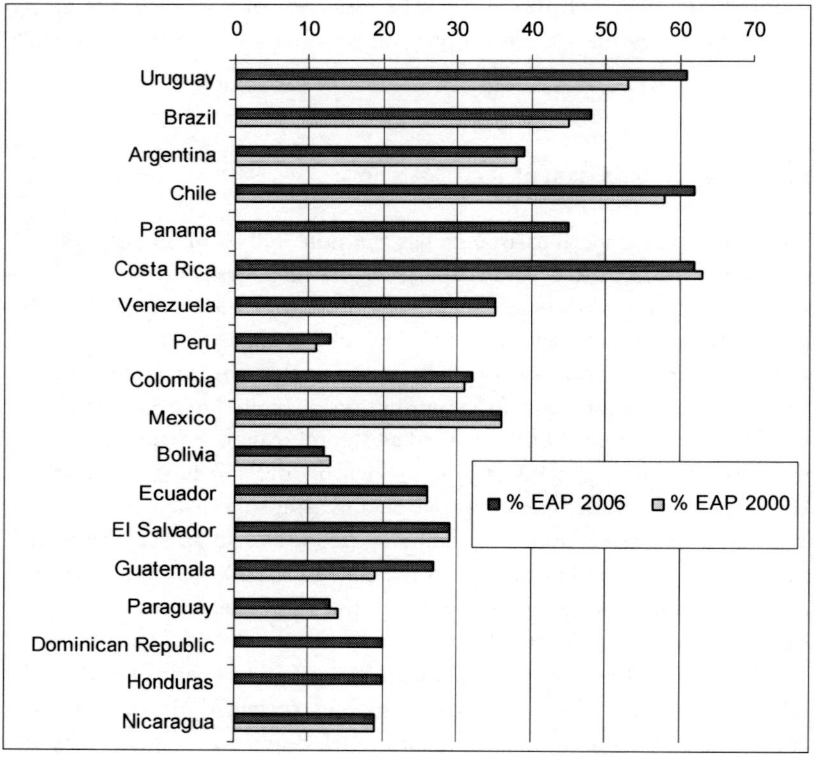

[Bar chart showing % EAP 2006 and % EAP 2000 for: Uruguay, Brazil, Argentina, Chile, Panama, Costa Rica, Venezuela, Peru, Colombia, Mexico, Bolivia, Ecuador, El Salvador, Guatemala, Paraguay, Dominican Republic, Honduras, Nicaragua]

Data Source: Rofman et al. 2008

The growth in social assistance has also coincided with the left turn in Latin American politics following the consolidation of democracy. Addressing the acute deficits in social protection (*deuda social*), which are the legacy of structural adjustment and dictatorship in Latin America, was an explicit objective for left of centre coalitions. Expanding antipoverty programmes is an appropriate means of addressing poverty, social exclusion, and social cohesion, especially in a context in which governing coalitions find limited room to change macroeconomic or labour market policy. While it seems uncontroversial to posit a ›natural‹ affinity between left of centre governments and pro-poor policies,[7] care must be taken not to overstate this point. In fact, right of centre governments in Mexico, Colombia, El Salvador, and more recently Chile, have also supported antipoverty programmes. It is also the case that populist left of centre governments might not find social assistance to their liking. In fact, Nicaragua and Venezuela have not made regular direct transfers to households in poverty a cornerstone of their policies. It follows from these observations that influence of partisanship on the growth of social assistance in Latin America should not be overstated.

Impact on the welfare regime

Esping-Andersen notes that social assistance has a central role in the liberal welfare regime identified among developed countries (Esping-Andersen 1990). The liberal regime among developed countries reflects a residual role in providing protection against social risks. At first sight, the growth of social assistance in Latin America could be read as implying a shift to a fully liberal regime (liberal as opposed to liberal-informal). However, new forms of social assistance in Latin America diverge in important respects from similar programmes in developed countries' liberal welfare regime. New forms of social assistance in Latin America transfer on average around 20 percent of total consumption among beneficiary households. This transfer level is insufficient to take beneficiaries above the poverty line, whereas, in developed countries, social assistance transfers normally cover the difference between household income and the poverty line.[8] The new forms of social assistance in Latin America are strongly ›productivist‹ in that they seek to ensure beneficiary households strengthen their productive capacity and link up more directly to markets. This is in part because many of these programmes were introduced as a response to economic transformation, especially in agriculture as in Mexico's *Progresa*. Social assis-

---

7 Cross country studies on poverty outcomes find a link between left of centre governments and lower poverty rates (Birdsall et al. 2011; López-Calva/Lustig 2010).
8 In Latin America recent forms of social assistance have defined time window imposed by their reliance on external financing from the World Bank and the Inter-American Development Bank, *Bolsa Familia* is the exception as regards the time window but not its reliance on external funding (Barrientos/Santibañez 2009). The entitlements that are generated by these programmes are therefore significantly weaker than those of social assistance schemes in developed countries.

tance programmes are therefore expected to make a contribution to economic and social development, as well as to poverty and vulnerability reduction. The different nature and scope of new forms of social assistance in Latin America suggest that its welfare regime will remain *sui generis*.

The emergence of new forms of social assistance will impose significant change in the informal component of the Latin American welfare regime, especially by introducing forms of protection against social risks not grounded on sectoral labour market attachment. Importantly, entitlements under these new forms of social assistance are not dependent on occupational status, but instead on households' socio-economic profiles. Income transfers aim to raise consumption among poor households independently of their occupational status and, aside from transfer programmes with a work requirement, their employment status.[9] Because entitlements are not based on occupational status, these new forms of social assistance weaken the role of labour market structures as a stratification device for welfare provision.

The growth of social assistance signifies, in a Latin American context, a stronger government role in addressing social risks. It represents a strong commitment to and responsibility of addressing poverty and vulnerability. This shift can be assessed in the context of public expenditure. Public expenditure on social insurance, mainly financing entitlements for workers in formal employment, continues to dwarf expenditures on social assistance, mainly accruing to vulnerable households (Skoufias et al. 2010). Since the turn of the century expenditure on social assistance has risen as a proportion of GDP, with some governments explicitly committed to shifting expenditure from social insurance to assistance. It should be kept in mind that this rise in social assistance expenditure is from a very low base, and that the disparity in public subsidies to social insurance and those going to social assistance is huge in most Latin American countries. Expenditure on social assistance is low, as a proportion of GDP, even in countries with large scale programmes, but the expansion of social assistance will involve a rebalancing of government social protection spending in Latin America.

Fundamental change in social policy in Latin America provides a rare example of a shift in welfare regime. The resilience of welfare regimes, observed by Esping-Andersen for developed countries, has been largely

---

[9] In so far as programmes are means tested, employment status may have an indirect influence on entitlements through the contribution of labour earnings to household income.

absent in Latin America and arguably in other developing countries. Welfare regime shift suggest that stratification effects might not be as stable or strong in Latin America as in developed countries. How can one explain the weakness of path dependence in Latin America? Discussing the shift from conservative/informal to liberal/informal as a characterisation of the welfare regime in Latin America, Barrientos (2004) emphasised the strong influence exerted by the change in development model from import substitution industrialisation to export oriented growth. The change in the development model led to significant changes in the economic and political structures. Structural adjustment policies strengthened authoritarianism and weakened opponents of the reforms. The main features of the political system in the region (weak mechanisms for preference aggregation, frequent military and emergency governments, and sharp inequalities of income, wealth, and power) facilitated undemocratic rule. The fact that social insurance provision catered mainly to workers in formal employment also limited opposition to pension reform. The absence of path dependence reflected changes in the structure of the economy and weak stratification effects associated with the segmented nature of welfare provision. The more recent changes, from truncation to hyphenation have a different set of explanatory factors. The most significant among them is the process of democratisation in the region which has driven policy makers to address the social debt accumulated in the 1980s and 1990s (Barrientos 2011). Democratisation calls into question the hold on power by economic elites. It is also the case that the main mechanisms for welfare regime stratification have undergone change. The growth of social assistance implies a loosening of sectoral employment as the dominant stratification device (Barrientos 2009). With social assistance, access to social protection is not dependent on employment status as it is the case with social insurance. Socio-economic status is the main factor determining access to social assistance. In countries where social assistance reaches large sections of the population, access to social protection is based on citizenship to a larger extent than in the past. The weakening of sectoral employment as the stratification device helps to explain the feasibility of earlier welfare regime shift in the region. It remains to be seen whether a more inclusive welfare regime proves to be more resilience and therefore more likely to strengthen path dependence in the future.

This section reviewed the growth of social assistance in Latin America and examined its impact on the welfare regime. The emerging welfare regime is best characterised as hyphenated liberal-informal, reflecting a change in the articulation of the two components. The next section speculates on its future evolution.

The future of the Latin American welfare regime?

The expansion of social assistance is greatly strengthening welfare institutions in the region in their capacity to address social risks. The liberal-informal welfare regime is considerably stronger and more effective than the liberal/informal regime which preceded it.

Social assistance provides a better balance in terms of the support for children and pensioners than social insurance which focuses mainly on the latter. Social assistance absorbs a very small fraction of public revenues, and there is every prospect that social assistance budgets will reduce in the future as poverty reduces. By contrast, demographic trends, and arguably poor design, imply that public support for social insurance pensions will face persistent upward pressure in the future.

The expansion of social assistance has helped to extend social protection coverage to sections of the population traditionally excluded from social insurance institutions. Social assistance programmes are proving effective, in combination with growth and the provision of basic services, in reducing extreme and persistent poverty (ECLAC 2009). Social assistance programmes have proved extremely useful in protecting poor and vulnerable households from the adverse effects of the global financial crisis (World Bank 2010). Figure 3 shows changes in extreme poverty rates in Brazil and the change in poverty attributed to *Bolsa Família* transfers, as reported in a study by Soares et al. (2010). The impact of *Bolsa Família* on poverty was identified from a comparison of poverty outcomes estimated with and without including the transfers in household income. In 2001/3 and 2007/9, the change poverty outcomes attributed to *Bolsa Família* exceed the actual change in poverty headcount. Crises in 2001 and 2008, in the absence of *Bolsa Família* would have resulted in higher rates of extreme poverty. In 2003/5 and 2005/5, strong economic pulled households out of poverty and *Bolsa Família* transfers are a contributory factor. The estimates in the Figure demonstrate the contribution of *Bolsa Família* to poverty reduction, and especially in times of crises. It shows how shift in the welfare regime enabled a stronger protection of vulnerable groups facing acute social risks.

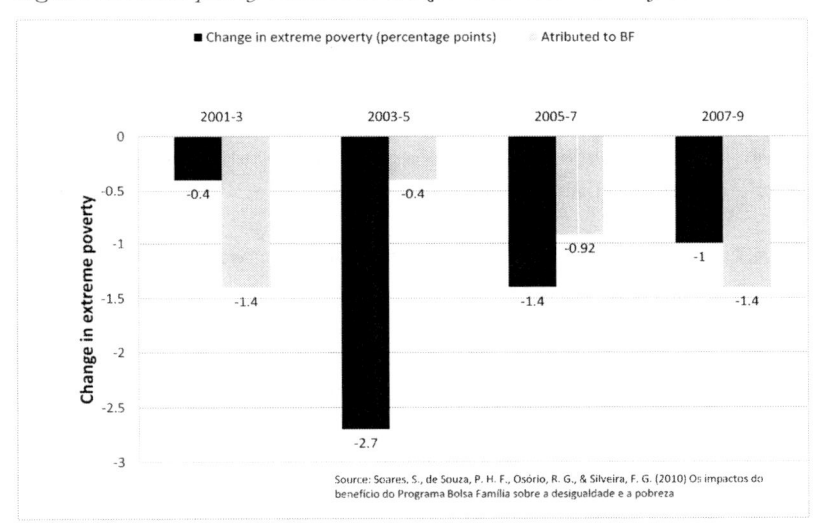

Figure 3: Extreme poverty reduction in Brazil and the contribution of Bolsa Família

[Bar chart showing change in extreme poverty (percentage points) and amount attributed to BF for periods 2001-3, 2003-5, 2005-7, and 2007-9. Values: 2001-3: -0.5, -0.4; 2003-5: -2.7, -0.4; 2005-7: -1.4, -0.92; 2007-9: -1.4, -1.]

Source: Soares, S., de Souza, P. H. F., Osório, R. G., & Silveira, F. G. (2010) Os impactos do benefício do Programa Bolsa Família sobre a desigualdade e a pobreza

Social assistance also has the potential to improve human development and facilitate economic inclusion among low income groups. In fact, this is a primary objective in human development conditional transfer programmes. Depending on design, social assistance can also contribute to reducing social exclusion. This is the primary objective of Chile's Chile Solidario, for example. The growth in social assistance is a welcomed development because it fills in a missing component from social protection systems in the region.

The growth of social assistance has resulted in a change away from the truncation of social protection systems in the region, but this change has been in the direction of a segmented or ›hyphenated‹ configuration of social protection. The outcome appears to be a dual set of institutions, social insurance providing higher quality and highly subsidised protection for workers in formal employment on the one hand, and social assistance providing a more limited protection to low income groups. Social assistance provides fixed level transfers, set at a fraction of consumption among households in poverty, and with a short window of support. The spread of social assistance might have reduced the truncated nature of social protection, but this has been achieved by exacerbating segmentation. The incorporation of low income population groups within welfare institutions has been vertical, not horizontal; on different terms not the same terms. With few exceptions, the growth of social assistance in the region has not been a case of an outward expansion of social insurance (as in the ›folk‹ view of the expansion of social protection in Europe). Instead, it has worked through the introduction of a set of institutions with a different rationale, institutionalization, and financing.

How will the hyphenated welfare regime evolve in the future? Current research and policy discussions have not lead to a settled view on this issue.

The emerging orthodoxy argues for an urgent upgrade of labour market policies and a stronger integration of social insurance and social assistance (Ferreira/Robalino 2010; Ribe et al. 2010). The outlook is different for lower than for upper middle income countries in the region. In middle income countries the conditions for integrating well developed and long-standing social insurance institutions with emerging social assistance are hugely complex. In most countries, social assistance is being institutionalised separately from social insurance with Ministries of Social Development as opposed to Ministries of Labour and Social Security. This suggests a long term cleavage. In lower middle income countries with underdeveloped and weak social insurance institutions, the situation is much less complex in the medium term. An expansion of social assistance is hardly likely to undermine social insurance institutions with a marginal reach.

Levy (2008) proposes a more radical reform of welfare institutions with the emphasis on a basic package of protection provided on a citizenship basis and financed by consumption taxes. The implication of this approach is to decouple social protection from employment altogether, aside from voluntary social insurance schemes established by workers and employers. In social policy discussion in Latin America, the fact that social insurance is based on a contribution principle while social assistance is grounded on a citizenship principle is seldom noted.

Attempts at integrating social insurance and assistance in Latin American countries have necessitated significant public subsidies, almost without exception. The recent introduction of a *Pension Solidaria* in Chile or the *Moratoria Previsional* in Argentina, the introduction of the *Prevision Social Rural* in Brazil in the 1990s, and, to an extent, the expansion of the *Bono Dignidad* in Bolivia all have in common the fact that the integration of excluded older groups within social insurance has been financed through public subsidies to social insurance. This raises the issue whether it might be preferable for Latin American countries to focus on developing and strengthening social assistance institutions and only to consider their integration with social insurance sometime in the future. The technical advantages of integrating social protection institutions are obvious, but at this stage it makes more sense to focus public subsidies on extending protecttion to all those facing poverty and vulnerability. As noted above, upper and lower middle income countries in the region have different conditions with the implication that differentiated strategies to extend protection to all will be needed.

This section considered the future evolution of the liberal-informal welfare regime in Latin America. It found that the growth of social assistance has reinforced the hyphenation in the welfare regime between social insurance-social assistance parallel institutions. While the integration of these two components has technical merit, more radical alternatives suggest the development and expansion of social assistance into citizenship-based protection institutions. In the medium term, a policy focus on the allocation of public subsidies to social protection will shape the evolution of the welfare regime.

Conclusions

This chapter began by noting the contrast between strong path dependence in welfare regimes in developed countries, ensuring their resilience to social and economic change, and the important shifts in the Latin American welfare regime. Three main phases were identified in the latter: a truncated conservative/informal configuration prior to the 1980s, a subsequent shift into a liberal/informal welfare regime following structural reforms in the 1980s and 1990s, and a more recent shift to a hyphenated liberal-informal welfare regime following the growth of social assistance since the turn of the century. The observed shifts in Latin American welfare institutions posed three key questions for students of comparative welfare regimes: How best can one describe the structure of the Latin American welfare regime? What explains the weakness of path dependence in the

Latin American welfare regime? Where is the Latin American welfare regime heading?

The chapter has provided arguments for characterising a Latin American welfare regime as consisting of two components: one set of institutions providing protection for better off workers in formal employment and a second set of institutions providing protection for workers in low income and informal employment. The social insurance reforms in the 1990s transformed the first component from one which emulated the stratified, occupational institutions of a Mediterranean conservative welfare regime into one which relied on individual savings and private provision akin a liberal welfare regime. The second component was close to an empty set, at least as far as social protection is concerned, but the expansion of social assistance institutions since the turn of the century is increasingly filling in this large gap. Social assistance is important in developed countries' liberal welfare regime, but it has a different scope and orientation in Latin America and is far from fully formed. A hyphenated liberal-informal welfare regime best describes the welfare production institutions in Latin America.

Hyphenation is intended to underline the fact that the segmentation in welfare production characteristic of Latin American countries is rapidly changing. Ubiquitous change is a feature of the Latin American welfare regime. The weak resilience of the welfare regime was explained in terms of the demise of import substitution strategies which dominated the conservative/informal phase. The shift to export growth strategies severely undermined the political coalitions which has supported the truncated welfare regime. Pension and labour market reform in the 1990s reflected this shift. Formal employment constituted the gateway to social insurance institutions. It was the main stratification device, but was undermined by labour market reforms. Access to social assistance is, in so far as it was linked to socio-economic status rather than sectoral occupation status, further weakened the latter as a stratification effect. Weak stratification effects explain the low resilience of a Latin American welfare regime and its many changes.

The separate evolution of the two key components of the welfare regime, social insurance and social assistance, suggests further change might be likely. A new orthodoxy argues for the need to integrate the two components, but more radical reconfigurations of the welfare regime have also been put forward. The direction of change is towards a *sui generis* liberal regime.

References

Abu Sharkh, Miriam/Gough, Ian (2010), »Global welfare regimes: A cluster analysis«, in: *Global Social Policy*, 10 (1), pp. 27–58.
Arts, Wihelmis A./Gelissen, John (2002), »Three worlds of welfare capitalism or more? A state-of-the-art report«, in: *Journal of European Social Policy*, 12 (2), pp. 137–158.
Barrientos, Armando (2011), *On the distributional implications of social protection reforms in Latin America*, Working Paper, 69, Helsinki.
— (2010), »Protecting capabilities, eradicating extreme poverty: Chile Solidario and the future of social protection«, in: *Journal of Human Development and Capabilities*, 11 (4), pp. 579–597.
— (2009), »Labour markets and the (hyphenated) welfare regime in Latin America«, in: *Economy and Society*, 38 (1), pp. 87–108.
— (2006), »Pensions for development and poverty reduction«, in: Clark, Gordon L./Munnell, Alicia H./Orszag, Michael (eds.), *Oxford Handbook of Pensions and Retirement Income*, Oxford, pp. 781–798.
— (2004), »Latin America: towards a liberal-informal welfare regime«, in: Gough, Ian/Wood, Geof et al. (eds.), *Insecurity and welfare regimes in Asia, Africa and Latin America*, Cambridge, pp. 121–168.
— /Hulme, David (2009), »Social Protection for the Poor and Poorest«, in: *Oxford Development Studies*, 37 (4), pp. 439–456.
— /Santibanez, Claudio (2009a), »Social policy for poverty reduction in lower-income countries in Latin America: Lessons and Challenges«, in: *Social Policy & Administration*, 43 (4), pp. 409–424.
— /Santibañez, Claudio (2009b), »New forms of social assistance and the evolution of social protection in Latin America«, in: *Journal of Latin American Studies*, 41 (1), pp. 1–26.
Birdsall, Nancy/Lustig, Nora/McLeod, Darryl (2011), *Declining Inequality in Latin America: Some economics, some politics*, Working Paper 1120, New Orleans.
Cecchini, Simone/Madariaga, Aldo (2011), *La trayectoria de los programas de transferencia con corresponsabilidad (PCT) en América Latina y el Caribe. Report*, Santiago, CEPAL.
— /Martínez, Rodrigo (2011), *Protección social inclusiva en América Latina: Una mirada integral, un enfoque de derechos*, 111, Santiago, CEPAL.
ECLAC. (2009), *Social Panorama of Latin America 2009*, Santiago, ECLAC.
Esping-Andersen, Gøsta (1999), *Social Foundations of Postindustrial Economies*, Oxford.

— 1990), *The Three Worlds of Welfare Capitalism*, Cambridge.
Ferreira, Francisco H.G./Robalino, David (2010), *Socialprotection in Latin America. Achievements and limitations*, Policy Research Working Paper 5305, Washington DC, The World Bank.
Filgueira, Fernando (1998), »El nuevomodelo de prestaciones sociales en América Latina: residualismo y ciudadanía estratificada«, in: Roberts, Bryan (ed.), *Ciudadanía y Política Social*, San José, pp. 71–116.
Fiszbein, Ariel (2005), *Beyondtruncated welfare states: Quo Vadis Latin America?*, Washington DC, The World Bank.
— /Schady, Norbert (2009), *Conditional Cash Transfers. Reducing Present and Future Poverty*, Washington DC, The World Bank.
Gasparini, Leonardo/Cruces, Guillermo (2010), *Las Asignaciones Universales por Hijo: Impacto, Discusión y Alternativas*, Documento de Trabajo, 102, La Plata.
Gough, Ian (2000), *Welfare Regimes in East Asia and Europe: Comparisons and Lessons*, Mimeo, Bath, Department of Social and Policy Sciences.
— /Wood, Geof (2004), *Insecurity and welfare regimes in Asia, Africa and Latin America*, Cambridge.
Haggard, Stephan/Kaufman, Robert R. (2008), *Development, democracyand welfare states. Latin America, Asia and Eastern Europe*, Princeton.
Huber, Evelyne (1996), »Options for Social Policy in Latin America: Neoliberal versus Social Democratic Models«, in: Esping-Andersen, Gøsta (ed.), *Welfare States in Transition. National Adaptations in Global Economies*, London.
Levy, Santiago (2008), *Good Intentions, Bad Outcomes. Social Policy, Informality and Economic Growth in Mexico*, Washington.
López-Calva, Luis F./Lustig, Nora (2010), *Declining Inequality in Latin America: A decade of progress?*, Washington DC.
Martinez Franzoni, Juliana (2008), »Welfare regimes in Latin America: Capturing constellations of markets, families, and policies«, in: *Latin American Politics and Society*, 50 (2), pp. 67–100.
Mesa-Lago, Carmelo (2007), *Reassembling Social Security. A Survey of Pensions and Healthcare Reforms in Latin America*, Oxford.
Moore, Charity (2008), *Assessing Honduras' CCT programme PRAF, Programa de Asignación Familiar: Expected and unexpected realities*, Country Study 15, Brasilia, International Poverty Centre.
Powell, Martin/Barrientos, Armando (2004), »Welfare regimes and the welfare mix«, in: *European Journal of Political Research*, 43 (1), pp. 83–105.
Pribble, Jennifer (2011), »Worlds Apart: Social Policy Regimes in Latin America«, in: *Studies in Comparative International Development*, 46, pp. 191–216.
Ribe, Helena/Robalino, David A./Walker, Ian (2010), *Achieving effectve social protecttion for all in Latin America and the Caribbean. From right to reality*, Washington DC, The World Bank.

Rofman, Rafael/Lucchetti, Leonardo/Ourens, Guzmán (2008), *Pension systems in Latin America: concepts and measurements of coverage*, Social Protection Discussion Paper 0616, Washington DC, The World Bank.

Rudra, Nita (2007), »Welfare states in developing countries: Unique or universal?«, in: *The Journal of Politics*, 69 (2), pp. 378–396.

Scott, John (2005), »Seguridad social y desigualdad en México: De la polarización a la universalidad«, in: *Bienestar y Política Social*, 1 (1), pp. 59–82.

Skoufias, Emmanuel/Lindert, Kathy/Shapiro, Joseph (2010), »Globalization and the role of public transfers in redistributing income in Latin America and the Caribbean«, in: *World Development*, 38 (6), pp. 895–907.

Soares, Fabio V./Britto, Tatiana Feitosa de (2007), *Confronting capacity constraints on conditional cash transfer programmes in Latin America*, Working Paper 38, Brasilia, International Poverty Centre.

Soares, Sergei/Souza, Pedro H.F. de/Osório, Rafael G./Silveira, Fernando G. (2010), »Osimpactos do benefício do Programa Bolsa Família sobre a desigualdade e a pobreza«, in: Castro, J.A. de/Modesto, L. (eds.), *BolsaFamília 2003–2010: avanços e desafios*, Vol. 1, Brasilia.

World Bank (2010), *Did Latin America learn to shield its poor from economic shocks?*, Report, Washington DC, The World Bank.

Zucco, Cesar (2008), »The President's ›New‹ Constituency: Lula and the Pragmatic Vote in Brazil's 2006 Presidential Elections«, in: *Journal of Latin American Studies*, 40 (1), pp. 29–49.

Exklusive Sozialpolitik? Alte Muster und neue Trends in Lateinamerika

Nico Weinmann

Zum einen zeichnen sich gegenwärtig lateinamerikanische Gesellschaften durch extreme soziale Ungleichheiten aus, zum anderen gleicht der Subkontinent einem Laboratorium neuer Arbeits- und Sozialpolitiken, die auf die Minimierung dieser Disparitäten abzielen. Mit den Wahlsiegen von Hugo Chavez in Venezuela, Ricardo Lagos in Chile, Néstor Kirchner in Argentinien oder Luis Inácio ›Lula‹ da Silva in Brasilien (alle zwischen 1999 und 2003) wurde um die Jahrhundertwende in der Region ein »Linksruck« vollzogen, im Zuge dessen die Bearbeitung der sozialen Frage auf neue Weise in das Zentrum der politischen Agenda rückte (Weyland et al. 2010). So unterschiedlich sich die Rhetorik und das ideologische Fundament dieser verschiedenen Regierungen auch darstellt; Einigkeit besteht weitgehend in der hohen Priorität, die Arbeits- und Sozialpolitiken eingeräumt wird.

Gleichzeitig ist mit dem politischen *Comeback* der sozialen Frage und der Erprobung neuer Sozialreformen in Lateinamerika ein verstärktes Engagement der Sozialpolitikforschung und von Studien zu sozialer Ungleichheit festzustellen. Das Verhältnis zwischen Arbeits- und Sozialpolitik und sozialen Ungleichheitsdynamiken ist damit ein politisch umkämpftes Feld, dessen Ergründung sich gleichzeitig als Herausforderung für die Sozialwissenschaften darstellt. Letztere besteht in besonderer Weise darin, die Gratwanderung zwischen Simplifizierung und Reduktion von Komplexität zu meistern. Einerseits bietet die Konzentration auf wenige zentrale Einflussgrößen bei der Analyse von Ungleichheitsdynamiken die Grundlage für ertragreiche empirische Studien über Wirkungslogiken von Arbeits- und Sozialpolitiken in einem eingrenzbaren Forschungsfeld. Andererseits läuft eine solche Ausrichtung doppelt Gefahr, komplexe Wirkungszusammenhänge stark zu vereinfachen: Erstens liegt es nahe, auf der Suche nach mess- und belastbaren Indikatoren soziale Ungleichheit über die Konzentration auf Einkommensungleichheiten auf einen Teilaspekt gesellschaftlicher Disparität zu beschränken. Zweitens neigen Politikfeldstudien dazu, Sozialpolitik als potentielles Instrument zur Minimierung sozialer Ungleichheit auf seine re-distributive Funktion zu reduzieren oder sie hieran besonders zu messen. Aus dem Blick gerät dann tendenziell die Frage, inwieweit Sozialpolitik selbst Ergebnis und Auslöser von sozialer Ungleichheit ist. Beide Engführungen sind in gegenwärtigen Debatten in Lateinamerika in unterschiedlicher Ausprägung vertreten. Der vorliegende Artikel will hieran anknüpfend Impulse für eine Perspektiverweiterung der Sozialpolitikforschung geben.

Dabei stehen folgende Fragen im Zentrum: Wie stellen sich die Konvergenzen aus sozialer Ungleichheit und Arbeits- und Sozialpolitik in Lateinamerika dar? Auf welche Weise bieten sie Anlass, liebgewordene Annahmen und Gewohnheiten der Sozialpolitikforschung des globalen Nordens zu überdenken und inwiefern lassen sich Anregungen für konzeptionelle Neujustierungen geben?

Soziale Ungleichheit in Lateinamerika

Lateinamerika zeichnet sich in seiner Gesamtheit dann durch die höchsten Ungleichheitsraten der Welt aus, wenn man den Gini-Koeffizienten und damit zunächst Einkommensungleichheiten als Orientierungsgröße nutzt. Lediglich Länder der Sub-Sahara erreichen ähnliche Spitzenwerte (CEPAL 2011: Kap. 1). Als klassisches strukturprägendes Merkmal gilt eine hohe Vermögens- und Einkommenskonzentration; das reichste Quintil bezieht im Schnitt 18,3-mal so viel Einkommen wie das ärmste (CEPAL 2011: Kap.1, 14f.). Gegenwärtig leben mehr als 30 Prozent der Menschen unterhalb der Armutsgrenze. Sie verfügen neben geringem Einkommen über keinen oder nur unzureichenden Zugang zu medizinischer Versorgung und Schulbildung. Fast einem Sechstel der Lateinamerikaner mangelt es an menschenwürdiger Arbeit, Nahrung und Unterkunft (CEPAL 2011: Kap. 1). Die extreme Ungleichheit betrifft jedoch nicht nur Einkommens- und Vermögensungleichheiten, sondern auch den ungleichen Zugang zu zentralen öffentlichen Gütern wie Bildung, soziale Sicherung und Gesundheit, oder sie betrifft ethnisch-, alters-, genderspezifische und sozial-räumliche

Disparitäten als wirkungsmächtige »horizontale Ungleichheiten«[1] (de Ferranti et al. 2004; Lopez/Perry 2008; Milanovic/Muñoz 2008). Diese multidimensionalen Ungleichheiten haben sich in Lateinamerika seit dem Ende des 19. Jahrhunderts bis heute auf international überdurchschnittlichem Niveau konsolidiert (Wehr 2011a: 11). Es handelt sich dabei also um Formen von strukturierter Ungleichheit im Sinne über Generationen hinweg wirkender, dauerhafter Einschränkungen in Bezug auf den Zugang zu allgemein verfügbaren oder erstrebenswerten sozialen Gütern und Positionen (Kreckel 2004: 18f).

Jüngste Armuts- und Ungleichheitsdynamiken deuten allerdings im Vergleich zu den 1990er Jahren einen Trendwechsel an, als sowohl die Armutsraten als auch die Ungleichheitswerte stiegen. So sank in der letzten Dekade die Armut auf einen Tiefstand, den sie zuletzt vor zwanzig Jahren erreichte. Lebten im regionalen Durchschnitt in den 1990er Jahren zwischenzeitlich 48 Prozent unterhalb der Armutsgrenze, liegt die Zahl heute bei 30 Prozent (CEPAL 2011: Kap. 1). Gleichzeitig nahm die Einkommensungleichheit teilweise ab. Der Gini-Wert sank in der letzten Dekade in 13 von 17 Ländern des Subkontinents, was im regionalen Durchschnitt zwischen den Jahren 2000 und 2009 ein Sinken um -0,61 Prozentpunkte bedeutete, während Ungleichheit im selben Zeitraum in der OECD zunahm (Lustig/López-Calva/Ortiz-Juarez 2011: 18). Die Ergründung dieser Trends neigt allerdings oftmals zu einem einseitigen Fokus auf die Entwicklung von Einkommensungleichheiten (zum Beispiel: Edwards 2009; Cornia 2010; Bertranou/Maurizio 2010; Birdsall/Lustig/McLeod 2011; Lustig/López-Calva/Ortiz-Juarez 2011). Ohne Zweifel gibt das Haushaltseinkommen Aufschluss über eine zentrale Ungleichheitsdimension einer Gesellschaft;[2] die Dicke des Geldbeutels und die unterschiedliche Konsumkraft verschiedener Haushalte sagen jedoch zunächst nichts über die sozialen Umstände aus, unter denen dieses Einkommen generiert wurde, und nur begrenzt besitzt sie Aussagekraft in Bezug auf die Frage, warum

---

1 Zum Begriff siehe Kreckel 2004: 18.
2 Bereits gegenüber den Werten zu Einkommensungleichheiten in Lateinamerika kann jedoch eingewendet werden, dass sie nur ein verzerrtes Bild distributiver Ungleichheit wiedergeben. Erhebungen, aus denen sich auch der Gini-Wert speist, legen nämlich einen starken Fokus auf Lohneinkommen, während z.B. Finanzaktiva oder Einkommen über Eigentumstitel tendenziell aus der Erhebung herausfallen. Es kann also davon ausgegangen werden, dass die tatsächliche lateinamerikanische Vermögens- und Reichtumskonzentration an der oberen Spitze der Sozialstruktur höher ist, als angegeben (Davies et al. 2008; Alvaredo/Piketty 2010).

Menschen mit gleichem Einkommen ungleiche Zugangsmöglichkeiten zu sozialen Gütern und Positionen erfahren. Mit Blick auf die multidimensionale und strukturierte Beschaffenheit lateinamerikanischer Ungleichheitskonstellationen greift die Analyse dieser Studien damit zu kurz, um generalisierbare Aussagen über die Reichweite und vor allem die Wirkungszusammenhänge aktueller Ungleichheitsdynamiken zu treffen.

Eine systematische Betrachtung sozialer Ungleichheiten in Lateinamerika steht also vor der Herausforderung, einen analytischen Bezugsrahmen zu schaffen, der über die leicht zu quantifizierende Betrachtung der Distribution von Einkommen hinausreicht und sich dennoch nicht in Beliebigkeit verliert. Hierzu bietet sich die Arbeitswelt als eingrenzbares Untersuchungsfeld in besonderer Weise an: Arbeitsmärkten wird bei der Beharrungskraft und der (Re)produktion verschiedener Ungleichheitsdimensionen allgemein eine Schlüsselrolle zugesprochen (Kreckel 2004: Kap.3). Auch im lateinamerikanischen Kontext entfachen sie nicht nur eine starke Wirkungskraft bei der Allokation und Distribution von Einkommen und Vermögen (Medina/Galván 2008), sondern beeinflussen darüber hinaus auf zentrale Weise die Zugangsmöglichkeiten zu sozialen Sicherungssystemen (CEPAL 2011: Kap. 4) und wirken auf Bildungs-, gender, ethnische oder sozial-räumliche Disparitäten ein (ILO 2002; CEPAL/FAO 2008; Klein 2010 Peters 2011). Lateinamerikas Arbeitsmärkte sind also eine zentrale Einflussgröße in Bezug auf gesellschaftliche Stratifikation mit bestimmten sozialen Ungleichheitseffekten.

Soziale Ungleichheit auf lateinamerikanischen Arbeitsmärkten

Um die Analyse sozialer Ungleichheit in der Arbeitswelt auch über die Verteilung von Einkommen und Vermögen hinaus zu öffnen, ist ein Grundverständnis von Arbeitsmärkten nötig, das sie nicht nur als Distributionsinstanz von Einkommen versteht, sondern zugleich den Facettenreichtum ihres sozialen Gefüges berücksichtigt. Die reale Erwerbsstruktur wird dann verstanden als »ein komplexes Mosaik von arbeitsteilig spezialisierten und komplementären Funktionen, das durch seine Dynamik [...] einem Mobile gleicht, in dem viele ungleiche und veränderliche Teile aufeinander wirken und voneinander abhängen« (Vester 2011: 629). Den *einen* Arbeitsmarkt gibt es nach diesem Verständnis nicht. Der kontraktuelle

Tausch von Arbeitskraft gegen Geldeinkommen ist erstens immer begrenzt. Neben ihm existieren immer auch andere Formen der Nutzung und Versorgung von Arbeitskraft. Zweitens sind die unterschiedlichen Organisationsmuster der Lohnarbeit immer auf bestimmte Weise (funktional) aufeinander bezogen (Offe/Hinrichs 1984: 60) und drittens ist die Binnenstruktur des Arbeitsmarkts heterogen; sie ist segmentiert und fragmentiert bzw. zerfällt in Teilsysteme, die mehr oder weniger durch institutionelle, sozio-ökonomische und funktionale Spezifika gefestigt sind (Tilly/ Tilly 1994). In diesem Sinn sollen im Folgenden zentrale Bruchlinien der lateinamerikanischen Arbeitsmarktfragmentierung und -segmentierung nachgezeichnet werden, entlang derer verschiedene Ungleichheitsdimensionen miteinander korrespondieren.

Hier kann zunächst ein ausgeprägtes Stadt-Land-Gefälle benannt werden. Lebensumstände unterhalb der Armutsgrenze stellen einen zentralen Wesenszug extremer sozialer Ungleichheit dar. Armut wiederum ist zu einem beträchtlichen Teil auf dem Land anzutreffen: Im Jahr 2009 lebte mit 53 Prozent die Mehrzahl der Landbevölkerung unterhalb der Armutsgrenze, gegenüber 28 Prozent im urbanen Raum. Der Agrarsektor ist an dieser Stelle nicht nur für ländliche Arbeitsmärkte, sondern auch für die Armutsgenerierung eine relevante Größe. Arbeit »auf eigene Rechnung«, in kleinen Familienbetrieben und bei zeitlicher Befristung (zum Beispiel Gelegenheitsarbeit) prägt hier oftmals das Bild der Beschäftigungsstruktur. Mit einigen Ausnahmen – wie die Viehzucht in Argentinien, der Zuckerrohranbau in Honduras oder Teile des für den Export bestimmten Fruchtanbaus in Chile – sind die Einkommensmöglichkeiten im Agrarsektor in Bezug auf andere ländliche Arbeiten am schlechtesten. Obwohl sich die Ausprägung ländlicher Armut interregional unterschiedlich darstellt[3], kann als allgemeines Muster ausgemacht werden, dass das Armutsrisiko besonders hoch ist bei Frauen, Kindern und indigenen Teilen der Bevölkerung, und dass es proportional steigt bei Tätigkeiten niedriger Produktivität. In diesem Sinn kann festgestellt werden, dass im Agrarsektor in der Andenregion (wo indigene Gemeinschaften eine besondere Bedeutung einnehmen) und zudem in Paraguay, Panama, dem Nordosten Brasiliens, Kolumbien und Nicaragua (wo verstärkt Formen der Subsistenzarbeit anzutreffen sind) hohe Armutsraten auftauchen (CEPAL/FAO 2008; Klein 2010). Die große Mehrheit ländlicher Arbeit lässt sich der informellen Ökonomie

---

3 So stehen 12 Prozent ländlicher Armut in Chile 79 Prozent ländliche Armut in Honduras gegenüber (Klein 2010: 12).

zurechnen, wenn als »informell« nach ILO-Definition alle Tätigkeiten gelten, die rechtlich oder in der gesellschaftlichen Praxis gar nicht oder nur teilweise durch formalisierte Arrangements abgedeckt werden (ILO 2002). Als weitere Bruchlinie bei der ungleichheitsrelevanten Segmentierung und Fragmentierung lateinamerikanischer Arbeitsmärkte kann ein steiles Produktivitätsgefälle aufgeführt werden. Denn ein zentrales Kennzeichen lateinamerikanischer Ökonomien samt ihren Arbeitsmärkten ist, dass einem relativ hohen Anteil Erwerbstätiger in der informellen Ökonomie eine gesellschaftliche Minderheit gegenübersteht, die für die volkswirtschaftliche Gesamtrechnung von hoher Bedeutung scheint. Dieser Befund wird von verschiedener Seite als Ausdruck starker struktureller Heterogenität[4] lateinamerikanischer Ökonomien gedeutet (CEPAL 2010, 2011). Setzt man nämlich Betriebsgrößen, Produktivität und die Anzahl von Beschäftigten der jeweiligen Wirtschaftseinheiten in Beziehung zueinander, ergibt sich folgendes dreigeteiltes Bild der Arbeitsmarktsegmentierung: In einem ersten Segment arbeiten 19,8 Prozent der arbeitsfähigen Bevölkerung. Sie steuern 66,9 Prozent zum BIP bei. Die Arbeitsplätze liegen in erster Linie in Unternehmen mit mehr als 200 Beschäftigten. Das zweite Segment umfasst 30 Prozent der Erwerbsbevölkerung mit einem Anteil von 22,5 Prozent am BIP. Mittelgroße bis kleine Betriebe sind hier die Regel. 50,2 Prozent der Erwerbstätigen sind im dritten Segment beschäftigt, mit einem 10,6-prozentigen BIP-Anteil. Hierbei handelt es sich um Tätigkeiten in der informelle Ökonomie. Die Pro-Kopf-Produktivität im produktivsten Segment ist um mehr als das 16-fache höher als im Segment niedriger Produktivität (CEPAL 2011: Kap. 3). Mit der aufgezeigten Produktivitätsspanne geht in der Regel auch eine Einkommensschere einher. Auch im interregionalen Vergleich korreliert die Spanne der Produktivität mit der Höhe des Gini-Werts (CEPAL 2011: Kap. 3).

---

4 Kerngedanke des Konzepts ist, dass anhand verschiedener sozioökonomischer Schlüsselindikatoren Ungleichheitsdimensionen aufeinander bezogen und miteinander diskutiert werden. Als zentrale Referenzgröße hat sich hierbei das Produktivitätsgefälle lateinamerikanischer Ökonomien herauskristallisiert (CEPAL 2011: Kap. 3). Zunächst wurde das Konzept ab den 1950er Jahren von der CEPAL weitgehend in deskriptiver Form verwendet (Prebisch 1950). In den 1970er Jahren avancierte »strukturelle Heterogenität« dann explorativ zum innergesellschaftlichen Komplementärstück »struktureller Abhängigkeit« einer Theorie des »peripheren Kapitalismus« (Senghaas 1977, Evers 1977). Gegenwärtig hält es in deskriptiver Verwendung wieder zunehmend Einzug in Debatten um spezifisch lateinamerikanische ökonomische Strukturen (CEPAL 2010, 2011).

In der letzten Dekade kann zwar allgemein eine Verkleinerung[5] der Produktivitätsschere festgestellt werden, die die eingangs benannten positiven Trends der Ungleichheitsentwicklung zunächst zu bestätigen scheinen. Der Nexus aus Produktivität und Einkommensungleichheit schärft jedoch gleichzeitig den Blick für ambivalente Züge der gegenwärtigen Entwicklung. Im Lauf der letzten zwanzig Jahre verkleinerte sich zwar das Segment niedriger Produktivität, gleichzeitig vergrößerte sich jedoch die Einkommensschere zwischen den obersten und den untersten Produktivitätssegmenten um ein Vielfaches. Dieser Trend korrespondiert mit Gender-Ungleichheiten, da 90 Prozent der Tätigkeiten des untersten Produktivitätsquintils von Frauen ausgeübt werden. Gleichzeitig ist eine steigende Arbeitslosenzahl von Frauen und Jugendlichen (18 bis 21 Jahre) auszumachen, und auch die Armutsraten im untersten Teil der Produktivitätssegmente steigen entgegen dem allgemeinen Trend an. Damit schlagen sich vor allem in weiten Teilen der informellen Ökonomie positive Trends der Armuts- und Ungleichheitsreduzierung nicht nur nicht nieder, an verschiedenen Stellen vertiefen sich ungleichheitsreproduzierende Bruchlinien am Arbeitsmarkt sogar weiter (CEPAL 2011: Kap.3, 2010). Informalität kann vor dem Hintergrund dieser jüngeren Befunde als persistentes Merkmal lateinamerikanischer Sozialstruktur gedeutet werden, das auch gegenwärtig neue Ungleichheitsdynamiken in Gang setzt.

Sind zwar einerseits die benannten Merkmale der Bruchlinien lateinamerikanischer Arbeitsmarktfragmentierung und -segmentierung unterschiedlich gelagert, so verweisen beide jedoch andererseits auf die besondere Relevanz der informellen Ökonomie bei der Konstituierung sozialer Ungleichheit auf lateinamerikanischen Arbeitsmärkten. Allgemein gehen die Grenzen eines abhängigen Lohnarbeitsverhältnisses – vor allem im Sinn eines kontraktuellen Rechtsverhältnisses[6] – im lateinamerikanischen Kontext fließend über in ein heterogenes Feld informeller Tätigkeiten. Das Konzept der »informellen Ökonomie« versucht diesem Umstand Rechnung zu tragen, indem es Informalität gegenüber traditionellen Ansätzen[7]

---

5 Ein von der CEPAL entwickelter Index zur Messung von Produktivitätsspannen attestierte Lateinamerika im Jahr 1990 einen Wert von 0,95, der im Jahr 1998 auf 1,24 anstieg und bis zum Jahr 2008 auf 1,05 sank (CEPAL 2011: Kap. 3).

6 Lohnarbeit kann formal als ein Rechtsverständnis zwischen kapitalistischem Unternehmer und Arbeiter angesehen werden, das sich in einem Arbeitsvertrag (›Kontrakt‹) auf spezifische Weise niederschlägt (Müller-Jentsch 1997: 30–32).

7 Traditionell wurde Informalität ausschließlich als Sektor konzipiert. Es können in diesem Zusammenhang im lateinamerikanischen Kontext drei Schulen ausgemacht werden:

als Kontinuum fasst, das graduell unterschiedlich mit der gesamten Wirtschaftsstruktur verwoben ist (ILO 2002; Chen 2005; Chen et al. 2006). Auf der Grundlage der bereits aufgeführten ILO-Definition von informeller Arbeit befinden sich im weitesten Sinn 64,1 Prozent der städtischen Beschäftigten innerhalb oder an der Grenze zur informellen Ökonomie: 50,3 Prozent der Werktätigen arbeiten im informellen Sektor, während 13,8 Prozent im formellen Sektor prekär tätig sind (Tokman 2007). Gegenwärtig ist etwa ein Drittel der städtischen Lohnarbeiter ohne Arbeitsvertrag beschäftigt (CEPAL 2008: Kap. 2). Prekäre Beschäftigung, in der beispielsweise Formen des *subcontractings* Anwendung finden oder trotz der Existenz eines Arbeitsvertrags gegen Arbeitsrecht verstoßen wird, legen Zeugnis ab von einer Grauzone zwischen formalisierter und informeller Beschäftigung.

Zwar geht die Gleichung »Informalität = Armut« nicht widerspruchsfrei auf (aufgrund von einigen Beschäftigungsmöglichkeiten in der informellen Ökonomie mit hohem Einkommen), dennoch arbeiten von den ärmsten 10 Prozent in Lateinamerika 74 Prozent in der informellen Ökonomie (Tokman 2007). Fasst man »Informalität« bildlich anhand einer Ungleichheitspyramide, stehen an deren Spitze informelle Unternehmer, die vorwiegend männlich sind und ein relativ hohes Einkommen generieren. Sie stellen in der informellen Ökonomie die kleinste Gesellschaftsgruppe dar. Auf sie folgen informelle Lohnarbeiter, die zwar ein Einkommen beziehen, jedoch weder versicherungspflichtig beschäftigt, noch arbeitsrechtlich durch einen Arbeitsvertrag geschützt sind. Den breiten Ungleichheitssockel bilden mehrheitlich Frauen mit Tätigkeiten »auf eigene Rechnung«, Gelegenheits-, Überlebens- und Hausarbeiten, die alle durchaus in Wertschöpfungsprozesse der formellen Ökonomie eingebunden sein können, aber nicht müssen (Chen et al. 2006: 2137). So unterschiedlich sich die

---

Die *Dualisten* konzipierten zunächst Informalität als eigenständigen Sektor, der verschiedenste Überlebensstrategien und Einkommensquellen für Arme bereit hält, ohne jedoch sonderlich produktiv zu sein (u.a.: Sethuraman 1976). In den späten 1970er und 1980er Jahren betonten *Strukturalisten* die Inkorporation informeller Wirtschaftseinheiten in gesamtgesellschaftliche Gefüge, so z.B. die subordinierte Stellung zum formellen Sektor mit der Folge eines hohen Ausbeutungsniveaus (u.a.: Castells/Portes 1989). Schließlich deuteten die *Legalisten* vor allem die Tätigkeit informeller Kleinunternehmer als kreatives Mittel zur Überwindung von staatlicher Überregulierung (de Soto 1989). Die Vertreter des Konzepts der ›informellen Ökonomie‹ vollziehen eine theoretische Bündelung der verschiedenen Informalitätsschulen zu einem Gesamtkonzept, indem sie anerkennen, dass jede der benannten Lesarten spezifische Teilaspekte der informellen Ökonomie erklären kann.

Tätigkeiten in der informellen Ökonomie auch darstellen: Die Befunde der Arbeitsmarktfragmentierung und -segmentierung weisen darauf hin, dass keine oder eine teilweise Integration in formalisierte Arrangements eine signifikant höhere Wahrscheinlichkeit bedeutet, in sozialen Ungleichheitsverhältnissen benachteiligt zu sein.

Exklusive Arbeits- und Sozialpolitik

Nicht selten wird die informelle Ökonomie vorschnell als politik- oder staatsfreier Raum gedacht. Diese Annahme findet ihren Ursprung bereits in der gängigen negativen Begriffsbestimmung, die verschiedenen Konzepten zugrunde liegt: Informell ist all das, was je nach Definition *nicht* formalisiert im Sinne staatlicher Regulierung ist. Wesentliches Merkmal informeller Arbeit ist deshalb auch, dass sie weithin als nicht-sozialversicherungspflichtig gelten kann. Vorschnell kann deshalb in Anbetracht der Wirkungsmächtigkeit der informellen Ökonomie bei der Reproduktion sozialer Ungleichheit vor allem Arbeits- und Sozialpolitiken in Lateinamerika ein defizitäres Zeugnis ausgestellt werden. Denn geläufige Inhaltsbestimmungen von Arbeitsmarktpolitiken benennen diese in der Regel als ein Ensemble all jener Politikformen, die auf eine Verbesserung der Funktionsfähigkeit des Arbeitsmarktes abzielen (Schmid/O'Reilly/Schömann 1996: 8), also in dem Sinn ›kommodifizierend‹ wirken, als dass sie unmittelbar Marktgesetzen und -mechanismen zu ihrer Entfaltung verhelfen sollen.[8] Das originäre Wesen von Sozialpolitik besteht wiederum in ihrer de-kommodifizierenden Logik. Sie soll Arbeitsmarktteilnehmer von Marktrisiken befreien und es den Gesellschaftsmitgliedern erlauben, weniger abhängig von einem auf dem Arbeitsmarkt generierten Einkommen zu leben (klassisch: Esping-Andersen 1990: 55–78). Sozialpolitiken wird deshalb – zumindest implizit – oft unterstellt, soziale Ungleichheiten abzubauen und vor Notlagen zu schützen. Eine naheliegende (und geläufige) Defizitdia-

---

8 Auf eine solche Funktionszuschreibung folgt gewöhnlich eine summarische Inhaltsbestimmung: Unter Arbeitsmarktpolitik fallen dann Wettbewerbspolitiken (z.B. Rechtsprechungen zur Monopolbildung), Strukturpolitiken (z.B. Subventionen), Einkommenspolitiken (z.B. Richtlinien zur Inflationsbekämpfung wie Lohnleitlinien) und darüber hinaus eine Vielzahl von staatlichen Infrastruktur- oder Arbeitsqualifikationspolitiken (Schmid/O'Reilly/Schömann 1996: 10).

gnose von Arbeits- und Sozialpolitik in Lateinamerika lautet angesichts des großen Anteils von Beschäftigten in der informellen Ökonomie also, dass weder die arbeitsmarktpolitische Integration in einen formalisierten Arbeitsmarkt noch die sozialpolitische (graduelle) Befreiung von Marktrisiken umfassend erreicht wird.

Im Folgenden wird den Konvergenzen zwischen Informalität und Arbeits- und Sozialpolitik über ein anders gelagertes Politikverständnis nachgespürt. Jenseits der normativen Fragestellungen von ›besserer‹ oder ›schlechterer‹, ›mehr‹ oder ›weniger‹, ›effektiver‹ oder ›ineffektiver‹ Sozialpolitik soll vielmehr der Modus des Zusammenspiels verschiedener Formen der Arbeits- und Sozialpolitik mit dem Arbeitsmarkt in das Zentrum der Analyse gestellt werden. Dies geschieht unter der Prämisse, dass sich aus ihrer Interaktion *immer* für die Forschung zu ergründende eigene Logiken sozialer Strukturierung mit spezifischen Ungleichheitseffekten ergeben. Arbeits- und Sozialpolitik sind dann als »active force in the ordering of social relations« zu denken und damit als eigenständiges System der Stratifizierung mit bestimmten Effekten bei der Ordnung sozialer Beziehungsmuster (Esping-Andersen 1990: 55-78).[9] Dabei sind verschiedene Sozialpolitiken historisch, logisch und funktional verwoben mit arbeitspolitischer Institutionalisierung von Arbeitsbeziehungen und dem Austausch der Ware Arbeitskraft. Auch im lateinamerikanischen Kontext gewinnen Studien an Bedeutung, die nach systemimmanenten Stratifikationsmodi der verschiedenen Systeme sozialer Sicherung fragen, zum Beispiel was ihre Umverteilungswirkung betrifft (Lloyd-Sherlock 2009). Die folgenden Ausführungen klammern die systemimmanente Verteilungslogik der Programme sozialer Sicherung weitgehend aus. Stattdessen wird nach dem Deckungsgrad und der Reichweite oder genauer nach den Teilnahmebedingungen und -barrieren der Systeme sozialer Sicherung[10] gefragt. Die Konzentration auf diesen Aspekt ergibt sich aus der eingangs formulierten Annahme, die informelle

---

9 Der Bezug auf Esping-Andersen wird an dieser Stelle erkenntnistheoretisch und nicht methodisch hergestellt. Die Wohlfahrtsregimestudien, die auch Esping-Andersens Methodik auf Lateinamerika übertragen, gewinnen gegenwärtig zunehmend an Bedeutung (z.B. Barrientos 2004, Martínez Franzoni 2008, siehe Barrientos in diesem Band).

10 Als Datengrundlage dienen verschiedene Haushaltsumfragen lateinamerikanischer Gesellschaften, die allgemein nach dem Zugang zu Systemen sozialer Sicherung fragen, womit in der Regel allgemein ein Sozialversicherungsanspruch gemeint ist (CEPAL 2011: Kap. 4). Hiervon weichen Erhebungen ab, die die Kranken- oder Rentenversicherung (Rofman et al. 2008) bei der Analyse des Deckungsgrad als zentral erachten oder eine Verschränkung beider Sozialversicherungen analysieren (ILO 2011).

Ökonomie zeichne sich durch eine Abwesenheit von politischer Regulierung aus, was bedeuten müsste, dass die Partizipation an Systemen sozialer Sicherung informell Beschäftigten offenbar weitgehend verwehrt bleibt. Um in diesem Sinn den Teilnahmebedingungen und -barrieren der Systeme sozialer Sicherung nachzuspüren, scheint es plausibel, sich ihnen zunächst historisch anzunähern und kursorisch ihre Implementierung und ihre späteren Modifikationen nachzuzeichnen.

Die 1920er/30er Jahre können in mehrfacher Hinsicht als zentraler Scheidepunkt in der lateinamerikanischen Geschichte gesehen werden. Im Fahrwasser der Weltwirtschaftskrise, zahlreicher politischer Regimewechsel und heftiger sozialer Konflikte wurde zum einen der Paradigmenwechsel hin zu dem Entwicklungsmodell der »Importsubstituierenden Industrialisierung (ISI)« und einer aktiveren Rolle des Staates im Wirtschaftsgeschehen vollzogen, gleichzeitig findet sich hier in zahlreichen Ländern des Subkontinents die Geburtsstunde der Institutionalisierung von Arbeitsbeziehungen und umfassender Sozialpolitikprogramme (Boris 2009: 27–77). Eine oft rezipierte Vergleichsstudie über das Verhältnis zwischen Arbeiterbewegung und Staat in Lateinamerika kommt zu dem Ergebnis, dass trotz aller Divergenzen zwischen den untersuchten Länderfällen[11] Gemeinsamkeiten in der Genese der Arbeitsbeziehungen bestehen – vor allem, was das Merkmal einer Inkorporationsphase der Arbeiterbewegung in oftmals populistisch vermittelte Mehrklassenallianzen betrifft (Collier/Collier 2002). Arbeits- und Sozialpolitik wurde damit in der ISI-Phase auch in Lateinamerika vielfach zum ›sozialen Kitt‹, in dem sie einerseits zu einer zentralen Legitimationsquelle politischer Herrschaft avancierte, und sie andererseits das Produktionssystem des dominanten Entwicklungsmodells flankierte und stabilisierte. Vor diesem Hintergrund konnte auf verschiedene Weise von einer politischen Inkorporation strategisch wichtiger Arbeitsmarktsegmente in ein formalisiertes System der Arbeits- und Sozialpolitik gesprochen werden[12]. Die Institutionen der Arbeitsbeziehungen blieben dabei sozial

---

11 Siehe zu den Unterschieden wohlfahrtsstaatlicher Arrangements in Bezug auf den Deckungsgrad, staatliche Steuerungsfähigkeit und der Programmatik z.B. historisch: Mesa-Lago 1978; aktuell: Martínez-Franzoni 2008; systematisierend: Wehr 2011b: 266.

12 Die Ursachenergründung kreist seit langem um die Deutung, das beschriebene arbeits- und sozialpolitische Setting sei vorwiegend als Reaktion auf sektoral starke Ressourcenmacht zu deuten, mit der Folge einer selektiven Inklusion (Mesa-Lago 1978). Demgegenüber beschreibt eine andere Lesart die Genese wohlfahrtsstaatlicher Arrangements als elitengesteuerten, populistisch motivierten *top-down* Korporatismus (Malloy 1979). Andere Ansätze integrieren einerseits Dynamiken, die im Sinne eines Legitimations-

exklusiv. Sie beruhten in der Regel primär auf den Protagonisten der ISI und damit der städtischen, meist männlichen Arbeiterschaft in strategisch relevanten Industriesektoren und dem staatlichen Sektor, während die große Gruppe der informellen Beschäftigten, Beschäftigte in der Landwirtschaft, im Handwerk oder der traditionellen Dienstleistungen kaum oder partiell eingebunden waren. Dieser Exklusionssmodus verläuft kongruent zu der allgemeinen Sozialpolitik und kann anhand einer der ersten Sozialversicherungen in Lateinamerika, die in Chile im Jahr 1924 implementiert wurde, illustriert werden. Sie finanzierte sich über lohnbezogene Beiträge der Arbeiter, Unternehmer und über staatliche Zuschüsse. Demgegenüber waren Angestellte mit einer privaten Zwangsversicherung abgesichert, während informell Beschäftigte ohne Versicherungsanspruch blieben. Ähnlich wie das chilenische Beispiel besaßen nahezu alle Sozialsysteme der ersten Stunde in Lateinamerika eine solche Bismarck'sche Prägung (Mesa-Lago 1978).

Der Exklusionsmodus der Institutionalisierung der Arbeitsbeziehungen und einem Sozialversicherungsanspruch einerseits und weiten Teilen der informellen Ökonomie ohne soziale Sicherung andererseits erwies sich als äußerst persistent. Er überdauerte mit einigen Modifikationen auch die Phase des Neoliberalismus,[13] in deren Zuge in den 1980er/90er Jahren Arbeits- und Sozialpolitiken zahlreichen Reformen unterzogen wurden. Der Umbau der Sozialsysteme dieser Zeit stellte sich vor allem vor dem Hintergrund einer teilweisen Privatisierung der Sozialversicherungssysteme für viele eher als Abbau dar.[14] Er brachte außerdem große Teile der Mittelschichten in Bedrängnis, während eine exklusive Schicht von gut situierten

---

drucks ›von unten‹ zu denken sind, mit Momenten – gerade in demokratischen Regimen – die als elitengesteuerte Konzessionen verstanden werden müssen (Acemoglu/Robinson 2006).

13 Mit den Ereignissen um die Schuldenkrise in den 1980er Jahre erfuhr Lateinamerika tiefgreifende ökonomische, politische und soziale Umbrüche. Dabei fiel der wirtschaftspolitische Paradigmenwechsel hin zu der Strukturanpassungs-, Privatisierungs-, Liberalisierungs- und Deregulierungspolitik des *Washingtoner Consensus'* zusammen mit dem umfassenden politischen Regimewechsel hin zu parlamentarischen Demokratien.

14 Der Umbau der Systeme sozialer Sicherung kann vor allem am Beispiel der Alterssicherung illustriert werden. Vorreiter war hier Chile, das im Jahr 1981 von einem staatlichem Umlagesystem zu einer kapitalgedeckten, privatwirtschaftlichen Rentenversicherung überging. Ab dem Beginn der 1990er Jahre wurde das chilenische Modell zur Blaupause, um in zahlreichen anderen Ländern Systeme privater Pensionsfonds zu implementieren, die entweder mit dem staatlichen Umlagesystem konkurrierten, es ersetzten oder ergänzten (Mesa-Lago 2004).

Wohlfahrtsprivilegierten ihre sozialpolitischen Rechte erhalten konnte (Haggard/Kaufman 2008). Der Deckungsgrad und die Leistungsdichte der Systeme sozialer Sicherheit sanken in der Gesamtheit vor diesem Hintergrund. Dieser Effekt wurde durch zentrale Trendverschiebungen auf dem Arbeitsmarkt verstärkt. Privatisierungen und eine Verschlankung des Staatsapparates führten zu einer Reduzierung von Beschäftigungsmöglichkeiten im Öffentlichen Dienst. Das Gesicht der Industriearbeit veränderte sich in dieser Phase ebenso: Die dominanten Produktionsformen der ISI-Phase, die oftmals fordistisch organisiert waren, wandelten sich grundlegend. Während zuvor in der Schwerindustrie nicht selten ›unter einem Dach‹ produziert wurde, fand in den 1990er Jahren der Tendenz nach ein *outsourcing* und *subcontracting* von einzelnen Fertigungsschritten statt (Dombois/Pries 1999). Im Fahrwasser der Politik des *Washingtoner Consensus* nahm insgesamt in den 1980er und 1990er Jahren die Beschäftigung in Unternehmen kleiner und mittlerer Größe mit geringer Produktivität zu, mit dem Effekt, dass in den 1980ern und vor allem den 1990er Jahren die Beschäftigung in der informellen Ökonomie in ihrer Gesamtheit wuchs (CEPAL 2000: Kap 2). Im Zuge der Strukturveränderungen auf dem Arbeitsmarkt und der Reformbemühungen mit neoliberalen Vorzeichen wuchs der exklusive Charakter der Arbeits- und Sozialpolitik damit weiter.

Neoliberale Reformen sahen neben dem Um- und Abbau der Sozialversicherung vor, die Bedürftigsten mit Sozialleistungen, beziehungsweise mit Einkommenstransfers, die auf Selektion, Fokussierung und Konditionierung beruhten, direkt zu erreichen. Dieses Ziel wurde jedoch zunächst weitgehend verfehlt (Grassi 2003; Harvey 2005). Dies änderte sich mit den Regierungswechseln um die Jahrtausendwende, als verschiedene assistentialistische Leistungen mit einer gewissen Nähe zum Fürsorgeprinzip modifiziert, ausgebaut oder neu initiiert wurden. Programme wie *Progreso/Oportunidades* in Mexico, *Bolsa Escola/Bolsa Familia* in Brasilien, *Planes Trabajar/Plan de Jefes y Jefas de Hogar* in Argentinien oder *Chile Solidario* bewegen sich seitdem zwischen Momenten des Einkommenstransfers (Conditional Cash Transfer), der Bereitstellung von sozialen Basisdienstleistungen (zum Beispiel Bildung und Gesundheit) und teilweise Programmen der Arbeitsmarktintegration, die nach unterschiedlich definierten Bedürftigkeitskriterien zugeteilt werden. In der Regel werden verschiedene dieser Momente in den Programmen integriert. Assistentialistische Einkommenstransfers kommen derzeit etwa 12 Prozent der Haushalte innerhalb der Bevölkerung Lateinamerikas zugute. Die Ausgaben machen 0,25 Prozent des regionalen BIP aus und stellen damit einen geringen Bruchteil der gesamten Sozialausgaben dar, die sich derzeit durchschnittlich bei annähernd 18 Prozent des BIPs bewegen (CEPAL 2011: Kap.4).[15]

Vor dem Hintergrund der Regierungswechsel hin zu Links- und Mitte-Links-Regierungen kam es zudem zu einem Stopp der Privatisierungsbemühungen innerhalb des Sozialversicherungssystems. Derzeit haben 46 Prozent der Beschäftigten in Lateinamerika Zugang zu Sicherungssystemen dieser Art. Pro Berufsgruppe variiert der Deckungsgrad sozialer Sicherung teils erheblich, so zum Beispiel zwischen Beschäftigten im Öffentlichen Dienst (91,4 Prozent), Facharbeitern (67,9 Prozent), Selbstständigen (28,4 Prozent) und Beschäftigten mit hoher Qualifikation in der Privatbranche (72,2 Prozent), die allesamt jenen Arbeitsmarktsegmenten mittlerer und hoher Produktivität zugerechnet werden können. Demgegenüber haben typische Berufsgruppen der Arbeitsmarktsegmente niedriger Produktivität einen wesentlich geringeren Deckungsgrad, wie zum Beispiel Hausangestellte (22,7 Prozent), Beschäftigte in der Privatbranche (15,1 Prozent) und Selbstständige mit niedriger Qualifikation (8 Prozent).

Setzt man den Deckungsgrad sozialer Leistungen also in Beziehung zu der vorangegangenen Skizze des Produktivitätsgefälles lateinamerikanischer Arbeitsmärkte als zentraler Indikator struktureller Heterogenität, kann festgestellt werden, dass beide Momente weitgehend kongruent zueinander verlaufen. In den hochproduktiven Arbeitssektoren gelten darüber hinaus gegenüber den Segmenten niedriger Produktivität ein höherer Arbeitsschutz und ein höheres (Aus-)Bildungsniveau. Die heterogene Sphäre der vorwiegend informellen Arbeiten zeichnet sich neben einem geringen Deckungsgrad von Sozialleistungen durch ein geringes Einkommen, niedriges (Aus-)Bildungsniveau, Prekarität und fehlende Tarif- oder Arbeitsvertragsbindungen aus. Während allgemein der Deckungsgrad lateinamerikanischer Sozialpolitik über die 1990er Jahre abnahm, kann mittlerweile zwar seit der Jahrtausendwende ein allgemeiner Anstieg konstatiert werden, doch auch an dieser Stelle treten über eine Korrelation mit Momenten struktureller Heterogenität Ambivalenzen gegenwärtiger Entwicklungen zutage: Der

---

15 *Impact*-Analysen zu einzelnen Programmen liegen zwar in großer Fülle vor, generelle Aussagen sind vor dem Hintergrund der teilweise erst kurzen Laufzeit der Programme jedoch kaum belastbar. Vieles spricht einerseits dafür, dass extrem arme Haushalte ihr Einkommen aufgrund von Transferleistungen teils erheblich steigern konnten, gleichzeitig werden neue Exklusionsmodi gegenüber jenen geschaffen, die Bedürftigkeitskriterien nicht erfüllen (siehe Barrientos in diesem Band; Barrientos/Santibañez 2009: 17–19; CEPAL 2011: Kap. 4).

Anstieg des Deckungsgrades betrifft vorwiegend Arbeitsmarktsegmente hoher Produktivität und mit hohem Lohneinkommen, während untere Einkommensquintile und Beschäftigungsgruppen niedriger Produktivität weiter deutlich seltener Zugang zu sozialen Sicherungssystemen haben als noch zu Beginn der 1990er Jahre (CEPAL 2010: Kap. 5, 2011: Kap. 3,4).

Von den Anfängen bis heute zeichnet sich Arbeits- und Sozialpolitik in Lateinamerika damit durchgängig durch einen ausgeprägten Exklusionsmodus aus. Trotz aller Unterschiede innerhalb des Subkontinents kann man festhalten, dass die Arbeits- und Sozialpolitik die Bruchlinien am Arbeitsmarkt durch ihre Konzentration auf das formelle, in der Regel männliche Lohnarbeitsverhältnis bereits seit ihrer Geburtsstunde vertieft und dadurch einen zentralen Ausschlussmodus hervorruft, der Lateinamerika durch die Geschichte hinweg *unisono* kennzeichnet: Nur, wessen Arbeitskraft auf dem formellen Arbeitsmarkt verkauft wird, dessen Arbeitskraft kann auch wieder über Sozialleistungen von Marktrisiken entkoppelt werden. Die ambivalente Kehrseite des Sozialen ist dann die Ausgrenzung. Einerseits von Marktmechanismen zu befreien und zugleich Momente der sozialen Schließung zu produzieren, gilt als typisch für das Bismarck'sche Sozialversicherungsmodell. Der Exklusionsmodus ist damit zwar für Lateinamerika nicht alleine, aber – aufgrund des hohen Anteils der Ausgeschlossenen – auf besondere Weise kennzeichnend. Dieses in Lateinamerika traditionell weit verbreitete Prinzip wurde zwar durch Privatisierungsbemühungen in unterschiedlicher Intensität modifiziert und es wird seit etwa einer Dekade vermehrt überlagert von assistentialistischen Leistungen, aber ohne die *Insider/Outsider*-Grundlogik des Großteils lateinamerikanischer Arbeits- und Sozialpolitik aufzuheben.

Die bisherigen Ausführungen deuten darauf hin, dass die Konturen des Informalitätskontinuums, das die lateinamerikanische Arbeitswelt durchzieht, durch (fehlende) politische Regulierung einerseits aber auch über politisch vermittelte Modi der sozialen Schließung anderseits, geschärft werden. Pointiert formuliert: Die fluide Bruchlinie der Informalität am Arbeitsmarkt gewinnt erst über sozialpolitische Interventionen gänzlich an Wirkungskraft. Diese Annahme unterstützen jüngere Informalitätsstudien, die traditionelle Konzepte darin kritisieren, dass sie – oft bereits *qua* Begriffsbildung – die Politik bei der Konstituierung der informellen Sphäre unterkomplex betrachten (Fernández-Kelly/Shefner 2006). Stattdessen würden ökonomische Entwicklungsmodelle, Rechtsprechung, staatliche Durchsetzungsfähigkeit und wie dargestellt auch Sozialpolitik einerseits vielfältig die Grenzen der informellen Ökonomie festlegen und gleichzeitig den Nährboden bieten für informelle Tätigkeiten: »Without formal laws [...] the informal economy cannot exist. But differently, formality breeds informality« (Fernández-Kelly 2006: 3). Auch für die informelle Ökonomie gilt demnach, dass Arbeitsmarkt und Sozialpolitik weder dichotom noch als Antipoden zu denken sind. Sie bedingen sich vielmehr immer gegenseitig. »The labor market as autonomous from politics is a myth« (Esping-Andersen 1990: 146), auch in Lateinamerika und auch wenn er als ›informell‹ attribuiert wird.

Arbeits- und Sozialpolitik zusammen denken

Die deutlichen exklusiven Konvergenzen zwischen Informalität und Arbeits- und Sozialpolitik regen an, Grundannahmen der westlichen Sozialpolitikforschung zu überdenken. Kann die sozialpolitische *Insider*-Teilnahmebedingung in Ländern des globalen Nordens als Dichotomie zwischen (kommodifizierter) Arbeit und Nicht-Arbeit konzipiert werden (Lessenich 2008: 29), ist sie in Lateinamerika offensichtlich anders gelagert. So unterschiedlich sich die Lebenswelt informeller Arbeit im Konkreten auch darstellt (Palacios 2011), kann bei nennenswerten Teilen der Beschäftigten innerhalb der informellen Ökonomie zweifellos von einem Verkauf der Ware Arbeitskraft und einer Marktteilnahme gesprochen werden und auch davon, dass sie teilweise in besonderer Weise Marktrisiken ausgesetzt sind. Damit kann informelle Arbeit durchaus als kommodifiziert gelten, wenn auch nicht im Sinn eines Arbeitsverhältnisses zwischen Lohnarbeiter und kapitalistischem Unternehmer, das sich formalisiert in einem Arbeitsvertrag niederschlägt. Es handelt sich vielmehr um Formen informeller Kommodifizierung, die dann eine Teilnahme an sämtlichen sozialen Sicherungssystemen unmöglich machen, wenn ein formaler Arbeitsnachweis auf die ein oder andere Weise zur Bedingung wird (zum Beispiel über lohnbezogene Beiträge). Damit scheint die fließende Grenze des kontraktuellen Rechtsverhältnisses der Lohnarbeit – also die Trennung zwischen formeller Arbeit und Tätigkeiten innerhalb der informellen Ökonomie – eine zentrale Teilnahmebarriere für weite Teile der Systeme sozialer Sicherheit in Lateinamerika zu sein und weniger die Dichotomie zwischen Arbeit und Nicht-Arbeit.

Assistentialistische Sozialprogramme jüngeren Datums tragen diesem Konstitutionsmerkmal der informellen Ökonomie oftmals in zweierlei Hinsicht Rechnung: Da ihre Zuweisung anhand bestimmter Bedürftigkeitskriterien vollzogen wird, entfachen sie zum einen potentiell auch gegenüber Gesellschaftsgruppen Wirkungskraft, die innerhalb der informellen Ökonomie ihr Einkommen generieren. Darüber hinaus vereinen Programme dieser Art nicht selten Maßnahmen zur Erleichterung des Eintritts in den formellen Arbeitsmarkt (zum Beispiel in Form von Qualifikationsmaßnahmen), die wiederum kombiniert werden mit sozialen Basisdienstleistungen. Damit kombinieren sie Momente, die gängigerweise Arbeitspolitiken zugesprochen werden mit originärer Sozialpolitik. Mit anderen Worten: In ihr kommen formal kommodifizierende und de-kommodifizierende Funktionslogiken zeitgleich zum Tragen. Die geläufige Arbeitsteilung von Arbeitspolitik auf der einen und Sozialpolitik auf der anderen Seite ist damit in jüngeren Reformprogrammen Lateinamerikas oftmals aufgehoben. Die Politikfeldforschung – die gewöhnlich die Arbeitsteilung der politischen Praxis übernimmt – steht damit vor der Herausforderung, solchen neuen Dynamiken stärker Rechnung zu tragen. Es ist genau diesem veränderten Gegenstandsbereich geschuldet, weshalb in Lateinamerika die Wortschöpfung *políticas sociolaborales* sowohl in politischen, als auch in akademischen Kreisen gegenwärtig an Konjunktur gewinnt. Bislang zeichnet sich die Verwendung jedoch noch durch ein hohes Maß an Forschungspragmatismus aus. Der Begriff dient vielfach schlicht als Etikett für integrative Formen der Arbeits- und Sozialpolitik, und bisweilen eröffnen sich über seinen Gebrauch neue Perspektiven dank interdisziplinärer Studien (Ruiz Viñals 2004). Es scheint jedoch lohnenswert, seine Schöpfung als Anlass zu nehmen, um die Beziehung zwischen Arbeits- und Sozialpolitik zu (re)definieren und das Potential der *políticas sociolaborales* als Analysekategorie auszuleuchten.

›Arbeitspolitik‹ bewegt sich in hiesigen Wissenschaftsdiskursen in gewisser Weise amorph zwischen etablierten Wissenschaftsdisziplinen wie der Erforschung der Arbeitsbeziehungen, dem Arbeits- und Sozialrecht oder auch der Volkswirtschaftslehre und teilweise werden einzelne Arbeitspolitiken unter Sozialpolitik subsumiert (Keller 2008: 2). Die oben aufgeführte Begriffsbestimmung von Arbeits*markt*politik – als politisches Instrument, um Marktmechanismen zur Geltung zu verhelfen – kann den Eindruck erwecken, dass Arbeitspolitik (dekommodifizierender) Sozialpolitik funktional widerspricht. Letztere greift schließlich da ein, wo der Markt versagt. »[Sozialpolitik] versucht nicht, Tauschgesetzen zur Geltung zu verhelfen, sondern Bedürfnissen und Bedürftigkeiten. Über sie wird nicht marktförmig, sondern staatsförmig ›politisch‹ entschieden« (Mückenberger 1985: 416). Ein zweiter Blick auf den Komplex der Arbeits- und Sozialpolitik relativiert diesen scheinbaren Widerspruch. Sozialpolitik hat im Sinn ihrer Arbeitsmarktbezogenheit nämlich immer auch in zweifacher Hinsicht eine arbeitspolitische Konnotation: Zunächst wirkt der Arbeitsmarkt auf die Höhe und die Zuweisung von Sozialleistungen konstitutiv.[16] Darüber hinaus verlängert Sozialpolitik grundsätzlich die reproduktionssichernde Wirkung eines Arbeitsverhältnisses in Lebensbereiche bzw. -zeiten, in der die Arbeitskraft unter anderem aufgrund ihrer Subjektgebundenheit nicht verkauft werden kann. Gleichzeitig reproduziert und erhält sie Arbeitskraft.[17] In dieser Logik kann eine gemeinsame Funktion der Arbeits- und Sozialpolitik darin gesehen werden, dass sie die *dauerhafte* Transformation von Arbeitskraftbesitzern in Lohnarbeiter *kontinuierlich* bewirkt (Lenhardt/Offe 2006 [1977]: 165). Sozial- und Arbeitspolitik schaffen es damit »bilderbuchhaft«, »einander zu widersprechen und eben deshalb einander zu ergänzen« (Mückenberger 1985: 415), bzw. zeigt sich, dass sich Re- und Dekommodifizierung in der gesellschaftlichen Praxis meistens gegenseitig bedingen und aufeinander bezogen sind. Arbeitspolitik ist gewissermaßen die andere Seite der Medaille bzw. die Zwillingsschwester der Sozialpolitik und nicht, wie oftmals konzipiert, der kleine Bruder.

Mit diesen Überlegungen wird deutlich, dass Arbeits- und Sozialpolitik als Komposita (*políticas sociolaborales*) bzw. als logischer Komplex zunächst

---

16 So ergibt sich die Höhe der beitragsfinanzierten Sozialversicherung in der Regel aus der Stellung auf dem Arbeitsmarkt nach einem dann politisch zu definierenden »Leistungsprinzip«, während Sozialfürsorge dort greift, wo »Leistung« – in der Regel auf dem Arbeitsmarkt – nicht erbracht wird und eine Form von »Bedürftigkeit« politisch identifiziert wird.

17 Bereits in ihrem Wesenskern ist die Arbeitskraft anders als andere Waren nicht ein für den Verkauf bestimmtes Produktionserzeugnis. Sie hat »keinen anderen Behälter als menschliches Fleisch und Blut« (Marx 1999 [1848]), woraus resultiert, dass »Arbeit« fiktiv und zunächst keine Ware im empirischen Sinn ist (Polanyi 1978 [1944]). Ihre Unterordnung unter den Marktmechanismus stößt zwangsläufig an die Grenzen menschlicher Reproduktionsanforderungen und -bedürfnisse. In dieser Subjektgebundenheit kann eine wesentliche Quelle gesehen werden, aufgrund derer sich historisch durchaus widersprüchlich ein »Schutzmantel kulturspezifischer Institutionen« (Polanyi 1978 [1944]: 108) herausbildete, bzw. ein »ganzes Geflecht von Maßnahmen und Verordnungen, [die] in mächtigen Institutionen zu dem Zweck zusammengefaßt [wurden], den Marktmechanismus in Bezug auf Arbeit […] einzuschränken« (Polanyi 1978 [1944]: 112).

das Potential bietet, analytisch dem Sachverhalt exklusiver Konvergenzen aus Informalität und Arbeits- *und* Sozialpolitik im lateinamerikanischen Kontext Rechnung zu tragen. Darüber hinaus hilft diese Begriffsbestimmung, empirisch neue Gegenstände integrativer Reformprogramme in Lateinamerika zu fassen. Im Prinzip kann so auf eine veränderte Arbeitsteilung der politischen Praxis durch eine Neubestimmung des Politikfeldes reagiert werden. Darüber hinaus sind mit *políticas sociolaborales* jedoch allgemein jene öffentlichen Interventionen benannt, die als zentral gelten können für die Reproduktion der Arbeitsorganisation; oder im Umkehrschluss, die elementar sind bei der Bearbeitung der sozialen Frage. Wenn nämlich allgemein festgestellt werden kann, dass sich Virulenzen der sozialen Frage aus dem Aufklaffen des »Hiatus[18] zwischen politischer Organisation und wirtschaftlichem System« immer wieder aufs Neue entwickeln (Castel 2008: 17), dann konstituieren Arbeits- und Sozialpolitik – gerade weil sie an dieser Schnittstelle wirken – in besonderer Weise die soziale Frage mit. In Lateinamerika materialisiert sich dies in besonderer Weise in den extremen sozialen Ungleichheiten, die sich nicht unwesentlich durch die exklusive Konvergenz zwischen Informalität und Arbeits- und Sozialpolitik reproduzieren. Die Perspektiverweiterung der *políticas sociolaborales* bietet damit über die Erfassung integrativer Sozialprogramme hinaus Analysepotential. Sie rückt die Bearbeitung der sozialen Frage in das Zentrum der Politikfeldanalyse, womit gewissermaßen die Logik der sozialpolitischen Praxis umgekehrt wird, die den »einheitlichen und totalen Konfliktstoff« der sozialen Frage institutionell segmentiert und je spezifische Teillösungen suggeriert (die Problemlösung für Krankheit ist Gesundheitspolitik, die für die Gefahren des Alterns ist Alterssicherung und die für einen Unfall ist der Unfallschutz etc.) (Mückenberger 1985: 415). In der Begriffsbildung liegt damit ein allgemeiner analytischer Mehrwert für die Sozialpolitikforschung auch in anderen Weltregionen.

---

18 »Hiatus« (*lat.*: »Kluft«), auch »Spalt«, »Öffnung«.

Impulse für Perspektivverschiebungen der Sozialpolitikforschung

Wie lassen sich diese Befunde und allgemeinen Reflexionen auf lateinamerikanische Gesellschaften und die Ausgangsfrage nach Konvergenzen aus Arbeits- und Sozialpolitik und sozialen Ungleichheitsdynamiken anwenden? Letztlich gilt es, den Problemnexus aus ›work and welfare‹ bzw. das spezielle Wechselspiel aus Ökonomie und Politik, das hinter der Bearbeitung der sozialen Frage steht, weiter zu dechiffrieren und anhand von empirischen Studien zu systematisieren. Als analytischer Ausgangspunkt scheint das Informalitätskontinuum zur weiteren Erforschung prädestiniert zu sein – was lateinamerikanische Arbeitsmärkte durchzieht und dessen Konturen durch exklusive Arbeits- und Sozialpolitiken erst geschärft werden. Bei der Betrachtung jüngerer Arbeits- und Sozialpolitiken sollte deshalb die zentrale Frage lauten, ob gegenwärtige Reformen mit dieser Stratifikationslogik brechen oder sie weiter vertiefen. Hierzu können inhaltliche ›Konvergenzpunkte‹ benannt werden, in denen sich zentrale Logiken und Momente sozialer Schließung verdichten bzw. auch potentiell mit ihnen gebrochen werden kann. Dieser Gedanke lässt sich anhand der folgenden drei Forschungsfragen inhaltlich zuspitzen:

Erstens stellt sich die Frage, inwieweit Reformen zu der Entkopplung von Sozialversicherungsansprüchen und des Zugangs zu öffentlicher Daseinsfürsorge beitragen. Diese Problemstellung ist besonders relevant, da aufgrund des *insider/outsider*-Prinzips bisheriger lateinamerikanischer Sozialpolitik Sozialversicherungsansprüche meistens formal Beschäftigten in strategisch wichtigen Sektoren vorbehalten sind. Während eine weitere vertikale Vertiefung von Sozialleistungen darum der bislang dominanten Verteilungslogik eher folgen würde, wäre eine horizontale Ausweitung des Deckungsgrads auf bislang exkludierte Beschäftigungsgruppen vor allem im Bereich der informellen Ökonomie ein Bruch mit den bisherigen Mustern und würde eher der bislang wenig empirisch gesicherten These einer neuen Inkorporationsphase entsprechen (Andrenacci 2012).

Zweitens ist zu untersuchen, inwiefern Politiken zur Formalisierung informeller Tätigkeiten beitragen. Mit einer Ausweitung von Sozialversicherungsansprüchen geht noch nicht zwingend eine Veränderung der Erwerbsstruktur oder eine qualitative Behebung des oftmals prekären Charakters informeller Beschäftigung einher (zum Beispiel in Bezug auf die Arbeitszeit, das Lohngefüge, den allgemeinen Arbeitsschutz etc.). Weiterhin ist eine Zunahme formaler Arbeit oft das Ergebnis von Beschäftigungseffekten ökonomischer Wachstumsdynamiken. Es ist darum zu prüfen, inwieweit Arbeitsmarktreformen einen qualitativen Beitrag zur Umverteilung leisten, also ob – und wenn ja – wo und weshalb das Volumen formeller Beschäftigung proportional gegenüber den informellen Tätigkeiten zunimmt. Hier würde eine nicht ausschließlich auf Wirtschaftswachstum und Beschäftigungseffekte basierende Zunahme formaler Arbeit einen Trendwechsel gegenüber den 1990er Jahren bedeuten, als Tätigkeiten innerhalb der informellen Ökonomie wuchsen.

Drittens ist von besonderem Interesse, ob es über Reformen gelingt, besonders prekäre Gruppen wie Frauen, Landarbeiter, Jugendliche oder Migranten in den formalen Arbeitsmarkt zu integrieren oder aber zur Umsetzung von *decent work*[19]-Standards in Bereichen der informellen Ökonomie beitragen, die sich kaum formalisieren lassen. Es sind diese Bevölkerungsgruppen, die innerhalb der informellen Ökonomie überrepräsentiert sind und aufgrund ihrer oftmals »unsichtbaren« Tätigkeiten nicht selten aus statistischen Erhebungen herausfallen und darüber hinaus überproportional in den armutsträchtigen und prekären Segmenten der informellen Ökonomie anzutreffen sind. Hier ist zu fragen, ob und wie eine politische Repräsentation dieser Gruppen befördert bzw. verhindert wird und ob die Reformen jüngeren Datums Anreize geschafft haben, sie in formelle Beschäftigungsverhältnisse einzugliedern.

Anstatt entlang der benannten Konvergenzpunkte ein weiteres Mal im Stile geläufiger *policy*-Analysen[20] Kriterien für *best practice*-Modelle der Sozi-

---

19 Unter *decent work* wird im weitesten Sinn ›gute und menschenwürdige Arbeit‹ verstanden. Die ILO hat eine Agenda entwickelt entlang derer *decent work* diskutiert werden kann: 1. produktive Arbeit, die ein faires Einkommen sichert, 2. Sicherheit am Arbeitsplatz, 3. Soziale Sicherung, Entwicklungsmöglichkeiten, soziale Integration, 4. Meinungsfreiheit, Organisationsfreiheit und das Recht auf Teilhabe, 5. Nichtdiskriminierung sowie Chancengleichheit für Männer und Frauen (siehe: www.ilo.org).

20 Studien dieser Art zeichnen sich durch die Verschränkung von erkenntnisgeleiteter Forschung und dem Impetus der Politikverbesserung aus (Dunn 2008: 2). Pointiert formuliert ist ihnen oftmals eine »technokratisch-gouvernementale Problemlösungsperspektive« eigen mit der Folge, dass sich Politikfeldstudien regelmäßig in die Perspektive der Regierenden begeben, Probleme mit ihren Augen bewerten und sich an ihren Erfolgs- und Effizienzkriterien orientieren (Greven 2008: 27). Ihr Fokus läuft Gefahr, den Blick auf kontradiktorische Effekte von Politiken und ihr umkämpftes Zustandekommen zu verschließen. Policy-Analysen verkennen der Tendenz nach, dass Politik eben nicht nur Instrument zur Problembehebung ist, sondern zugleich immer auch das Potential besitzt, Probleme zu begründen oder zu verschärfen.

alpolitik zu bestimmen, kann stattdessen über die Bearbeitung dieser Fragen das Verständnis für die komplexen Ungleichheitskonstellationen und damit zentralen Konstitutionsbedingungen der sozialen Frage in Lateinamerika geschärft werden. Denn die sozialwissenschaftliche Kategorie der sozialen Ungleichheit bietet analytisch weit mehr Potential, als lediglich einen Beitrag zur möglichst genauen Beschreibung von Sozialstruktur zu leisten. Sie wirft zugleich die Frage, nach Akteuren, strukturellen, institutionellen wie diskursiven Einflussgrößen auf, die Ungleichheit konstituieren im Sinn von Mechanismen und Prozessen, von Kräften und Gegenkräften, die (potentiell) auf eine Aufrechterhaltung oder Veränderung von sozialen Disparitäten abzielen (Kreckel 2004). Über die Analyse des Reform*verlaufs* und nicht ausschließlich der *Impacts* kann anhand der Konvergenzpunkte der Blick geschärft werden für eben diese Mechanismen und Einflussgrößen, die Ungleichheit verfestigen oder in Frage stellen.

Arbeits- und Sozialpolitik wurde bereits in der Vergangenheit in diesem Sinn als ein Feld begriffen, auf dem um Verteilung gerungen wird und in dem sich ökonomische Strukturzwänge, Interessensformationen, politische Legitimationsforderungen und auch Eigenlogiken staatlichen Handelns verdichten (Offe 2006). Aus einer solchen Perspektive erscheint Arbeits- und Sozialpolitik weder defizitär noch als Heilbringer, sondern vielmehr als ein Kristallisationspunkt von Macht- und Herrschaftsmechanismen (Weinmann/Burchardt 2011). Anders ausgedrückt: Arbeits- und Sozialpolitik ist im Lichte dieser Perspektive nicht nur als Instrument gesellschaftlicher Stratifikation mit spezifischen Ungleichheitseffekten zu sehen. Sie ist gleichzeitig immer selber Resultat und Förderer sozial ungleicher Kräfteverhältnisse. Die gängige Politikfeldforschung wäre damit in erster Linie um ein analytisches Instrumentarium zu erweitern, das die Macht- und Herrschaftsdimension[21] bei der Untersuchung von Politikprozessen als roten Faden für empirische Untersuchungen und systematische Vergleiche nutzt. Auf diese Weise bietet sich das abgesteckte Forschungsfeld der *politi-*

---

21 In den Fokus geraten würde bei der Analyse der Konvergenzpunkte die Frage, welche Inhalte und politischen Forderungen mit welchem partizipativen Gehalt sich in Reformprozessen *auf welche Weise* (nicht) durchsetzen. Bei der Analyse von solchen machtdurchwirkten »Filterelementen« innerhalb des Reformverlaufs müsste das Rad nicht neu erfunden, für dieses Vorhaben aber überdacht werden. In Vergessenheit geratene Debatten um *non-decisons* und multiple »Gesichter der Macht« (Bachrach/Baratz 1977; Lukes 2005 [1974]) versuchten bereits in anderen Kontexten, sich empirisch Macht- und Verteilungsfragen über eine solche Perspektive anzunähern. Ihre Revitalisierung scheint im umrissenen Kontext gewinnbringend (siehe auch: Burchardt/Weinmann 2012).

cas sociolaborales in besonderer Weise als eingrenzbarer Schaukasten an, über dessen Erkundung es möglich wird, Hinweise über soziale Kräfteverhältnisse und die Konstitution der sozialen Frage von lateinamerikanischen Gegenwartsgesellschaften zu generieren.

Literatur

Acemoglu, Daron/Robinson, James (2006), *Economic Origins of Dictatorship and Democracy*, Cambridge.

Alvaredo, Facundo/Piketty, Thomas (2010), »The Dynamics of Income Concentration in Developed and Developing Countries: A View from the Top«, in: Lopez-Calva, Luis F./Lustig, Nora (Hg.), *Declining Inequality in Latin America: A Decade of Progress?*, Washington, S. 72–99.

Andrenacci, Luciano (2012), »From Developmentalism to Inclusionism: On the Transformation of Latin American Welfare Regimes in the Early 21st Century«, in: *Journal für Entwicklungspolitik*, 28 (1), S. 35–57.

Bachrach, Peter/Baratz, Morton S. (1977), *Macht und Armut – Eine theoretisch-empirische Untersuchung*, Frankfurt/M.

Barrientos, Armando (2004), »Latin America: Towards a Liberal-Informal Welfare Regime«, in: Gough, Ian/Wood, Geof (Hg.), *Insecurity and Welfare Regimes in Asia, Africa, and Latin America*, Cambridge, S. 121–168.

— /Santibáñez, Claudio (2009), »New Forms of Social Assistance and the Evolution of Social Protection in Latin America«, in: *Journal of Latin American Studies*, 41, 1–26.

Betranou, Fabio/Maurizio, Rocana (2010), *The role of labour market and social protection in reducing inequality and eradicating poverty in Latin America*, Paper presented at the OECD – International Conference on Social Cohesion and Development, Paris.

Birdsall, Nancy/Lustig, Nora/McLeod, Darryl (2011), »Declining Inequality in Latin America: Some Economics, Some Politics«, in: *Tulane Economics Working Paper Series*, Working Paper 1120.

Boris, Dieter (2009), *Lateinamerikas Politische Ökonomie – Aufbruch aus historischen Abhängigkeiten im 21. Jahrhundert?*, Hamburg.

Burchardt, Hans-Jürgen/Weinmann, Nico (2012), »Social Inequality and Social Policy outside the OECD: A New Research Perspective on Latin America«, in: *ICDD Working Papers*, Paper No.5, Kassel.

Castel, Robert (2008), *Die Metamorphosen der sozialen Frage – Eine Chronik der Lohnarbeit*, 2. Auflage, Konstanz.

Castells, Manuel/Portes, Alejandro (1989), »World Underneath: The Origins, Dynamics, and Effects of the Informal Economy«, in: Portes, Alejandro/

Castells, Manuel/Benton, Lauren A. (Hg.), *The Informal Economy: Studies in Advanced and Less Developed Countries*, Baltimore, S. 11–37.
CEPAL/FAO (2008), *El empleo de las mujeres rurales en América Latina*, Santiago de Chile.
CEPAL (2011), *Panorama Social de América Latina*, Santiago de Chile.
— (2010), *Time for equality – Closing gaps, opening trails*. Thirty-third session of ECLAC, Brasilia.
— (2008), *Social Panorama of Latin America 2008*, Santiago de Chile.
— (2000), *Social Panorama of Latin America 2000*, Santiago de Chile.
Chen, Martha Alter (2005), *Rethinking the Informal Economy: Linkages with the Formal Economy and the Formal Regulatory Environment*, Helsinki, EGDI and UNUWIDER, Research Paper No. 2005/10.
— /Vanek, Joann/Heintz, James (2006), »Informality, Gender and Poverty – A Global Picture«, in: *Economic and Political Weekly*, May 27, S. 2131–2139.
Collier, David/Collier, Ruth Berins (2002), *Shaping the Political Arena. Critical Junctures, the Labor Movement and Regime Dynamics in Latin America*, Princeton.
Cornia, Giovanni Andrea (2010), »Income Distribution under Latin America's New Left Regimes«, in: *Journal of Human Development and Capabilities*, 11 (1), S. 85–114.
Davies, James/Sandström, Susanna/Shorrocks, Anthony/Wolff, Edward N. (2008), *The World Distribution of Houshold Wealth*, United Nations University, UNU WIDER, Discussion Paper 2008/03.
Dombois, Rainer/Pries, Ludger (1999), *Neue Arbeitsregimes im Transformationsprozess Lateinamerikas – Arbeitsbeziehungen zwischen Markt und Staat*, Münster.
Dunn, William N. (2008), *Public Policy Analysis: An Introduction*, 4th ed., New Jersey.
Edwards, Sebastian (2009), *Latin America's Decline: A Long Historical View*, NBER Working Paper 15171, Cambridge, National Bureau of Economic Research.
Esping-Andersen, Gøsta (1990), *The Three Worlds of Welfare Capitalism*, Princeton/New Jersey.
Evers, Tilman (1977), *Bürgerliche Herrschaft in der Dritten Welt*, Köln/Frankfurt.
Fernández-Kelly, Patricia (2006), »Introduction«, in: Fernández-Kelly, Patricia/Shefner, Jon (Hg.), *Out of the Shadows – Political Action and the Informal Economy in Latin America*, Pennsylvania, S. 1–22.
— /Shefner, Jon (2006) (Hg.), *Out of the Shadows – Political Action and the Informal Economy in Latin America*, Pennsylvania.
Ferranti, David de/Perry, Guillermo/Ferreira, Francisco/Walton, Michael (2004) (Hg.), *Inequality in Latin America and the Caribbean: Breaking with History?*, Washington DC.
Grassi, Estela (2003), *Políticas y problemas sociales en la sociedad neoliberal – La otra década infame* (I), Buenos Aires.
Greven, Michael Th. (2008), »»Politik« als Problemlösung – und als vernachlässigte Problemursache. Anmerkungen zur Policy-Forschung«, in: Janning, Frank/

Toens, Katharina (Hg.), *Die Zukunft der Policy-Forschung. Theorien, Methoden, Anwendungen*, Wiesbaden, S. 23–33.

Haggard, Stephen/Kaufman, Robert (2008) (Hg.), *Development, Democracy, and Welfare States. Latin America, East Asia, and Eastern Europe*, Princeton/Oxford.

Harvey, David (2005), *A Brief History of Neoliberalism*, Oxford.

ILO (2011), *Panorama Laboral – América Latina y el Caribe*, Lima, Organización Internacional del Trabajo.

— (2002), Effect to be given to resolutions adopted by the International Labour Conference at its 90th Session 2002: (b) *Resolution concerning decent work and the informal economy*, Governing Body, 285th Session, Geneva, International Labour Office.

Keller, Berndt (2008), *Einführung in die Arbeitspolitik – Arbeitsbeziehungen und Arbeitsmarkt in sozialwissenschaftlicher Perspektive*, München.

Klein, Emilio (2010), »Condicionantes laborales de la pobreza rural en América Latina«, in: FAO/CEPAL/ILO 2010, *Politicas de mercado de trabajo y pobreza rural en América Latina*, FAO, Santiago de Chile, S. 9–54.

Kreckel, Reinhard (2004), *Politische Soziologie der sozialen Ungleichheit*, Frankfurt/M.

Lenhardt, Gero/Offe, Claus (2006) [1977], »Staatstheorie und Sozialpolitik. Funktionen und Innovationsprozesse der Sozialpolitik«, in: Offe, Claus, *Strukturprobleme des kapitalistischen Staates*, Veränderte Neuausgabe, Frankfurt/M., S.153–180.

Lessenich, Stephan (2008), *Die Neuerfindung des Sozialen – Der Sozialstaat im flexiblen Kapitalismus*, Bielefeld.

Lloyd-Sherlock, Peter (2009), »Social Policy and Inequality in Latin America: A Review of Recent Trends«, in: *Social Policy & Administration*, 43 (4), S. 347–363.

Lopez, Humberto/Perry, Guillermo (2008), »Inequality in Latin America: Determinants and Consequences«, in: *Policy Research Working Paper Nr. 4504*, Washington D.C., World Bank.

Lukes, Steven (2005) [1974], *Power: A Radical View*, Second Edition, New York.

Lustig, Nora/López-Calva, Luis/Ortiz-Juarez, Eduardo (2011), »The Decline in Inequality in Latin America: How Much, Since When and Why«, in: *Tulane Economics Working Paper Series*, Working Paper 1118, April 2011.

Malloy, James (1979), *The Politics of Social Security in Brazil*, Pittsburgh.

Martínez Franzoni, Juliana (2008), »Welfare Regimes in Latin America: Capturing Constellations on Markets, Families and Policies«, in: *Latin American Politics and Society*, 50 (2), S. 67–100.

Marx, Karl (1999) [1848], »Lohnarbeit und Kapital«, in: Karl Marx/Friedrich Engels, *Werke – Schriften und Artikel*, Bd. 6, Berlin.

Medina H., Fernando/Galván, Marco (2008), »Descomposición del coeficiente de Gini por fuentes de ingreso: Evidencia empírica para América Latina 1999–2005«, in: CEPAL Serie 63 – *Estudios estadísticos y prospectivos*, Santiago de Chile.

Mesa-Lago, Carmelo (2004), »La reforma de pensiones en América Latina: modelos y características, mitos y desempeños, y lecciones«, in: Hujo, Katja/Mesa-

Lago, Carmelo/Nitsch, Manfred (Hg.), *Públicos o privados? Los sistemas de pensiones en América Latina después de dos décadas de reformas*, Caracas, S. 21–56.

— (1978) (Hg.), *Social Security in Latin America: Pressure Groups, Stratification and Inequality*, Pittsburgh.

Milanovic, Branko/Muñoz de Bustillo, Rafael. (2008), »La Desigualdad en la distribución de la renta en América Latina: Situación, evolución y factores explicativos. Income inequality in Latin America: situation, evolution and explicative factors«, in: *America Latina Hoy*, 48, S. 15–42.

Mückenberger, Ulrich (1985), »Die Krise des Normalarbeitsverhältnisses. Hat das Arbeitsrecht noch Zukunft?«, in: *Zeitschrift für Sozialreform*, 31 (7/8), S. 415–418.

Müller-Jentsch, Walther (1997), *Soziologie der Industriellen Beziehungen – Eine Einführung*, 2. erweiterte Auflage, Frankfurt/New York.

Offe, Claus (2006), *Strukturprobleme des kapitalistischen Staates*, Veränderte Neuausgabe, Frankfurt/M.

— /Hinrichs Karl (1984), »Sozialökonomie des Arbeitsmarktes: primäres und sekundäres Machtgefälle«, in: Offe, Claus (Hg.), *›Arbeitsgesellschaft‹: Strukturprobleme und Zukunftsperspektiven*, Frankfurt/New York, S. 44–86.

Polanyi, Karl (1978) [1944], *The Great Transformation: Politische und ökonomische Ursprünge von Gesellschaften und Wirtschaftssystemen*, Frankfurt/M.

Palacios, Rosario (2011), »Que significa ›trabajador informal‹? Revisiones desde una investigación etnográfoca«, in: *Revista Mexicana de Sociología*, 73 (4), S. 591–616.

Peters, Stefan (2011), »Bildung als Privileg der Wenigen. Bildungspolitik in Lateinamerika«, in: Wehr, Ingrid/Burchardt, Hans-Jürgen (Hg.), *Soziale Ungleichheiten in Lateinamerika. Neue Perspektiven auf Wirtschaft, Politik und Umwelt*, Baden-Baden, S. 201–225.

Prebisch, Raúl. (1950), *The Economic Development of Latin America and its Principal Problems*, New York.

Rofman, Rafael/Luchetti, Leonardo/Oures, Guzmán (2008), »Pension Systems in Latin America: Concepts and Measurements of Coverage«, in: *SP Discussion Papers*, No. 0616, The World bank.

Ruiz Viñals, Carmen (2004), *Políticas sociolaborales: Un enfoque pluridisciplinar*, Barcelona.

Schmid, Günther/O'Reilly, Jacqueline/Schömann, Klaus (1996), *International Handbook of Labour Market Policy and Evaluation*, Cheltenham/Brookfield.

Senghaas, Dieter (1977), »Vorwort. Elemente einer Theorie des peripheren Kapitalismus«, in: Senghaas, Dieter (Hg.), *Peripherer Kapitalismus: Analysen über Abhängigkeit und Unterentwicklung*, Frankfurt/M., 2. Auflage, S. 7–36.

Sethuraman, S.V. (1976), »The urban informal sector: Concept, measurement and policy«, in: *International Labour Review*, 114 (1), S.69–81.

Soto, Hernando de (1989), *The Other Path: The Invisible Revolution in the Third World*, New York.

Tilly, Chris/Tilly Charles (1994), »Capitalist Work and Labor Markets«, in: Smelser, Neil/Swedberg, Richard (Hg.), *The Handbook of Economic Sociology*, Princeton, S. 283–312.

Tokman, Victor E. (2007), *Informality: Excklusion and Precariousness*, International Labour Office, Geneva.

Vester, Michael (2011), »Postindustrielle oder industrielle Dienstleistungsgesellschaft: Wohin treibt die gesellschaftliche Arbeitsteilung«, in: *WSI Mitteilungen*, 12, S. 629–639.

Wehr, Ingrid (2011a), »Einleitung – Zur problematischen Koexistenz von Demokratie und sozialer Ungleichheit in Lateinamerika«, in: Wehr, Ingrid/Burchardt, Hans-Jürgen (Hg.), *Soziale Ungleichheiten in Lateinamerika – Neue Perspektiven auf Wirtschaft, Politik und Umwelt*, Baden-Baden, S. 9–28.

— (2011b), »Wohlfahrtsregime und soziale Ungleichheit in Lateinamerika«, in: Wehr, Ingrid/Burchardt, Hans-Jürgen (Hg.), *Soziale Ungleichheiten in Lateinamerika – Neue Perspektiven auf Wirtschaft, Politik und Umwelt*, Baden-Baden, S. 257–281.

Weinmann, Nico/Burchardt, Hans-Jürgen (2011), »Die Reise des jungen Offe – ein Besuchs- und Forschungsprogramm«, in: Wehr, Ingrid/Burchardt, Hans-Jürgen (Hg.), *Soziale Ungleichheiten in Lateinamerika – Neue Perspektiven auf Wirtschaft, Politik und Umwelt*, Baden-Baden, S. 283–307.

Weyland, Kurt/Madrid, Raúl/Hunter, Wendy (2010) (Hg.), *Leftist Governments in Latin America. Successes and Shortcomings*, Cambridge.

Sozialpolitik und Arbeitsorganisation in Indien: Ein Blick durch das Fenster der Softwareprogrammierung

Nicole Mayer-Ahuja

Warum sollten wir uns mit Sozialpolitik in der (Semi-)Peripherie kapitalistischer Entwicklung befassen? Je nach Perspektive liegt eine pragmatische oder eine heuristische Antwort nahe. Die pragmatische Antwort lautet, dass Sozialpolitik außerhalb der OECD-Staaten aus deutscher Sicht an Bedeutung gewonnen hat, seit verstärkt deutsche Unternehmen in jenen Regionen investieren und Bedarf an wissenschaftlich fundierten Informationen darüber anmelden, wie genau Arbeit dort (sozialpolitisch) reguliert wird. Ein heuristisches Interesse an Sozialpolitik außerhalb der OECD hingegen ergibt sich aus dem Bestreben, nach vielen Jahrzehnten vorwiegend auf Europa und Nordamerika konzentrierter Forschung globalere Perspektiven auf Sozialpolitik zu entwickeln. Damit geht der Anspruch einher, einen Verfremdungseffekt im Brecht'schen Sinne zu provozieren: Indem wir uns mit Sozialpolitik außerhalb der OECD befassen, wird dieses Phänomen vertrauter, doch gleichzeitig erscheint der vertraute sozialpolitische Kontext fremder. Damit stellen sich neue Fragen, Begriffe müssen überdacht und scheinbare Selbstverständlichkeiten als prinzipiell erklärungsbedürftig re-interpretiert werden.

Eine Konsequenz einer solchen Perspektiverweiterung ist der Umstand, dass lieb gewordene Arbeitsteilungen nicht länger aufrecht zu erhalten sind. Sozialpolitik und Arbeitsorganisation zum Beispiel werden in Forschungen zu Deutschland kaum gemeinsam analysiert.[1] Vielmehr erforscht die Arbeitssoziologie betriebliche Arbeitsorganisation und damit verbundene »interne Arbeitsmärkte«; die Arbeitsmarktforschung fokussiert Individuen auf »externen Arbeitsmärkten«, also vor oder nach einem Beschäfti-

---

1 Zwar wurden im Rahmen der Debatten über »Varieties of Capitalism« (in Anschluss an Hall/Soskice 2001) erste Versuche unternommen, die Prägung von Betrieben durch ihr institutionelles Umfeld zu analysieren und dabei zunehmend auch die Sozialsysteme der betreffenden Staaten berücksichtigt (siehe etwa Estévez-Abe 2005), doch Vorgänge innerhalb des Betriebes (darunter Fragen der Arbeitsorganisation) bleiben in diesen polit-ökonomischen Ansätzen eine »black box«.

gungsverhältnis; und die Sozialpolitikforschung befasst sich vorwiegend mit staatlichen Maßnahmen zur Förderung der Reproduktion von Arbeitskraft, wobei vor allem jene Phasen der Erwerbsbiographie (wie Kindheit, Krankheit, Arbeitslosigkeit oder Alter) in den Blick geraten, in denen betriebliche Arbeitsorganisation gerade keine Rolle spielt, weil der Verkauf von Arbeitskraft nicht oder nur eingeschränkt möglich ist. Die mannigfaltigen Wechselwirkungen zwischen Arbeitsorganisation und Sozialpolitik, die durchaus auch für Deutschland festzustellen sind, werden hingegen selten thematisiert.

Richtet man den Blick allerdings auf konkrete Formen betrieblicher Arbeitskraftnutzung, wie es etwa in einem Forschungsprojekt zu deutschindischer Softwareprogrammierung geschehen ist,[2] so stellen sich Fragen, deren Beantwortung durch diese disziplinäre Arbeitsteilung erschwert wird. Warum etwa traten bei der indischen Niederlassung eines deutschen Softwarekonzerns in der südindischen IT-Metropole Bangalore beim Versuch des Managements, die im Mutterhaus bewährten Strategien von Arbeitsorganisation zu verwirklichen, ganz erhebliche Schwierigkeiten auf – und warum zeigten die konkreten arbeitsorganisatorischen Praktiken in diesem Fall (trotz eines grundlegend anderen Geschäftsmodells) frappierende Ähnlichkeit mit den Standards eines (ebenfalls untersuchten) indischen Softwarekonzerns? Bei der Suche nach Antworten stößt man nicht zuletzt auf Aspekte der sozialpolitischen Regulierung von IT-Arbeit in Indien, welche die Spielräume des Managements bei der konkreten Gestaltung von Arbeitsorganisation empfindlich einschränken. Dies verweist auf die Bedeutung von Wechselwirkungen zwischen unternehmerischen Strategien einerseits und einem jeweils ortsgebundenen Regulierungsszenario andererseits, in dem Regulierungsstrukturen und -praktiken individueller wie

---

2 Die empirische Basis der folgenden Ausführungen ist ein DFG-Projekt (»Einbettung des Offshoring«), das von 2006 bis 2009 am Soziologischen Forschungsinstitut (SOFI) e.V. an der Universität Göttingen unter Leitung Volker Wittkes von Patrick Feuerstein und der Autorin durchgeführt wurde. Im Rahmen dieses Projektes wurden vor allem vier arbeitssoziologische Intensivfallstudien bei einem deutschen Hersteller von Standardsoftware, dessen indischer Niederlassung, einem indischen Erbringer von Software-Dienstleistungen und dessen deutscher Niederlassung durchgeführt. Insgesamt fanden dort ungefähr 70 leitfadengestützte Interviews mit Beschäftigten und Vertreter/innen des Managements statt. Sie wurden ergänzt durch kleinere Interviewprogramme in deutschen und indischen Vergleichsfirmen sowie durch knapp 30 Expert/innen-Interviews mit Wissenschaftler/innen, Branchenvertreter/innen, Gewerkschaftsvertreter/innen und Journalist/innen. Ergebnisse dieses Projektes sind veröffentlicht in Feuerstein 2011 und Mayer-Ahuja 2011. Der vorliegende Aufsatz beruht auf der letztgenannten Studie.

kollektiver Akteure teilweise konfliktreich aufeinandertreffen (Pries 2005). Den Interdependenzen zwischen Arbeitsorganisation und Sozialpolitik wollen wir uns im Folgenden zuwenden.

Arbeitsorganisatorische Management-Strategien im Software-Sektor

Um angemessen über Wechselwirkungen zwischen Arbeitsorganisation und Sozialpolitik sprechen zu können, muss man sich zunächst vergegenwärtigen, dass im Softwaresektor sehr unterschiedliche Geschäftsmodelle anzutreffen sind, die direkte Auswirkungen darauf haben, welche Formen von Arbeitsorganisation das Management anstrebt. Selbst wenn man den Fokus ausschließlich auf großbetriebliche Softwareprogrammierung in Indien richtet, ist das Bild durch zwei unterschiedliche Konstellationen geprägt: Die dortige Softwarebranche wird zum einen durch indische Erbringer von Software-Dienstleistungen und zum anderen durch Niederlassungen »westlicher« Konzerne dominiert, die oft auf die Herstellung von Standardsoftware spezialisiert sind. Ihre jeweiligen Geschäftsmodelle beeinflussen die Präferenzen des Managements, vor allem in Hinblick auf transnationale Arbeitsteilung, Qualifikationsprofile, Karrierewege und Beschäftigungsstabilität.

Die großen *indischen Software-Dienstleister*, zu denen das indische Sample-Unternehmen zählt, unterhalten in der südindischen IT-Metropole Bangalore, in der unsere Betriebsfallstudien stattfanden, Belegschaften von jeweils mehreren zehntausend Beschäftigten und verfügen zudem über Niederlassungen in verschiedenen Weltregionen. Software-Services für Geschäftskunden (meist aus den USA oder aus Europa) können diverse Aufgaben beinhalten, von der Umstellung auf eine neue Unternehmens-Software bis hin zur Wartung und partiellen Aufrüstung alter IT-Infrastrukturen, um diese für neue Anforderungen nutzbar zu machen. Das Geschäftsmodell dieser Firmen wird als »Offshoring-Modell« bezeichnet und setzt eine klare und *hierarchische Arbeitsteilung* zwischen drei Beschäftigtengruppen voraus: (a) relativ wenige, gut ausgebildete und berufserfahrene (vorwiegend einheimische) Kundenakquisiteur/innen und -betreuer/innen übernehmen in Europa oder den USA die Anbahnung und Koordination von Projekten; (b) indische »Onsite-Teams« werden für befristete Phasen zum Vor-Ort-Einsatz zu Kunden entsandt, um dort in enger Kooperation mit deren Belegschaft die Projektdurchführung zu gewährleisten; (c) der Großteil der in Service-Projekten anfallenden Programmierarbeiten wird schließlich in Indien durch eine Masse von relativ jungen Beschäftigten mit mehr oder minder IT-nahen Studienabschlüssen und geringer Berufserfahrung erledigt. Diese dritte Gruppe ist zahlenmäßig bei weitem die größte, weshalb sich die folgenden Ausführungen auf sie konzentrieren. Im Offshoring-Geschäftsmodell indischer Servicefirmen fallen vor allem Projekte von relativ kurzer Dauer (mehrere Wochen bis Monate) an, die oft mit geringer Vorlaufzeit beginnen oder beendet werden und die durch teilweise rapide Veränderungen von Kundenanforderungen geprägt sind. Daher ist das Management bestrebt, Arbeitspakete, Leistungsniveaus und damit letztlich auch *Qualifikationsprofile* möglichst weitgehend zu standardisieren, um Beschäftigte schnell und unkompliziert zwischen verschiedenen Projekten, Technologien und Kunden(branchen) »verschieben« zu können, sobald sich der Personalbedarf verändert. Ziel ist daher eine Verbreiterung von Qualifikation. Ein idealer *Karriereweg* beinhaltet unter diesen Bedingungen, rasch möglichst vielfältige Arbeitserfahrungen zu sammeln und auf dieser Basis in eine Leitungsposition im Projektmanagement aufzusteigen. Eine langfristige *Bindung von Beschäftigten an das Unternehmen* ist in diesem Modell von Arbeitsorganisation nicht erforderlich. Daher stellt es aus Unternehmenssicht kein Problem dar, dass ein Großteil der Programmierer/innen schon nach wenigen Jahren kündigt,[3] etwa weil sie die ständigen Wechsel zwischen hektischen Arbeitseinsätzen in zu kurz bemessenen Projektlaufzeiten und der quälenden Langeweile als Personalreserve »on bench« vermeiden möchten, weil sie die engmaschigen (direkten und technischen) Kontrollen durch Vorgesetzte und Kunden schrecken, weil die weitgehend standardisierten Arbeitspakete wenig Raum für individuelle Qualifikationsentwicklung speziell im technischen Bereich lassen oder weil sie schlicht ein attraktiveres Gehaltsangebot von einem anderen Unternehmen erhalten haben, das im Zweifelsfall ähnliche arbeitsorganisatorische Strategien verfolgt, aber die damit verbundenen Zumutungen besser pekuniär kompensiert.

Die zweite Konstellation, welche die Softwarebranche in Indien prägt, sind die Niederlassungen von in Europa oder den USA beheimateten Soft-

---

3 Diese Aussage bezieht sich auf die Situation zum Erhebungszeitpunkt (2007). Welche Veränderungen hier mit der Wirtschaftskrise ab 2008 einsetzten, ist bislang nicht erforscht.

warekonzernen. Darunter sind neben Erbringern von Softwaredienstleistungen vor allem jene Unternehmen, die sich auf die *Produktion von Software-Paketen (Produkten)* spezialisiert haben (Lema/Hesbjerg 2003). Letztere sind hier von besonderem Interesse, denn ihr Geschäftsmodell unterscheidet sich markant vom »Offshoring-Modell« indischer Software-Dienstleister – und dies hat direkte Folgen für arbeitsorganisatorische Management-Strategien. »Verteilte Entwicklung«, wie sie etwa der untersuchte deutsche Hersteller von Standardsoftware praktiziert, beruht darauf, dass eine neu zu entwickelnde Software in einzelne Module unterteilt wird, die parallel und in enger inhaltlicher Abstimmung von Projektteams an verschiedenen Standorten bearbeitet werden. Eine hierarchische Arbeitsteilung (etwa zwischen deutschen und indischen Teilen eines Projektteams) wird als kontraproduktiv erachtet – vielmehr besteht das Steuerungs-Ideal in einer *gleichberechtigten Kooperation* von Beschäftigten in verschiedenen Weltregionen. Die Projektlaufzeiten bei der Herstellung von Softwarepaketen sind deutlich länger als im Servicegeschäft: sie umfassen meist mehrere Jahre, mit der Option auf Verlängerung, falls die Software weiter entwickelt wird. Die vom Management unseres Sampleunternehmens präferierten *Qualifikationsprofile* sind dadurch geprägt, dass Arbeitsaufgaben im Rahmen der Software-Produktentwicklung deutlich komplexer und herausfordernder sind als bei Servicetätigkeiten. Entsprechend besteht das Ziel des Managements darin, Beschäftigte möglichst lange in einem Projekt zu halten und zu einer immer tieferen Spezialisierung zu bewegen, um Software auf höchstem technischem Niveau produzieren zu können. Zu den als notwendig erachteten Qualifikationen gehört ausdrücklich eigenständiges Arbeiten. Zwar stimmen sich die Projektbeteiligten regelmäßig ab, weil ihre Programmierfortschritte ineinandergreifen müssen, doch dies erfolgt im Abstand von mehreren Wochen, und die Kontrolle durch Vorgesetzte ist (selbst in der indischen Konzernniederlassung, in der die Belegschaft deutlich jünger und unerfahrener ist als etwa im deutschen Mutterhaus) merklich reduziert – Beschäftigte berichten, oft tagelang »in Ruhe« vor sich hinarbeiten zu können, ohne durch Vorgesetzte zum Rapport bestellt zu werden. *Karrierewege* sollen nach Vorstellung des Managements dem Muster einer langfristigen unternehmensinternen Entwicklung folgen, bei der Zuwächse an Wissen und Verantwortung durch steigende Gehälter honoriert werden. Dies trägt nicht zuletzt dem Umstand Rechnung, dass die *Bindung von Beschäftigten an das Unternehmen* für dieses Geschäftsmodell von zentraler Bedeutung ist, da der oder die Einzelne sich einen Expert/innen-Status und damit eine starke betriebliche Position erarbeiten soll, die nur mit erheblichen Schwierigkeiten durch eine andere Person übernommen werden kann.

Konzentriert man sich nun vor allem auf Geschäftsmodelle und Managementstrategien, so müsste man eigentlich annehmen, dass sich arbeitsorganisatorische Standards in der indischen Niederlassung der deutschen Produktfirma grundlegend von den Standards in der indischen Servicefirma unseres Samples unterscheiden. Empirische Analysen (Mayer-Ahuja 2011) belegen jedoch, dass die konkreten Praktiken von Arbeitsorganisation in diesen beiden Betrieben sehr viel mehr Ähnlichkeit aufweisen als Management-Vertreter/innen eingestehen möchten – und als speziell mit dem Ideal »verteilter Entwicklung« in der untersuchten Produktfirma zu vereinbaren ist. Dies verdeutlicht, dass Managementstrategien nicht umstandslos mit der Realität von Arbeitsorganisation gleichgesetzt werden können. Die Gründe für das Auseinanderklaffen zwischen Strategie und Praxis liegen nicht zuletzt in einem jeweils ortsgebundenen Regulierungsszenario, das unter anderem durch sozialpolitische Regulierungsstrukturen und -praktiken konstituiert wird.[4] Im Falle des deutschen Herstellers von Standardsoftware etwa stößt die Übertragung von im deutschen Mutterhaus bewährten arbeitsorganisatorischen Strategien auf die indische Niederlassung vor allem auf zwei Probleme: diese betreffen zum einen die in Bangalore verfügbaren Qualifikationsprofile und zum anderen die Fluktuationsraten, die in der Niederlassung der deutschen Produktfirma nicht wesentlich geringer sind als in der indischen Servicefirma. Beides ist, wie wir anhand einer kursorischen Befassung mit Bildungspolitik und sozialem Sicherungssystem sehen werden, nicht zuletzt auf die sozialpolitische Regulierung von IT-Arbeit in Indien zurückzuführen.

---

4 Der hier vorgeschlagene Regulierungsbegriff schließt neben staatlichen auch ökonomische und gesellschaftliche Strukturen und Prozesse von Regulierung ein. Unter einem »Regulierungsszenario« hat man sich (bei aller Vorsicht gegenüber der Verwendung naturwissenschaftlicher Denkmodelle für gesellschaftliche Sachverhalte) eine Art von Kräfteparallelogramm vorzustellen, wobei einzelne Regulierungsstrukturen und -praktiken als Vektoren erscheinen. Das Ergebnis dieser komplexen Wechselwirkungen zwischen teilweise gleichgerichteten, teilweise in unterschiedliche Richtungen weisenden und mit unterschiedlicher Wirkungsmacht ausgestatteten Einflussfaktoren ist ein spezifisches »Szenario« von Regulierung, das nie deckungsgleich mit einem der Vektoren und durch innere Dynamik gekennzeichnet ist (Mayer-Ahuja 2011: 63f.).

Bildungspolitik: Förderung von Basiskompetenzen und räumlicher Konzentration

Staatliche Bildungspolitik, die im angelsächsischen (anders als im deutschen) Raum selbstverständlich als Teil von Sozialpolitik gilt, wirkt sich direkt auf Standards betrieblicher Arbeitsorganisation in der indischen Softwarebranche aus, weil die meisten für IT-Arbeit anschlussfähigen Studiengänge in Indien (trotz der massiven Zunahme privater Institute) nach wie vor durch staatliche Universitäten angeboten werden.[5] Die Ausgestaltung dieser Studiengänge entscheidet nun darüber, welche Qualifikationen in welcher Güte und Quantität erworben werden können. Grundsätzlich forciert der indische Staat schon seit der Unabhängigkeit im Jahre 1947 die Einrichtung immer neuer Ingenieurstudiengänge.[6] Dies ist umstritten, weil die Universitäts- und speziell die Ingenieurausbildung immer stärker zu Lasten der (staatlichen) Schul- und Berufsausbildung subventioniert wird (Aspray/Mayadas/Vardi 2006: 62).[7] Zugleich gilt diese staatliche Förderung jedoch als Voraussetzung für die schnelle Expansion des indischen Softwaresektors seit Beginn der »Wirtschaftsreformen« in den frühen 1990er Jahren. Tatsächlich greifen indische Servicefirmen fast ausschließlich auf Absolvent/innen von Ingenieurstudiengängen zurück (Varma/Sa-

---

5 Absolvent/innen von IT-Studiengängen an (mehreren Tausend) privaten Instituten haben bislang kaum Zugang zu renommierten indischen oder westlichen IT-Konzernen (Arora/Arunachalam 2000: 35).

6 Dies begleitete eine Politik, die den Aufbau einer staatlich regulierten Schwerindustrie anstrebte. Im akademischen Jahr 2004/05 existierten (nach Angaben des »All India Council for Technical Education«) in Indien knapp 1.350 staatlich anerkannte Institute, in denen man einen »Bachelor of Engineering« erwerben konnte; dort waren knapp 440.000 Erstsemester registriert. Einen »Master of Computer Application« boten etwa 1.000 Institute (mit 55.000 Erstsemestern) an. Dennoch ist der Anteil von technisch Qualifizierten an der indischen Gesamtbevölkerung nach wie vor gering: Mit 0,3 »scientists and technicians« pro tausend Einwohner/innen belegt Indien in einem Weltbank-Ranking nur Platz 42 (Aspray/Mayadas/Vardi 2006: 118). Zudem sind IT-relevante Studiengänge von sehr unterschiedlicher Qualität.

7 Venkata Ratnam (2003: 236) kritisiert diese Verteilung staatlicher Mittel mit dem Hinweis: »India has, in effect, chosen to give more education at a higher price to a few who have already had more than average education, rather than work for sound education for all.« Tatsächlich waren im Jahr 2001 dem indischen Zensus zufolge knapp 35 Prozent der Bevölkerung Analphabeten (Appasamy et al. 1996: 37–51), während nur fünf bis sechs Prozent der Inder/innen im studienrelevanten Alter von 18 bis 23 Jahren eine College- bzw. Universitätsausbildung absolvierten (Kumar 2001: 25; Aspray/Mayadas/Vardi 2006: 218).

sikumar 2004: 64f.), die nach vier Jahren Studium einen »Bachelor of Engineering« erwerben. Bemerkenswert ist allerdings, dass die meisten Beschäftigten von Softwarefirmen nicht über einschlägige IT-Qualifikationen verfügen, sondern etwa Maschinenbau (»mechanical engineering«), chemische Verfahrenstechnik (»chemical engineering«) oder auch Bauingenieurwesen (»civil engineering«) studiert haben. Absolvent/innen der Computerwissenschaft (»computer science«), der technischen Informatik (»computer engineering«) oder der Elektrotechnik (»electronics engineering«) sind hingegen in den Belegschaften indischer Softwarefirmen in der Minderheit. Immerhin legen speziell die personalstarken Anbieter von Software-Dienstleistungen aufgrund ihres Geschäftsmodells (siehe oben), bei dem in Indien vor allem wenig komplexe Programmieraufgaben anfallen, explizit keinen Wert auf IT-technische Qualifikation, sondern geben sich mit unspezifischen »analytischen Fähigkeiten« zufrieden, wie sie in jeder Ingenieurausbildung vermittelt werden (Upadhya/Vasavi 2006: 26f.). Diesem spezifischen Personalbedarf wird die indische Hochschulpolitik also gerecht, indem sie einen stetig wachsenden »Pool« von Bachelor-Absolvent/innen hervorbringt, deren Fachkenntnis für IT-Servicefirmen irrelevant ist, die aber über gewisse technische Basisqualifikationen verfügen und daher nach ihrer Rekrutierung in kurzer Zeit per Crashkurs auf Service-Projekte vorbereitet werden können. Fachliches oder arbeitsinhaltliches Interesse wird von ihnen nicht erwartet – dies gilt eher als störend, weil es die freie Verschiebung von »(Personal-)Ressourcen« erschweren würde.

Fragt man also nach dem Einfluss der Ausgestaltung von für IT-Arbeit anschlussfähiger Hochschulausbildung auf Standards betrieblicher Arbeitsorganisation in Indien, so lässt sich beobachten, dass sie es Softwarefirmen erleichtert, eine große Zahl von im weitesten Sinne technisch vorgebildeten Absolvent/innen anzuwerben, aber deren (umgehende) Betrauung mit komplexen Tätigkeiten erschwert. Für indische Servicefirmen ist dies ideal: ihr Geschäftsmodell erfordert ohnehin eine Kombination aus Massenrekrutierung, betrieblicher Grundausbildung zur Vermittlung eines standardisierten Wissenskanons und anschließender Qualifikationsverbreiterung. Der Fall der deutschen Produktfirma verdeutlicht hingegen, wie sehr diese durch Bildungspolitik geprägten Qualifikationsprofile mit Management-Strategien von Arbeitsorganisation kollidieren können: Hier ist man für transnationale Projektarbeit im Rahmen »verteilter Entwicklung« auf ein deutlich höheres Niveau IT-technischer Expertise angewiesen, muss aber in Bangalore im Prinzip mit denselben (wenig spezialisierten) Qualifikationsprofilen Vorlieb nehmen. Zwar werden in der indischen Niederlassung keine »frischen« Hochschulabsolvent/innen (»fresher«), sondern Beschäftigte mit einigen Jahren Berufserfahrung (vorwiegend in indischen Servicefirmen) rekrutiert, doch der Mangel an technischer Spezialisierung ist dadurch kaum auszugleichen – wie erwähnt, werden Beschäftigte in indischen Servicefirmen explizit angehalten, ihre Qualifikationen zu verbreitern, statt sich zu spezialisieren. Zudem bevorzugt auch die indische Belegschaft der deutschen Produktfirma mehrheitlich das Projektmanagement gegenüber einer technischen Fachkarriere – und empfindet die dauerhafte Festlegung auf Arbeit an einem spezifischen Softwareprodukt als Risiko, weil die Erfahrung lehrt, dass speziell westliche IT-Firmen in Bangalore schnell kommen und gehen. Unter diesen Bedingungen müssen Standards von Arbeitsorganisation angepasst werden. Unseren Analysen zufolge bekamen Beschäftigte in der indischen Niederlassung der deutschen Produktfirma zum Zeitpunkt der Erhebungen (2007) weniger anspruchsvolle Arbeitspakete zugewiesen als ihre deutschen Kolleg/innen, waren häufigeren und direkteren Kontrollen durch Vorgesetzte unterworfen und stiegen deutlich seltener in verantwortliche Positionen (etwa in der Konzeptionierung neuer Softwarepakete) auf. Eine gleichberechtigte Arbeitsteilung, wie »verteilte Entwicklung« sie eigentlich erfordern würde, war nicht realisiert worden.

Festzuhalten bleibt demnach die enge Wechselwirkung zwischen betrieblicher Qualifizierungsstrategie und staatlicher Bildungspolitik: Weil einflussreiche indische Servicefirmen eine immer größere Zahl unspezifisch technisch vorgebildeter »Bachelor« benötigen, die man für die wenig komplexen Tätigkeiten heranziehen kann, die das Offshoring-Geschäftsmodell vorwiegend mit sich bringt, und weil sie aufgrund ihrer starken wirtschaftlichen Position ihre Wünsche gegenüber Bildungspolitik und Hochschulen durchsetzen können, investiert der indische Staat massiv in den Ausbau von Ingenieurstudiengängen. Und gerade weil das indische Universitätssystem (speziell angesichts gekürzter Budgets) nicht genügend Hochschulabsolvent/innen mit soliden IT-Kenntnissen hervorbringt, um die wachsende Nachfrage von Softwarefirmen zu befriedigen, sind Unternehmen gezwungen, mit weniger qualifizierten Arbeitskräften zu operieren, denen man mit Hilfe einer weitgehenden Standardisierung von Aus- und Weiterbildung, Aufgabenprofilen und Arbeitsprozessen im Laufe der Tätigkeit zumindest eine gewisse *Breite* von Qualifikation vermitteln kann. Ein »Upgrading« von in Indien geleisteter Softwarearbeit, wie es etwa das Geschäftsmodell »verteilter Entwicklung« beinhalten würde, scheitert hingegen insofern an der indischen Bildungspolitik, als die damit operierenden Softwarefirmen nicht genügend Absolvent/innen rekrutieren können, deren universitäre Qualifikation als Basis für jenes Niveau spezialisierter fachlicher Vertiefung ausreichen würde, das etwa die Entwicklung von Softwareprodukten erfordert. Letztlich dürften neben der staatlichen Hochschulpolitik allerdings auch und gerade die Massenrekrutierungen indischer IT-Servicefirmen dazu beitragen, dass Studierende die Hochschule zum frühestmöglichen Zeitpunkt verlassen. Auch darum ist das Qualifikationsniveau indischer Hochschulabsolvent/innen gering und sogar im Sinken begriffen,[8] weshalb betriebliche Arbeitsorganisation auf einem schrumpfenden Grundstock universitärer Vorbildung aufbauen muss.

Der Vollständigkeit halber sei schließlich erwähnt, dass staatliche Bildungspolitik auch insofern direkten Einfluss auf Möglichkeiten und Grenzen der Arbeitsorganisation in Softwarefirmen hat, als in Indien eine enge Verzahnung von Bildungs- und Raumplanungspolitik erst zur Entstehung von IT-Metropolen wie Bangalore und damit zu einer enormen räumlichen Konzentration von IT-Arbeitsplätzen und IT-Arbeitskräften beigetragen hat. Diese Ballung auf engstem Raum führt dazu, dass der Wechsel von einem Arbeitsplatz zum anderen mit sehr geringem Aufwand möglich ist, weil Beschäftigte sprichwörtlich »für ein paar Rupien« zu einem anderen Unternehmen *innerhalb derselben Metropolregion* wechseln können. Entsprechend sind die hohen Fluktuationsraten, für die der IT-Sektor in Bangalore bekannt ist, nicht zuletzt darauf zurückzuführen, dass die indische Zentralregierung diese Stadt jahrzehntelang gezielt zu einem Schwerpunkt öffentlicher Forschung und Entwicklung in den Bereichen Luftfahrt, Telekommunikation und Elektronik ausgebaut und damit den Zuzug von Familien mit hohen Bildungsaspirationen und IT-affinen Qualifikationen forciert hat (Nair 2005). Damit einher geht eine beeindruckende Konzentration von öffentlichen (und zunehmend auch privaten) Bildungseinrichtungen in Stadt und Region (Kumar 2001: 36ff.), weshalb sowohl das allgemeine Bildungsniveau[9] als auch die Absolventenquoten naturwissenschaftlicher

---

8 So berichten Arora/Arunachalam et al. (2000: 38), die Zahl der Doktortitel in den Ingenieurdisziplinen habe sich in den neunziger Jahren drastisch reduziert, und die Gruppe der »Postgraduates«, die nach dem Bachelor weiter studieren, habe viel langsamer zugenommen, als der Zuwachs an Studienanfänger/innen erwarten lasse.

9 Im Jahre 2001 waren in Indien 65 Prozent der Bevölkerung alphabetisiert, in Bangalore (Urban District) hingegen 86 Prozent. Dort hat seit 1970 die Zahl der »Primary Schools« um 65 Prozent, die Zahl der »Secondary Schools« um 435 Prozent zugenommen, und die Gesamt-Schülerzahl stieg um 200 Prozent (Heitzman 2004: 220).

Studiengänge in Bangalore deutlich höher sind als in anderen Teilen Indiens.[10] Dies dürfte viele Softwarefirmen dazu bewogen haben, sich ausgerechnet hier niederzulassen, vergrößert jedoch deren Risiko, Beschäftigte nicht dauerhaft im Unternehmen halten zu können, weil die Konkurrenz um Arbeitskraft trotz der enormen Konzentration von IT-kompatibler Expertise groß ist und die attraktivere Jobalternative im Zweifelsfall in unmittelbarer Nachbarschaft angeboten wird. Der Umstand, dass die deutsche Produktfirma nicht in der Lage ist, eine für ihr Geschäftsmodell erforderliche Form von (langfristig orientierter, auf vertiefter Spezialisierung beruhender) Arbeitsorganisation durchzusetzen, ist demnach nicht zuletzt auf staatlich forcierte megastädtische Expansion und Konzentration zurückzuführen.

Förderung von »Job-Hopping« durch soziale Sicherung

Während die immense räumliche Konzentration von IT-Arbeitsplätzen und IT-Arbeitskraft in vielen Interviews mit Vertreter/innen von Unternehmen oder Unternehmerverbänden als Grund für hohe Fluktuationsraten thematisiert wird, spielen Standards sozialer Sicherung eher in Gesprächen mit IT-Beschäftigten eine Rolle, die zu erklären versuchen, warum sie nicht bereit sind, sich dauerhaft an ein Unternehmen zu binden. Zwei Aspekte sind dabei zentral: Zum einen die fehlende Absicherung gegen Arbeitslosigkeit und zum anderen die Konstruktionsprinzipien der indischen Renten- und Krankenversicherung.

So lassen etwa zahlreiche Passagen in Beschäftigteninterviews darauf schließen, dass die Nicht-Existenz einer *Arbeitslosenversicherung* maßgeblich zur Bemühung von IT-Beschäftigten beiträgt, sich möglichst viele Joboptionen offen zu halten, um eine ununterbrochene Erwerbsbiographie selbst für den Fall sicher zu stellen, dass ihr derzeitiger Arbeitsplatz plötzlich wegfällt. Jedenfalls wird Job-Hopping in vielen Gesprächen nicht unbe-

---

10 Im Jahre 1995 waren in der Region Bangalore etwa 175.000 Personen in Ingenieurstudiengängen eingeschrieben. Alleine im »Bangalore Urban District« gab es zu diesem Zeitpunkt 54 polytechnische Universitäten und 46 technische Institute, wo in diesem Jahr 25.000 Studierende (davon 47 Prozent Frauen) einen naturwissenschaftlichen Bachelor erwarben. Im Jahr 2000 existierten in der Region 82 »engineering colleges«, die sich zunehmend auf »electronic engineering« und »information technology« konzentrierten (Heitzman 2004: 222ff.).

dingt als selbst gewählte Strategie, sondern eher als Anpassung an die ökonomischen und sozialpolitischen Verhältnisse dargestellt. Dies erscheint in zweierlei Hinsicht plausibel: Zum einen nennen viele Befragte als Grund für ihre Berufswahl den Wunsch nach einem stabilen Erwerbsverlauf – und wechseln dennoch alle zwei bis drei Jahre »freiwillig« ihren Arbeitsplatz. Zum anderen markiert dieses Jobhopping einen Bruch mit früheren Vorstellungen von einem »guten« oder »normalen« Arbeitsleben. Ein Projektmanager erklärt:

»People [in Germany] prefer to stay with jobs. Which *was* culture in India – till the previous generation. Yeah. If you see my dad's generation – they'll retire from the same work! They join a company and they retire from there. It's *that culture*. And mostly, they are scared for us now. Because they see: he is changing jobs every two years, three years. They are scared! For them, it's a kind of shock«.

Dieser Schock rührt nicht zuletzt daher, dass die Eltern vieler IT-Spezialist/innen im »Public Sector« Indiens beschäftigt sind oder waren, der in Hinblick auf Beschäftigungsstabilität durchaus mit (früheren) Standards des deutschen öffentlichen Dienstes mithalten konnte. Die heutigen IT-Spezialist/innen hingegen haben sich gegen Public Sector Jobs entschieden – zum einen, weil diese Stellen seit Anfang der 1990er Jahre massiv abgebaut wurden; zum anderen, weil die IT-Branche mit sehr viel höheren Gehältern lockte. So bemerkt ein Personalabteilungsvertreter zum Einstiegsgehalt in indischen IT-Firmen: »Their first month salary is much more than what their parents are making on the given date – after 30 years of service«. Der Preis dafür ist allerdings eine drastisch reduzierte Beschäftigungssicherheit, weil speziell ausländische Unternehmen sich nicht dauerhaft auf einen indischen Standort festlegen. Unter diesen Bedingungen würde eine Arbeitslosenversicherung, wie sie etwa in Deutschland existiert, Beschäftigte in die Lage versetzen, trotz aller Unwägbarkeiten eine dauerhafte Bindung an ein Unternehmen einzugehen, wie sie speziell in »Public Sector«-Familien nach wie vor präferiert wird. Denn im Falle einer plötzlichen Betriebsschließung hätten sie Anspruch auf Arbeitslosenunterstützung und könnten damit Existenz und Qualifikation für eine gewisse Zeit aufrechterhalten, bis ein neuer Arbeitsplatz gefunden wäre. Faktisch existiert ein solches Auffangnetz jedoch nicht. Daher veranlasst die (angesichts der zahlreichen Höhen und Tiefen, welche die indische IT-Branche seit 1990 erlebt hat) weit verbreitete Erfahrung, dass man bei Verlust des Arbeitsplatzes keinerlei Anspruch auf soziale Sicherung hat, viele Beschäftigte offenkundig zu dem Schluss, dass regelmäßige Jobwechsel die beste Absicherung gegen die Unsicherheiten des Erwerbslebens darstellen. Das Ergebnis sind hohe Fluktuationsraten und das Beharren von IT-Beschäftigten auf einer möglichst breiten und damit in möglichst vielen Unternehmen einsetzbaren Qualifikation. Dies führt zu einem Teufelskreis, weil eine allzu kurze Betriebszugehörigkeit die Vertiefung von Qualifikationen verhindert, der Mangel an spezialisierter Expertise nicht nur einzelne Beschäftigte, sondern auch Unternehmensstandorte leichter ersetzbar macht und einem technisch-organisatorischen Upgrading im Wege steht und weil die verunsichernde Erfahrung schneller Ersetzbarkeit wiederum die Neigung fördert, nicht zu lange in einem bestimmten Unternehmen zu bleiben: »employees begin to feel dissatisfied when their jobs or projects do not allow them to improve their knowledge, while companies are reluctant to invest too much in employees who may not stick to the job« (Upadhya/Vasavi 2006: 55). Dies verweist erneut auf die engen Wechselwirkungen zwischen (dem Mangel an) sozialer Sicherung (hier: gegen Arbeitslosigkeit) und den konkret realisierbaren Formen von Arbeitsorganisation: Offenkundig stößt die Präferenz von Manager/innen der deutschen Produktfirma für eine langfristige Einbindung von Beschäftigten und deren ebenso langfristige unternehmensinterne Qualifizierung nicht zuletzt aufgrund dieses Absicherungsdefizits auf wenig Gegenliebe bei indischen Beschäftigten.

Gegen *Einkommensausfälle bei Krankheit und im Alter* hingegen sind indische IT-Beschäftigte im Prinzip durchaus versichert. Allerdings reichen die Leistungen der entsprechenden Systeme nicht aus, um selbst den (für indische Verhältnisse ausgesprochen hoch) vergüteten Angestellten von IT-Firmen auch nur phasenweise einen Verzicht auf den Verkauf der eigenen Arbeitskraft zu ermöglichen. Staatliche Sozialpolitik gibt dabei in Indien nur einen groben Rahmen vor, der im privatwirtschaftlichen formellen Sektor durch betriebliche Sicherungssysteme ausgefüllt wird, wobei zwischen den Firmen unseres Samples allenfalls Detailunterschiede bestehen. In Hinblick auf Alterssicherung zahlen beide Unternehmen in Indien die gesetzlich vorgeschriebenen Beiträge zu »Provident Fund«[11] und »Gratuity«[12]. Dadurch entsteht allerdings (anders als im öffentlichen Sektor des

---

11 Der »provident fund« ist eine beitragsbasierte Pensions- und Versicherungsanstalt. Die Pflicht-Beiträge werden gesammelt und nach festgesetztem Satz verzinst.

12 Unternehmen sind (durch den »Payment of Gratuity Act« von 1972) verpflichtet, Beschäftigten für jedes Jahr der Betriebszugehörigkeit das Äquivalent der Vergütung von 15 Arbeitstagen als Abfindung auszuzahlen, wenn diese die Firma (nach mindestens fünf

Landes; EPW 2002) kein Anspruch auf eine monatliche Rente bis zum Lebensende – vielmehr wird bei Renteneintritt die angesparte Summe (samt angefallener Zinsen) pauschal ausgezahlt. Ein Manager erklärt die Konsequenzen für Beschäftigte wie folgt: »[T]here is no concept that we will get social benefit afterwards [...] from the government. We are a private organization so we don't get it. So we need to save a lot«.

Tatsächlich sind selbst abhängig Beschäftigte, die im Prinzip rentenversichert sind, aufgrund der unzureichenden Leistungen des »Provident Fund« gezwungen, möglichst schnell hohe private Rücklagen aufzubauen, um im Alter ihren eigenen Lebensunterhalt, aber durchaus auch den Lebensunterhalt ihrer Kernfamilie oder sogar der erweiterten Familie zu sichern. Letzteres wird in vielen Fällen notwendig, weil es selbst Eltern und Schwiegereltern von IT-Beschäftigten, die im Zenit ihres Erwerbslebens immerhin das Studium ihrer Kinder finanzieren konnten, keineswegs immer gelingt, dauerhaft von ihrer Rente zu leben, so dass sie als »dependent parents« von der erwerbstätigen Generation mit versorgt werden müssen. Diesem Umstand trägt auch das indische System der *Absicherung gegen Krankheit* insofern Rechnung, als die Beiträge von abhängig Beschäftigten im Prinzip als Basis für eine Familienversicherung dienen, wie ein Manager erklärt: »It's a family insurance. [...] [Y]ou get a complete coverage for your family members: that means your wife, kid, parents, dependent parents – because in India, we don't have social security, so we need [...] parents are dependent on you«.

Entsprechend deckt auch die Krankenversicherung bei der indischen Servicefirma kostenlos bis zu drei Familienangehörige mit ab; bei der deutschen Produktfirma können in Indien sogar beliebig viele Angehörige gegen Zahlung eines Zusatzbeitrages mitversichert werden. Allerdings sind die Leistungen bei Eintritt einer Krankheit offenbar wiederum ungenügend: So kommt die (private Gruppen-)Versicherung unserer Samplefirmen (anders als in öffentlichen wie privaten Unternehmen des formellen

---

Jahren) verlassen; viele Unternehmen überweisen diese Summe jährlich an einen (firmeneigenen oder von der »Life Insurance Corporation of India«) unterhaltenen Trust. Dort wird (besonders für Manager) teilweise auch eine freiwillige »Superannuation« (von derzeit 15 Prozent der Grundvergütung) eingezahlt – die Begünstigten erhalten so beitragsfrei Anspruch auf eine monatliche »Betriebsrente«, der bei Jobwechseln übertragen werden kann, während Unternehmen in den Genuss von Steuervorteilen (nach dem »Income Tax Act«) kommen. In unserem Sample zahlt nur die Produktfirma eine Betriebsrente (»Superannuation«), die zudem nur Beschäftigte auf höheren Hierarchiestufen erhalten.

Sektors üblich; Mahal 2002: 561) nur für Krankenhausaufenthalte auf, während ambulante Arztbesuche und Medikamente privat finanziert werden müssen. Auch dies dürfte IT-Beschäftigte motivieren, möglichst hohe private Rücklagen zu bilden, um sich gegen (in diesem Fall krankheitsbedingte) Risiken abzusichern, welche die eigene Person oder die (erweiterte) Familie betreffen könnten. Die beste Grundlage für die Anhäufung von Ersparnissen bietet jedoch wiederum der regelmäßige Jobwechsel, weil die bei einer Neueinstellung erzielbaren Gehaltszuschläge sehr viel höher sind als die Steigerungen, die im Rahmen eines bestehenden Arbeitsverhältnisses (etwa bei Erfüllung vereinbarter Leistungsziele) erreicht werden können.

In Hinblick auf den Einfluss sozialer Sicherungssysteme auf die Dauerhaftigkeit von Beschäftigungsverhältnissen sticht demnach ein zentraler Unterschied zwischen der deutschen und der indischen Konstellation ins Auge: Zwar werden in beiden Ländern Rücklagen für Perioden gebildet, in denen Arbeitskraft (etwa wegen Krankheit, Arbeitslosigkeit oder im Alter) zeitweise nicht verkauft werden kann, doch diese Absicherung erfolgt in Indien *in erster Linie* individuell bzw. im Rahmen der Familie (also auf Basis von »personalized collectivities«), in Deutschland hingegen *vorwiegend* im Rahmen eines staatlich organisierten sozialen Sicherungssystems, das Beschäftigten unter Bezug auf »impersonal and bureaucratically governed collectivities« (Sorge 2005: 10f.) einen Anteil am »Sozialeigentum« sichert (Castel 2000: 271ff.). Bedenkt man zudem, dass die über Sozialversicherungen vermittelten Ansprüche in indischen IT-Firmen im Vergleich zu anderen Teilen des formellen Sektors eher gering sind,[13] weil zum Beispiel keine Hinterbliebenenrenten oder »retrenchments benefits« (im Falle von Massenentlassungen) gezahlt werden, so wird verständlich, warum indische IT-Beschäftigte in weit höherem Maße als im formellen Sektor Indiens und als (bislang) in Deutschland üblich unter Einsatz von »Individualeigentum« private Rücklagen bilden müssen. Dies dürfte ein zentraler Grund dafür sein, dass indische IT-Beschäftigte so großen Wert auf schnelle Gehaltszuwächse legen und dafür in kurzen Abständen Jobwechsel in Kauf nehmen. Das »Gegenmodell« wird hingegen von ihren deutschen Kolleg/innen praktiziert, die langsam und kontinuierlich steigende Gehälter, wie sie im Rahmen dauerhafter Beschäftigung bei einem Unternehmen zu erwarten sind, eher akzeptieren können, weil parallel zur Auszahlung der Mo-

---

13 Eine Übersicht bieten Appasamy et al. 1996: 55. Zu Leistungskürzungen seit den achtziger Jahren siehe Mahendra Dev/Mooij 2002.

natsgehälter ein Anspruch auf Teilhabe am »Sozialeigentum« aufgebaut wird, der im Prinzip existenzsichernde Leistungen begründet.[14] Es wäre allerdings irreführend, der (unzureichenden) sozialpolitischen Absicherung von IT-Arbeit in Indien ausschließlich negative Folgen für die arbeitsorganisatorischen Optionen von Unternehmen zu attestieren, weil sie den dauerhaften Zugriff auf Arbeitskraft und vertiefte Spezialisierung erschwert. Vielmehr erweitert das indische System sozialer Sicherung die Spielräume des Managements in anderer Hinsicht – etwa weil das Revival der erweiterten Großfamilie, das in Indien derzeit ausgerechnet in IT-Kreisen konstatiert wird, seine Ursachen nicht nur im drastischen Einkommensgefälle zwischen heute erwerbstätigen IT-Spezialist/innen und ihren oft im »Public Sector« beschäftigten Eltern und Schwiegereltern, sondern gerade auch in deren nicht unbedingt existenzsichernden Altersruhegeldern hat. Der Umstand, dass zahlreiche Paare der älteren Generation nach der Verrentung (auch aufgrund ihrer finanziellen Abhängigkeit von den erwerbstätigen Kindern) nach Bangalore ziehen und dort die Betreuung der Enkel übernehmen, schafft jedoch neue Möglichkeiten für den unternehmerischen Zugriff auf Arbeitskraft. Dies zeigt sich etwa darin, dass in Indien sehr viel mehr verheiratete Frauen mit Kindern in der IT-Branche vollzeit-beschäftigt sind als in Deutschland. Damit steht für IT-Firmen ein zusätzlicher »talent pool« zur Verfügung, Arbeitsorganisation muss sehr viel weniger auf die spezifischen Reproduktionsbedarfe von Müttern abgestimmt werden – und auch dies ist eine direkte Folge sozialpolitischer Regulierung.

Ausblick

Versucht man abschließend, die oben dargestellten Zusammenhänge in ihrem weiteren gesellschaftlichen und konzeptionellen Kontext zu verorten, so ist offenkundig, dass der hier skizzierte Blick durch das Fenster der Softwareprogrammierung nicht ausreicht, um Wechselwirkungen zwischen Sozialpolitik und Arbeitsorganisation in Indien erschöpfend zu behandeln. Vor allem in dreierlei Hinsicht sind weiter gehende Analysen erforderlich:

---

14 Wie sich etwa die Arbeitsmarktreformen im Zuge der »Hartz«-Gesetze auf die Stabilität von Beschäftigungsverhältnissen im deutschen IT-Sektor auswirken, ist bislang nicht untersucht.

Erstens repräsentiert die Softwarebranche in Indien noch weniger als etwa in Deutschland ein spezifisches politökonomisches »Modell« – vielmehr ist sie ein kleiner Teil des formellen (oder »organisierten«) Sektors, der (dem Indian National Sample Survey zufolge) insgesamt nie mehr als etwa 10 Prozent der indischen Erwerbstätigen umfasst hat. Im informellen Sektor hingegen spielen die oben dargestellten sozialen Sicherungssysteme keine Rolle:

»Existing schemes are mainly restricted to the organised sector, barely 10 per cent of the Indian workforce, where employer-employee relationships can be clearly established. For millions in the unorganised sector or informal economy, social security continues to be a missing link in their struggle for survival« (Jhabvala/ Sinha 2002: 2041).

Dies relativiert die obigen Aussagen zur Relevanz von Sozialpolitik für Arbeitsorganisation insofern beträchtlich, als die existierenden Programme nur für eine Minderheit der indischen Erwerbsbevölkerung gelten. Allerdings ist die normsetzende Wirkung von Arbeitsregulierung im formellen Sektor nicht zu unterschätzen: Anders als in Deutschland galt sozialpolitisch regulierte Beschäftigung in Indien zwar nie zugleich als »Norm« und (statistisch belegbare) »Normalität« (Mückenberger 1985), doch sie markiert dennoch bis heute ein Ideal, an dessen (wenn auch gradueller) Verwirklichung oder Verfehlung sich Regierungen und Unternehmer messen lassen müssen.

Zweitens verdeutlicht der hier unternommene Versuch, auch nur Wechselwirkungen zwischen Sozialpolitik und Arbeitsorganisation in der indischen Softwarebranche zu erfassen, grundlegende konzeptionelle Schwächen gängiger Ansätze zur Charakterisierung von Entwicklungsdynamiken gegenwärtiger »Kapitalismusvarianten«. So greift etwa die von Hall und Soskice (2001) vorgeschlagene Diagnose: »strategy follows structure« (ebd.: 15) eindeutig zu kurz, weil zwar betriebliche Strategien (etwa von Arbeitsorganisation) unzweifelhaft durch institutionelle Strukturen (wie Systemen sozialer Sicherung) geprägt sind, es sich beim »institutionellen Umfeld« von unternehmerischem Handeln aber keineswegs um eine stabile »Struktur« oder unveränderliche Hintergrundfolie handelt. Vielmehr ist Sozialpolitik ebenso wie Arbeitsorganisation als hochdynamisches Kraftfeld zu betrachten, in dem veränderte Managementstrategien durchaus institutionelle Veränderungen bewirken können – man denke etwa an die faktische Nicht-Beachtung indischer Arbeitsgesetze in »Special Economic Zones« als Reaktion auf die Investitionsstrategien indischer und ausländischer

Konzerne (Singh 2009). Daher ist es durchaus gerechtfertigt, auch einen umgekehrten Zusammenhang des Typs »structure follows strategy« zu konstatieren. Drittens schließlich zeigt der kurze Blick auf Softwareprogrammierung in Indien, dass man Wechselwirkungen zwischen Strategie und Struktur nicht angemessen erfassen kann, solange Machtverhältnisse (zwischen Staat und Unternehmen, aber vor allem zwischen Kapital und Arbeit) unberücksichtigt bleiben. Immerhin ist es erklärungsbedürftig, warum die sozialen Sicherungssysteme des formellen Sektors in Indien angesichts der »Liberalisierungseuphorie« der 1990er Jahre überhaupt auf die junge Softwarebranche ausgedehnt wurden. Mindestens ebenso erklärungsbedürftig erscheint der Umstand, dass weder die auf dauerhafte Beschäftigung und vertiefte Spezialisierung setzenden Personaleinsatz-Strategien vieler westlicher IT-Konzerne noch die Versuche des indischen Staates, Beschäftigungsverhältnisse durch soziale Sicherung zu stabilisieren, die hohen Raten freiwilliger Fluktuation unter indischen IT-Belegschaften einzudämmen vermochten. Die Gründe dafür dürften nicht zuletzt in der starken Verhandlungsposition indischer IT-Beschäftigter unter Bedingungen eines gravierenden Fachkräftemangels liegen: »People are not scared anymore«, erklärte uns ein Personalabteilungsvertreter in Indien im Jahr 2007, während zum selben Zeitpunkt (einem deutschen Manager zufolge) »die meisten Deutschen in der IT-Industrie momentan *richtig Schiss* um ihren Job haben«. Vor diesem Hintergrund spricht viel dafür, dass weniger sozialpolitische Anreize (wie Senioritätsrechte oder Mindestversicherungszeiten in der Sozialversicherung) als der schlichte Mangel an Alternativen, die Angst vor Arbeitslosigkeit und letztlich auch die Ohnmachtserfahrung, die durch Unternehmensdrohungen mit Standortverlagerung ausgelöst wird (Kämpf 2008), IT-Arbeit in Deutschland derzeit »stabiler« macht als in Indien, wo die beschriebene Boom-Konstellation nicht zuletzt auf Arbeitsplatzverlagerungen westlicher Konzerne zurückzuführen ist. Damit erhalten Fragen nach Wechselwirkungen zwischen Sozialpolitik und Arbeitsorganisation sowie nach Stellschrauben für Beschäftigungsstabilität und technische Spezialisierung eine ganz direkte Relevanz für Beschäftigte – innerhalb wie außerhalb der kapitalistischen Zentren.

Literatur

Appasamy, Paul et al. (1996), *Social Exclusion from a Welfare Rights Perspective in India*, International Institute for Labour Studies, United Nations Development Programme, Research Series 106.

Aspray, William/Mayadas, Frank/Vardi, Moshe Y. (2006) (Hg.), *Globalization and Offshoring of Software. A Report of the ACM Job Migration Task Force*, Association of Computing Machinery.

Arora, Ashish/Arunachalam, V.S./Asundi, Jai/Fernandes, Ronald (2000), *The Globalization of Software: The Case of the Indian Software Industry*, Final Report submitted to the Sloan Foundation, Carnegie Mellon University (Software Industry in India Project Team), Pittsburgh.

Castel, Robert (2000), *Die Metamorphosen der sozialen Frage. Eine Chronik der Lohnarbeit*, Konstanz.

EPW (Redaktion) (2002), »Broad-based Labour Reform«, in: *Economic and Political Weekly*, 20, S. 2967f.

Estévez-Abe, Margarita (2005), »Gender Bias in Skills and Social Policies: The Varieties of Capitalism Perspective on Sex Segregation«, in: *Social Politics: International Studies in Gender, State and Society*, 12 (2), S. 180–215.

Feuerstein, Patrick (2011), *Viele Wege führen nach Indien. Reorganisation von Arbeit im Zuge der Internationalisierung der IT-Industrie*, Dissertation an der Universität Göttingen, unveröffentlichtes Manuskript, online verfügbar.

Hall, Peter/Soskice, David (2001) (Hg.), *Varieties of Capitalism. The Institutional Foundations of Comparative Advantage*, Oxford/New York.

Heitzman, James (2004), *Network City. Planning the Information Society in Bangalore*, Oxford/New York.

Jhabvala, Renana/Sinha, Shalini (2002), »Liberalisation and the Woman Worker«, in: *Economic and Political Weekly*, 25, S. 2037–2044.

Kämpf, Tobias (2008), *Die neue Unsicherheit. Folgen der Globalisierung für hochqualifizierte Arbeitnehmer*, Frankfurt/New York.

Kumar, Nagesh (2001), *National Innovation Systems and the Indian Software Industry Development. A Background Paper for World Industrial Development Report 2001*, UNIDO, Revised Version.

Lema, Rasmus/Hesbjerg, Bjarke (2003), *The Virtual Extension. A Search for Collective Efficiency in the Software Cluster in Bangalore*, Roskilde.

Mahal, Ajay (2002), »Assessing Private Health Insurance in India. Potential Impacts and Regulatory Issues«, in: *Economic and Political Weekly*, February 9, S. 559–571.

Mahendra Dev, S./Mooij, Jos (2002), »Social Sector Expenditures in the 1990s. Analysis of Central and State Budgets«, in: *Economic and Political Weekly*, March 2, S. 853–866.

Mayer-Ahuja, Nicole (2011), *Grenzen der Homogenisierung. IT-Arbeit zwischen ortsgebundener Regulierung und transnationaler Unternehmensstrategie*, Frankfurt/M.

Mückenberger, Ulrich (1985), »Die Krise des Normalarbeitsverhältnisses. Hat das Arbeitsrecht noch Zukunft?«, in: *Zeitschrift für Sozialreform*, 7, S. 415–434, S. 457–475.
Nair, Janaki (2005), *The Promise of the Metropolis. Bangalore's 20th Century*, Oxford/New York.
Pries, Ludger (2005), *Kräftefelder der Strukturierung und Regulierung von Erwerbsarbeit. Überlegungen zu einer entwicklungs- und institutionenorientierten Sozialwissenschaft der Erwerbsarbeit*, SOAPS-Papers 4 (1), Bochum.
Singh, Jaivir (2009), *Labour Law and Special Economic Zones in India*, Working Paper of the Centre for the Study of Law and Governance, Jawaharlal Nehru University, 9 (1), New Dehli.
Sorge, Arndt (2005), *The Global and the Local. Understanding the Dialectics of Business Systems*, Oxford/New York.
Upadhya, Carol/Vasavi, A. R. (2006), *Work, Culture, and Sociality in the Indian IT-Industry: A Sociological Study*, Final Report, submitted to Indo-Dutch Programme for Alternatives in Development, Bangalore.
Varma, Uday Kumar/Sasikumar, S.K. (2004), *Information and Communication Technology and Decent Work: Study of India's Experience*, V.V. Giri National Labour Institute India, New Delhi.
Venkata Ratnam, C. S. (2003), »Industrial Relations and Increasing Globalisation: A Case Study of India«, in: Richter, Jürgen/Banerjee, Parthasarathi (Hg.): *The Knowledge Economy in India*, Houndmills/New York, S. 214–259.

Die russische Steuerpolitik: Machtfragen und die »soziale Frage«

Jakob Fruchtmann

Zu den Prioritäten der russischen Politik zählen seit der Jahrtausendwende einerseits die Etablierung einer zumindest elementar funktionierenden Sozialpolitik und andererseits die Sicherung von geld- und währungspolitischer Stabilität. Soweit Letzteres eine strikte Haushaltsdisziplin voraussetzt, ist zur Erfüllung beider Ziele drittens eine erfolgreiche Steuerpolitik erforderlich, das heißt nur anhand von Steuern und Sozialabgaben lässt sich in Russland Sozialpolitik finanzieren, ohne zugleich die Staatsverschuldung zu erhöhen und damit geld- und währungspolitische Risiken einzugehen.

Der Beitrag schildert zunächst, inwiefern in Russland in den 1990er Jahren die grundlegenden Voraussetzungen sowohl eines Steuer- als auch eines Sozialstaates erodierten und zeigt dann, wie, aus welcher Motivation heraus und mit welchen Ergebnissen unter Putin diese Probleme angegangen wurden. Die Frage der Subsumtion der so genannten Oligarchen[1] unter die Staatsmacht, die Monetarisierung der russischen Wirtschaft und die Einbindung der regionalen Machthaber werden dabei jeweils gesondert behandelt. Besonderes Augenmerk liegt zudem auf der Entwicklung der Sozialpolitik unter Putin, die eine Entwicklung eines funktionierenden Steuersystems zur Voraussetzung hat. Abschließend wird darauf eingegangen, wie unter den gegenwärtigen, von der Weltwirtschaftskrise geprägten Bedingungen die Erfolge in der Durchsetzung des »Putinismus« zunächst noch widersprüchlich und auch prekär bleiben. In der Krise geraten die beiden genannten Prioritäten in Widerspruch zueinander: Denn unter Krisenbedingungen können in Russland nicht einerseits größere staatliche Haushaltsdefizite sowie eine weitere Verschuldung aus geld- und wäh-

---

1 Unter Oligarchen werden hier die wirtschaftsmächtigen und politisch einflussreichen Unternehmer, die den größten finanzindustriellen Gruppen des Landes vorstehen, verstanden. Zu diesem erlesenen Kreis zählen ungefähr ein Dutzend Großunternehmer, die vorwiegend im Energie- und Rohstoffsektor tätig sind; vgl. dazu umfassend Pappe/ Galukhina 2009.

rungspolitischen Gründen vermieden werden, während andererseits gleichzeitig eine stabile und sich weiter entfaltende Sozialpolitik realisiert werden soll. Besondere Beachtung gilt dabei Elitenkonflikten, die in dieser Situation aufkommen bzw. sich verschärfen.

Die Neunziger Jahre: Fehlende Voraussetzungen funktionaler Sozial- und Fiskalpolitik

Die politischen und ökonomischen Voraussetzungen für ein modernes, marktwirtschaftlich funktionales Steuersystem fehlten in der russischen Föderation seit der Staatsgründung 1992. In politischer Hinsicht war eine der historischen Besonderheiten der Situation in Russland, dass die Staatsmacht im Zuge der Perestroika so weitgehend zersetzt worden war, dass das staatliche Gewaltmonopol sich in Auflösung befand. Marktwirtschaftliche Beziehungen waren mit einem bloßen »Rückzug des Staates« verwechselt worden; die Preisfreisetzung führte unmittelbar in eine Hyperinflation und das Privatisierungsprogramm geriet de facto zur bloßen Selbstenteignung des Staates. Die Transformation erwies sich in Russland zunächst als umfassendes Zerstörungswerk.[2] Insofern fehlten aber auch die politischen Voraussetzungen zur Etablierung eines Steuersystems, denn der Einzug von Steuern setzt ein funktionierendes Gewaltmonopol des Staates voraus.[3]

In wirtschaftlicher Hinsicht war die Gesellschaft noch nicht auf das Verdienen von Geld eingestellt. Begreift man den Transformationsprozess als Prozess der Unterwerfung von Wirtschaft und Gesellschaft unter Macht und »Rationalität« des Geldes, so ist zunächst entscheidend, dass die Reproduktionsmöglichkeiten in der Gesellschaft in allen Bevölkerungsgruppen von ihrer Fähigkeit, Geldeinkommen zu erzielen, abhängig gemacht werden.[4] Dies war in Russland in einer Hinsicht tatsächlich auch der

---

[2] Für eine ausführliche Behandlung der Widersprüche der Neunziger Jahre in Russland aus marxistischer Perspektive vgl. Steffen 1997.

[3] Zum Zusammenhang von staatlichem Zwang, Steuern und State-building vgl. Easter 2008.

[4] So konstatiert Abdelal (2003): »Money was a critical nexus between economic reform and state building within Russia«. Im Rahmen des von der DFG geförderten Projektes »Transformation als Monetarisierung« wird dieser Aspekt z.Zt. von Autoren an der Forschungsstelle Osteuropa, Bremen untersucht.

Fall: Relativ schnell setzte sich die Notwendigkeit des Geldverdienstes durch – in dem Sinne, dass die Mittel der Reproduktion (wie etwa kostenlose Sozialleistungen, auch non-monetäre Versorgungsleistungen des eigenen Betriebs) zunehmend unzugänglich wurden bzw. eben nur noch gegen Geld zugänglich waren. Allerdings entwickelten sich für weite Teile der Bevölkerung parallel nicht die realen Möglichkeiten, monetäre Einkommen auch wirklich zu erzielen: Die Abhängigkeit von Geldeinkommen wurde durchgesetzt, aber die Einkommen blieben aus. Generell war der Transformationsprozess in den Ländern der ehemaligen Sowjetunion verbunden mit einer massiven Verarmung großer Bevölkerungsteile.[5] Dies ging einher mit einem schwindenden Vertrauen der Bürger gegenüber staatlichen Institutionen und negativen demographischen Tendenzen[6].

Der Rubel verlor indessen so stark an Wert, dass er für die grundlegenden Geldfunktionen unbrauchbar wurde. Stattdessen fand eine Dollarisierung der Ökonomie statt bzw. nahmen Ersatzgelder (wie etwa regional aufgelegte Scheinwährungen) oder Geldsurrogate (wie wechselseitige Schuldverrechnungen als Geldersatz) ebenso wie auch verschiedene Formen des Naturaltauschs erheblich zu.[7] Eine Besteuerung nicht vorhandener monetärer Einkommen aber ist wenig sinnvoll bzw. erfolgversprechend.

Da die Steuereinnahmen in keiner Weise hinreichend waren, gab es auf Seiten staatlicher Akteure ein Interesse an der Einführung immer neuer Steuern. Diese wurden von administrativen Einheiten auf der föderalen, der regionalen ebenso wie auf der lokalen Ebene erhoben. Typischerweise wurden in dieser Zeit steuerpolitische Entscheidungen ad hoc getroffen.[8] Im Ergebnis zeichnete sich das russische Steuersystem durch eine Vielzahl widersprüchlicher Steuern und Vorschriften aus, die zwecks Geldbeschaf-

---

5 Dies ging einher mit einer Degradierung und Entmachtung der Arbeiter. Christensen bezeichnet diesen Prozess als »Disempowerment of labor« vgl. Christensen 1999: 104ff. Ein Mitglied der unabhängigen Gewerkschaften in den Kirov-Werken in St. Petersburg bezeichnete diesen Prozess in einem Interview 1994 dem Autor gegenüber als »Vernichtung der Arbeiter als Klasse«.

6 Für eine ausführliche Behandlung der bis heute noch nicht überwundenen negativen demographischen Tendenzen vgl. Sievert et al. 2011.

7 Für eine ausführliche Behandlung der Umgehung des Rubels in den 90er Jahren unter dem Gesichtspunkt des Verlustes der ökonomischen Souveränität des Staates vgl. Woodruff 1999. Nesvetailova erklärt, entgegen der These, dass dies eine Spätfolge der sowjetischen Wirtschaftsweise sei, den grassierenden Naturaltausch aus den Anforderungen des neoliberalen Reformprogramms, vgl. Nesvetailova 2004.

8 Für eine Behandlung der russischen Steuerpolitik in den 90er Jahren unter der Berücksichtigung steuerkultureller Aspekte vgl. Nerré 2006: 65ff.

fung auf allen Ebenen der Verwaltung immer zahlreicher wurden.[9] De jure entstand auf diese Weise eine Steuerlast, die de facto nicht bezahlbar war – das russische System der Besteuerung geriet zu einer virtuellen Realität.[10]

Für die Agenten des Staatsapparates jedoch war diese Situation nicht notwendig negativ: Denn individuell ergab sich aus der großen Zahl an Besteuerungsvorschriften auch eine Vielzahl von Möglichkeiten, die eigene Macht als Beamter gegenüber den Bürgern geltend zu machen: Vorschriften dienten als Grundlage für Beamtenwillkür und Korruptionszahlungen. Insgesamt wurden schließlich die russischen Staatsbeamten als Vertreter einer bloß partikularen Gewalt wahrgenommen, einer Gewalt neben anderen, die aus rein privaten Motiven Geldzahlungen abpressen und nicht der allgemeinen Staatsgewalt dienen. Als solche standen die Steuerbeamten tatsächlich in Konkurrenz zu anderen, kommerziellen, bzw. kriminellen Anbietern von (gewaltträchtigen) Dienstleistungen, die im Austausch gegen monetäre Abgaben bzw. Schutzgeld eine Sicherung von Eigentumsrechten anboten.[11]

Während auf der einen Seite eine massive Verarmung der Bevölkerung für die frühen Jahre der Transformation in den 90er Jahren kennzeichnend war, waren umgekehrt in den Kreisen, die über Macht oder Geld verfügten, Prozesse der Aneignung geerbter Restbestände der sowjetischen Wirtschaft typisch. Erhebliche Geldquellen lagen vorwiegend im Rohstoffbereich, der in Aneignungskämpfen zwischen Konglomeraten politischer und ökonomischer Macht aufgeteilt wurde. In diesen Kämpfen wurden Staatsbestandteile direkt funktionalisiert: Es entstand die für Russland typische Verschmelzung von Machtpositionen und wirtschaftlichen Erträgen. Politisch war dies mit einer staatlichen Selbstenteignung einerseits und einer Übernahme von Macht im Staat durch kapitalmächtige Privatpersonen verbunden.[12]

---

9 So durften etwa die regionalen Behörden noch bis 1996 eigenmächtig Steuern in ihrer Region einführen, darunter u.a. auch zusätzliche 5% Gewinnsteuer, die direkt beim regionalen Haushalt verblieben. Diese Erlaubnis führte zu einer schlagartigen Vermehrung der Steuerarten in Russland.

10 Ausführlich zur russischen Steuergesetzgebung und -praxis vgl. Fruchtmann/Pleines 2002.

11 Einen ausgezeichneten Einblick in den Markt der Gewaltdienstleistungen, auf dem russische Staatsbeamte zum Teil als bloße Konkurrenten unter anderen teilnahmen, bietet Volkov 2000.

12 Diese Staatsaneignung durch Finanzmachtkonglomerate spitzte sich immer weiter zu, in der Literatur wird auch von *state capture* gesprochen, vgl. Yakovlev 2006.

Diese aus Aneignungskämpfen erwachsene oligarchische Wirtschaftsstruktur verfestigte sich in der Russischen Föderation in der zweiten Hälfte der 90er Jahre: Bei der zweiten Präsidentschaftswahl 1996 war Präsident Jelzin politisch auf einem absoluten Tiefpunkt des Vertrauens in der Bevölkerung angelangt. Alle Umstände sprachen für einen erdrutschartigen Sieg der KPRF, der kommunistischen Partei der Russischen Föderation. In dieser Situation starteten acht der einflussreichsten Geschäftsmänner Russlands, zusammen mit Vertretern der »Familie« (so nannte man das zentrale Machtnetzwerk der Clique um Präsident Jelzin) eine groß angelegte Kampagne, um einen Sieg der Kommunisten zu verhindern und Jelzin die Macht zu sichern. Der Erfolg dieser Aktion war entscheidend abhängig von ihrer Finanzierung durch die Finanzgiganten des Landes, sowie davon, dass in den mächtigen Gruppierungen aus Finanz- und Regionalmächten kein Widerstand, sondern konzertierte Unterstützung erfolgen würde. Auf diese Weise trat ein neuer Elitenpakt zwischen den mächtigsten finanzindustriellen Gruppen und den zentralen politischen Mächten in Kraft, der das russische Herrschaftssystem endgültig in den Zustand einer Oligarchie transformierte. Die finanzindustriellen Gruppen genossen nicht nur steuerlich die größten Privilegien, sondern auch politisch entscheidenden Einfluss – bei einem Höchstmaß an finanzieller und fiskalischer Autonomie.[13] Die Staatsmacht dagegen war abhängig von den wenigen Großunternehmern und ohnmächtig gegenüber regionalen Machthabern.[14]

Insgesamt lässt sich feststellen, dass in der frühen Transformationsphase von einem Steuersystem im eigentlichen Sinn nicht die Rede sein kann. Vielmehr lässt sich das Verhältnis staatlicher Einnahmen und Geldeinkommen in der Gesellschaft als virtuelles Steuersystem beschreiben. Der Staatsapparat blieb in weiten Teilen als Erbe des sowjetischen Staatsapparates erhalten und weitete sich unter den neuen Verhältnissen sogar aus. Er war nunmehr, ebenso wie die Mitglieder der Gesellschaft, auf Geldeinkommen zur Finanzierung der eigenen Handlungsfähigkeit angewiesen. Aber er war weder in der Lage, dieses Geld auch einzubringen, noch spielte er eine konstruktive Rolle dabei, die rechtlichen, infrastrukturellen und sozialpoli-

---

13 Dies betrifft insbesondere Unternehmen aus der extraktiven Industrie, vgl. dazu für den Zeitraum 1994–1999 ausführlich Pleines 2003b. Der politische Einfluss von Unternehmen aus dem reinen Finanzsektor, v.a. von Banken, dagegen war eher gering, vgl. Pleines 2003a.

14 Für einen kurzen Überblick hierzu vgl. Schröder 2001. Die ausführlichste Beschreibung des Problems in den 90er Jahren findet sich – allerdings auf Russisch – bei Pappe 2000 und mit einer Aktualisierung bis zum Jahr 2008 in Pappe/Galukhina 2009.

tischen Voraussetzungen zu entwickeln, die zur Generierung besteuerbarer privater Geldeinkommen in der Gesellschaft erforderlich waren.[15]

Mit der Krise im Herbst 1998, in deren Zuge die russischen Staatsfinanzen zusammenbrachen und der Rubel schlagartig abgewertet wurde, standen die Eliten am Rande eines Kollapses der Transformation und damit der Grundlagen ihres eigenen Erfolgs: Das Geldwesen drohte wegzubrechen und der zahlungsunfähige Staat, an dessen Enteignung sie partizipiert hatten, drohte zu implodieren. Das System der »Familie« war am Ende, und seine Profiteure verstanden dies. Eine neue, systemdienliche, aber auch selbstständige Kraft musste einspringen. Dies waren die »Silowiki«, die Vertreter der so genannten Machtministerien,[16] in ihrem Zentrum der Geheimdienst Federalnaja sluschba besopasnosti Rossijskoj Federazii (FSB) mit seiner noch weitgehend intakten Infrastruktur und Macht.

Prioritäten der Steuer- und Sozialpolitik unter Putin[17]

In dieser Situation ergänzte Putin, der im Jahr 2000 zum russischen Präsidenten gewählt wurde und bis dahin Chef des FSB gewesen war, das Kräfteverhältnis um ein Element, mit dem bislang keiner gerechnet hatte: Die Macht des Plebiszits.[18] Dieses gab Putin den zusätzlichen Spielraum, den er brauchte, um in der Auseinandersetzung mit anderen Machtgruppierungen genügend Vorsprung zu haben, um sich eine Gruppe nach der anderen unterordnen zu können. Allerdings musste der zweite Präsident dazu auch für

---

15 Verschiedene Aspekte der (mangelnden) Entwicklung eines Steuersystems in Russland beleuchten Höhmann et al. 2002.
16 Unter »Machtministerien« werden in Russland die Ressorts Inneres, Verteidigung und Zivilverteidigung sowie das Außen- und Justizministerium verstanden. Ausführlich dazu Taylor 2011: 36ff.
17 »Unter Putin« meint hier und im Folgenden die gesamte Periode seit dem ersten Amtsantritt von Wladimir Wladimirowitsch Putin als Präsident der Russischen Föderation bis zur Gegenwart, obwohl von 2008–2012 Dmitri Anatoljewitsch Medwedew Präsident war. Es ist allerdings kein Geheimnis, dass die Macht tatsächlich die gesamte Zeit wesentlich bei Wladimir Putin und den Kräften, die er vertritt, verblieben war.
18 Mommsen spricht in diesem Zusammenhang von einem »plebiszitären Autoritarismus«, vgl. Mommsen 2009.

beständig hohe Popularitätswerte sorgen – unabhängig davon, ob Wahlen bevorstanden oder nicht.[19]

Dieses plebiszitäre Element führte – auch aus machtstrategischem Kalkül – zur Durchsetzung einer zumindest elementar effizienten Sozialpolitik.[20]

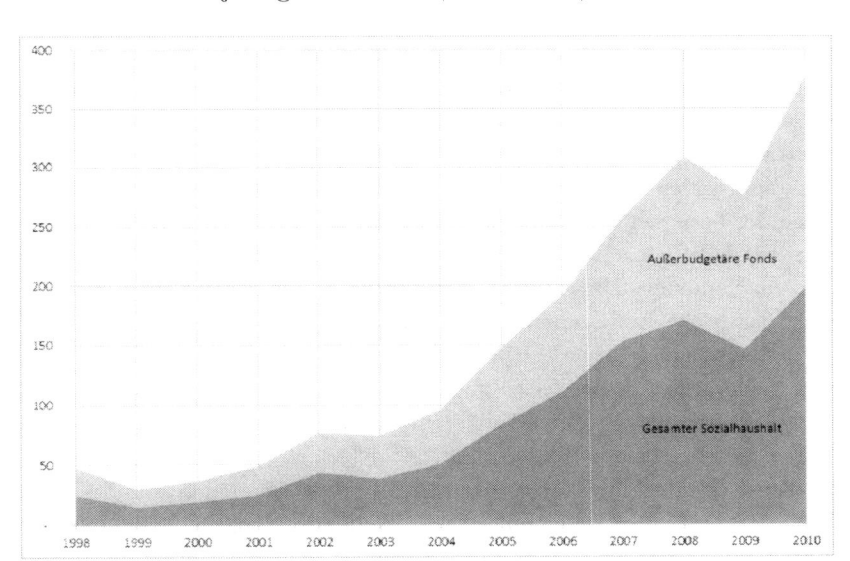

Abb. 1: Gesamte Sozialausgaben in der RF (in Mrd. USD)

Quelle: Staatliches Komitee für Statistik »Rosstat« (www.gks.ru), eigene Berechnungen, Jahresdurchschnittskurs des USD: www.oanda.com

In der ersten und der zweiten Amtszeit Präsident Putins spielte Steuerpolitik eine zentrale Rolle. Dies hängt eng mit der Priorität sozialpolitischer Ziele zusammen. Wie die Abbildung 1 zeigt, fand unter Putin eine enorme Steigerung der sozialpolitischen Ausgaben statt, nämlich, in Dollar umgerechnet, um fast das Zehnfache gegenüber seinem Amtsvorgänger. Diese –

---

19 Eines der wesentlichen Elemente dieser Popularität besteht bis heute in der Abgrenzung Putins von Jelzin, der mit dem Trauma der 90er Jahre assoziiert bleibt: Diese lang anhaltende Wirkung des Traumas der 90er Jahre selbst liegt weniger in einer anhaltenden Verhasstheit des Präsidenten begründet, der Russland den Kapitalismus brachte, als vielmehr in dem Fortwirken der Widersprüche der Transformation bis zum heutigen Tag.

20 Zur russischen Sozialpolitik vgl. Luchterhandt 2011.

sehr beachtlichen – Mehrausgaben waren zu ungefähr der Hälfte als staatliche Haushaltsausgaben (ob auf föderaler, regionaler oder kommunaler Ebene) direkt steuerfinanziert.[21] Man beachte auch den nicht nur für russische Verhältnisse erheblichen absoluten Umfang der sozialpolitischen Ausgaben: Ohne eine kardinale Änderung des russischen Steuersystems wäre eine solche Entwicklung niemals finanzierbar gewesen.

Als zentrales politisches Ziel des so genannten »Putinismus«[22] lässt sich die Wiederherstellung des russischen Staates als Großmacht festhalten.[23] Um der Russischen Föderation als Erbe der sowjetischen Weltmacht eine weltpolitisch relevante Position zu erhalten, musste zunächst das staatliche Gewaltmonopol wiederhergestellt und gegen Konkurrenten aller Art gesichert werden. Dies betraf auch die Hoheit des Staates gegenüber den Wirtschaftssubjekten. Insbesondere um Öl- und Gaseinnahmen zur Überwindung der bestehenden russischen Exportabhängigkeit zu nutzen und national verfügbare nachhaltige Wachstumsquellen zu entwickeln, war nicht nur ein handlungsfähiger Staat erforderlich, sondern auch ein Staat, der über fiskalische Einkommensressourcen verfügte. Und dies bedeutete v.a. die Sicherung der Steuerhoheit gerade gegenüber den größten Beziehern von Einkommen in der Gesellschaft. Umgekehrt war für die Rückgewinnung ökonomischer Souveränität eine Kontrolle und Besteuerung der Wirtschaft entscheidend.[24]

Zur Zeit von Putins Amtsantritt im Jahr 2000 herrschten für diese Politik günstige externe Bedingungen vor: Die internationalen Ölpreise waren auf einem historischen Hoch, bei steigender Tendenz. Allerdings musste die staatliche Souveränität gegen die Eigenmacht einiger regionaler staatlicher Akteure sowie gegen die politischen Ambitionen einiger Wirtschaftsakteure durchgesetzt werden. In der Folge fielen diese Machtkämpfe und die Reform des Steuersystems in Russland zunächst weitgehend zusammen.[25]

---

21 Die so genannten »außerbudgetären Fonds«, aus denen die übrige Hälfte der Sozialausgaben finanziert wurde, werden weiter unten noch ausführlich erläutert, sie entsprechen grob den Sozialkassen im deutschen System.
22 Mit »Putinismus« (engl. Putinism, russ. *putinizm*) ist der hegemoniale politische Diskurs im Russland des dritten Milleniums gemeint. Lehmann fixiert das russische »*putinizm*« als Neologimus (Lehmann 2011: 7).
23 Vgl. Fruchtmann 2001.
24 Besonders ausführlich bespricht Woodruff diesen Zusammenhang, vgl. Woodruff 1999. Vgl. zum Verhältnis von Geld und Souveränität allgemein auch Carruthers 2005.
25 Vgl. Fruchtmann 2002b.

Eine solche Konfrontation war unausweichlich und ließ sich nicht einfach dadurch umgehen, dass Steuerhinterziehungen mit Strafzahlungen sanktioniert wurden. Solche Versuche hatte es bereits früher gegeben und sie waren ohne Erfolg geblieben. Um sich die so genannten Oligarchen unterzuordnen, musste vielmehr zunächst ihre politische Macht gebrochen werden – erst auf dieser Grundlage konnte auch ein souveräner Steuerstaat durchgesetzt werden.

Angesichts der Probleme des russischen Staates, an die benötigten fiskalischen Einnahmen zu kommen, hatte man schon früher versucht, das Zahlungsverhalten der Steuerpflichtigen zu verbessern, indem man Strafen verhängte. Allerdings konnte dies kein effizientes Vorgehen sein, solange einerseits der Staat nicht über die Autorität verfügte, Strafmaßnahmen auch effektiv und vorausberechenbar durchzuführen, und andererseits ein Großteil der Steuerzahler rein ökonomisch schon nicht in der Lage war, Steuern zu zahlen: Wenn schon die Steuern nicht eingetrieben werden konnten, wie sollte dies mit Strafzahlungen gelingen?

Typisch ist daher der in der Abbildung 2 zu beobachtende Verlauf, bei dem eine hohe Anzahl an Strafverhängungen nur zu geringen Erhöhungen der Strafzahlungen führten, und dann in der Folgeperiode wieder unterlassen wurden. Dies änderte sich erst unter Präsident Putin. Den Daten ist zu entnehmen, wie in seiner zweiten Amtszeit 2004–2008 die Eintreibung von ausstehenden Steuern durchgesetzt werden konnte. Voraussetzung dafür war, dass zuvor die Unterordnung der Wirtschaftssubjekte unter den Staat sowie subalterner, regionaler Machthaber unter die Zentrale (»Vertikale der Macht«) durchgesetzt werden konnte.[26]

---

26 Zu letzterem zieht Goode kritisch Bilanz: Goode 2011.

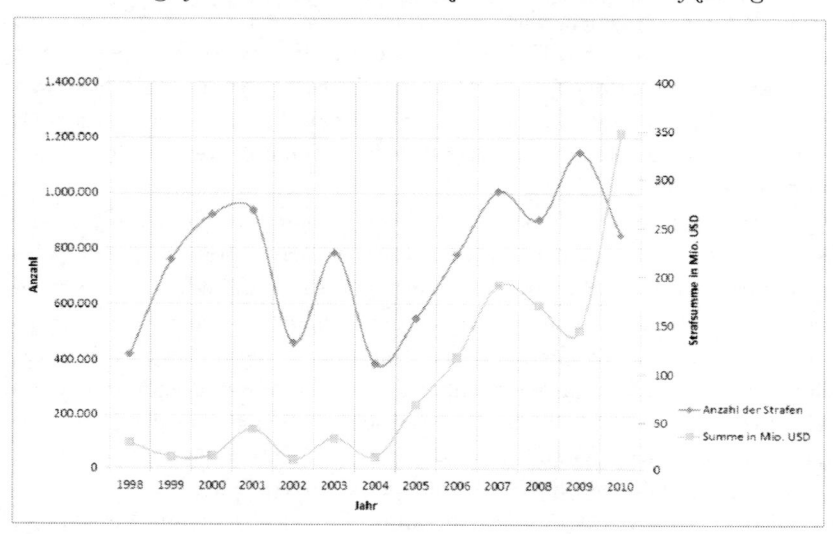

Abb. 2: Durchgreifen der Steuerbehörden: Anzahl und Summe der Strafzahlungen

Quelle: Staatliches Komitee für Statistik »Rosstat« (www.gks.ru)

Zähmung der Oligarchen

An erster Stelle ist die Unterordnung der Oligarchen unter das Primat des Staates zu nennen; die politische Macht dieser Unternehmer musste gebrochen werden. Wie sollte auch sonst eine Gruppe dazu gebracht werden, Steuern zu zahlen, die zuvor noch die Macht hatte, diejenigen politischen Prozesse maßgeblich zu beeinflussen, die über ihre Besteuerung entscheiden? Dieses Ziel wurde unter anderem durch eine exemplarische Kriminalisierung einzelner Großunternehmer durchgesetzt, die später dann auch ins Ausland fliehen mussten (Berezowskij, Gusinskij).[27] Auf diese Weise entstand ein neuer Elitenpakt:[28] Während auf der einen Seite der Staat die Eigentumsrechte der Großunternehmer schützte – auch und gerade vor dem eigenen Zugriff – und sich darauf verpflichtete, die in- und ausländischen Voraussetzungen ihres Geschäftserfolgs zu sichern und zu verbessern, verpflichteten sich die Unternehmer ihrerseits auf eine Unterordnung

---

27 In diesem Kontext ist auch die Verhaftung des ehemaligen Chefs des JuKOS Konzerns Michail Chodorkowskij im Oktober 2003 zu betrachten. Vgl. dazu Loginov 2004.
28 Vgl. dazu Schröder 2008.

gegenüber dem Staat und auf eine reale Abführung steuerlicher Abgaben. Bleibendes Unterpfand dieses Paktes ist die sinnfällige Alternative, die an Michail Chodorkowskij exemplarisch demonstriert wird.[29]

Tatsächlich stiegen die Einnahmen des russischen Fiskus aus Steuerzahlungen allein aus der Erdölwirtschaft bereits 1999–2003 von 2,8 auf 17,9 Milliarden USD, womit ihr Anteil am föderalen Haushalt von 11 auf 21 Prozent nahezu verdoppelt wurde. Betrachtet man den Anteil der Steuer auf Nutzung natürlicher Reichtümer am Steueraufkommen, so ist sehr auffällig, dass dieser sich von 1998 im Ausgangspunkt in den folgenden sechs Jahren bis ins Jahr 2004, von ursprünglich 4 auf 12 Prozent verdreifachte.[30]

Abb. 3: Anteil der Steuer auf Nutzung natürlicher Reichtümer am Gesamtsteueraufkommen

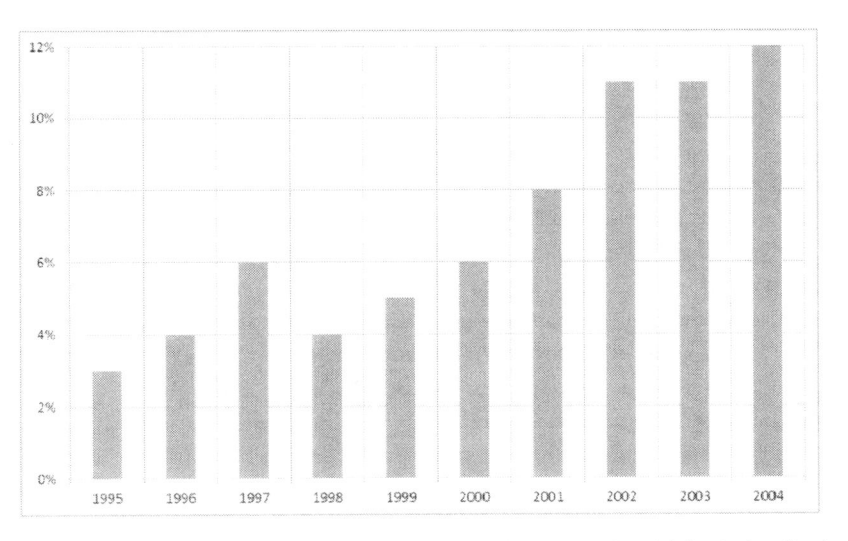

Quelle: Staatliches Komitee für Statistik »Rosstat« (www.gks.ru), Finanzministerium (minfin.ru), eigene Berechnung

---

29 Für eine zusammenfassende Darstellung des Geschehens vgl. Yakovlev 2006; ausführlich auch Binetzky 2012. Zum zweiten Jukos-Prozess vgl. Luchterhandt 2011.
30 Alle Angaben nach Angaben des russischen Finanzministeriums (http://www.minfin.ru, Ministerstvo Finansov Rossijskoj Federacii, zuletzt aufgerufen am 17.05.2012).

Die (in der Abbildung 3 ersichtlichen) wachsenden Anteile am Gesamtsteueraufkommen, die allein auf die Steuer auf Nutzung natürlicher Reichtümer bezogen ist, sind natürlich nicht nur auf die Unterordnung der »Oligarchen« zurückzuführen, sondern auch auf steigende Ölpreise. Festzuhalten ist jedoch, dass unter Putin der massiven Steuerhinterziehung der wenigen erfolgreichen Unternehmer Einhalt geboten wurde, was nicht nur für den Fiskus wichtig war, sondern auch allgemein für den Monetarisierungsgrad der Gesellschaft einen wichtigen Impuls gab.[31]

Erhöhung des Monetarisierungsgrads der Wirtschaft

Die Repatriierung der Petrodollars der Öl- und Gasgiganten (und anderer erfolgreich exportierender Großunternehmen) trug zu Beginn des neuen Jahrtausends wesentlich zur Erhöhung des Monetarisierungsgrads der russischen Wirtschaft bei. Letzteres war wiederum eine der entscheidenden Bedingungen dafür, dass auch ein System der (monetären) Besteuerung durchgesetzt werden konnte.[32]

Das Problem des niedrigen Monetarisierungsgrads der russischen Wirtschaft[33] hatte bereits nach der Krise vom Herbst 1998 begonnen, an Bedeutung zu verlieren. Interessanterweise führte bereits die Krise zu einer Erhöhung des Monetarisierungsgrads der Wirtschaft. Viele Unternehmen hatten mit ihrer Zahlungs- auch endgültig ihre Verschuldungsfähigkeit verloren. Teile ihrer nun uneinbringbar gewordenen Schulden mussten sie nun abschreiben und neue Schulden aufzunehmen war nahezu unmöglich. Gleichzeitig trug die starke Abwertung des Außenwerts des Rubels zu einer Stärkung der Konkurrenzfähigkeit vieler Unternehmen bei, während parallel auch die steigenden Ölpreise einen positiven Einfluss auf die russische

---

31 Bereits im Jahr 2000 sah die Weltbank die großen russischen Energieunternehmen im Zentrum der Ursachen des niedrigen Monetarisierungsgrades, vgl. Pinto et al. 2000, insb. 16–23. Zum Stand der Rolle der »Oligarchen« in Russland aktuell vgl. Sakwa 2008.

32 Friedel/Guriev halten Naturalformen der Lohnzahlung und damit verbundene partikulare Abhängigkeitsverhältnisse für einen der Gründe für die – aus Kapitalsicht – mangelnde Mobilität der russischen Arbeiter, vgl. Friebel/Guriev 1999.

33 Gemeint ist das oben bereits erwähnte hohe Ausmaß an Formen der Umgehung des Rubels durch die Wirtschaftsakteure, sei es durch Formen des Naturaltausches, der Verwendung von Geldsurrogaten oder durch Verwendung von Dollar und Euro in der inländischen Zirkulation; vgl. hierzu beispielsweise Aukutsionek 1998 oder Ledeneva/Seabright 2000.

Wirtschaft ausübten. Insgesamt war so bereits Anfang 1999 eine deutliche Steigerung des Monetarisierungsgrads der russischen Wirtschaft festzustellen.[34] Dies wiederum resultierte in einer Erhöhung des Monetarisierungsgrades der Steuern.

In der Folge lässt sich bereits vor Amtsantritt des Präsidenten Putin zu Beginn des Jahres 2000 eine erste Tendenz zur Remonetarisierung von Steuerzahlungen feststellen.[35] Entscheidend trug zur Monetarisierung der staatlichen Steuereinnahmen allerdings auch die Umlenkung von Unternehmenseinkommen aus dem Bereich der »natürlichen Monopole« auf die nationalen Wirtschaftskreisläufe bei. Dadurch konnte ein beständiges und relativ starkes Wirtschaftswachstum initiiert werden, das auch mit steigenden Löhnen einherging. Im weiteren Verlauf stieg das nationale Lohnniveau nun auf Größenordnungen an, die später auch nennenswerte Steuereinnahmen aus der Einkommenssteuer auf Löhne zuließen. In der Tabelle ist diese Entwicklung nachvollziehbar. Hier wird allerdings auch sichtbar, dass das Vorkrisenniveau der russischen Durchschnittslöhne erst fünf Jahre nach der Krise, zu Beginn der zweiten Amtszeit Putins erreicht wird.

Abb. 4: Entwicklung der Durchschnittslöhne in der Russischen Föderation

Jahr	1995	1996	1997	1998	1999	2000	2001	2002
Durchschnittslohn (USD)	104,-	154,-	164,-	108,-	62,-	79,-	111,-	142,-

Jahr	2003	2004	2005	2006	2007	2008	2009	2010
Durchschnittslohn (USD)	180,-	237,-	301,-	408,-	550,-	608,-	795,-	865,-

Quelle: Bank of Finland (www.bofit.ru)

---

34 Die Erklärung des niedrigen Monetarisierungsgrades in Russland bis zur Jahrtausendwende ist in der Literatur umstritten. Manche halten, v.a. zurückgehend auf eine Studie von Gaddy/Ickes die indirekte staatliche Subventionierung konkurrenzunfähiger Betriebe für die Ursache, vgl. dazu Gaddy/Ickes 2002, oder den Aufsatz Ericson/Ickes 2001, unterstützend Commander et al. 2002. Dagegen sieht Marin die Hauptursachen in mangelnder Liquidität und einem Mangel an Vertrauen (Marin/Schnitzer 2002) und Nesvetailova macht die neoliberale Politik des *Washingtoner Consensus* Ansatzes verantwortlich (Nesvetailova 2004).

35 Non-monetäre Steuerzahlungen sind Formen der (scheinbaren) Begleichung von Steuerpflichten ohne eine tatsächliche Leistung von Geldzahlungen. Der Anteil der non-monetären Steuerzahlungen am konsolidierten Haushalt, das heißt an der Gesamtheit föderaler und regionaler Haushalte, war kontinuierlich bis zum Jahr 2000 auf 16% des Umfangs von 1997 gesunken. Er belief sich damit im Jahr des Amtsantrittes des neuen Präsidenten auf nur noch 6,7% des konsolidierten Haushaltes. Unter Putin setzte sich diese Tendenz fort.

Damit die steigenden Einkommen auch steuerwirksam würden, war allerdings ein zusätzlicher Schritt entscheidend – eine erfolgreiche Bekämpfung der Schattenwirtschaft. Dazu sei hier das Beispiel der Einkommenssteuerreform angeführt (für das Beispiel der Einheitlichen Sozialsteuer s.u.). Die bis dahin progressive Einkommenssteuer wurde unter Putin auf eine einheitliche Rate von 13 Prozent festgesetzt. Dadurch sollten schwarze und v.a. »graue« Lohn- und Gehaltszahlungen »zurück ans Licht« gebracht werden. Nach wie vor ist allerdings der »schwarze« Sektor sehr groß – Schätzungen liegen zwischen ca. 20 Prozent und 50 Prozent. Die Abb. 5 zeigt, wie die Einkommensteuereinnahmen dennoch bis zum Krisenjahr 2008 rapide zunahmen (die Auswirkungen auf die Steuer sind erst im Folgejahr 2009 spürbar).

Abb. 5: Erhebliche Steigerung der Einkommenssteuereinnahmen

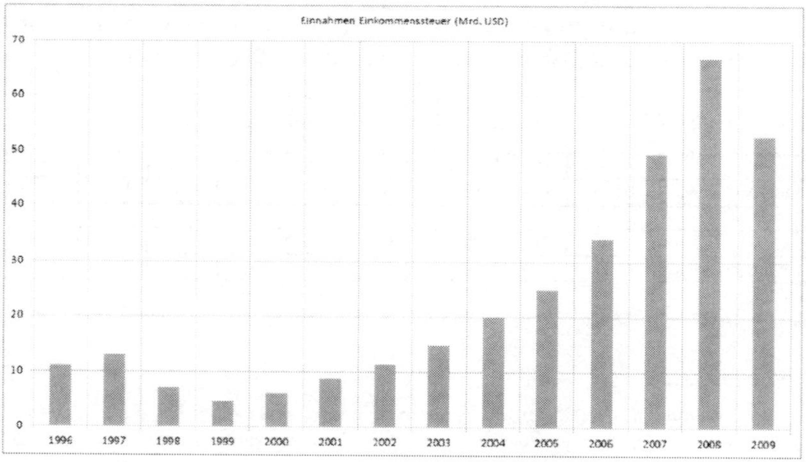

Quelle: Staatliches Komitee für Statistik »Rosstat« (www.gks.ru), Finanzministerium (min-fin.ru), eigene Berechnung

Bei der vorliegenden Darstellung sollte nicht vergessen werden, dass die grundlegenden Widersprüche der Transformation – bei allen Erfolgen der Putin'schen Unterordnung Russlands unter einen modernen Kapitalismus – nicht überwunden sind. Vielmehr beeindrucken diese Erfolge v.a. durch den Vergleich zur Tragödie der 90er Jahre. Als Beispiel sei hier nur darauf hingewiesen, dass die nationale Versorgung mit landwirtschaftlichen Nahrungsmitteln nach wie vor zu ungefähr der Hälfte in privater, subsistenzwirtschaftlicher Eigenproduktion der Haushalte hergestellt wird – also bei minimaler Effizienz auf der »Datscha«, ohne nennenswerte Produktionsmittel, ohne den Einsatz von Technologie, in Handarbeit, oftmals der Frauen. Während einerseits im Zuge des Transformationsprozesses die Kolchosen und Sowchosen dezimiert worden waren, wuchs andererseits kein nennenswertes Agrarkapital an ihrer Stelle. Die angeblich »typisch russischen« Formen der in der Not rettenden Subsistenzwirtschaft[36] hatten in der sowjetischen Periode – außer zu Kriegs- oder Bürgerkriegszeiten – stets wesentlich geringere Ausmaße. Heute zeugen sie von der mangelnden Fähigkeit der russischen Gesellschaft, sich über Geld und an Märkten zu reproduzieren.[37]

Durchsetzung gegen regionale Machthaber

Ein weiteres wesentliches Problem bei der Etablierung eines kapitalistisch funktionalen Steuersystems in Russland bestand in der föderalen Struktur des Landes und den innerelitären Widersprüchen zwischen föderalem Zentrum und regionalen Machthabern (Gouverneuren und Republikspräsidenten). In den 90er Jahren blühten Ansprüche auf regionale Eigenständigkeit auf, bis hin zu separatistischen Tendenzen. Insgesamt drohte ein Zerfall der russischen Föderation. Dies stellte auch eines der wesentlichen Probleme bei der Etablierung eines Steuersystems dar. Staatliche Instituti-

---

36 Die wichtige Rolle der selbstgezogenen Kartoffel für die Sicherung des Überlebens in der Transformation (und im nationalen Selbstbild) zeigt Ries in ihrer ethnographischen Studie (2009).
37 Dies ist so, auch wenn, wie Clarke in seiner Untersuchung zeigt, die Möglichkeit, an agrarisch-subsistenzwirtschaftliche Produktionsmöglichkeiten zu gelangen, inzwischen selbst wiederum abhängig vom Zugang zu Geldverdienstmöglichkeiten ist. Wer besonders arm ist, hat es auch besonders schwer, an eine eigene Datscha zu kommen, vgl. Clarke (1999). Solche Formen der Subsistenzwirtschaft stellen, auch wenn sie keine besteuerbaren Geldeinkommen generieren, nicht nur ein Hindernis der Marktintegration dar. Vielmehr stabilisieren sie zugleich die widersprüchliche Entwicklung, indem sie die sozialen Folgen der Monetarisierung abfedern und zugleich auch einen Beitrag dazu leisten, dass Russland als »Billiglohnland« um Wettbewerbsfähigkeit am Weltmarkt konkurrieren kann. In dieser Hinsicht irrt Ehlers (2010) m.E., der in seinem Reisebericht zu dem Schluss gelangt, die angeblich traditionelle Kultur der familiären Zusatzversorgung, die »eigene Kartoffel«, könnte eine Ressource der alternativen Entwicklung im Gegensatz zur Globalisierung sein, die Abhängigkeiten vom Weltmarkt lindern und ihre Wirkung mäßigen.

onen auf lokaler, regionaler und föderaler Ebene, die selbst an chronischer Mittelknappheit litten, konkurrierten um erzielbare Steuereinkünfte. Die regionalen Machthaber waren bestrebt, sich – meist in Konkurrenz oder im Gegensatz zu föderalen Staatsinstanzen – möglichst viele ökonomische Ressourcen anzueignen, oder den Zugriff auf sie zu sichern. Einige regionale Machthaber errangen dabei de facto sehr weitgehende fiskalische Entscheidungskompetenzen für ihre Regionen und zudem die Kontrolle über einen großen Teil deren staatlichen Eigentums.[38]

Insbesondere die finanzstarken Regionen versuchten, ihre Steuertransfers in den föderalen Haushalt immer weiter zu reduzieren. Einige Republiken wie Tatarstan, Baschkortostan und Jakutien überwiesen zeitweise sogar überhaupt keine Steuern mehr in den föderalen Haushalt und verlangten, dass zur Zahlung in Form einmaliger Transfers auf bilateral-vertraglicher Basis übergegangen würde. Zwischen dem Zentrum und denjenigen Regionen, die ihren Verpflichtungen zum Transfer von Steuereinnahmen in den föderalen Haushalt nicht nachgekommen waren, wurden bilaterale Verträge geschlossen, in denen Übereinkünfte über die Begleichung von Steuerschulden der Regionen an den föderalen Haushalt getroffen und Auflagen für Rücksichtnahmen in den Zahlungsmodalitäten festgelegt wurden. Tatsächlich bedeutete dies, dass die wirklichen Zahlungsströme zur Verhandlungsmasse zwischen Zentrum und Regionen gerieten. In der Folge ließen sich messbare Unterschiede in der fiskalischen Behandlung von Regionen feststellen, die einander zwar ökonomisch und sozial sehr ähnlich waren, sich aber in ihrem politischen Verhältnis zum Zentrum unterschieden.[39]

Unter Putin wurde den gröbsten zentrifugalen Tendenzen ein Ende bereitet. Dies geschah über zum Teil heftige politische Auseinandersetzungen zwischen Zentrum und Regionen, in deren Zuge nicht nur der Föderalismus gesetzgeberisch reformiert und Verwaltungsstrukturen verändert wurden, sondern auch viele Gouverneure ihre Posten verloren.[40] Diese Konflikte schufen die Voraussetzungen, auch den fiskalischen Föderalismus zu

---

38 Ausführlich zur Entwicklung des russischen Föderalismus Brunner (2004) und Heinemann-Grüder 2000.
39 Vgl. Fruchtmann 2007, speziell S. 60ff.
40 In diesem Zusammenhang ist auch der zweite Tschetschenien-Krieg zu sehen, der unter Putin initiiert wurde und der einen endgültigen (und blutigen) Schlussstrich unter sämtliche separatistische Erwägungen mancher regionaler Eliten zog.

ändern.⁴¹ Erst aufgrund der Durchsetzung der unbedingten Autorität des Zentrums, nach der Etablierung der »Vertikale der Macht«, konnte mit einer Normalisierung der Zahlungsströme zwischen Zentrum und Regionen gerechnet werden.

Das Feld des fiskalischen Föderalismus weist vielfache Überschneidungen mit anderen Problembereichen auf, wie etwa der Demonetarisierung, von der die regionalen Haushalte nicht verschont blieben. Die in den 90er Jahren weit verbreitete Praxis non-monetärer Steuerzahlungen hatte auch auf den fiskalischen Föderalismus deutliche Auswirkungen. Zwischen Regionen und Zentrum wurden zunehmend wechselseitig uneinbringbare Schuldforderungen in bilateralen Absprachen verrechnet (die so genannten *wzaimnyje rastschoty*). Solche Schuldverrechnungen nahmen bis 1996 zu, als sie schließlich ein gutes Drittel der gesamten Transfers des Zentrums an die Regionen ausmachten. Es wurden aber nicht nur Steuerschuldbeziehungen zwischen Zentrum und Regionen wie echte Zahlungsbeziehungen verrechnet, auch die regionalen Behörden selbst realisierten ihre Steuereinkünfte bei den örtlichen Unternehmen zu einem großen Teil nur aufgrund solcher Verrechnungen. So legten viele Regionen, um aus Haushaltsverpflichtungen resultierende Zahlungen abzuwickeln, sogenannte *weksely* auf. Praktisch handelt es sich dabei um uneinlösbare Zahlungsanweisungen, die auch an den russischen Börsen gehandelt wurden.⁴²

Über die Genehmigung von Steuerausgleichsgeschäften konnten von den regionalen Machthabern zudem implizite Subventionen bzw. Steuervergünstigungen an ausgesuchte Unternehmen verteilt werden. So erweiterte sich für die Regionen der Spielraum ihrer wirtschaftspolitischen Au-

---

41 Taylor (2011) dagegen ist der Ansicht, dass der »stumpfe« Einsatz von Gewalt, der Ansatz bloßer Unterordnung nicht hinreichend und letztlich kontraproduktiv sei; vgl. 112ff., wo Taylor sich mit der Rolle von Zwang bei der Zentralisierung des russischen Föderalismus auseinandersetzt.

42 Diese Praxis hat, ist sie einmal etabliert, eine Reihe von Vorzügen für die regionalen Administrationen. Da *weksely* auch bei der Zahlung von Steuern zum Nominalwert akzeptiert wurden, brauchten die regionalen Behörden keine konkreten Garantien der Werthaltigkeit der *weksely* aufzubringen, da auf diese Weise auch die Unternehmen erhebliche Mengen an Steuerzahlungen einsparen konnten und deshalb durchaus an der Einnahme von *weksely* interessiert waren. *Weksely* begünstigten auch die Praxis individuell mit örtlichen Unternehmen ausgehandelter Steuernachlässe, vor allem zu Lasten föderaler Steuern und zugunsten informeller lokaler bzw. regionaler Einnahmen. Durch geschickte Vereinbarungen zur nichtmonetären Begleichung von Steuerschulden konnten regionale Haushalte so ihre Einnahmen zu Lasten des föderalen Haushaltes erhöhen. Vgl. Deuber und Schwabe 2012: 67ff.

tonomie. Die Demonetarisierung von Steuerbeziehungen war aufgrund der Intransparenz non-monetärer Praktiken auch geeignet, regionale Haushaltsbilanzen zu verdunkeln und zu manipulieren. Sowohl die Haushaltsdisziplin als auch der Transfer von Steuerzahlungen an das Zentrum konnte von der föderalen Regierung so nur noch schwer nachvollzogen werden. Gerade die regionalen Behörden vermehrten auf diese Weise den Umfang non-monetärer Steuerzahlungen erheblich.[43] Der Anteil non-monetärer Steuereinnahmen an den regionalen Haushaltseinnahmen betrug 1998 über 50 Prozent. Er sank allerdings bereits bis zum Jahr 2000 wieder auf 12 Prozent und wurde unter Putin praktisch eliminiert.[44]

Das zweite bedeutende Feld, auf dem sich Schwierigkeiten des fiskalischen Föderalismus mit anderen Problembereichen des Steuersystems überschneiden, liegt im Bereich der Sozialpolitik. Eine Reform des Steuersystems in Russland musste der Tatsache Rechnung tragen, dass die sozialstaatlichen Funktionen auf allen Ebenen, sei es regional, föderal oder lokal weder formal eindeutig aufgeteilt, noch auch nur annähernd hinreichend finanziert waren. Auch hier wurde unter Putin eine stringente Dominanz des Zentrums gegenüber untergeordneten nationalen föderalen und kommunalen Organisationseinheiten, sowie eine klare Aufteilung der sozialpolitischen Rechte und Pflichten aller staatlich-administrativen Ebenen entlang der »Vertikale der Macht« durchgesetzt.

Neben den Verhaltensmustern des Ringens um Einnahmen und der Vermeidung von Zahlungen zwischen den föderalen und regionalen Instanzen in verschiedenen Formen, war für die 90er Jahre noch eine dritte Verhaltensweise typisch: das Abschieben von mit Zahlungspflichten verbundener sozialpolitischer Verantwortung. Eines der wichtigsten Reaktionsmuster der föderalen Behörden auf Versuche der regionalen Machthaber, sich fiskalische Ressourcen anzueignen, bestand darin, kostenträchtige Aufgaben an die regionalen und kommunalen Haushalte zu delegieren, was schließlich zu einer Verlagerung insbesondere sozialer Pflichten auf die lokale Ebene führte. Im Ergebnis wurden die lokalen Behörden vom Zentrum zu sozialen Ausgaben verpflichtet, die sie aus den ihnen zur Verfügung stehenden Mitteln nicht finanzieren konnten (so genannte *nicht-finanzierte Mandate*). Die Problematik verschärfte sich bis 1997 erheblich und

---

43 Eine sehr kompetente Darstellung non-monetärer Steuerbeziehungen findet sich bei Gorokhovskij 2001.
44 Angaben nach Daten des Finanzministeriums (minfin.ru) bzw. dem staatlichen Dienst für Statistik Roskomstat (www.gks.ru).

trug wesentlich zu den chronischen Defiziten der regionalen und kommunalen Haushalte bei.[45] Unter Putin wurde diese Praxis eingestellt. Dabei wurde gleichzeitig eine Vereinheitlichung und verbindliche Umsetzung von sozialen Abgaben und Leistungen durchgesetzt.

Betrachtet man den Anteil regionaler Sozialausgaben an den gesamten Sozialausgaben, so zeigt sich, wie zunächst in den frühen 90er Jahren die Last vom Zentrum in die Regionen verschoben wurde. Hier hatte das Zentrum erfolgreich die sozialpolitische Verantwortung an die regionale und lokale Ebene abgeschoben. Die Sicherung einer Wiederwahl Jelzins – trotz seiner geringen Popularität – 1996 erforderte allerdings nicht nur die Unterstützung der Wirtschaftsbarone, die elementar daran interessiert waren, dass die Kommunisten die Wahl nicht gewönnen. Wichtig war auch die Unterstützung oder zumindest Duldung der regional Mächtigen, ohne die ein Wahlsieg nicht möglich gewesen wäre. Dies kostete das Zentrum ab 1996 die Übernahme eines größeren Anteils an den sozialstaatlichen Ausgaben, so dass hier wieder eine Verschiebung zugunsten der Regionen beobachtbar ist.

Eine grundlegende Wende fand allerdings erst ab der ersten Amtszeit Putins im Jahr 2000 statt, der mit der Praxis der Abwälzung sozialer Aufgaben auf die Regionen nachhaltig brach.[46] Die Aufteilung der gesamten budgetären Sozialausgaben von 1992–2009 zeigt deutlich, wie sich der Anteil der föderalen Sozialausgaben zunächst in den frühen 90er Jahren auf Kosten der regionalen Sozialausgaben von ungefähr einem Viertel auf ein Siebtel der Gesamtausgaben verringern. Nach 1996 steigt der föderale Anteil auf ungefähr ein Viertel der Gesamtausgaben an. Bis zur zweiten Amtszeit von Präsident Putin 2004 steigt – nun aus anderen Gründen – der föderale Anteil über die Hälfte der budgetären Sozialausgaben und bleibt bis 2009 auf diesem Niveau.[47]

---

45 Die *nicht-finanzierten Mandate* werden ausführlich behandelt in Heinemann-Grüder 2000.
46 Vgl. Fruchtmann 2002a.
47 Angaben nach Daten des staatlichen Komitees für Statistik Roskomstat und des Finanzministeriums, eigene Berechnung.

Sozialpolitik, das Verhältnis zu den Regionen und die außerbudgetären Fonds

Eine wichtige Art der Abgaben, aus denen sozialpolitische Maßnahmen finanziert wurden, bestand aus den Einzahlungen in die so genannten außerbudgetären Fonds (AbF). Sie galten bis zur Einführung der Einheitlichen Sozialsteuer im Jahre 2001, die alle Sozialabgaben zusammenfasste, nicht als Steuer. AbF wurden in der Regel aus föderalen Mitteln gespeist, obwohl sie nicht in die offiziellen Berechnungen zur Regelung der interbudgetären Beziehungen zwischen Zentrum, Regionen und lokalen Behörden eingingen und nicht der gesetzlichen Regelung der interbudgetären Beziehungen zwischen den verschiedenen Haushaltsebenen unterlagen. Das bedeutete, dass Transferzahlungen von Seiten des Zentrums nicht von der Höhe der Einnahmen in diesen Fonds tangiert waren. AbF waren daher für die Finanzierung der regionalen und lokalen Machtebenen von großer Bedeutung und spielten auch im Machtkampf zwischen Zentrum und Regionen eine wichtige Rolle.[48]

Die ihrem Umfang nach wichtigsten AbF waren vor allem die verschiedenen Sozialversicherungen, namentlich der quantitativ bedeutendste Rentenfonds, der auch bis heute ungefähr drei Viertel der AbF ausmacht, der Krankenversicherungsfonds (auf regionaler Ebene 11 Prozent der AbF und auf föderaler Ebene 2 Prozent) sowie der Sozialversicherungsfonds, der für Leistungen wie den Mutterschutz oder die Pflichtversicherung gegen Berufsunfälle und -krankheiten zuständig ist (er macht 9 Prozent der AbF aus).[49] Als AbF bildeten sie bis zur Einführung der einheitlichen Sozialsteuer 2001 keine Bestandteile des konsolidierten Staatshaushaltes und waren formal letztlich nur der Duma unterstellt.

Im Maße der oben bereits angesprochenen Dezentralisierung der sozialen Aufgaben in den frühen 90er Jahren waren die regionalen Behörden auch offiziell befugt worden, diese Fonds teilweise vor Ort selbst zu verwalten. Während der Renten- und der Sozialversicherungsfonds noch unter einer vergleichsweise strikten Aufsicht föderaler Behörden standen,

---

48 Vgl. dazu beispielsweise Easter 1997. Easter behandelt hier das Beispiel der Sverdlovsker Region.
49 Die Zahlen gelten für das Jahr 2010, die Daten stammen vom staatlichen Komitee für Statistik Roskomstat. Die Proportionen sind für die gesamte Zeit relativ stabil. Eine Arbeitslosigkeitsversicherung (der »Beschäftigungsfonds«) gibt es nicht mehr als gesonderte Kasse, diese wurde gleichzeitig mit der Einführung der einheitlichen Sozialsteuer im Jahr 2001 abgeschafft.

wurden aber vor allem der Krankenversicherungs-, der Straßeninstandhaltungs- und der Arbeitsversicherungsfonds vollständig von den regionalen Machthabern kontrolliert. Häufig wurde den regionalen Verwaltungen dieser Fonds Missbrauch und Korruption vorgeworfen.[50]

Diese Entwicklungen zeugen von der engen Verbindung zwischen Fragen der Besteuerung und der Machtkonkurrenz zwischen Zentrum und Regionen einerseits und den Entwicklungsmöglichkeiten von Sozialpolitik andererseits. Die autonome Verfügung über Finanzierungswege war zugleich Machtressource und Ziel dieser Konflikte, wobei sozialpolitische Instrumente soweit möglich als Mittel in diesen Aneignungskämpfen zwischen konkurrierenden staatlichen Instanzen eingesetzt wurden. Eine effiziente Sozialpolitik konnte sich unter diesen Voraussetzungen nicht entwickeln.[51]

Die einheitliche Sozialsteuer und die Einführung eines Kassensystems

Unter Putin wurden die Finanzierungswege der russischen Sozialpolitik grundlegend geändert. Die Einnahmen der AbF waren ursprünglich als Zwangsabgaben auf private Einkommen direkt von den Arbeitgebern eingeholt worden. Mit Blick auf die grassierende Schwarzarbeit, ein hohes Maß an Missbrauch und die außerordentlich geringe Steuerdisziplin führte Putin zu Beginn seiner ersten Amtszeit die Einheitliche Sozialsteuer ein, die vom Arbeitgeber direkt an die Staatshaushalte abzuführen war, wobei verschiedene Anteile für die jeweiligen AbF vorgesehen waren. Die Einheitliche Sozialsteuer war regressiv und rangierte mit Sätzen von 35,6 Prozent bei den niedrigen bis hinunter zu 2 Prozent bei den höheren Löhnen und Gehältern (bis dahin waren die Beiträge mit Sätzen von 5 Prozent bis 39,5 Prozent progressiv geordnet). Der niedrigste Satz galt für Einkommen über 600.000 Rubel jährlich (entspricht zum Jahresdurchschnittskurs 2001 etwa US-Dollar 20.500 US-Dollar), der höchste bei Jahreseinkommen unter 100.000 Rubel (ca. 3.400 US-Dollar).[52] Gesichtspunkte der Steuergerechtigkeit oder der sozialen Gerechtigkeit spielten bei dieser Steuerreform offensichtlich keine Rolle.

---

50 Vgl. dazu Fruchtmann/Pleines 2002: 51ff.
51 Für eine Diskussion der Zusammenhänge von fiskalischem Föderalismus und sozialpolitischer Entwicklung in Russland vgl. Sakwa 2008.
52 Zur einheitlichen Sozialsteuer vgl. Nies 2002.

Die progressive Skala zielte vor allem auf eine Bekämpfung der durchgesetzten Praxis, offiziell einen geringen oder minimalen Lohn auszuweisen, um dann große Einkommensbestandteile unter Umgehung der Steuerbehörden auszuzahlen. Tatsächlich trat unter Putin eine erhebliche Erhöhung des Steueraufkommens ein und aktuelle Untersuchungen lassen vermuten, dass die Maßnahme effizient war.[53]

Mit der Einführung der Einheitlichen Sozialsteuer ging außerdem eine Rezentralisierung nicht nur der sozialpolitischen Pflichten und Ausgaben des Zentrums, sondern auch der sozialpolitischen Einnahmen zum föderalen Zentrum einher. Zudem führte die Steuerreform zu einer deutlichen Eingrenzung unkontrollierter fiskalischer Praktiken auf regionaler und kommunaler Ebene. Insgesamt wurde im Zuge dieser und anderer Reformen zu Beginn des Millenniums ein grundlegendes Maß an zentralstaatlicher Kontrolle über die sozialpolitischen Einnahmen und Ausgaben gegen Schwarzarbeit und zu Ungunsten des selbstständigen Einflusses der Fonds selbst, ebenso wie der regionalen Machthaber, durchgesetzt.

Darauf aufbauend kamen andere Motive der Gestaltung von Steuer- und Sozialpolitik zum Tragen: Im Jahr 2005 wurden die entsprechenden Beitragssätze erheblich verringert – die Höchstsätze der Einheitlichen Sozialsteuer wurden von 35,6 Prozent auf 26 Prozent der Löhne und Gehälter abgesenkt, die daraus resultierende Finanzierungslücke (v.a. in den Rentenkassen) wurde über direkte Finanzierung aus dem föderalen Staatshaushalt kompensiert. Diese allgemeine Entlastung der Unternehmen – sobald sich eine Gelegenheit dazu bot – zeigt deutlich die Orientierung der Sozialpolitik in Russland auf Wachstumsförderung im Sinne einer Stärkung der unternehmerischen Interessen im Land. Allerdings finanzierte sich diese Beitragssenkung im Wesentlichen aus den Stabilisierungsfonds (s.u.), das heißt über steigende staatliche Einnahmen aus dem Export von Rohstoffen, was wiederum vor allem die großen Rohstoffunternehmen betraf. Die Reform hatte insofern zur politischen Voraussetzung, dass der Zentralstaat sich zuvor gegen den Einfluss der wenigen hier tätigen außerordentlich finanzmächtigen und politisch einflussreichen Oligarchen hatte durchsetzen können.

Hatte die Reform von 2005 noch gezeigt, dass die staatliche Senkung der Belastung der Unternehmer mit Optimismus bezüglich der Entwicklung der fiskalischen Einnahmemöglichkeiten einher ging, änderte die

---

53 Vgl. Gorodnichenko et al. 2009.

Weltfinanzkrise (s.u.), die im Herbst 2008 auch die Russische Föderation erreichte, die Situation beträchtlich. Zu Beginn des Jahres 2010 – bereits unter der Präsidentschaft von Dmitri Medwedew, der Putin im Jahr 2008 abgelöst hatte – wurde zwar zunächst die Einheitliche Sozialsteuer zugunsten eines Systems von kassenspezifisch getrennten Pflichtbeiträgen abgeschafft.[54] Damit ist das russische System der Sozialversicherungen inzwischen strukturell vergleichbar mit anderen kassengestützten Sozialsystemen, wie etwa dem der BRD. Die Beitragssätze blieben zunächst auch unverändert. Bereits im Folgejahr jedoch, wurden die Beitragssätze um fast ein Drittel erhöht, womit sie dann bei insgesamt 34 Prozent lagen. Dieser Betrag wurde bei Jahreseinkommen bis 415.000 Rubel (ca. 10.000 EURO) angesetzt. Einkommen oberhalb dieser Grenze wurden nicht mit Abgaben belastet (die Betreffenden sammeln allerdings auch keine Ansprüche). Es bleibt also dabei, dass höhere Einkommen von »sozialpolitischen Belastungen« verschont bleiben und gerade die niedrigen bis sehr niedrigen Einkommen als Quelle der Finanzierung der russischen Sozialpolitik vorgesehen sind. Die Reform zeigt, dass mit der Krise eine gewisse Stabilität der Sozialpolitik bei fortgesetzter Entlastung der Unternehmen zu Ungunsten der großen Rohstoffkonzerne nicht weiter haltbar war.[55]

An den hier vorgenommenen Änderungen ist auffällig, dass sie die Beitragssätze senken, in dem die Belastungsbasis verbreitert wird: Höhere Einkommen werden, bei allgemein niedrigeren Sätzen, nun stärker in die Finanzierung der russischen Sozialpolitik mit einbezogen, so dass im Effekt mit ähnlich hohen Einnahmen zu rechnen ist.[56]

---

54 Diese Abgaben werden allerdings weiterhin von den Arbeitgebern vor Auszahlung der Löhne und Gehälter (und vor Abzug der Einkommenssteuer) an die betreffenden Sozialversicherungen entrichtet.

55 Bemerkenswert (für russische Verhältnisse) ist allerdings auch, dass diese Abgabenerhöhung nach Protesten u.a. von kleinen und mittleren Unternehmern, die durch diese Reform ihre Existenz gefährdet sahen, teilweise zurückgenommen wurde: Im Juni 2011 kündigte der damalige Präsident Dmitri Medwedjew eine vorübergehende Senkung der Sozialabgaben für zunächst zwei Jahre an. Der Gesamtbeitrag zu den Sozialfonds pro Arbeitnehmer wurde von 34% auf maximal 30% reduziert. Kleine Unternehmen in bestimmten Sektoren, welche einem vereinfachten Besteuerungsverfahren unterliegen, sowie Betriebe aus bestimmten geförderten Branchen sollen ab 2012 einen vergünstigten Satz von nur 20% zahlen. Vgl. Dąbrowska 2011.

56 Interessanterweise wurde parallel die Bemessungsgrundlage für die Sozialversicherungsbeträge für beitragspflichtige Arbeitnehmer auf RUB 512.000 erhöht (das entsprach im Mai 2012 ca. EUR 12.500). Die Bemessungsgrundlage bedeutete zuvor, dass von diesem Jahreseinkommen aufwärts keine Beiträge mehr erhoben werden. Aufgrund der Nachbesserung des Gesetzes wurde diese Schwelle nicht nur angehoben – die höheren Ein-

Eine höhere Belastung des nationalen Wohlstandsfonds (dazu im Folgenden mehr) kam offenbar – krisenbedingt – nicht in Frage. Zugleich scheinen hier Gesichtspunkte der Steuergerechtigkeit und des Solidaritätsprinzips zumindest ansatzweise eine Rolle gespielt zu haben – für Russland ebenso bemerkenswert, wie der Umstand, dass die Politik Gesetze in der sozialen Sphäre in Reaktion auf Proteste »von unten« verändert.

Der nationale Wohlstandsfonds

Sozialpolitische Maßnahmen, die nicht von den AbF, sondern vom föderalen und von den regionalen Haushalten durchgeführt werden, finanzieren sich aus diesen Haushalten selbst, also aus Steuereinnahmen und Staatsverschuldung. Seit dem Jahr 2008 aber werden sie zusätzlich aus dem aus rohstoffexportbedingten Sondereinnahmen angelegten so genannten Nationalen Wohlstandsfonds finanziert (der seinerseits ursprünglich Teil des Stabilisierungsfonds war). Hierzu zählen unter anderem Maßnahmen im Bereich der Bildungspolitik, die Auszahlung von Arbeitslosengeld, Zusatzzahlungen zur Rente und die so genannten Vergünstigungen. Da ein Teil der Sozialpolitik aus diesem Fonds finanziert wird, dieser aber relativ komplex funktioniert, sei er hier zunächst kurz erläutert:

In den Stabilisierungsfonds wurden staatliche Einnahmen aus Abgaben auf Öl- und Gasexporte zunächst zur Sicherung der Stabilität der russischen Währung auch bei fallenden Rohstoffpreisen festgesetzt und einer direkten staatlichen Verwendung entzogen. Die »natürlichen Monopole« werden, in Produktion (Produktionssteuer) und Export (Zölle), nach dem 2001 eingeführten System in direkter Abhängigkeit vom monatlich angesetzten Erdölpreis besteuert. Bis zu einer Größe von 3,5 Prozent des prognostizierten BIP werden diese Einnahmen direkt in den föderalen Haushalt eingespeist. Darüber hinausgehende Einnahmen wurden seit 2004 in den Stabilisierungsfonds (heute: Reservefonds) gelenkt und dienten der Sicherung der internationalen Glaubwürdigkeit der russischen Zahlungsfähigkeit und damit der Währungsstabilität. Seit 2008 werden Beträge, die über 10 Prozent des BIP hinausgehen, in den Nationalen Wohlstandsfonds geleitet und können ertragreicher (und riskanter) angelegt werden.

---

kommen werden nach der neuen Regelung nun doch auch zur Rentenversicherung beitragen, wenn auch nur mit pauschal 10%. Ausführlich zur Reform auch: Forschungsstelle Osteuropa 2011.

Dieser Fonds wird insbesondere für soziale Projekte (Wohnungsbau, Gesundheitswesen) eingesetzt.

Im Jahre 2008 wurde der Stabilitätsfonds in den Reservefonds, der die währungspolitischen Aufgaben des Stabilitätsfonds fortsetzt, und den nationalen Wohlstandsfonds aufgeteilt. Aus letzterem werden unter anderem die so genannten Nationalen Projekte finanziert, für die bis zu seinem Amtsantritt 2008 der heutige Ministerpräsident der russischen Föderation Dmitri Medwedew zuständig war. Diese wurden im Jahre 2006 initiiert, um ergänzende Maßnahmen zur Förderung des Wohnungsbaus, im Bereich des Gesundheitswesens, der Bildungspolitik und zur Förderung der Landwirtschaft durchzuführen. Der Umfang der Projekte betrug anfänglich regelmäßig umgerechnet ca. 5 Milliarden Euro ab 2011 wird dieser Betrag zunächst für drei Jahre auf umgerechnet über 12 Milliarden EURO pro Jahr angehoben.[57]

Putinismus in der Krise: Widersprüche der Steuer- und Sozialpolitik

Die im Winter 2008 einsetzende globale Finanz- und Wirtschaftskrise traf zunächst auch Russland schwer. Sie führte zu einer Schmälerung der staatlichen Einkommen und gleichzeitig zu einem wachsenden sozialpolitischen Handlungsbedarf: Dass die sozialen Auswirkungen der Krise letztlich weniger dramatisch ausfielen, als zunächst angenommen, hängt nicht zuletzt mit einem erheblichen Rückgriff auf staatliche Finanzen zusammen. Dazu wurden die nationalen Reserven stark belastet.[58] Während der Krise war klar, dass gerade sozialstaatliche Funktionen besonders große Wichtigkeit haben würden – an den sozialen Ausgaben, die bislang aus dem nationalen Wohlstandsfonds finanziert wurden, sollte daher nicht gespart werden. Aus diesem Grund wurde erstmals auf den Reservefonds als Finanzierungsquelle sozial- und wirtschaftspolitischer Maßnahmen zurückgegriffen. Dadurch ist der Reservefonds von einem Stand von knapp 140 Milliarden US-

---

57 Mit dem Wohlstandsfonds und den politischen und diskursiven Prozessen der Entscheidungsfindung über seine Größe, Finanzierung und Verwendung befasst sich Eva Dąbrowska 2011; ihre Dissertation zum Thema ist noch nicht publiziert.
58 Zur Wirtschaftsentwicklung seit Einsetzen der Krise vgl. Gieler et al. (im Erscheinen).

Dollar noch im Frühjahr des Jahres 2009 auf ungefähr 25 Milliarden US-Dollar im Winter 2011 gesunken.[59] Es scheint, dass eine erneute schlagartige Belastung, in der Art wie sie im Winter 2008 auftrat, die Leistungsfähigkeit der russischen Wirtschaft und ihrer Reserven übersteigen würde. Auch wenn die Krisenbedrohungen aktuell abgewendet zu sein scheinen – ein weiteres Mal wird es vermutlich nicht möglich sein, zwei wesentliche Ziele der russischen Politik gleichzeitig zu realisieren: sowohl einen stabilen Außenwert der Währung, als auch zugleich eine kontinuierliche Verbesserung der sozialen Lage der Bevölkerung – oder zumindest die Stabilität des bisher erreichten »Wohlstands« – zu gewährleisten. Diese prekäre Situation der russischen Steuer- und Wirtschaftspolitik führte zu einer Verschärfung der Widersprüche und Konflikte innerhalb der russischen Eliten.[60] Diese Konflikte zeugen von den schwierigen politischen Alternativen der Krisenlage, nämlich dass sozial- und währungsstabilitätspolitische Ziele der russischen Politik verschärft miteinander konkurrieren.[61]

Fazit

Am Fall der Durchsetzung eines modernen kapitalistischen Steuerstaates in Russland werden bestimmte Voraussetzungen seiner Entwicklung und mithin auch der Entwicklungsmöglichkeiten von Sozialpolitik deutlich: Damit der Staat Steuern einnehmen kann, sind erstens monetäre Einkommen in der Gesellschaft vorausgesetzt, das heißt besteuerbare Geldeinkommen. In Russland musste dies zunächst noch in einem Prozess der Monetarisierung durchgesetzt werden. Zugleich werden gerade dadurch

---

59 Angaben nach Daten des Finanzministeriums (minfin.ru), eigene Berechnung unter Zugrundelegung des durchschnittlichen Wechselkurses der betreffenden Jahre (Grundlage: www.oanda.com).

60 Vor diesem Hintergrund ist vermutlich auch die Entlassung des vormaligen Finanzministers Alexej Kudrin zu sehen. Der damalige russische Präsident Dmitri Medwedew entließ Ende September 2011 Kudrin aus allen Ämtern, da er Einwände gegen seine Wirtschafts- und Steuerpolitik habe. Am Vortag hatte dieser in einem Interview in Washington von »unüberbrückbaren Differenzen« gesprochen. Schließlich trat Kudrin sogar auf den »antiputinistischen« Demonstrationen der Opposition auf.

61 Vgl. Fruchtmann (im Erscheinen).

sozialpolitische Handlungsbedarfe immer dringender, zu deren Finanzierung wiederum ein fiskalischer Durchgriff erforderlich wäre.

Dabei spielt staatliche Gewalt eine zentrale Rolle: Ein Staat, der in seiner Gesellschaft Kapitalismus durchsetzt, kann sich offenbar nicht auf Dauer »aus der Wirtschaft heraushalten«, sondern muss zweitens elementar in die wirtschaftlichen Transaktionen der Bürger Einblick haben und Kontrolle über sie und auch Zugriff auf die Erträge ihrer Transaktionen ausüben. So zumindest konzeptualisiert der Putinismus das Problem.

Das wiederum verlangt – aus Sicht des russischen nationalen Diskurses – nicht nur eine erfolgreiche Bekämpfung der Schattenwirtschaft, sondern auch ein funktionierendes Gewaltmonopol des Staates, im russischen Fall insbesondere drittens eine gewisse Selbstständigkeit der Staatsmacht gegenüber alternativen Machtansammlungen von Seiten der wirtschaftsmächtigen »Oligarchen« und des Zentrums gegenüber regionalen Machthabern (Gouverneure und Republikspräsidenten). Entscheidend, so lässt sich annehmen, war die Unterordnung der so genannten »Oligarchen« unter das Primat des Staats auch deswegen, weil bei ihnen die größten Geldeinkommen vorlagen, die fiskalisch noch zu erschließen waren.

Gesichtspunkte der Steuergerechtigkeit spielten dabei in Russland – wenn überhaupt – eine sehr untergeordnete Rolle. Und doch ist es gerade die Steuerpolitik, die – mit aller Gewalt gegen Machtkonkurrenten – die Grundlage für den Aufbau grundlegender Elemente eines Sozialstaats geschaffen hat. Der Verlauf der hier beschriebenen Reformen bezeugt, dass Gesichtspunkte der Steuergerechtigkeit, des sozialen Ausgleichs oder auch nur des Solidaritätsprinzips bislang wenn, dann nur auf Druck »von unten« zum Tragen kamen, wobei die russische Gesellschaft sich (bislang noch) durch einen besonders niedrigen Grad an sozial motivierter Konfliktbereitschaft auszeichnet.

Literatur

Abdelal, Rawi (2003), »Contested Currency. Russia's Rouble in Domestic and International Politics«, in: *The Journal of Communist Studies and Transition Politics*, 19 (2), S. 55–76.

Aukutsionek, Sergej (1998), »Industrial barter in Russia«, in: *Post-Communist Economies*, 10 (2), S. 179–188.

Binetzky, Brand &. Partner (2012), *Versicherungsbeiträge und Einkommenssteuer in 2012: Wichtige Änderungen,* http://portal.wko.at/wk/dok_detail_file.wk?angid=1&do cid=1832534&conid=622142, 29.05.2012.

Brunner, Georg, (2004) (Hg.), *Der russische Föderalismus. Bilanz eines Jahrzehnts,* Münster.

Carruthers, Bruce G. (2005), »The sociology of Money and Credit«, in: Neil J. Smelser/Richard Swedberg, *The handbook of economic sociology,* Princeton, S. 355–378.

Christensen, Paul Thomas (1999), *Russia's workers in transition. Labor, management, and the state under Gorbachev and Yeltsin,* Dekalb.

Clarke, Simon (1999), *New forms of employment and household survival strategies in Russia,* Coventry.

Commander, Simon/Dolinskaya, Irina/Mumssen, Christian (2002), »Determinants of barter in Russia. an empirical analysis«, in: *Journal of Development Economics,* 67 (2), S. 275–307.

Dąbrowska, Eva (2011), »Steuerung der wirtschaftlichen Entwicklung in einer undemokratischen institutionellen Ordnung. Sachpolitik oder Manipulation?«, in: Forschungsstelle Osteuropa (Hg.), *Rückkehr zum Autoritarismus? Vormoderne, Moderne und Postmoderne im postsozialistischen Europa. Beiträge für die 19. Tagung Junge Osteuropa Experten,* Bremen.

Deuber, Gunter/Schwabe, Andreas (2012), »Kurz- und mittelfristige Wirtschaftsperspektiven in Russland«, in: *Russland Analysen,* 234, S. 2–5.

Easter, Gerald M. (2008), »Capacity, consent and tax collection in post-communist states«, in: Brautigam, Deborah/Moore, Mick/Fjeldstad, Odd-Helge (Hg.), *Taxation and state-building in developing countries. Capacity and consent,* New York/Cambridge, S. 64–88.

— (1997), »Redefining centre-regional relations in the Russian federation: Sverdlovsk oblast«, in: *Europe-Asia Studies,* 49 (4), S. 617–635.

Ehlers, Kai (2010), *Kartoffeln haben wir immer. Überleben in Russland zwischen Supermarkt und Datscha,* Bad Honnef.

Ericson, Richard E./Barry W. Ickes (2001), »A Model of Russia's 'Virtual Economy.'«, in: *Review of Economic Design,* 6 (2), S. 185–214.

Forschungsstelle Osteuropa (2011) (Hg.), *Rückkehr zum Autoritarismus? Vormoderne, Moderne und Postmoderne im postsozialistischen Europa,* Beiträge für die 19. Tagung Junge Osteuropa Experten, Bremen.

Friebel, Guido/Guriev, Sergei (1999), »Why russian workers do not move. Attachment of Workers Through In-Kind Payments«, in: *RECEP Working Paper,* 2, Moscow.

Fruchtmann, Jakob (im Erscheinen), »Die russische Sozialpolitik«, in: Gieler, Wolfgang/Bellers, Jürgen/Porsche-Ludwig/Markus (Hg.), *Handbuch Sozialpolitiken der Welt,* Politik: Forschung und Wissenschaft, Bd. 31.

— (2007), »Die Entwicklung des russischen Föderalismus. Eine Zwischenbilanz«, in: Buhbe, Matthes/Gorzka, Gabriele (Hg.), *Russland heute. Rezentralisierung des Staates unter Putin*, Wiesbaden, S. 51–74.

— (2002a), »Soziale Implikationen der Steuerreform und der Diskurs der ›sozialen Frage‹«, in: Höhmann, Hans-Hermann/Fruchtmann, Jakob/Pleines, Heiko (Hg.), *Das russische Steuersystem im Übergang. Rahmenbedingungen, institutionelle Veränderungen, kulturelle Bestimmungsfaktoren. Analysen zur Kultur und Gesellschaft im östlichen Europa*, Bd. 12, Bremen, S. 278–297.

— (2002b), »Steuern durch Macht – Macht durch Steuern. Die russische Steuerpolitik unter Putin«, in: *Osteuropa*, 52 (3), S. 346–361.

— (2001), »Putins Versuch einer Rekonstruktion Rußlands: Anmerkungen zum Stil des neuen Präsidenten«, in: Höhmann, Hans-Hermann (Hg.), *Kultur als Bestimmungsfaktor der Transformation im Osten Europas. Konzeptionelle Entwicklungen - empirische Befunde. Analysen zur Kultur und Gesellschaft im östlichen Europa*, Bd. 10, Bremen, S. 104–123.

— /Pleines, Heiko (2002), *Wirtschaftskulturelle Faktoren in der russischen Steuergesetzgebung und Steuerpraxis*, Münster.

Gaddy, Clifford G./Ickes, Barry William (2002), *Russia's virtual economy*, Washington.

Gieler, Wolfgang/Bellers, Jürgen/Porsche-Ludwig, Markus (Hg.), (im Erscheinen), *Handbuch Sozialpolitiken der Welt*, Politik: Forschung und Wissenschaft, Bd. 31.

Goode, James Paul (2011), *The decline of regionalism in Putin's Russia. Boundary issues*, Milton Park, Abingdon, Oxon, New York.

Gorodnichenko, Yuriy/Martinez-Vazquez, Jorge/Sabirianova Peter, Klara (2009), »Myth and Reality of Flat Tax Reform. Micro Estimates of Tax Evasion Response and Welfare Effects in Russia«, in: *Journal of Political Economy*, 117 (3), S. 504–554.

Gorokhovskij, Bogdan (2001), *Non-monetäre Steuerzahlungen im post-sowjetischen Russland*, Arbeitspapiere und Materialien, Forschungsstelle Osteuropa, Bremen.

Heinemann-Grüder, Andreas (2000), *Der Heterogene Staat. Föderalismus und regionale Vielfalt in Russland*, Berlin.

Höhmann, Hans-Hermann/Fruchtmann, Jakob/Pleines, Heiko (2002) (Hg.), *Das russische Steuersystem im Übergang. Rahmenbedingungen, institutionelle Veränderungen, kulturelle Bestimmungsfaktoren*, Analysen zur Kultur und Gesellschaft im östlichen Europa, Bd. 12, Bremen.

Ledeneva, Alena V./Seabright, Paul (2000), »Barter in Post-Soviet Societies. What Does It Look Like and Why Does It Matter?«, in: Seabright, Paul (Hg.), *The vanishing rouble. Barter networks and non-monetary transactions in post-Soviet societies*, Cambridge, S. 93–113.

Lehmann, Volkmar (2011), »Expansion der Lexik. Die Funktionen der Neologismusbildung am Beispiel des Russischen«, in: *Die Welt der Slaven*, 56, S. 1–15.

Loginov, Evgenii Leonidovich (2004), *»Oligarcicheskie« biznes-gruppy. Metody otmyvanija deneg i uklonenija ot uplaty nalogov*, Krasnodar.

Luchterhandt, Otto (2011), »Der zweite JUKOS-Strafprozess gegen Michail Chodorkowskij und Platon Lebedew«, in: *Russland Analysen*, 214, S. 2–14.

Marin, Dalia/Schnitzer, Monika (2002), *Contracts in trade and transition. The resurgence of barter*, Cambridge (Mass).

Mommsen, M. (2009), »Plebiszitärer Autoritarismus in Russland: Der Wandel seit 2000«, in: Macków, Jerzy (Hg.), *Autoritarismus in Mittel und Osteuropa*, Wiesbaden, S. 241–261.

Nerré, Birger (2006), *Steuerkultur und Steuerreform*, Münster.

Nesvetailova, Anastasia (2004), »Coping in the Global Financial System. The Political Economy of Nonpayment in Russia«, in: *Review of International Political Economy*, 11 (5), S. 995–1021.

Nies, Susanne (2002), »Die einheitliche Sozialsteuer und die Reform des russischen Sozialversicherungssystems«, in: *Osteuropa Wirtschaft*, 47 (1), S. 60–73.

Pappe, Jakov Shajavich (2000), *»Oligarkhi«: ekonomicheskaja khronika 1992–2000*, Moskva.

Pappe, Jakov Shajavich/Galukhina, Yana Sergeevna (2009), *Rossijskij krupnyj biznes. Pervye 15 letekonomicheskie khroniki 1993–2008*, Moskva.

Pinto, Brian/Drebentsov, Vladimir/Morozov, Alexander (2000), *Dismantling Russia's nonpayments system. Creating conditions for growth*, http://www-wds.worldbank. org/external/default/WDSContentServer/WDSP/IB/2000/08/14/00009494 6_00072405371431/Rendered/PDF/multi_page.pdf.

Pleines, Heiko (2003a), *Der politische Einfluß von Wirtschaftseliten in Rußland: die Banken in der Ära Jelzin*, Bremen.

— (2003b), *Wirtschaftseliten und Politik im Russland der Jelzin-Ära (1994–99)*, Münster.

Ries, Nancy (2009), »Potato Ontology: Surviving Postsocialism in Russia«, in: *Cultural Anthropology*, 24 (2), S. 181–212.

Sakwa, Richard (2008), »Putin and the Oligarchs«, in: *New Political Economy*, 13 (2), S. 185–191.

Schröder, Hans-Henning (2008), »What kind of political regime does Russia have?«, in: White, Stephen (Hg.), *Politics and the ruling group in Putin's Russia. Studies in central and eastern Europe*, Basingstoke/New York, S. 1–26.

— (2001), »Mächte im Hintergrund. Die Rolle von ›Familie‹ und ›Oligarchen‹ im politischen Kräftespiel«, in: Höhmann, Hans-Hermann/Schröder, Hans-Henning (Hg.), *Russland unter neuer Führung. Politik, Wirtschaft und Gesellschaft am Beginn des 21. Jahrhunderts*, Agenda Zeitlupe, Bd. 18, Münster.

Sievert, Stephan/Zacharov, Sergei/Klingholz, Reiner (2011), *Die schrumpfende Weltmacht. Die demografische Zukunft Russlands und der anderen post-sowjetischen Staaten*, Berlin.

Steffen, Olaf (1997), *Die Einführung des Kapitalismus in Russland. Ursachen, Programme und Krise der Transformationspolitik*, Osteuropa: Geschichte, Wirtschaft, Politik, Bd. 16, Berlin.

Taylor, Brian D. (2011), *State building in Putin's Russia. Policing and coercion after communism*, Cambridge/New York.

Volkov, V. (2000), »Organized Violence, Market Building, and State Formation in Post-Communist Russia«, in: Ledeneva, Alena V./Kurkchiyan, Marina (Hg.), *Economic crime in Russia*, The Hague, S. 43–61.

Woodruff, David (1999), *Money unmade. Barter and the fate of Russian capitalism*, Ithaca.

Yakovlev, A. (2006), »The evolution of business-state interaction in Russia: From state capture to business capture?«, in: *Europe-Asia Studies*, 58 (7), S. 1033–1056.

Alterssicherung zwischen Privilegien und sozialen Rechten: Befunde aus Lateinamerika

Katharina Müller

Bereits vor mehr als 60 Jahren wurde proklamiert, dass jeder als Mitglied der Gesellschaft das Recht auf soziale Sicherheit hat (Art. 22, Allgemeine Erklärung der Menschenrechte). In Lateinamerika ist der Zugang zu sozialer Sicherheit im Alter jedoch kein soziales Recht, sondern ein Privileg, das nur wenige genießen. Die bestehenden formellen Rentensysteme sichern vorwiegend die städtische Bevölkerung im formellen Sektor ab. Zwei Drittel der Erwerbsbevölkerung des Subkontinents sind hingegen von der Mitgliedschaft in diesen Systemen und damit auch vom künftigen Leistungsbezug ausgeschlossen. Insbesondere Frauen bleiben damit überdurchschnittlich häufig im Alter unversorgt (Mesa-Lago 2008).

Umso bemerkenswerter ist die Tatsache, dass es in Bolivien bereits seit fünfzehn Jahren ein Rentenprogramm gibt, das allen Bürgerinnen und Bürgern offensteht. Die unter dem Namen *Bonosol* eingeführte und heute als *Renta Dignidad* (»Würde-Rente«) bekannte Grundrente ist universell und nicht beitragsfinanziert. Weder Bedürftigkeit noch vorherige Beitragszahlung sind also Vorbedingungen für den Leistungsbezug. Eine solche Dekommodifizierung der Alterssicherung ist in Lateinamerika bisher einzigartig. Obwohl Altersarmut weit verbreitet ist (Barrientos 2006), leistet sich nur Bolivien eine universelle Transferleistung im Alter.

Die Relevanz der bolivianischen Erfahrung geht weit über Lateinamerika hinaus. In den letzten zehn Jahren haben nicht beitragsfinanzierte Formen der Alterssicherung auf internationaler Ebene erheblich an Aufmerksamkeit gewonnen und wurden zuletzt in der »Social Protection Floor Initiative«[1] der UN verankert (ILO 2011). Erst kürzlich stellte der IWF den

---

1 Die maßgeblich von ILO und WHO getragene »Social Protection Floor Initiative« strebt an, den Zugang zu Sozialtransfers sowie zu (Gesundheits-)Dienstleistungen zu generalisieren. Sie wurde im Jahre 2009 vom *Chief Executive Board* der UN als eine von neun Initiativen zur Bewältigung der Effekte der internationalen Wirtschafts- und Finanzkrise anerkannt.

Beitrag der *Renta Dignidad* zur Erreichung der Millenniumsziele heraus (2011: 16). Es muss daher überraschen, dass die innovative bolivianische Grundrente in der wissenschaftlichen Literatur bislang kaum rezipiert wurde.[2]

Dieser Beitrag untersucht am Beispiel der bolivianischen Grundrente das Spannungsverhältnis zwischen Privilegien und sozialen Rechten in der lateinamerikanischen Alterssicherung. Dabei stehen zwei Fragen im Mittelpunkt. Zum einen wird gefragt, wie die Grundrente innerhalb des bolivianischen Alterssicherungssystems etabliert werden konnte, wobei an Überlegungen zur politischen Ökonomie von Rentenreformen angeknüpft wird (Müller 1999, 2003).[3] Zum anderen wird gefragt, wie die bolivianische Grundrente *(Bonosol* bzw. *Renta Dignidad)* in Bezug auf ihre Alterssicherungsfunktion zu beurteilen ist, wozu die vorhandenen empirischen Befunde – sowohl qualitativer als auch quantitativer Natur – aus sozialpolitischer Perspektive untersucht werden. Zur regionalen und konzeptionellen Kontextualisierung des bolivianischen Falles wird ein Überblick über die verschiedenen Modelle der Alterssicherung in Lateinamerika vorangestellt.

Modelle der Alterssicherung in Lateinamerika

In einigen Industrienationen reicht die Einführung formeller Alterssicherungssysteme bis ins 19. Jahrhundert zurück. Es ist weniger bekannt, dass auch in Lateinamerika bereits vor mehr als 90 Jahren ähnliche Systeme etabliert wurden (Mesa-Lago 1978).

Bereits 1889 war das weltweit erste staatliche Rentensystem von Reichskanzler Bismarck in Deutschland eingeführt worden. Dem »Bismarck-Modell« kam bis zum 2. Weltkrieg eine konkurrenzlose Pionier- und Vorbildfunktion vor allem in West- und Mitteleuropa zu. Das Bismark'-

---

2 Ausnahmen bilden Martinez 2004; Aponte et al. 2006; Willmore 2006; Müller 2004, 2009, 2011; Yanez-Pagans 2008; Ossio 2009; Ticona Gonzales 2011.

3 Wurde der Begriff »Politische Ökonomie« im 18. Jahrhundert zunächst als Synonym für das Gebiet der Volkswirtschaftslehre verwendet, dem die Autorin entstammt, so wurde er im 20. Jahrhundert sowohl für marxistische Analysen als auch für Arbeiten der Chicagoer Schule verwendet. In den 1990er Jahren etablierte sich das disziplinenübergreifende Forschungsgebiet der Politischen Ökonomie der Reformen, das politisch-ökonomische Interaktionen beleuchtet und auch für Reformen der Alterssicherung fruchtbar gemacht werden konnte (Müller 1999: 48ff. und 2003: 7ff.).

sche Sozialversicherungsmodell sieht eine beitragsfinanzierte Pflichtversicherung vor, die in erster Linie abhängig Beschäftigte absichert. Die Bemessung der Leistung erfolgt auf der Grundlage des zuvor erzielten individuellen Einkommens, das primäre Ziel ist also die Statussicherung. Ein rivalisierendes Modell, das sich konzeptionell grundlegend vom Bismark'schen Ansatz unterscheidet, wurde im Jahre 1942 durch den Reformplan etabliert, den der Ökonom Beveridge im Auftrag des britischen Arbeitsministeriums für das Sozialsystem seines Landes vorlegte. Im »Beveridge-Modell« sind alle Bürgerinnen und Bürger leistungsberechtigt und erhalten eine steuerfinanzierte Transferleistung, wobei auf jegliche Form der Bedürftigkeitsprüfung verzichtet wird. Das Modell ermöglicht eine universelle Grundsicherung im Alter.

War die europäische Alterssicherung fortan von der Koexistenz und Konkurrenz dieser beiden Modelle geprägt, so orientierten sich die lateinamerikanischen Rentensysteme jahrzehntelang ausschließlich am Bismarck-Modell. Anders als in den ehemaligen britischen Kolonien in Afrika und Asien spielte das Beveridge-Modell in Lateinamerikas Alterssicherung keine Rolle. Brasilien, Chile, Kuba und Uruguay, wo bereits in den 1920er Jahren Rentenversicherungen Bismarck'scher Prägung eingeführt wurden, waren die regionalen Vorreiter. Die Genese der lateinamerikanischen Sozialversicherungen spiegelte die herrschenden Legitimations- und Integrationsformen wie Populismus und Korporatismus wider (Mesa-Lago 1978). Die einflussreichsten Gruppen, v.a. Militärs, Staatsangestellte und Gewerkschaften in Schlüsselsektoren, wurden zuerst und am umfassendsten abgesichert, während schwächere gesellschaftliche Gruppen – vorwiegend Menschen, die im informellen Sektor, in der Landwirtschaft oder in Privathaushalten tätig waren – im Alter meist unversorgt blieben. Das gleiche galt für Frauen, da die Anforderungen der Leistungssysteme primär auf männliche Erwerbsbiographien zugeschnitten waren.

In den 1980er Jahren geriet der periphere Wohlfahrtsstaat Lateinamerikas unter Beschuss. Kritisiert wurde die städtische Schlagseite (*urban bias*) der formellen Sicherungssysteme und deren stratifizierter Charakter, der bestehende gesellschaftliche Privilegien eher zementierte als sie zu nivellieren. An eine tiefe Wirtschaftskrise und einschneidende Strukturanpassungsprogramme von IWF und Weltbank, die zur finanziellen Unterminierung der staatlichen Sozialsysteme beitrugen, schlossen sich die neoliberalen Reformpolitiken der 1990er Jahre an. Der so genannte *Washington Consensus* erwartete vom Markt prinzipiell bessere Ergebnisse als vom Staat. Im

Bereich der Alterssicherung bedeutete dies, dass nach chilenischem Vorbild ein Übergang vom staatlichen Bismarck-System hin zu privatwirtschaftlich organisierten Pensionsfonds erfolgten sollte. Durch die Privatisierung seiner Alterssicherungssysteme schien Lateinamerika – jedenfalls aus neoliberaler Perspektive – zeitweilig zu einer globalen Vorreiterregion geworden zu sein. Die Relevanz der lateinamerikanischen Rentenprivatisierungen, die unter der Ägide der Weltbank bis nach Osteuropa ausstrahlten (Müller 2003, 2006), lag indes nicht in der Entwicklung eines neuen Alterssicherungskonzeptes. Vielmehr wurden Reformvorschläge, die neoliberale US-Ökonomen entwickelt hatten, erstmals in die Praxis umgesetzt. So wurde ein Präzedenzfall für den radikalen Paradigmenwechsel in der Alterssicherung – von der Umlage zur Kapitaldeckung und vom Staat zum Markt – geschaffen (Müller 1999).

Seit den 1990er Jahren stehen in der lateinamerikanischen Alterssicherung also zwei Systemtypen einander gegenüber, wobei die umlagefinanzierten Bismarck-Systeme und die (teil)privatisierten, kapitalgedeckten Rentensystemen zahlenmäßig etwa gleich stark sind.[4] Bei allen Unterschieden, die diese beiden Typen aufweisen und die in der Vergangenheit intensiv diskutiert worden sind (vgl. Barr/Diamond 2008), haben sie doch eine verteilungsrelevante Gemeinsamkeit: Sowohl das staatliche Umlagesystem als auch die privaten kapitalgedeckten Pensionsfonds sind beitragsfinanziert. Dieses gemeinsame Merkmal impliziert, dass beide Organisationsformen der Alterssicherung auf die städtische Bevölkerung beschränkt bleiben und männliche Erwerbsbiographien begünstigen. Daher liegt der Deckungsgrad der umlagefinanzierten Systeme im Durchschnitt nur bei 39 Prozent der Erwerbsbevölkerung und der der privatisierten Systeme bei 26 Prozent der Erwerbsbevölkerung (Mesa-Lago 2008: 38). Die Dominanz der Beitragsfinanzierung in der lateinamerikanischen Alterssicherung bedeutet also, dass große Teile der lateinamerikanischen Bevölkerung zu den bestehenden Systemen, seien sie staatlich oder privat, keinen Zugang haben, da sie die zentrale Voraussetzung hierfür, eine langjährige Beitragszahlung, nicht erfüllen können.

Steuerfinanzierte Beveridge-Systeme könnten hier Abhilfe schaffen, sind jedoch in den Staaten des Subkontinents – mit Ausnahme Boliviens – bisher inexistent. Zwar sehen einige lateinamerikanische Staaten (Argenti-

---

4 Durch den Abschied Argentiniens (2008) und Boliviens (2010) von der Rentenprivatisierung ist die letztgenannte Gruppe neuerdings – nach Jahren dynamischen Wachstums – im Schrumpfen begriffen.

nien, Chile, Costa Rica, Uruguay und Brasilien) im Falle von Altersarmut Mindestsicherungsleistungen vor, doch sind diese Leistungen bedürftigkeitsgeprüft (Bertranou/Solorio/van Ginneken 2002; Dethier/Pestieau/ Ali 2010). Zu Zeiten der Strukturanpassungsprogramme war es erklärtes Ziel, die sozialen Härten abzufedern und durch »treffsichere« Transfers die Ärmsten der Armen zu erreichen. Gleichzeitig ging damit auch ein ideologischer Wandel hin zum residualistischen Sozialmodell einher (Müller 2007). Indes zeigte es sich mittlerweile, dass im Süden gerade die Ärmsten häufig keine Nachweise über ihre Bedürftigkeit erbringen können. Daher steht in diesem Beitrag das einzige am Beveridge-Modell orientierte Rentenprogramm Lateinamerikas im Mittelpunkt des Interesses.

Von Privilegien zu sozialen Rechten in der bolivianischen Alterssicherung

Vorgeschichte und Kontext der Einführung des *Bonosol*

Bolivien gehörte nicht zu den Pionieren des Bismarck-Modells in Lateinamerika. Erst im Jahre 1956 wurde ein obligatorisches Alterssicherungssystem eingeführt, das damals zu den sozialen Errungenschaften der Revolution von 1952 gehörte (Grindle/Domingo 2003). Da es als Sozialversicherung Bismark'schen Typs konzipiert war, gehörten jedoch nur die abhängig Beschäftigten und damit vorwiegend Männer zu den Begünstigten des neuen Systems. Ende der 1960er Jahre kamen zusätzliche Privilegien hinzu, als die ursprüngliche Idee, dass einzig die staatliche Sozialversicherung Rentenleistungen auszahlen sollte, aufgegeben wurde. In einigen Branchen wurden nun eigene Alterssicherungssysteme zur Aufstockung der Sozialversicherungsleistung geschaffen. Allerdings kam vor allem der Staat seinen Beitragspflichten häufig nicht nach, so dass bis zu 70 Prozent des Rentenbeitrags nicht abgeführt wurden. Diese Unterfinanzierung war jedoch nicht der einzige Grund für die zunehmende Finanzkrise des bolivianischen Umlagesystems. Auch die Hyperinflation der 1980er Jahre und die nachfolgende Restrukturierung der Staatsbetriebe trugen dazu bei, die einen erheblichen Anstieg der Arbeitslosen und des informellen Sektors und damit zu eine massive Verminderung der Zahl der Beitragzahlenden mit sich brachte. Der Deckungsgrad der Sozialversicherung war auf

12 Prozent der Erwerbsbevölkerung gefallen (Mercado Lora 1998; Müller 2001).

In diesem Kontext wurde die Privatisierung des bolivianischen Alterssicherungssystems in Erwägung gezogen; eine Maßnahme, die – wie oben ausgeführt – nicht geeignet war, den kleinen, privilegierten Kreis der Rentenversicherten in Bolivien auszuweiten. Der Paradigmenwechsel erfolgte während der ersten Präsidentschaft Gonzalo Sánchez de Lozadas (1993– 1997) im Kontext von Wirtschaftsreformen, die am *Washington Consensus* orientiert waren. Sánchez de Lozadas politische Heimat, der MNR *(Movimiento Nacionalista Revolucionario,* Nationalistisch-Revolutionäre Bewegung), hatte zwar 1952 die bolivianische Revolution angeführt; nun jedoch wurde das staatszentrierte Entwicklungsmodell in sein Gegenteil verkehrt (Bauer/Bowen 1997). Der fundamentale Umbau der bolivianischen Wirtschaft und Gesellschaft wurde von den internationalen Finanzorganisationen unterstützt (World Bank 2000). Die beiden Schlüsselprojekte dieser Reformagenda waren die Privatisierung der Alterssicherung sowie die Privatisierung der Staatsbetriebe, die in Bolivien als »Kapitalisierung« bezeichnet wurde.[5] Die Durchsetzung dieser beiden sehr umstrittenen Vorhaben wurde durch konzeptionelle und semantische Anstrengungen erleichtert, die auch die Verbindung von Renten- und Unternehmensprivatisierung durch ein neues universelles Alterssicherungssystem – den *Bonosol* – beinhalteten.

Der 1994 beschlossene teilweise Transfer der Staatsunternehmen in private Hand wurde »Kapitalisierung« genannt, um den politisch hoch sensiblen Begriff »Privatisierung« zu vermeiden. Dabei wurden die Staatsbetriebe zunächst in Aktiengesellschaften umgewandelt, um eine Kapitalaufstockung zu ermöglichen und gleichzeitig den unmittelbaren Verkauf der Betriebe zu vermeiden. Sodann verdoppelte ein so genannter »strategischer Investor«, der in einem internationalen Bieterverfahren ausgewählt wurde, das vorhandene Kapital. Die im Staatsbesitz verbliebenen Unternehmensanteile – rund die Hälfte der Aktien der kapitalisierten Unternehmen – wurden von den neu gegründeten privaten Pensionsfonds verwaltet, die nach chilenischem Vorbild AFPs *(Administradoras de Fondos de Pensiones,* Pensionsfondsverwaltungen) genannt wurden. Die Dividenden, die diese Aktien einbrachten, wurden durch die Zahlung einer jährlichen Rente – des *Bono Solidario* oder *Bonosol* – an alle älteren Bolivianerinnen und Bolivianer verteilt. Erklärter Zweck war es, »die Bolivianer in den Genuss ihres

---

5 Zur bolivianischen Rentenprivatisierung vgl. Müller 2001, 2003, 2006; zur Kapitalisierung vgl. Ministerio de Capitalización 1997 und Peirce 1997.

eigenen Vermögens zu bringen« (Sánchez de Lozada 1993: 3). 1997 hatten Privatinvestoren die Aktienmehrheit und Unternehmenskontrolle im Öl- und Gassektor, in der Telekommunikation, bei der nationalen Fluggesellschaft und den Eisenbahnen übernommen. Dem Staat verblieben im Durchschnitt nur noch 45,8 Prozent des Unternehmenskapitals, obwohl ursprünglich angekündigt worden war: »Wir Bolivianer werden die Anteilsmehrheit besitzen, das heißt nie weniger als 51 Prozent« (Sánchez de Lozada 1993: 3).

Die AFPs mussten nun ebenfalls geschaffen werden, um – neben ihrer eigentlichen Aufgabe, dem Sammeln von Alterssicherungskapital – die Dividenden vom Staat zur älteren Bevölkerung fließen zu lassen. Das Kapitalisierungsgesetz von 1994 sah eine Folgegesetzgebung über Pensionsfonds vor und schuf so eine Verbindung zwischen der Unternehmens- und der Rentenprivatisierung (*Ley No. 1544* vom 21.3.1994). Die bolivianischen Reformerinnen und Reformer starteten eine PR-Kampagne zur Verbesserung der Akzeptanz der geplanten Rentenprivatisierung. Diese wurde von der Wirtschafts- und Finanzwelt unterstützt, während die Gewerkschaftsvereinigung COB *(Central Obrera Boliviana*, Bolivianische Arbeiterzentrale) und die CNJRB *(Confederación Nacional de Jubilados y Rentistas de Bolivia*, Nationale Vereinigung der Rentner Boliviens) die neoliberale Wirtschaftspolitik einschließlich der Rentenprivatisierung strikt ablehnten. Ihren Protest brachten sie in öffentlichen Debatten, Protestmärschen und einem 24-stündigen Generalstreik zum Ausdruck (Morales 1995; Gamarra 1997).

Sánchez de Lozada war bestrebt, die Kapitalisierung während seiner Amtszeit zum Abschluss zu bringen, und benötigte dazu die AFPs. Zudem war eine Tranche des *Capitalization Program Adjustment Credit* der Weltbank an die Rentenprivatisierung gekoppelt worden.[6] Bisher war die Rentenprivatisierung vor allem mit makroökonomischen Argumenten beworben worden.[7] Der *Bonosol* versprach demgegenüber konkretere Vorteile, näm-

---

6 Sowohl die Weltbank als auch die Interamerikanische Entwicklungsbank unterstützten zwar Boliviens Strukturreformen nachdrücklich, nicht jedoch die Einführung des *Bonosol*. Anstatt sie an die ältere Bevölkerung auszuzahlen, sollten die Kapitalisierungsgewinne nach Auffassung der Finanzorganisationen dafür eingesetzt werden, die auf 4,5% des Bruttoinlandsproduktes geschätzten jährlichen Kosten der Rentenprivatisierung zu decken (Ballivián 1997; Graham 1998).

7 Vgl. etwa Mercado Lora (1998: 180): »Die Rentenreform wird es Bolivien ermöglichen, eigene Ersparnis zu bilden, damit wir auf diese Weise [...] Protagonisten unserer Entwicklung sein können, ohne permanent auf Gaben oder konzessionäre Kredite zurückgreifen zu müssen, die uns der Rest der Welt gewährt«.

lich sofortige Zahlungen an ältere Menschen, sobald die privaten Pensionsfonds eingerichtet würden: »Die Alternative *Bonosol* wurde aus folgenden Gründen gewählt: erstens wegen ihrer Einfachheit; zweitens, weil es sich um eine Leistung für einen fast vergessenen Teil der Bevölkerung handelt; und drittens wegen des positiven öffentlichen Images dieser Maßnahme, die greifbare Vorteile mit sich bringt« (Mercado Lora 1998: 156). Dem *Bonosol* kam also die Aufgabe zu, den Widerstand gegen die Rentenprivatisierung zu erschweren.[8] Mitte 1996 wurde das eng an den chilenischen Prototyp angelehnte Rentenreformgesetz schließlich dem Parlament vorgelegt. Nachdem kein Konsens mit der Opposition erzielt werden konnte, nutzte die Regierung ihre komfortable parlamentarische Mehrheit, um das Gesetz im November 1996 zu verabschieden.

Der *Bonosol* im Neoliberalismus und im Desarrollismus

Das neoliberale Konstrukt, in das der *Bonosol* eingebettet war, implizierte, dass die beiden neu geschaffenen AFPs jeweils zwei Fonds zu verwalten hatten: den FCI (*Fondo de Capitalización Individual*, Individueller Kapitalisierungsfonds) und den FCC (*Fondo de Capitalización Colectiva*, Kollektiver Kapitalisierungsfonds). Der FCI umfasste die Summe aller persönlichen Konten, während der FCC den früher in Staatsbesitz befindlichen Anteil der kapitalisierten Unternehmen verwaltete, circa die Hälfte des jeweiligen Aktienkapitals. Die Verwaltung des FCC gegen Kommission – zusätzlich zur Betreuung der individuellen Rentensparkonten – sollte den kleinen bolivianischen Markt für internationale Investoren attraktiver machen.

Die Dividenden, die der FCC erwirtschaftete, sollten durch den *Bonosol* – eine jährliche Zahlung von 1.800 Bolivianos (187 Euro) – an alle Bolivianerinnen und Bolivianer über 65 Jahren verteilt werden, um Unterstützung für die Kapitalisierung und die Rentenprivatisierung zu generieren. Laufende und künftige Zahlungen sollten dabei auf diejenigen beschränkt bleiben, die mindestens das 65. Lebensjahr vollendet hatten und bis zum 31. Dezember 1995 volljährig geworden waren. Der zweiten Bedingung lag

---

8 So notierte etwa die Rentnervereinigung Boliviens: »Die Vereinigung befindet sich in einer schwierigen Situation, da wir dem Obersten Gericht gegenüber argumentieren, dass das Rentengesetz verfassungswidrig und damit ungültig ist, jedoch der Bonosol in diesem Gesetz enthalten ist, so dass wir uns bei einer Verteidigung des Bonosol in Widersprüche verwickeln« (CNJRB 1998: 50).

die Annahme zugrunde, dass diese Gruppe als Beschäftigte oder Steuerpflichtige einen Beitrag zu den bolivianischen Staatsunternehmen geleistet hatte, die mit Ablauf des Jahres 1995 aufgehört hatten zu existieren.[9] Sobald die Anzahl der künftigen Leistungsberechtigten sänke, würden die im FCC gehaltenen Unternehmensanteile nach und nach verkauft werden, um die letzten *Bonosol*-Zahlungen zu finanzieren. Mit dem Tod der letzten Leistungsberechtigten sollte der FCC erschöpft sein. Die Kapitalisierung würde schlussendlich also in eine vollständige Privatisierung übergeleitet werden, was jedoch wenig publik gemacht wurde.

Kurz vor den Parlamentswahlen im Mai 1997 wurde der *Bonosol* zum ersten Mal ausgezahlt. Zwar verlor Sánchez de Lozada diese Wahlen, doch die neue Rente wurde von den Leistungsberechtigten überwältigend aufgenommen. Für die Auszahlung durch die AFPs war die Vorlage eines gültigen Personaldokumentes erforderlich, so dass der *Bonosol* viele alte Menschen zum ersten Mal in ihrem Leben dazu motivierte, einen Ausweis zu beantragen – standen ihnen doch erstmals substantielle Bürgerrechte in Aussicht (Whitehead 1997). Da 364.000 anstelle der erwarteten 295.000 Leistungsberechtigten erschienen, reichte die vorhandene Liquidität nicht aus, um alle Zahlungen zu tätigen. Die AFPs mussten Kredite aufnehmen, um ihren Verpflichtungen nachzukommen. Die nachfolgende Regierung von Hugo Banzer (1997–2001) kritisierte den *Bonosol* daher als nicht nachhaltig und stoppte dessen Auszahlung im Januar 1998. Sechs Monate später wurde der *Bonosol* durch eine bescheidenere Leistung namens *Bolivida* ersetzt, die indes erst ab Dezember 2000 ausgezahlt wurde. Der *Bolivida* belief sich auf nur 60 US-Dollar jährlich und war in nationaler Währung an alle über 65-jährigen auszuzahlen.[10]

Als Sánchez de Lozada im Jahre 2002 in sein Amt zurückkehrte, setzte er den *Bonosol* wieder in Kraft *(Ley No. 2427)* vom 28.11.2002). Die jährlichen Zahlungen wurden im Jahre 2003 in der ursprünglichen Höhe von 1.800 Bolivianos aufgenommen – ein Wahlversprechen. Bald wurde jedoch klar, dass die benötigte Liquidität die Dividenden erneut überstieg. Diesmal verpflichtete die Regierung die AFPs dazu, im FCC gehaltene Aktien gegen

---

9 »Es wurde argumentiert, dass die Bevölkerung im Rentenalter durch ihre Anstrengungen die Schaffung und Konsolidierung der kapitalisierten Staatsunternehmen ermöglicht hatte und dass diese Leistung ihnen daher zustand« (Mercado Lora 1998: 160).

10 Auch beim *Bolivida* gab es eine Zusatzbedingung: Leistungsberechtigt waren im Alter nur diejenigen, die Ende 1995 über 50 Jahre alt gewesen waren, was einer Einschränkung gegenüber der *Bonosol*-Klientel gleichkam. Aufgrund der kurzen Existenz des *Bolivida* wurde diese Bedingung nie praktisch relevant.

ein entsprechendes Entgelt in das Portfolio des FCI zu übertragen (Withers-Green 2003). Die Rentenversicherten hatten jedoch kein Interesse daran, ihre Zwangsersparnisse in illiquiden, nicht marktfähigen Anteilen der früheren Staatsunternehmen anzulegen. Nachdem ein Zwölftel des FCC auf diese Weise verkauft worden war, wurde die Maßnahme gestoppt und später rückgängig gemacht.

In einem Kontext wachsender Unzufriedenheit der Bevölkerung mit den marktorientierten Reformen wurde Sánchez de Lozada im Oktober 2003 durch wochenlange Straßenproteste (»Gaskrieg«) aus dem Amt vertrieben (Ismar 2006). Als im Folgejahr als Reaktion auf die Unruhen ein Referendum abgehalten wurde, ergab dieses den klaren Wunsch der Wählerinnen und Wähler, dass der Staat die Kontrolle über den Gassektor wiedererlangen sollte. Damit stand das Ende des neoliberalistischen Projektes vor der Tür. Da die Aktien der Öl- und Gasunternehmen – Transredes, Petrolera Chaco und Petrolera Andina – im FCC stets die höchsten Dividenden abgeworfen hatten, stieg nun allerdings die Sorge, dass dessen finanzielle Möglichkeiten und damit die Finanzierbarkeit des *Bonosol* weiter unterminiert werden könnten. Im Mai 2005 wurden alle Öl- und Gasvorkommen zum nationalen Eigentum erklärt und mit einer Steuer belegt, dem IDH (*Impuesto Directo a los Hidrocarburos*, Direktsteuer auf Kohlenwasserstoffe).[11]

Wenige Monate später gewann der Sozialist Evo Morales die Präsidentschaftswahlen. Im Wahlprogramm hatte sein MAS (*Movimiento al Socialismo*, Bewegung zum Sozialismus) eine direkte staatliche Kontrolle aller kapitalisierten Unternehmen gefordert, während der *Bonosol* aus den im FCC anfallenden Dividenden sowie aus dem Staatshaushalt finanziert werden sollte. Am 1. Mai 2006 wurde die Öl- und Gasindustrie zum nationalen Eigentum erklärt. Dieser Schritt markierte symbolträchtig die Rückkehr zum desarrollistischen Projekt. Die kapitalisierten Unternehmen wurden verpflichtet, neue Verträge mit dem bolivianischen Staat auszuhandeln; andernfalls drohte ihnen die Enteignung. Bereits im Dezember 2006 war das Nationalisierungsprogramm abgeschlossen, das dem bolivianischen Staat die Kontrolle über die Operationen ausländischer Energiekonzerne einräumte.[12]

---

11 Vgl. *Ley No. 3058* vom 20.5.2005. Siehe auch Hodges 2010.
12 Es ist darauf hinzuweisen, dass nur die Bodenschätze selbst verstaatlicht wurden. Wegen eines Mangels an technischer Expertise und finanziellen Möglichkeiten wäre die staatliche Energiegesellschaft YPFB (*Yacimientos Petrolíferos Fiscales Bolivianos*, Staatliche Bolivia-

Trotz der fundamentalen Veränderungen im Öl- und Gassektor und deren Auswirkungen auf das institutionelle Konstrukt, das die neoliberale Kapitalisierung geschaffen hatte, versicherte die Morales-Regierung wiederholt, dass der *Bonosol* weiter gezahlt werden würde. Das Gesetz über fossile Energieträger besagte, dass die für den *Bonosol* erforderlichen Finanzmittel trotz der Umstrukturierung des FCC garantiert würden (Art. 6, Ley No. 3058).[13] Trotz dieser Versicherungen wuchsen die Zweifel, ob der *Bonosol* im Kontext der Renationalisierung weiterfinanziert werden würde. Im Mai 2006 wurden die im FCC befindlichen Anteile der Öl- und Gasunternehmen Transredes, Petrolera Chaco und Petrolera Andina an die staatliche Energiegesellschaft YFPB übertragen, im April 2007 alle vom FCC verwalteten Aktien der Telekommunikationsgesellschaft Entel an den Staat rückübertragen. Diese vier Unternehmen hatten den Löwenanteil der Dividenden ausgeschüttet, aus denen die Grundrente gespeist worden war. Theoretisch hätten die Dividenden auch nach der Rückübertragung noch für den *Bonosol* zur Verfügung stehen sollen, doch machten ausstehende Zahlungen Anfang 2007 fast täglich Schlagzeilen. Während der Finanzminister vorschlug, den finanziellen Ausfall mit den Überschüssen von YFPB aufzufangen, war der Energieminister anderer Meinung. Er bezeichnete den *Bonosol* als unhaltbar und betonte demgegenüber die Notwendigkeit, YFPB als Entwicklungsakteur im Öl- und Gassektor zu stärken (La Razón, 28.4.07). Ähnlich argumentierten die Aktionäre von Transredes, als sie im Juli 2007 keine Dividende ausschütteten, sondern beschlossen, die erzielten Überschüsse in die Infrastruktur zu reinvestieren. Im gleichen Monat kündigte Präsident Morales die Nationalisierung der Eisenbahnen an, ein weiterer Bestandteil des FCC. Mitte 2007 hatte der FCC lediglich Dividendenzahlungen in Höhe von 36 Millionen US-Dollar erhalten, während mehr als 100 Millionen US-Dollar benötigt worden wären, um die *Bonosol*-Zahlungen aufrechtzuerhalten.

---

nische Erdölvorkommen) kaum in der Lage gewesen, die Infrastruktur zu übernehmen. Vgl. International Crisis Group 2007 und IMF 2007.

13 Das Nationalisierungsdekret von 2006 sah zwar einen Gratistransfer von Aktien an YFPB vor, stellte jedoch fest: »Damit dieser Transfer die Bonosol-Zahlungen nicht beeinträchtigt, garantiert der Staat die Erstattung der Dividendenzahlungen, die diese Unternehmen jährlich an den Kollektiven Kapitalisierungsfonds zu entrichten hatten« (Art. 6.II, Decreto Supremo No. 28.071 vom 1.5.2006).

Vom *Bonosol* zur *Renta Dignidad*

Aufgrund der zu geringen Liquidität des FCC war der *Bonosol* im Kontext des neuen desarrollistischen Projektes in akute finanzielle Probleme geraten. Im September 2007 brachte die Morales-Regierung daher eine zusätzliche Finanzierungsquelle für die Grundrente ins Spiel: die 2005 im Rahmen der Renationalisierung eingeführte Steuer IDH, die verschiedenen staatlichen Institutionen zufloss. Die Regierung rief zur Solidarität mit der älteren Bevölkerung auf und kündigte, um den *Bonosol* weiterhin zahlen zu können, eine Reduktion derjenigen IDH-Anteile an, die dem Staatshaushalt, den Regionen, den Kommunen und den Universitäten zuflossen. Obwohl sie sich auf eine Einnahmequelle bezogen, die es bis 2005 gar nicht gegeben hatte, erwiesen sich die vorgesehenen Einschnitte als sehr unpopulär und stießen bei Regionen, Kommunen und Universitäten auf heftigen Widerstand.

Inmitten dieses Konfliktes kündigte Präsident Morales am 14. Oktober 2007 die Abschaffung des *Bonosol* und seine Ersetzung durch eine neue Rente namens *Renta Dignidad* an. Dabei sollte es sich ebenfalls um eine nicht beitragsfinanzierte Leistung handeln, allerdings mit vier wichtigen Änderungen (*Ley No. 3791* vom 28.11.2007):

(1) einer Ausweitung des Berechtigtenkreises auf alle über 60-Jährigen;
(2) der Aufhebung der Beschränkung auf vor 1975 Geborene;
(3) einer Erhöhung des jährlichen Leistungsbetrages um 25 Prozent von 1.800 Bolivianos (187 Euro) auf 2.400 Bolivianos (250 Euro);
(4) einer Differenzierung des Leistungsniveaus, so dass die Bezieherinnen und Bezieher einer beitragsfinanzierten Altersrente nur mehr 75 Prozent der Regelleistung erhalten.

Damit gelang es Morales, sich symbolisch von der neoliberalen Provenienz des *Bonosol* zu lösen und gleichzeitig eine eigene nicht beitragsfinanzierte Grundrente ins Leben zu rufen, die er als Verpflichtung gegenüber den Alten des Landes definierte (La Razón, 14.10.07). Die Ausweitung des Berechtigtenkreises und die Anhebung der Leistungshöhe erlaubten es ihm, zusätzliche Unterstützung zu mobilisieren.[14] Die Differenzierung des Leistungsniveaus entsprach dem Gerechtigkeitsempfinden vieler Boliviane-

---

14 Damit entschied Morales sich für das Gegenteil von Banzers Strategie, der im Jahre 1998 den *Bonosol* durch eine *niedrigere* Leistung ersetzt hatte, die an *weniger* Berechtigte gezahlt werden sollte.

rinnen und Bolivianer und war seit langem gefordert worden. Sie wurde so vorgenommen, dass niemand schlechter gestellt wurde: So erhalten die Bezieherinnen und Bezieher von beitragsfinanzierten Altersrenten zwar nun weniger als die unversorgten Alten, doch wie bisher 1.800 Bolivianos. Die Abschaffung des *Bonosol* war jedoch auch aus einem anderen Grund unausweichlich geworden, sah das Gesetz doch vor, dass der FCC mit dem Tod der letzten Leistungsberechtigten erschöpft sein sollte, so dass alle dort verwalteten Unternehmensanteile dann an Private verkauft sein würden. Dies stand dem Renationalisierungsprojekt im Wege.[15] Es bestand also die Notwendigkeit, die Grundrente in das neue politische Projekt zu integrieren:

»Was ist die *Renta Dignidad*? [...] Das konkrete Ergebnis der Nationalisierung unserer natürlichen Ressourcen. Ressourcen, die nun direkt in die Hände derjenigen gelangen, die sie am meisten benötigen. Es ist eine nachhaltige Maßnahme, die weder bedeutet, die öffentlichen Unternehmen zu privatisieren, noch bedeutet, unseren Reichtum und unser Vermögen für immer zu verlieren« (Viceministerio de la Descentralización 2008).

Da das Gesetz über die *Renta Dignidad* am 15. Oktober 2007 ins Parlament eingebracht und ohne große Konsenssuche bereits zwölf Tage später verabschiedet wurde, drohte die Opposition damit, das Gesetz im Senat zu blockieren. Die neue Grundrente sollte über beträchtliche Kürzungen des Anteils der Steuer IDH, der bisher den Regionen zufloss, teilfinanziert werden, während die Kommunen für die sie betreffenden IDH-Kürzungen finanziell kompensiert und die Universitäten von den Einschnitten ausgenommen würden. Die *Renta Dignidad* war bei den älteren Menschen und dem MAS am populärsten, während die Umleitung der finanziellen Ressourcen vor allem in den von der Opposition regierten Regionen auf starken Widerstand stieß. Die Rentnervereinigung demonstrierte für die *Renta Dignidad* und wurde dabei von Bauernverbänden, Gewerkschaften und anderen sozialen Gruppen unterstützt. Am 23. November 2007 verabschiedete der Senat eine abgewandelte Version des Gesetzes, die alternative Finanzierungsquellen für die Grundrente vorsah. Vier Tage später jedoch beschlossen MAS-Abgeordnete und einige weitere Parlamentsmitglieder das ursprüngliche Gesetz in Abwesenheit der Opposition. Am 28. November 2007 verkündete Präsident Morales schließlich die *Ley de la Renta*

---

15 »Mit der Zeit hätten wir Bolivianer das Eigentum an den strategischen Unternehmen vollständig verloren« (Embajada de Bolivia 2007).

Dignidad. Die Leistungszahlungen wurden am 1. Februar 2008 aufgenommen, während einige Monate später der Konflikt mit den Oppositionsgouverneuren über die Verteilung des IDH beigelegt wurde.

Im Januar 2009 stimmte die bolivianische Bevölkerung per Referendum über eine neue Verfassung ab, die mit einem Stimmenanteil von 61,43 Prozent angenommen wurde. In der Präambel wird explizit Abschied vom kolonialen, republikanischen und neoliberalen Staat genommen und die Neugründung Boliviens als einheitlicher kommunitär-plurinationaler Rechts- und Sozialstaat angekündigt. Diese gesellschaftliche Neuausrichtung brachte es mit sich, dass die universelle Grundrente verfassungsrechtlich verankert werden konnte. Dies geschah im Zusammenspiel von Art. 45. IV (»Der Staat garantiert das Recht auf eine universelle, solidarische und gerechte Rente«) und Art. 67. II (»Der Staat sorgt für eine lebenslange Altersrente im Kontext der Integrierten Sozialen Sicherung und nach geltendem Recht«) der *Nueva Constitución Política del Estado* (Ossio 2009; Ticona Gonzales 2011).

Schien es zunächst, dass der *Renta Dignidad* – wie zuvor bereits dem *Bonosol* – trotz der verfassungsrechtlichen Aufwertung ein eher marginaler Platz neben dem Privatrentensystem zugewiesen worden war, so wurde im Dezember 2010 eine grundlegende Rentenreform verabschiedet, die die Rentenprivatisierung ad acta legte und das bolivianische Alterssicherungssystem neu strukturierte (*Ley No. 65* vom 10. Dezember 2010). Die kapitalgedeckten individuellen Rentenkonten bleiben zwar erhalten, werden allerdings in staatliche Verwaltung überführt und durch eine neue Solidarkomponente ergänzt, die ab zehn Beitragsjahren greift. Artikel 2 des neuen Rentengesetzes legt eine dreigliedrige Struktur fest: Das integrierte Alterssicherungssystem Boliviens besteht nun aus der rein beitragsfinanzierten Säule (*Régimen Contributivo*), der teilweise beitragsfinanzierten Säule (*Régimen Semicontributivo*) und der nicht beitragsfinanzierten Säule (*Régimen No Contributivo*). Damit wurde der *Renta Dignidad* ein gleichberechtigter Platz im Rentenrecht zugewiesen. Zudem wurde die Grundrente überhaupt erstmals im bolivianischen Sozialrecht verankert und damit eine wichtige Forderung der ILO erfüllt.

Zur politischen Ökonomie der bolivianischen Grundrente

Bolivien, mit einem Pro-Kopf-Einkommen von 1.810 US-Dollar das ärmste Land Südamerikas, leistet sich seit vielen Jahren das einzige nicht beitragsfinanzierte Rentenprogramm des Subkontinents mit universellem Charakter. Obwohl die Existenz von Boliviens Grundrente mehrfach bedroht war, überlebte sie bislang alle politischen Wechselfälle, selbst den Wechsel vom Neoliberalismus zum Desarrollismus. Beide Beobachtungen sind erklärungsbedürftig.

»[T]he scheme established a significant precedent by introducing rights beyond the market«, schrieben Beobachter vor zehn Jahren über den *Bonosol* (Crabtree/Whitehead 2001: 220). Die Geburtsstunde der universellen Grundrente schlug in Bolivien allerdings unter einem Regime, das dekommodifizierte Transferleistungen nicht hätte erwarten lassen; war der damalige Präsident Sánchez de Lozada doch für seine neoliberale Orientierung bekannt. Gemäß der prominenten – wenn auch für Industrie-, nicht für Entwicklungsländer entwickelten – Typologie Esping-Andersens (1990) geht der liberale Regimetyp mit bedürftigkeitsgeprüften Mindestsicherungsleistungen einher, wie sie in Lateinamerika andernorts anzutreffen sind (vgl. S. 222ff. dieses Betrags). Es ist jedoch zu beachten, dass es nicht Sánchez de Lozadas Hauptanliegen war, ein Instrument der Armutsbekämpfung zu konzipieren. Vielmehr war der *Bonosol* vor allem ein Mittel zur Durchsetzung neoliberaler Strukturreformen. In Verbindung mit der Gutscheinprivatisierung von Staatsunternehmen ist die Grundidee, die Bevölkerung gleichmäßig am Privatisierungsgewinn zu beteiligen, aus dem angelsächsischen Raum bekannt und wurde auch in Osteuropa praktiziert, um Massenprivatisierungen politisch durchzusetzen. Mit einer solchen liberalen Vision vom Bürger als Kleinaktionär war auch Sánchez de Lozada 1993 in den Wahlkampf gezogen; die Konzeption wurde jedoch in den Folgejahren in Richtung *Bonosol* abgewandelt, um die Bevölkerung mit unmittelbaren materiellen Vorteilen für sich zu gewinnen (Müller 2009, 2011).

Dekommodifizierte Leistungen wären nach Esping-Andersens Typologie (1990) vom sozialdemokratischen Regimetyp zu erwarten, der in Bolivien am ehesten mit der Morales-Regierung in Verbindung zu bringen ist. Diese stand der Grundrente jedoch anfangs skeptisch gegenüber, da sie mit den Einnahmen aus dem Öl- und Gassektor zunächst andere Pläne hatte als eine Grundrente zu finanzieren. Der *Bonosol* wurde – anders als die meisten anderen nicht beitragsfinanzierten Programme – nicht aus Steuermitteln finanziert, sondern aus Dividenden gespeist. Er war somit eng mit der Unternehmensprivatisierung verwoben, die nach dem Ende des neoliberalen Projektes rasch ins Wanken geriet. Die komplexe Finanzarchitektur des *Bonosol* überlebte die politische, ökonomische und juristische Zeitenwende hin zum linken Desarrollismus nicht.

Eine ersatzlose Streichung der mittlerweile etablierten und populären Grundrente wäre jedoch nur schwer möglich gewesen. In der Wohlfahrtsstaatsforschung ist die Bedeutung etablierter institutioneller Arrangements für zukünftige Reformpfade unter dem Stichwort Pfadabhängigkeiten betont worden.[16] So mag es schlussendlich doch nicht überraschen, dass sich die linke Morales-Regierung schließlich für den Erhalt der Grundrente entschied, wenn auch – zur semantischen und konzeptionellen Abgrenzung vom neoliberalen Vorgänger sowie zwecks eigenem »*credit claiming*« – unter anderem Namen und mit teilweise veränderten Merkmalen, die den Charakter der *Renta Dignidad* als universelles soziales Recht nun stärker hervortreten lassen. Hierzu zählt insbesondere die Aufhebung der Beschränkung auf die vor 1975 Geborenen, die in Sachen *Bonosol* privilegiert behandelt worden waren. Erst hierdurch wurde eine genuine Grundrente geschaffen und es ermöglicht, diese in Boliviens Verfassung und Sozialrecht zu verankern.

Sowohl das marktradikale als auch das desarrollistische Projekt sind in Bolivien primär makroökonomisch motiviert gewesen, während Sozialpolitik und insbesondere soziale Umverteilung lange eine eher randständige Rolle spielte. Gerade dies unterscheidet den bolivianischen Fall eben auch fundamental vom sozialdemokratischen Regimetyp nach Esping-Andersen (1990). Dass die *Renta Dignidad* nun durch IDH-Einnahmen kofinanziert wird, die ursprünglich »für die Bereiche Bildung, Gesundheit und Straßenbau, Produktiventwicklung und alles, was zur Schaffung von Arbeitsplätzen beiträgt« (Art. 57, *Ley No. 3058*) zweckgebunden waren, verdeutlicht den inzwischen eingetretenen konzeptionellen Sinneswandel der Morales-Regierung bezüglich des Weges zu mehr sozialer Gerechtigkeit. Politisch flankiert wurde diese Entwicklung, indem die *Renta Dignidad* zu einem Teil der bolivianischen Millenniumsstrategie erklärt und diskursiv mit der »Social Protection Floor Initiative« der UN verknüpft wurde (Ticona Gonzales 2011).

---

16 Vgl. etwa Esping-Andersen 1985 und Pierson 1993, 2000.

Boliviens Grundrente: Eine sozialpolitische Bewertung

Nicht beitragsfinanzierte Transferleistungen gewinnen derzeit an entwicklungs- und sozialpolitischer Prominenz.[17] Im konkreten Fall ist zu prüfen, ob die Ausgestaltung und Implementierung der Grundrente die Erreichung der Sicherungsziele begünstigt oder erschwert. Diese Frage soll anhand der vorhandenen empirischen Befunde, die sowohl qualitativer als auch quantitativer Natur sind, beantwortet werden. Dabei wird auch auf einige Einwände gegen *Bonosol* bzw. *Renta Dignidad* eingegangen, die von bolivianischen Kritikern regelmäßig erhoben wurden.

Altersarmut ist in Bolivien ein verbreitetes Phänomen.[18] 83 Prozent aller alten Menschen in Bolivien erhalten keine beitragsfinanzierte Rente, so dass die Grundrente für sie die einzige Transferleistung ist. Wurde der *Bonosol* im Jahre 2007 an 493.190 Personen über 65 Jahren gezahlt, so versorgte die neue *Renta Dignidad* inzwischen kumulativ sogar 848.604 Leistungsberechtigte über 60 Jahren (La Razón, 10.04.11). Nach Dethier/Pestieau/Ali (2010: 13) konnte die Altersarmut in Bolivien durch die existierenden Transferleistungen um 44 Prozent gesenkt werden. Oftmals stellt die Grundrente das einzige verfügbare Geldeinkommen dar: In einer Untersuchung zum *Bonosol* erklärten 50 Prozent der Befragten, es handele sich dabei um ihre einzige Einkommensquelle (Superintendencia 2004).

Die jährliche Leistungshöhe des *Bonosol* von 1.800 Bolivianos (187 Euro) mag zunächst sehr gering erscheinen. Sie entsprach jedoch 42 Prozent des jährlichen Mindestlohns und 27 Prozent des bolivianischen Pro-Kopf-Einkommens (Ballivián 1997). Die 25-prozentige Erhöhung der Leistung auf 2.400 Bolivianos (250 Euro) im Zuge der Einführung der *Renta Dignidad* dürfte die Kluft zwischen Bedarf und finanziellen Mitteln etwas verringert haben. Darüber hinaus können die Leistungsberechtigten nun wählen, ob sie die *Renta Dignidad* als monatliche, vierteljährliche, halbjährliche oder jährliche Leistung beziehen wollen. Wer das Geld in existenz-

---

17 Barrientos/Lloyd-Sherlock 2003; Hanlon/Barrientos/Hulme 2010; vgl. auch die Beiträge von Weible/Leisering und Barrientos in diesem Band.
18 Die Armutsrate der über 60-jährigen lag 2001 bei 63% und damit über dem Bevölkerungsdurchschnitt (58,6%). 30% der alten Menschen lebten in extremer Armut, verglichen mit 21,7% der Gesamtbevölkerung (INE et al. 2003). Im Jahre 2005 befanden sich 52% der Haushalte mit mindestens einem Mitglied über 60 Jahren in einer Situation extremer Armut und weitere 19% in moderater Armut (Populi 2007: 2). Auf dem Land lebte sogar nur 1% der alten Menschen *ober*halb der Armutsgrenze (Bauer/Bowen 1997; PNUD 2000).

sichernde Aktivitäten investieren möchte und/oder weit entfernt von den Auszahlungsstellen lebt, kann sich für den Jahresbetrag entscheiden; wer keine sicheren Aufbewahrungsmöglichkeiten hat, wird kleinere Beträge bevorzugen. Ob es ein Vorteil der *Renta Dignidad* ist, dass ihre Auszahlung nicht nur in monetärer Form, sondern auch in Form von Naturalien möglich ist (Art. 10, *Ley No. 3791*), ist indes eher fraglich.

Es gehört zu den Herausforderungen der Grundrente, sie auch in den ärmsten Gegenden und den niedrigsten sozialen Schichten zugänglich zu machen. Zwar musste zum Bezug der Rente nur ein Personaldokument vorgelegt werden; diese Bedingung war für die Ärmsten jedoch nicht immer zu erfüllen (HelpAge International 2004).[19] Diese Gruppen lebten zudem meist weit entfernt von einer AFP-Filiale oder einer anderen Auszahlungsstelle, so dass es für sie besonders zeitaufwändig und teuer war, den *Bonosol* abzuholen. Gerade bei denjenigen, die am meisten auf die Grundrente angewiesen waren, war es also am wenigsten wahrscheinlich, dass sie diese auch erhielten. Die *Renta Dignidad* wird heute nicht nur von städtischen Finanzinstitutionen ausgezahlt, sondern auch von Militärstützpunkten und mobilen Einheiten, um den Zeit- und Geldaufwand für die Leistungsberechtigten zu senken. Für die Zukunft ist eine biometrische Karte in Vorbereitung, mit der auch in anderen Weltregionen bereits positive Erfahrungen gemacht wurden. In den letzten Jahren ist es zwar gelungen, den Deckungsgrad zu erhöhen, doch bleiben Lücken. Im Jahre 2002 erklärten 28 Prozent der Befragten über 65 Jahren, den *Bonosol* nicht zu erhalten (Rofman 2006: 403). Im Jahre 2004 bezogen 87,3 Prozent der mittleren Einkommensschichten den *Bonosol*, aber nur 71,1 Prozent der ärmeren Bevölkerungsschichten (OECD 2011: 168). Einer Weltbank-Studie zufolge liegt der Deckungsgrad inzwischen bei 89,8 Prozent (Dethier/Pestieau/Ali 2010: 5), während von offizieller Seite sogar von 97 Prozent ausgegangen wird (Ticona Gonzales 2011: 55).

Das Thema der finanziellen Nachhaltigkeit war ein Leitmotiv des *Bonosol* und begleitete auch die Einführung der *Renta Dignidad*. In den Jahren 1997 und 2003 kam es zu Liquiditätsengpässen bei der Finanzierung der Grundrente, die nicht dazu beitrugen, dem *Bonosol* in der Öffentlichkeit das Image einer finanzierbaren Leistung zu geben. In diesem Kontext stoppte

---

19 Die ärmsten Bevölkerungsgruppen besaßen nicht durchgängig Ausweispapiere bzw. diese erwiesen sich als ungültig, da der Name falsch geschrieben war, der Familienstand sich geändert hatte oder die Ausweisnummer aufgrund von administrativen Unzulänglichkeiten mehrfach vergeben worden war.

die Banzer-Regierung im Jahre 1998 den *Bonosol* und ersetzte ihn durch den niedrigeren *Bolivida*. Im Jahre 2007 wurde die Finanzarchitektur des *Bonosol* im Rahmen des Renationalisierungsprojektes in fundamentaler Art und Wiese herausgefordert. So wurde es zur politischen Notwendigkeit, eine neue Finanzierungsquelle für Boliviens Grundrente zu erschließen, wenn diese weiter gezahlt werden sollte – so geschehen durch die Steuer auf Öl- und Gasvorkommen. Die Regierung geht davon aus, dass jährlich 205 Millionen US-Dollar nötig sein werden, um die *Renta Dignidad* finanzieren zu können (La Razón, 9.1.08).

In der öffentlichen Diskussion war der *Bonosol* oftmals dafür kritisiert worden, dass die Leistungen nicht auf die Ärmsten beschränkt blieben, sondern allen älteren Menschen offen standen. Bedürftigkeitsprüfungen sind jedoch in einem Kontext weit verbreiteter Armut und schwacher Verwaltungen vielfach nicht der Königsweg, da sie Kosten, Bürokratie und Spielraum für Klientelismus und Betrug implizieren (Johnson/Williamson 2006). Eine Grundrente ist in administrativer Hinsicht die einfachste Struktur, die zudem mit den niedrigsten Transaktionskosten verbunden ist. Außerdem sind, legt man die oben zitierten Statistiken zugrunde, sowohl *Bonosol* als auch *Renta Dignidad* durchaus auf eine der ärmsten Bevölkerungsgruppen Boliviens fokussiert. Sie gehen dabei nach der Methode des *categorical targeting* vor, bei der einfach zu beobachtende Merkmale des Individuums (hier: das Alter) herangezogen werden. Die Bedürftigkeitsfokussierung wurde im Zuge der Einführung der *Renta Dignidad* durch die geringere Leistung, die die 140.000 Bezieherinnen und Bezieher von beitragsfinanzierten Renten heute erhalten, etwas verfeinert. Damit konnten auch die Kritiker befriedigt werden.

Boliviens Grundrente fordert den traditionellen entwicklungspolitischen Ansatz heraus, der Konsum als wachstumsreduzierend kritisiert und ausschließlich auf Investitionen setzt. Diese Logik war in Bolivien vielfach noch fest verankert, als sie im internationalen wissenschaftlichen Diskurs längst infrage gestellt wurde. Daher sah sich die nicht beitragsfinanzierte Rente in Bolivien oftmals der folgenden Kritik ausgesetzt: »it would finance consumption (by old people) and not investment in either human capital or infrastructure« (Morales 2001). Eine Untersuchung zum *Bonosol* zeigte allerdings, dass die Transferzahlungen dynamische Effekte haben können und die Grundrente von ihren Empfängerinnen und Empfängern sowohl konsumtiv als auch investiv verwendet wurde (Martinez 2004).[20] Es ist unbestritten, dass der *Bonosol* von Anfang an hoch politisiert war und vom MNR in den Wahlkämpfen von 1997 und 2002 eingesetzt wurde. Dies war ein bedeutender Geburtsfehler, der die Grundrente zu stark an eine politische Partei band und sie dadurch zunächst diskreditierte. Die Schaffung eines politischen Konsenses über die Notwendigkeit, die wachsende Altersarmut zu bekämpfen und dabei auch nicht beitragsfinanzierte Leistungen in Erwägung zu ziehen, wurde auf diese Weise erschwert. Die Eskalation des politischen Konfliktes um die Finanzierung der *Renta Dignidad* und die fehlende Konsenssuche im legislativen Prozess lässt es fraglich erscheinen, dass diese wichtige Lektion von der aktuellen Regierung gelernt wurde. Vielmehr ist die neue Grundrente als politisches Instrument der Zentralregierung interpretiert worden, um den Machtkampf mit den Oppositionsgouverneuren zu gewinnen (León 2007). Es sollte aber nicht unerwähnt bleiben, dass deren Kritik sich fast ausschließlich auf den geforderten Finanzierungsmechanismus bezog, während die Grundrente als solche in Bolivien heute kaum mehr infrage gestellt wird.

Schlussbemerkungen

Dieser Beitrag thematisierte das Verhältnis zwischen Privilegien und sozialen Rechten in der lateinamerikanischen Alterssicherung. Wie am Anfang gezeigt, fanden die in Lateinamerika bestehenden gesellschaftlichen Privilegien im 20. Jahrhundert auch in der Alterssicherung ihren Niederschlag. Die Stratifizierung der Bismarck-Systeme implizierte sehr unterschiedliche Sicherungsniveaus für die verschiedenen sozialen Gruppen, bis hin zum vollständigen Ausschluss breiter Bevölkerungsschichten. Die Privatisierungswelle der 1990er Jahre war nicht geeignet, den Deckungsgrad der bestehenden Alterssicherungssysteme auszuweiten. Zwar wurden hierdurch die Bedingungen für den Leistungsbezug vereinheitlicht und bestehende Privilegien abgebaut, doch profitieren auch von den neuen kapitalgedeckten Systemen vorwiegend gutverdienende Männer. Weibliche Versicherte

---

20 »Cash transfers to poor and liquidity constrained households can unleash productive potential through investments in household economic activities such as farming, which in turn increase consumption through multipliers on the transfer« (Martinez 2004: 23f.).

erhalten in den kapitalgedeckten Systemen Lateinamerikas durch die Verwendung geschlechtsspezifischer Sterbetafeln systematisch niedrigere Leistungen (Kay/Sinha 2008). Der Kreis der im Alter ausreichend Versorgten wurde durch die Rentenprivatisierung also noch weiter verengt.

Der dominanten Rolle der Privilegien in der beitragsfinanzierten Alterssicherung des Subkontinents setzt nur ein Land ein Rentenprogramm entgegen, das auf dem Beveridge-Modell basiert und universelle Leistungszahlungen an alle älteren Menschen vorsieht: Bolivien. Aufgrund der Relevanz dieses Falles wurde die nunmehr fünfzehnjährige Geschichte der bolivianischen Grundrente skizziert und analysiert, die mit dem *Bonosol* begann. Dessen Geburtsstunde schlug in Bolivien unter einem neoliberalen Regime, das dekommodifizierte Transferleistungen nicht hätte erwarten lassen. Vor vier Jahren wurde der *Bonosol* durch die *Renta Dignidad* ersetzt, als wichtige Akteure der desarrollistischen Renationalisierung nicht mehr willens waren, das ererbte neoliberale Konstrukt weiter zu unterstützen. Die Grundrente überlebte mithilfe einer neuen Finanzierungsquelle den Kurswechsel vom Neoliberalismus zum Desarrollismus. Innerhalb der konträren gesellschaftlichen Projekte war sie, wie aufgezeigt wurde, geeignet, jeweils unterschiedliche politische Legitimationsfunktionen zu übernehmen, wobei auch Pfadabhängigkeiten eine Rolle spielten. Zuletzt machte Boliviens linke Regierung einen großen Schritt in Richtung sozialer Rechte, indem der Sozialstaat und insbesondere das Recht auf universelle Alterssicherung per Referendum in der Verfassung verankert wurden. Schien es zunächst, dass die *Renta Dignidad* – wie zuvor bereits der *Bonosol* – trotz ihrer verfassungsrechtlichen Aufwertung neben dem beitragsfinanzierten Rentensystem eine eher marginale Rolle einnehmen würde, so wurde ihr inzwischen ein gleichberechtigter Platz im Rentenrecht zugewiesen.

Anschließend wurde eine sozialpolitische Bewertung der bolivianischen Grundrente vorgenommen. Bei allen Kritikpunkten kann die frühe Würdigung eines Beobachters als »unusually ambitious attempt to provide egalitarian welfare benefits in a very poor country« bestätigt werden (Whitehead 1997: 89). Absehbar wird die *Renta Dignidad* für die große Mehrheit der bolivianischen Rentnerinnen und Rentner die einzige Transferleistung bleiben, während ein kleiner privilegierter Kreis von Leistungsbeziehenden zusätzlich auf umlage- bzw. kapitalgedeckte Alterssicherungsformen in ganz anderen finanziellen Größenordnungen zurückgreifen wird. Daher muss bei der Gesamtbewertung des bolivianischen Alterssicherungssystems beachtet werden, dass das Spannungsverhältnis zwischen Privilegien und sozialen Rechten trotz der Errungenschaften der *Renta Dignidad* bestehen bleibt.

Literatur

Allgemeine Erklärung der Menschenrechte (1948), Resolution 217 A (III) der Generalversammlung der Vereinten Nationen vom 10. Dezember.
Aponte, Guillermo et al. (2006), *La inversión prudente. Impacto del Bonosol sobre la familia, la equidad social y el crecimiento económico*, La Paz.
Ballivián, Amparo (1997), *Pension Reform in Bolivia: Fiscal and Social Impacts*, Entwurf für ein World Bank Discussion Paper, Washington, DC.
Barr, Nicholas/Diamond, Peter (2008), *Reforming Pensions: Principles and Policy Choices*, Oxford.
Barrientos, Armando (2006), »Poverty Reduction: The Missing Piece of Pension Reform in Latin America«, in: *Social Policy & Administration*, 40 (4), S. 369–384.
— /Lloyd-Sherlock, Peter (2003), *Non-contributory pensions and social protection*, ILO Issues in Social Protection Discussion Paper No. 12, Genf.
Bauer, Richard/Bowen, Sally (1997), *The Bolivian Formula: From State Capitalism to Capitalisation*, Santiago de Chile.
Bertranou, Fabio M./Solorio, Carmen/Ginneken, Wouter van (2002) (Hg.), *Pensiones no contributivas y asistenciales: Argentina, Brasil, Chile, Costa Rica y Uruguay*, Santiago de Chile.
Confederación Nacional de Jubilados y Rentistas de Bolivia (CNJRB) (1998), *Memoria del III Congreso Nacional*, La Paz.
Crabtree, John/Whitehead, Laurence (2001), »Conclusions«, in: Crabtree, John/ Whitehead, Laurence (Hg.), *Towards Democratic Viability. The Bolivian Experience*, Basingstoke/New York, S. 216–234.
Decreto Supremo No. 28.071 (Héroes del Chaco) vom 1.5.2006.
Dethier, Jean-Jacques/Pestieau, Pierre/Ali, Rabia (2010), *Universal Minimum Old Age Pension Impact on Poverty and Fiscal Cost in 18 Latin American Countries*, World Bank Policy Research Working Paper 5292, Washington.
Embajada de Bolivia en la República Argentina (2007), *Respuestas a preguntas sobre la Renta Dignidad. Comunicado 059/2007*, http://www.embajadadebolivia.com.ar/ comunicado_059_2007.htm, 12.1.2008.
Esping-Andersen, Gøsta (1990), *The Three Worlds of Welfare Capitalism*, Princeton.
— (1985), *Politics Against Markets: The Social Democratic Road to Power*, Princeton.
Gamarra, Eduardo A. (1997), »Neoliberalism Reconsidered: The Politics of Privatization and Capitalization in Bolivia«, in: Peirce, Margaret Hollis (Hg.), *Capitalization: A Bolivian Model of Social and Economic Reform*, Miami, S. 97–126.

Graham, Carol (1998), *Private Markets for Public Goods: Raising the Stakes in Economic Reform*, Washington.
Grindle, Merilee/Domingo, Pilar (2003) (Hg.), *Proclaiming Revolution. Bolivia in a Comparative Perspective*, Cambridge (Mass.)/London.
Hanlon, Joseph/Barrientos, Armando/Hulme, David (2010), *Just give money to the poor*, The Development Revolution from the Global South, Sterling.
HelpAge International (2010), *A better pension deal for older people in Bolivia*, http://www.helpage.org/News/Latestnews/Dle0, 11.4.2010.
— (2004), *Age and security. How social pensions can deliver effective aid to poor older people and their families*, London.
Hodges, Tina (2010), *Bolivia's Gas Nationalization: Opportunity and ChallengePart II: Political Conflict over Gas and Oil Tax Distribution*, auf: http://ain-bolivia.org/2007/12/bolivia%E2%80%99s-gas-nationalization-opportunity-and-cha/, 11.4.2010.
Instituto Nacional de Estadística et al.(2003), *Bolivia: Situación Sociodemográfica de la Población Adulto Mayor*, La Paz.
International Crisis Group (2007), *Bolivia's Reforms: The Danger of New Conflicts*, Latin America Briefing, Nr. 13, Bogotá/Brüssel.
International Labour Organization (2011), *Social Protection Floor for a Fair and Inclusive Globalization*, Genf.
International Monetary Fund (2011), *Bolivia: 2011 Article IV Consultation Cover*, Washington, DC.
— (2007*), Bolivia: Staff Report for the 2007 Article IV Consultation*, Washington.
Ismar, Georg (2006), »Das ›Musterland‹ in der Krise: Gründe für die politische Destabilisierung und Zukunftsperspektiven in Bolivien«, in: Bopp, Franziska/Ismar, Georg (Hg.), *Bolivien – Neue Wege und alte Gegensätze*, Berlin, S 25–78.
Johnson, Jessica/Williamson, John (2006), »Do universal noncontributory old-age pensions make sense for rural areas in low-income countries?«, in: *International Social Security Review*, 59, S. 47–65.
Kay, Stephen J./Sinha, Tapen (2008), »Overview: Lessons from Pension Reform in the Americas«, in: Kay, Stephen J./Sinha, Tapen (Hg.), *Lessons from Pension Reform in the Americas*, Oxford, S. 6–19.
La Razón (2011), *Evolución del número de beneficiarios y montos pagados*, http://www.la-razon.com/version.php?ArticleId=128360&EditionId=2494, 10.4.2011.
— (2008), *Renta Dignidad se pagará por fecha de nacimiento*, http://www. la-razon.com/versiones/20080109_006146/nota_248_530605. htm, 9.1.2008.
— (2007a), *El futuro del Bonosol deja de ser sostenible*, http://www.la-razon. com/versiones/20070428_005890/nota_248_420353. htm, 28.4.2007.
— (2007b), *Evo anula el Bonosol y crea una renta de Bs 200 al mes*, http://www.la-razon.com/versiones/20071014_006059/nota_249_493222. htm, 14.10.2007.
León, Juan (2007), »Todo por los abuelos«, in: *La Razón*, http://www.la-razon.com/versiones/20071102_006078/nota_246_501456.htm, 2.11.2007.
Ley No. 65 (Ley de Pensiones) vom 10.12.2010.

Ley No. 1544 (Ley de Capitalización) vom 21.3.1994.
Ley No. 2427 (Ley del Bonosol) vom 28.11.2002.
Ley No. 3058 (Ley de Hidrocarburos) vom 20.5.2005.
Ley No. 3791 (Ley de la Renta Dignidad) vom 28.11.2007.
Martinez, Sebastián (2004), *Pensions, Poverty and Household Investments in Bolivia*, vorläufige Version, Berkeley.
Mercado Lora, Marcelo (1998), »La reforma del sistema de pensiones de la seguridad social«, in: Chávez Corrales, Juan Carlos (Hg.), *Las reformas estructurales en Bolivia*, La Paz, S. 125–180.
Mesa-Lago, Carmelo (2008), *Reassembling Social Security: A Survey of Pensions and Healthcare Reforms in Latin America*, Oxford.
— (1978), *Social Security in Latin America: Pressure Groups, Stratification and Inequality*, Pittsburgh.
Ministerio de Capitalización (1997), *Capitalización: El Modelo Boliviano de Reforma Económica y Social*, CD-ROM, La Paz.
Morales, Juan Antonio (2001), »Economic Vulnerability in Bolivia«, in: Crabtree, John/Whitehead, Laurence (Hg.), *Towards Democratic Viability. The Bolivian Experience*, Basingstoke/New York, S. 41–60.
— (1995), *Bolivia and the Slowdown of the Reform Process*, World Bank PSD Occasional Paper, Nr. 7, Washington.
Müller, Katharina (2011), »Renten für alle in Bolivien – eine linke Errungenschaft?«, in: Au, Anne von et al. (Hg.), *Soziale Sicherheit in Lateinamerika. Neue Wege durch linke Regierungen?*, Berlin, S. 187–222.
— (2009), »Contested Universalism: From Bonosol to Renta Dignidad in Bolivia«, in: *International Journal of Social Welfare*, 18 (2), S. 163–172.
— (2007), »Soziale Sicherung im Süden. Von der Sicherung weniger zur Sicherung vieler?«, in: *eins Entwicklungspolitik*, 17/18, S. 37–39.
— (2006), »Die Privatisierung der Alterssicherung: Erfahrungen aus Lateinamerika und Osteuropa«, in: *Deutsche Rentenversicherung*, 7/8, S. 423–437.
— (2004), *Non-contributory pensions in Latin America: The case of Bolivia's BONOSOL*, Arbeitspapier für den XXV. Internationalen LASA-Kongress, Las Vegas.
— (2003), *Privatising Old-Age Security: Latin America and Eastern Europe Compared*, Cheltenham/Northampton.
— (2001), »Die Privatisierung der bolivianischen Alterssicherung: eine Zwischenbilanz«, in: Sevilla, Rafael/Benavides, Ariel (Hg.), *Bolivien – das verkannte Land?*, Bad Honnef, S. 230–245.
— (1999), *The Political Economy of Pension Reform in Central-Eastern Europe*, Cheltenham/Northampton.
Nueva Constitución Política del Estado (2007), Oruro.
OECD (2011), *Perspectives on Global Development 2012: Social Cohesion in a Shifting World*, Paris.
Ossio, Lorena (2009), *La renta Dignidad y la pensión mínima en Bolivia. Instrumentos de protección para el sector informal laboral*, Asociación Iberoamericana de Juristas del

Derecho del Trabajo y la Seguridad Social, auf: http://aijdtssgc.org/2009/
11/20/la-renta-dignidad-y-la-pension-minima-en-bolivia-instrumentos-de-
proteccion-para-el-sector-informal-laboral/, 20.11.2009.

Peirce, Margaret Hollis (1997) (Hg.), *Capitalization: A Bolivian Model of Social and Economic Reform*, Miami.

Pierson, Paul (2000), »Increasing Returns, Path Dependence, and the Study of Politics«, in: *American Political Science Review*, 94 (2), S. 251–67.

— 1993), »When Effect Becomes Cause: ›Policy Feedback‹ and Political Change«, in: *World Politics*, 45 (4), S. 595–628.

PNUD (2000), *Bolivia: Prospectiva Económica y Social 2000–2010*, PNUD Cuaderno de Futuro, Nr. 10, La Paz.

Populi (2007), »Análisis Socio-economico de la Renta Dignidad«, in: *Asuntos Públicos*, 47, S. 1–6.

Rofman, Rafael (2006), »Sistema de pensiones: las reformas de la reforma«, in: Fretes-Ciblis, Vicente/Guigale, Marcelo/Luff, Connie (Hg.), *Bolivia. Por el bienestar de todos*, Washington, S. 391–411.

Sánchez de Lozada, Gonzalo (1993), *El Plan de Todos: Mensaje de Goni a los bolivianos*, 4.4.1993, La Paz.

Superintendencia de Pensiones (2004), Valores y Seguros, *Resultados Encuesta Evaluación Bonosol*, La Paz.

Ticona Gonzales, Marcelo (2011), »The Dignity Pension (Renta Dignidad): A Universal Old-age Pension Scheme«, in: UNDP (Hg.), *Successful Social Protection Floor Experiences*, New York, S. 45–60.

Viceministerio de la Descentralización (2008), *Qué es la Renta Dignidad?*, http://www.descentralizacion.gov.bo/portal2/index.php?option=com_content&task=view&id=393&Itemid=35, 27.12.2008.

Whitehead, Laurence (1997), »Beyond Neo-liberalism: Bolivia's Capitalization as a Route to Universal Entitlements and Substantive Citizenship Rights?«, in: Peirce, Margaret Hollis (Hg.), *Capitalization: A Bolivian Model of Social and Economic Reform*, Miami, S. 71–95.

Willmore, Larry (2006), *Non-contributory pensions: Bolivia and Antigua in an international context*, CEPAL Serie Financiamiento del Desarrollo, 167, Santiago de Chile.

Withers-Green, Philip (2003), »Bolivia: New law endangers private pension system«, in: *Pensions International*, 47, S. 11–12.

World Bank (2000), *Bolivia: Country Assistance Evaluation Report*, 21412, Washington.

Yanez-Pagans, Monica (2008), *Culture and Human Capital Investments: Evidence of an Unconditional Cash Transfer Program in Bolivia*, IZA Discussion Paper, 3678, Bonn.

South Africa's System of Social Cash Transfers: Assessing its Social Quality

Katrin Weible / Lutz Leisering[1]

Social protection has been spreading in the global South since the 1990s, promoted by national governments in the South and international organizations alike. Does the rise of social protection signal far-reaching institutional and ideational changes of Southern societies? Compared to Northern welfare states, social protection in the South is modest, as measured, for example, by social spending in percent of GDP. But social protection is not only about money or law but also about basic norms, culture and social institutions in a society. In this chapter we aim to uncover the socio-cultural foundations of the fastest growing recent strand of social protection, social cash transfers (Leisering et al. 2006, Barrientos 2007, Leisering 2009). We choose South Africa as a case study because South Africa is one of the most advanced Southern countries in terms of social protection. To assess social cash transfers in South Africa, we draw on a sociological concept of social policy which postulates that social policy in a country is predicated, among others, on three socio-cultural and political characteristics of the country: the recognition of »social problems« by social actors; the assumption by governments of a collective »social responsibility« for their citizens; and processes of institution building. In this chapter we inquire to what extent and in which ways these three characteristics underpin social cash transfer schemes in South Africa. We argue that the markedness of these characteristics defines the *social quality* of the schemes. In case of a high social quality, the rise of social protection

---

[1] This chapter is an outcome of the research project FLOOR (Financial Assistance, Land Policy, Global Social Rights) »Social security as a human right. The global construction and diffusion of civic minima« (www.floorgroup.de). The subproject on social cash transfers in the global South (principal investigator Lutz Leisering) is funded by the German Research Foundation (DFG). A more detailed version of this chapter is available on the project's website (Leisering/Weible 2012). We thank Liu Tao, Moritz von Gliszczynski, Michael Leutelt, Tobias Böger, John Berten, the editors of this volume and, above all, Armando Barrientos, for their valuable comments.

signals far-reaching institutional and ideational changes in the country in question.

The sociological concept of social policy we use is more abstract than common Northern concepts of social policy and welfare state, allowing for a wide range of social meanings of social policy not confined to the North. This contrasts with the political economy approach as well as with descriptive concepts of social policy which dominate the Northern literature and are biased towards Northern societies. Moreover, this chapter differs from most of the literature on social cash transfers by explicitly choosing the overall system of social cash transfer schemes in a country as unit of analysis rather than single transfer schemes (integrated approach). We maintain that it is the overall *system* of social cash transfers which reflects the social quality of the transfers in a country.

We define *social cash transfers* as tax-financed cash payments to individuals (or households) designed to support the general subsistence of persons in need (as distinct from benefits for specific needs like housing allowance or students grants; cf. Leisering 2009: 247). Social cash transfers are important instruments since they are designed to alleviate poverty even if they do not generally lift people out of poverty.

In South Africa *social grants*, as social cash transfers are called there, have developed into a more sophisticated and comprehensive system of basic social protection than in most other countries in the global South and particularly on the African continent. There are seven types of social grants for different population categories. Almost one third of the population of 50 million people receive a monthly social grant. The national expenses for the social transfers add up to 3.4 per cent of GDP[2] – an exceptionally high level for a developing country.

Social policy in development contexts

Research on social policy in the global South is still grappling for a theoretical basis. A number of scholars have tried to transfer the most influential theory of Northern welfare state research, Esping-Andersen's theory of »de-commodification« and »welfare-state regimes« (1990), to transitional

---

2 www.statssa.gov.za; interviewee 3; for 2009/10 National Planning Commission 2010: 27.

countries. But such transferral of a political economy approach meets with severe problems. Esping-Andersen posits that social policy, by securing living spaces outside the market, relieves workers from the pressure to sell their labour as a commodity in the market (»de-commodification«). This approach does not easily »travel« to the South since most Southern workers make their living outside formal labour markets (see Weinmann in this Volume).

To go beyond such Northern impositions, some scholars aim to develop a concept of »social policy in development contexts« (subtitle of Gough et al. 2004), which includes households and communities as agents of welfare besides markets and the state. To this end, Gough et al. combine political economy and social anthropology. Their approach accommodates the informal production of social welfare in the South but focuses less on the newly emerging formal welfare schemes. This leads to a theory of welfare pluralism or social welfare rather than to a theory of social *policy*.

In our own search of a concept of »social policy in development contexts« we resort to a sociological approach developed by Franz-Xaver Kaufmann (2003).[3] Although devised for the study of Northern countries, Kaufmann's institutionalist and culturalist approach is open to a wide range of ideas and functions of social policy not confined to the North. According to Kaufmann the social meaning of social policy derives from welfare-related perceptions, attitudes and institutions in a given society. This approach allows for more diversity of socio-cultural meanings attached to social policy than for example Esping-Andersen's emphasis on labour markets, on quantifiable characteristics like de-commodification and on the broad Northern ideologies liberalism, conservatism and social democracy.

The sociological concept of social policy we adopt locates the social in cultures and, more precisely, in *social meanings* constructed by *actors* in a given society. In contrast to conventional descriptive or normative accounts of social cash transfers, we focus on the concrete social processes by which such transfers operate and on the societal environment in which the transfers are embedded. We concentrate on political and administrative actors. Future research could deepen this approach by explicitly taking in the views of the clients of social cash transfers. Such analyses are still rare

---

3 Although Kaufmann has been a formative figure of German scholarship on social policy and welfare state, his approach has been little received because his key contributions on these issues have been translated into English only recently (Kaufmann 2012).

in the academic study of social security in the South (for South Africa see Surender et al. 2010).

While in every country there is some kind of welfare production with state and non-state welfare provisions, our research interest is directed to the recent rise of state schemes. Kaufmann's sociological concept postulates three elements that make up social policy in a strong (institutionalist and culturalist) sense (reconstructed from Kaufmann 2003: 37; 2012): a) The emergence of a »social question« in the formative years of a nation's social policy by which a path for future social policy may be established. In the light of the overarching social question, specific phenomena are defined as *social problems* by social actors. b) The emergence of the notion of *collective »social responsibility«*, that is, the assumption by national governments of an explicit responsibility for the well-being of their citizens. c) Collective social responsibility, if taken seriously, needs to materialize in institution building, that is, in a range of social services, public governance, professionalization etc. (*institutionalization*; Kaufmann speaks of »welfare sector«).

We can speak of social policy of a high *social quality* only if these three elements exist in a country. Accordingly, we pursue three questions:

1. What social phenomena have been defined as *social problems* in South Africa to be addressed by social grants?
2. To what extent is the social grant system predicated on the notion of a *collective social responsibility*?
3. In which ways do the institutional design and the practice of social grants reflect the collective social responsibility (*institutionalization*)?

The second aspect of social quality, *collective social responsibility*, can be decomposed into six elements (Kaufmann 1997: 21, 2003: 38–39, 2009 [1994]: 263, 267, 275, 286) to be taken up later on:[4]

- Is the state responsibility expressed in terms of a *national social objective* (Kaufmann 1997: 22, 41), for example is it enshrined in the national constitution?
- Are benefits framed in terms of *social rights* covering the entire population?
- Are legal institutions in place to *enforce* the rights through appeals and courts?
- Does the level of benefits sustain a notion of a *social minimum*?

---

4 For *enforcement* and *acceptance* see in more detail Leisering/Weible 2012.

- Is there a basic normative consensus that underpins the collective social responsibility of the state, making for *acceptance* of the social cash transfers by society?
- Does the general social responsibility assumed by the state materialize in a *political will* to introduce and develop social grants?

The analysis of the third aspect of social quality, *institutionalization*, follows on earlier analyses (Leisering 2008: 95–97, 2009: 263; Leisering et al. 2006: 215), positing that the extent of institutionalization of social cash transfers becomes apparent in the following five areas:

- Administrative organization
- Legal foundations
- Administrative standards
- Professionalization
- Funding.

Social cash transfers in South Africa

Unlike many recently established social cash transfer programmes in the global South (see data base by Barrientos et al. 2010 and Barrientos in this Volume), South Africa introduced social cash transfers very early. However, when the non-contributory old age grant was set up in 1928 as the first formal social assistance scheme, it catered only for »white« and »coloured« citizens (Seekings 2007: 258). Later the social grants were extended to include African persons. By the 1960s all race categories were covered (Lund 2008: 9), but the benefits still depended on the official classification by race and therefore were highly unequal (Seekings 2007: 258, 263). Only at the end of the Apartheid regime and with the change to democracy – first democratic elections in 1994 and a new Constitution in 1996/97 – the social grant system was amended, made more equal and expanded considerably (see for example Kaseke 2010: 160). Since then new ideas and models of social grants have cropped up.

Today the social grant system includes seven types of grants, each geared to a distinct target group: a grant for children to (including) the age of 17, one for orphans, one for disabled children, one for disabled adults, one for older persons from (including) the age of 60 (a *social pension*, that is a non-contributory pension), plus further small social grants.[5]

Since the introduction of the first public schemes – the old age pension in 1928 as well as a disability grant and a family grant in the 1930s (Lund 2008: 15; interviewee 3) – to the present day, South Africa's social protection system has consisted mainly of non-contributory, publicly financed benefits (social assistance) (Seekings 2007: 255, 258). So the country has continuously followed a »social assistance path«. The social insurance system, by contrast, is only rudimentarily developed, covering only the risks of unemployment and occupational injuries. The coverage rate is minimal and benefits are low (Kaseke 2010: 162–163). Partly as a consequence of the insufficient formal arrangements, informal mechanisms remain an essential element of social security in South Africa (Mpedi/Darimont 2007: 12).

Methods and Data

Methods. In order to identify the social quality of the social grants we draw on Max Weber's (2005 [1922]) methodological concept of *ideal type*. We use an ideal type of Western social assistance as a methodological tool to analyse social assistance in the South (cf. Leisering 2008: 95–97). The ideal type is a *purely* analytical construction which does not depict empirical social phenomena but exaggerates and reduces certain features of a phenomenon under investigation. The ideal type is applied to shed light on real phenomena by assessing the *distance* of a real phenomenon to the ideal type, in our case: of South African grants to the ideal type of Western social assistance. No value judgement, for example that grants closer to the ideal type are better, is implied. For example, a deviation from the ideal type could also indicate an appropriate or even innovative modification of Western models designed to adapt social assistance to a development context (see Leisering 2009: 261–262).

Even social assistance schemes in Western welfare states do not realise the ideal type in full, and they vary considerably but most of them show a

---

5 *War veteran's grant; grant-in-aid* as a top-up for any social grant beneficiary who needs permanent care; a similar benefit, the *social relief of distress* in case of (unforeseen, acute) crisis, is usually not a cash transfer, but delivered in form of vouchers and in-kind benefits; for an overview of the social grants see www.sassa.gov.za.

high degree of institutionalization in terms of coverage, individual legal entitlements (social rights), institutionalized benefit standards, substantial institutional capacity in law and public administration as well as separate and reliable budgets (Leisering 2008: 95). These are key features of ideal-typical social assistance.

South Africa's system of social grants shows some features of the ideal type: in South Africa there is a constitutional right to access social assistance; the historical social grant system has been systematically *equalized* (that is standardized for all citizens throughout the country, particularly regardless of race) since the end of the Apartheid regime; there is a national specialized agency administrating exclusively the social grants; and the national expenses for the social grants are high compared to international (Southern) standards. Moreover, the South African social grants system is supposed to have been influenced by Dutch and English social ideas in the pre-Apartheid period (interviewee 3). All these characteristics suggest that it might be illuminating to use the ideal type of Western social assistance as a sounding board for analysing the South African social grant system.

When assessing the degree of institutionalization of social grants and the extent of collective social responsibility, we use a simple scale *low – medium – high*. The ideal type indicates the high end of the scale. In each dimension, the distance of the social grants to the ideal type indicates the level of institutionalization and of collective social responsibility, respectively.

Data. The empirical analysis mainly draws on seven topic-guide based interviews on social grants conducted by Katrin Weible with experts in Pretoria and Johannesburg in May and June 2011. Two of the experts are directors (deputy and assistant, respectively) in the Department of Social Development, which is the national ministry responsible for the social grants. Three experts are general or executive managers in the South African Social Security Agency (SASSA), which is the national agency for the social grants administration, implementing the policies of the Department of Social Development. One expert is a Provincial Director of the human rights organization *The Black Sash*. A further expert interviewed is the Director of the civil society think tank *Studies in Poverty and Inequality Institute*. The expert interviews provide topical data that are tailored to our qualitative research design which emphasizes the interpretations by the actors involved beyond »*hard facts*« like legal regulations and statistics. In addition to the interviews, we draw on government reports.

In the following, the numbers in square brackets indicate the numbers of the expert interviews as listed at the end of the chapter. In the next three sections we present the empirical findings relating to the three research questions delineated above: What social problem definitions? What collective social responsibility? What institutionalization?

What Social Problem Definitions?

The recent expansion of social protection in South Africa has taken place in the face of wide-spread poverty, high social inequality, and high levels of unemployment[6] (cf. Mpedi/Darimont 2007: 12). Besides, 10.6 per cent of the population or 5.2 million people live with HIV (Department of Social Development 2010a: 12). Other countries face similar problems but countries differ with regard to the ways in which such problems are taken up by politics. The question in this section, therefore, is: what phenomena are recognized and defined as social problems in South Africa to be addressed by social grants? South Africa stands out among developing countries by extensive debates on social issues and a broad range of governmental and civil society actors that participate in public deliberations.

The interview partners agreed in that the major objective of social grants is to support the poor [2, 6], or rather the poorest of the poor [3]. The social grants are »to make sure that people are able to meet their basic needs« [6]. The Gauteng Provincial Director of *The Black Sash* maintains that the relevance of the social grants was »mainly survival« [4]. So the common problem definition underlying social grants is *(extreme) poverty*.

The interview partners describe the social grants as »bottom safety net(s) for people who haven't been able to make provision for themselves« [1; cf. 5, 6]. But the grants are not directed to individuals according to the criterion of need as done in the ideal-typical social assistance but they only cater for groups or *categories* of persons defined as targets by the relevant

---

[6] In 2008, 49 per cent of the population lived below the equivalent of two US-Dollars (524 Rand) and the Gini Coefficient was 0.66 (National Planning Commission 2010: 25f.). The official unemployment rate amounted to 25 per cent by the end of 2011 (www.statssa.gov.za/keyindicators/keyindicators.asp; 16.11.2011).

actors: the grants are »limited to those categories that have no choice in terms of defining their economic destination« [5]. While this could apply to various categories of people, the emphasis is on old people, disabled people, and children [1]. The category *children* is further decomposed into disabled, non-disabled, and orphaned children. This is a *life cycle* approach to the definition of social problems – excluding the middle age groups, though –, combined with medical criteria.

Child grants dominate in terms of *coverage*: 11 million out of the 15 million grants are child grants; 10.4 million of them are *child support grants*, rendering this grant the biggest social grant (South African Social Security Agency 2011: 6). In terms of benefit *levels* and expenses, however, the *grant for older persons* (the social pension) is the largest (Department of Social Development 2011: 38).

The aim of the social grants is poverty reduction [6], but the grants are only about *alleviating* rather than eradicating poverty [3, 4, 7]. This is a major difference to ideal-typical social assistance and typical of Southern countries. Interestingly, the experts try to stick to the notion of lifting people out of poverty by emphasizing that the social grants are considered just one element of a whole basket of services, including free electricity, free health care, a certain amount of free water, school fee reduction, and government housing [1, 3]. »The grants start if off, but the grant is not the end in itself, it is only the beginning«, a kind of a »catalyst« for other social aspects [1].

The reference to other social services besides cash also indicates that the social grants are embedded in a broader approach to tackling poverty, namely social and human development [1]. This approach attaches great importance to caring and educating children to enable them to find a job and make a living on their own once they are grown up [1]. So *human development* is a further, more deep-reaching aspect of the problem definition which underlies the social grants. Human development goes beyond a narrow concern for poverty. In this respect, South Africa matches social assistance in Northern countries which since the 1990s has increasingly included social investment measures.

Within the context of poverty and basic needs, one interview partner linked the reasons for introducing the social grants to the »high rate of unemployment« [6]. Positive effects of the grants on *unemployment* are reported but were not part of the initial objective. They have rather been discovered as »spill-over effects« [3]. So, although the problem of high unemployment is frequently mentioned in the interviews, unemployment is not programmatically addressed by the social grants. Yet the problem of unemployment has given rise to ideas of new social grants like an unconditional Basic Income Grant (BIG) for each individual (Standing/Samson 2003) and a youth unemployment grant for people aged 18–35 [1, 3, 7]. But the government preferred to invest in employment creation [1] and a (future) youth wage subsidy [7] rather than setting up such new grants. Nevertheless, the discussion around the BIG lingers. So unemployment appears continuously as a context in the discussions around the social grants, but there is no social grant geared to the unemployed.

Regarding other social problems voiced in the debates, we found some hints at *social inequality* as an underlying problem to be addressed by social grants [3, 5]. Another social problem is the HIV/AIDS pandemic which is addressed rather indirectly through the support of children and orphans via the *foster child grant* and the *grant for older persons*, for there are many children growing up with their grandmothers [4]. By contrast, HIV infected persons do not automatically qualify for the *disability grant*, unless they are affected to such an extent that they are assessed as disabled.

Conclusion on problem definitions

The guiding problem definition linked to the social grants is the issue of (extreme) poverty (historically confined to the »white« population). This overarching social question is, however, not constructed in individual terms but in terms of designated life cycle *groups* or *categories*, above all old persons and children – maybe because legitimacy can be more easily secured for supporting children and older persons, and because social protection in South Africa historically started with old age pensions and a family benefit which defined an institutional path. The most striking finding is that although unemployment is perceived as a social problem, no social grant is tailored to the needs of the unemployed, even if many households with unemployed members receive child grants or pensions. We will revert to this issue below.

A Collective Social Responsibility?

To what extent and in which ways do social grants reflect a collective social responsibility? We analyse the key aspects of collective social responsibility described before.

Tackling Social Questions as a National Objective?

Does the state assume an explicit responsibility for the well-being of its citizens by way of social assistance? According to Kaufmann, the assumption of *social responsibility* can most basically be reflected in an explicit *national objective*.

Article 27 (1) c.) of the South African Constitution of 1996 stipulates that »Everyone has the right to have access to [...] social security, including, if they are unable to support themselves and their dependants, appropriate social assistance«.[7] Article 27 (2) adds: »The state must take reasonable legislative and other measures, within its available resources, to achieve the progressive realisation« of this right. So there is a constitutional right to access social assistance, and there is a national commitment and state obligation to realize this right (although this commitment is limited by the »availability of resources«, (cf. [7]; cf. Mpedi/Darimont 2007: 14). All in all, the constitutional provisions regarding the role of the state in social security formulate a *national social objective*, reflecting a high degree of collective social responsibility.

A Universal Right to a Social Grant?

Do the social grants come close to the features of the ideal type social assistance in terms of universal legal entitlements based on individual social rights (Leisering 2008: 96)?

»Certainly the grants first and foremost are a constitutional right« [3]. So the social grants are based on the constitutional right to access social assistance [3]. And they indeed constitute *individual* legal entitlements [1, 2].

---

7 www.info.gov.za/documents/constitution/1996/a108-96.pdf; 16.11.2011.

None of the social grants is linked to behavioural conditions beyond the legal qualifying requirements.

According to the ideal type of social assistance, the South African social grants are in principle *need universal* (Leisering 2008: 95), that is, they cover any type and cause of need that might occur in the designated target group. And there is no time limit for receiving benefits (cf. Leisering 2009: 263). The social grant system is not designed to be universal in the conventional sense (i.e. the grants are means-tested) but it is not even »*target-person universal*« (Leisering 2008: 95), that is, even the right to means-tested benefits in case of need does not extend to the entire population: due to their categorical design, the grants cover only children under the age of 18 years (disabled, non-disabled, and orphans), disabled adults, and older persons from the age of 60. So measured against the ideal type of entitlements for all individuals in need, there is a huge gap »in the middle«, namely the lack of entitlements of able-bodied adults aged 18–59 [1, 2].

In practice, the administrative staff are aware of the fact that entire families rely on the grants [1, 2]; and even the government takes into consideration that the social grants, although formally individualized, feed into entire households [7]. So the formally excluded middle age group is supposed to benefit from social grants paid to other members of their households.

The households act – and are purported to act – as vehicles of redistribution to needy persons without individual legal entitlement, linking formal and informal social security (Kaseke 2008). However, considering that the value of one social grant is not sufficient to support several persons ([5]; see below), and that benefits are not tailored to the other household members' needs, the age group 18–59 still is excluded from the social grants compared to the ideal type of social assistance which stipulates individual entitlements and need-oriented benefits. In the face of the very high unemployment rate and limited alternative transfers like the Expanded Public Works Programme,[8] this is a major gap of coverage.

The coverage gap is even more startling considering that since the early 1990s [2] in the course of democratization, the so-called *equalization* of the social grants, that is the move towards abolishing discriminatory regulations, has received considerable attention [3] and has led to changes (Mpedi/Darimont 2007: 14f.): decisions by the High Court and the Con-

---

8 www.epwp.gov.za; 26.02.2012.

stitutional Court, respectively, triggered amendments of social grant regulations in the areas of age (gradual extension of the age limit for the *child support grant* to 18 years), sex (entitlement to an old age grant from the age of 60 for both men and women, since 2010), and place of residence (uniform nation-wide regulations, resulting in the establishment of SASSA) ([1, 3, 5]; cf. Department of Social Development 2010b: 17). Similarly, the qualifying conditions for receiving the grants have been relaxed, in particular by raising the income threshold of the means-tests [1, 6]. As a consequence, more and more persons have been covered. But the working-age population remains excluded from entitlements.

The legal regulations of enforcing an entitlement to a social grant are highly institutionalized.[9] Yet in sum, the findings concerning the rights dimension are mixed. The non-universal coverage, that is the exclusion of the working-age population, strikes as a harsh contrast to the highly institutionalized rights character of benefits in all other aspects.

Benefit Levels: a Social Minimum?

The criterion of providing a *social minimum* which covers the minimum living cost for a person with insufficient means is part of the ideal type of social assistance. It is a very demanding feature, reflecting a high standard of social responsibility and institutionalization. We already found that lifting people out of poverty is not an official aim of the grant system. But what about the reality of benefit levels and semi-official target levels of the grants?

In April 2011 monthly payments amounted to 1.140 Rand (103 Euro) for the grants for old age, disability, and *care dependency* (that is child disability), to 740 Rand (67 Euro) for the *foster child grant*, and to 260 Rand (23 Euro) for the *child support grant*. There is no official poverty line in South Africa. The point of reference of two US-Dollars a day, which is used by the government, was calculated at 524 Rand in 2010 (National Planning Commission 2010: 26, 2011: 2). This poverty line, however, is low compared to other poverty measures. Taking the poverty line of two US-Dollars as a point of reference, the grants for old age, disability and *care dependency* meet a social minimum. The level of the *foster child grant* is lower, but

---

[9] See Leisering/Weible (2012) for details.

closer to a social minimum than the *child support grant*. The interview partners agreed that particularly the *child support grant* is too low because it is insufficient to live on it [2, 5, 7]. This grant clearly falls short of a social minimum. The low level of the *child support grant* is significant since these grants make up two thirds of all social grants regarding the number of persons covered.

All in all, the benefit levels of the social grants reflect a medium level of institutionalizing collective social responsibility.

Political will?

The social grants enjoy a lot of support among the population [1, 3, 4]. Does the acceptance of social grants by society extend to the government? Does the South African government indeed *take explicit social responsibility* for its citizens by supporting and promoting social grants? Since the government has introduced and extended the grants it may seem self-evident that it also supports them. But things are more complicated.

Surprisingly, the government is ambivalent about social grants: »Overall, the government is the biggest promoter, collectively, not just our department [Department of Social Development; K.W./L.L.], collectively for the grants. And yet it's the same people who stand up and say: ›This thing is not a good idea‹« [3]. Similarly, the Gauteng Provincial Director of *The Black Sash* confirms that, in general, the government supports the social grants due to its legal obligations and because of the pressure resulting from the wide-spread poverty [4]. But »it's just that in some instances, like I'm saying, they would be trying to run away from taking [...] their responsibility« [4].

The ambivalent stance is at odds with what we might have expected from our other findings. As the quotations indicate, the discrepancy cannot (at least not entirely) be put down to struggles between the Department of Social Development as an advocate of social protection and the Department of Finance which tends to see social grants as »being a waste of expenditure« [7]. The ambivalence of government goes deeper and it needs explanation. We come back to the issue below.

Conclusion on collective social responsibility

The analysis has revealed a high degree of institutionalized collective social responsibility in most respects, above all with regard to the existence of a relevant national objective and the rights character. The benefit levels of the social grants only reflect a medium level of social responsibility. However, there are two significant exceptions to the high degree of collective social responsibility: First, the right to a social grant is not »*target-person universal*« since the grant system excludes able-bodied persons of working age. Second, the support of the social grants by the government is ambivalent. Both findings call for an explanation (see last section).

Institutionalization of Social Grants?

In this section we inquire to what extent and in which ways the social grants are institutionalized. While the analysis of collective social responsibility already covered some (legal and social) aspects of institutionalization, this section focuses more on organizational issues.

Administrative Structure

In 2005 a specialised central organization, the South African Social Security Agency (SASSA), was created to deal exclusively with the social grants [1, 3, 7]. This is evidence of a remarkable institutional differentiation. The policies which SASSA implements come from the Department of Social Development [1]. The SASSA head office is supported by a regional office in each province and by local offices at the municipal level throughout the country [1].

We may conclude that the organization of the social grants reflects a high degree of institutionalization since all grants are administered centrally at the national level, supported by lower administrative levels, and since a specialized agency in conjunction with a governmental department is in charge of the system.

Juridification

The establishment of SASSA is based on legal Acts: the Social Assistance Act of 2004 and the South African Social Security Agency Act of 2004. All social grants are based on statute, and each amendment of the grants comes into force through legislation.[10] The strict legal foundation of the social grants and their administering institutions reflect a high degree of institutionalization. This may seem »normal« from a Northern point of view. But South Africa is advanced in this respect, compared, e.g., to China where social security largely rests on decrees.

Administrative Standards

SASSA presents its ambitious mission principles on its website: »to manage quality social security services to eligible and potential beneficiaries effectively and efficiently«.[11] Is there evidence for SASSA's high claims with regard to social aspects of administration?

For each social grant qualifying requirements and *benefit levels* are specified. All grants are subject to a *means-test*, with the exception of the *foster child grant*. For the grants for old age, disability and for war veterans, the income test is supplemented by an *asset test*.

Administrative procedures under the grants are standardized to a high degree. The application process, for example, is in three steps: screening the application, taking in the application, approval. Applicants have to see a member of the SASSA staff and submit a written application; the application is then checked by another staff member; and a third staff member enters the data into the electronic data processing system *Social Pensions System (SocPen)*; the applicant then receives a letter to confirm the application [1].

The *Customer Care-Centred Approach* is a key goal to which the SASSA subscribes on its website. An example given by a SASSA manager refers to language: »We must make sure that whoever comes to the office is attended in the language of their choice« [6]. South Africa has eleven official languages. The *customer care* section in the *Grants Administration Unit* of

---

10 Many of the Acts are provided at www.dsd.gov.za.
11 www.sassa.gov.za/ABOUT-SASSA/VISION-MISSION-AND-VALUES-637.aspx, 14.11.2011.

SASSA deals with inquiry management, complaints management, with »making sure that our staff are friendly and respond correctly, that they're properly trained«, and with the management of the call centre [1]. The call centre has a free grant hotline.

All the aspects of administrative standards analysed indicate a high degree of institutionalization. Yet the information and data processing still operates with little professionalization.[12] On the whole, the administrative standards exhibit a relatively high level of institutionalization.

Professionalization

SASSA staff do not need a post-matric[13] qualification. But once employed for SASSA, they get »training on interpretation of the legislation that is applicable« [1] and on the procedures within SASSA, including the *SocPen System*. SASSA has a »structured programme« for staff training and for retraining in case of legislative changes [1]. Nevertheless, a SASSA manager admits that »one of the challenges that we have was, we think, that we actually need to get more specialized and more professional staff, particularly where they interact with the citizens« [1]. As the director of the *Studies in Poverty and Inequality Institute*, an outsider to SASSA, puts it, »a lot of work needs to be done« with regard to the qualification of SASSA staff [7]. According to her, SASSA staff still tend to see it as an achievement to reject more grant applications because this saves the state money. [7]

The impression during the interviews was that on the higher administrative level to which all interview partners belong, the employees show a genuine concern for advancing the social security situation of the country (confirmed by interviewee 7). On the lower administrative levels with direct contact with the (potential) beneficiaries, however, our interview partners [1, 2, 6, 7] indicate that at least partly the staff may not be fully committed to applying the official administrative standards.

To sum up: The formal qualification of the staff is not high at the current stage, but efforts are being made to increase their professional performance. Considering the mixed actual commitment of the staff, the professional level of the social grants administration corresponds to a medium level of institutionalization.

---

12 See Leisering/Weible 2012 for details.
13 Matriculation refers to the final year of high school.

Funding

The social grants are funded from taxes: both the means for the transfer payments (97.5 billion Rand as estimated expenditures between March 2011 and March 2012) and for the administrative costs (6 billion Rand) are part of the regular budget of the national government ([1, 3, 5, 6]; cf. Department of Social Development 2011: 38, 43). So the level of financial institutionalization is high. There is no dependency on short-lived donor funding or even pilot funding common in many Southern countries. All interview partners [1, 3, 5, 6] confirmed that the funds were safe as they »cannot be touched« [1] or used for other political ends. To the extent that this is accurate, the situation differs sharply from many other Southern countries where funds are liable to political misallocation.

As already mentioned in the introduction, the expenses for the social grants amount to 3.4 per cent of the GDP, which is at the high end of Southern countries. South Africa expends considerable sums of money on social assistance grants. As the expenses are a designated item in the national budget, there is a degree of reliability and a long-term perspective. All in all, the funding side clearly reflects a remarkably high degree of institutionalization.

Conclusion on institutionalization

The analysis of the social grants system with regard to the organizational set-up and the administrative capacity has shown a medium to high degree of institutionalization: a high degree regarding *administrative organization, legal foundation,* and *funding*; a relatively high degree regarding *administrative standards*; and a medium degree in the area of *professionalization*. The centralized and integrated character of the administration of the social grant system seems to have contributed to remarkably high standards in many aspects, compared to the highly fragmented and overlapping administrative structures in the country under the Apartheid regime (Lund 2008: 10–11). Still, implementation problems are not to be underestimated in South Africa. Corruption and fraud familiar from other Southern countries are seen as threats to a reliable social grants administration also in South Africa [1, 2].

The findings on collective social responsibility add to the overall picture of a *strong institutionalization* of the South African social cash transfer system. Collective social responsibility is organized and administered in a substantial way.

Conclusion: Between welfare state and developmental state

The analysis of the South African social grants system sheds light on an advanced case out of the broad range of social cash transfers in the global South. Unlike many other countries, South Africa introduced cash transfers long before the recent wave of the 1990s and 2000s. But since the 1990s, along with the process of democratization in the country, the social grant system has been systematically extended and standardized.

Using sociological concepts – the social definition of social problems, collective social responsibility and institutionalization – as a sounding board we could identify a remarkable *social quality* of the social cash transfer system in South Africa, close to the ideal type of social assistance derived from the experience of means-tested minimum transfers in Northern countries. We found that the social grant system is highly institutionalized in terms of law, budgeting, and administration (but with medium-level professionalization), and that the social grant system is entrenched in a far-reaching assumption of collective social responsibility by the South African state for the well-being of its citizens, as expressed in a national social objective and in the enforceable constitutional right to access social grants. All in all, despite modest social spending (by Northern standards), South Africa's system of social cash transfers shows some characteristics of what Northern scholars conceive of as *welfare state*. For Kaufmann, the assumption of collective social responsibility by the state, in conjunction with related welfare institutions, defines a welfare state. In South Africa, however, the term »welfare state« is interpreted differently and resented by some politicians and parts of the population [1, 3, 6, 7].

Regarding the conceptualization of social policy in development contexts, the analysis has shown that Franz-Xaver Kaufmann's sociological concept of social policy which we adopted can be usefully applied to the South. Kaufmann's generalized emphasis on socio-cultural ideas, polity and institution building as core dimensions of social policy allows for more socio-cultural diversity than political economy approaches which are biased to Northern conditions. At the same time, Kaufmann's focus on statutory welfare provides analytical categories for in-depth analyses of formal social protection. In our case study, Kaufmann's approach shed light on the socio-cultural context of the social cash transfer system – what we called collective social responsibility – as well as on the social organization of the transfers beyond the more visible financial and legislative dimensions – what we called institutionalization.

Our integrated approach, by taking the overall system of social cash transfers in South Africa as unit of analysis rather than single transfer schemes, also reveals three major restrictions on the social quality of the cash transfer system: First, the political actors that define social problems construct *categories* of people (social groups) as units of social problems and targets of policies rather than referring to individual need as such. Second, entitlements to social cash transfers *exclude* able-bodied persons of working age, especially the unemployed, even if these persons may profit from grant payments to other members of their households. This reductive approach to meeting need applies to most Southern countries but it is normally not seen worth mentioning, due to the dominant focus on single schemes. The finding of a reductive approach to meeting need also underlines the usefulness of investigating the ways in which social problems are defined and constructed by actors. While fighting poverty is almost universally seen as the overarching goal of social policy both by national governments and international organizations, the investigation of social problem definitions – including the historical analysis of the path-setting early definition of the »social question« in a country – reveals considerable differences of goals under the common flag of anti-poverty policies. Third, we found a profound *ambivalence* in the attitudes of the South African government vis-à-vis the social grants, a mixture of political support and reservations as to the desirability of the grants.

Applying the categories of *alms*, *privileges* and *rights*, South Africa's social grant system has a profound rights-based character as evidenced by our analysis of collective social responsibility assumed by the state and of institutionalization. The social grant system is, however, limited by social problem definitions that restrict entitlements to »privileged« life cycle groups, the elderly and children, and to disabled people. The sociological approach to social protection used in this chapter allows for a more differentiated and more action-theoretical approach to analysing the *social quality* than the broad categories of alms, privileges and rights.

In search of an *explanation* of the three restrictions on the social quality of the cash transfer system in South Africa – categorical construction of social problems, exclusion of the working middle aged, ambivalent attitudes –, we hypothesize that the socio-political embedding of the social grants matters. In the section on problem definitions we have highlighted the »developmental« frame of the social grant policies which shows in the focus on social investment in children and in the reservations about the support of the unemployed. The South African government is influenced by the notion of a *developmental state* (Edigheji 2010: 2; cf. Meyns/Musamba 2010: 8). President Jacob Zuma referred to this term in the context of the social grants in his State of the Nation Address in February 2011.[14] This official declaration is in line with the view of experts that the government gives priority to economic growth and employment creation over a further extension of social grants [1, 2, 3]. We can conclude that the notion of a collective social responsibility of the state is curbed by the political frame of a »developmental state«. The notion of a developmental state checks consistent policies of social grants (similarly [5]).

In this light we can specify our assessment of the social quality of the South African social grant system: it is a system of high collective social responsibility but bridled by the notion, entertained by political leaders, of an employment-oriented developmental state. Welfare state and developmental state meet in the area of cash transfers.

List of Expert Interviews[15]

(1) General Manager: Operations Management, Grants Administration, South African Social Security Agency (SASSA), Pretoria, 27.05.2011.
(2) Assistant Director: Disability and Old Age Grants, Department of Social Development (DSD), Pretoria, 27.05.2011.
(3) Deputy Director General: Comprehensive Social Security, DSD, Pretoria, 30.05.2011.
(4) Provincial Director, Gauteng Regional Office, The Black Sash, Johannesburg, 30.05.2011.

---

14 www.info.gov.za/events/2011/sona/index.html, 19.11.2011.
15 We thank all interview partners for granting the interviews.

(5) Acting Executive Manager: Strategy & Business Development, Monitoring and Evaluation Unit, SASSA, Pretoria, 31.05.2011.
(6) Executive Manager: Customer Services & Grants Administration, SASSA, Pretoria, 02.06.2011.
(7) Director, Studies in Poverty and Inequality Institute, Johannesburg, 01.06.2011.

References

Barrientos, Armando (2007), »The Role of Tax-financed Social Security«, in: *International Social Security Review*, 60 (2/3), pp. 99–117.
— /Niño-Zarazúa, Miguel/Maitrot, Mathilde (2010), *Social Assistance in Developing Countries Database*, Manchester, www.chronicpoverty.org/publications/details/social-assistance-in-developing-countries-database, 16.03.2012.
Department of Social Development (2011), *Annual Performance Plan 2011/12*, www.dsd.gov.za/index.php?option=com_docman&task=cat_view&gid=28&Itemid=39, 28.02.2012.
— (2010a), *Strategic Plan 2010–2015*, www.info.gov.za/view/DownloadFileAction?id=130905, 28.02.2012
— (2010b), *Annual Report for the Year Ended 31 March 2010*, www.info.gov.za/view/DownloadFileAction?id=133157, 28.02.2012.
Edigheji, Omano (2010), »Constructing a Democratic Developmental State in South Africa«, in: Edigheji, Omano (ed.), *Constructing a Democratic Developmental State in South Africa*, Cape Town, pp. 1–33.
Esping-Andersen, Gøsta (1990), *The Three Worlds of Welfare Capitalism*, Cambridge.
Gough, Ian et al. (2004), *Insecurity and Welfare Regimes in Asia, Africa and Latin America*, Cambridge.
Kaseke, Edwell (2010), »The Role of Social Security in South Africa«, in: *International Social Work*, 53 (2), pp. 159–168.
Kaseke, Edwin (2008), »Social Security Provisioning in Southern Africa«, in: *Zeitschrift für ausländisches und internationales Arbeits- und Sozialrecht*, 22 (1/2), pp. 64–73.
Kaufmann, Franz-Xaver (2012), *European Foundations of the Welfare State*, New York/Oxford.
— (2009) [1994], »Staat und Wohlfahrtsproduktion«, in: ders., *Sozialpolitik und Sozialstaat*, 3. Auflage, Wiesbaden, pp. 263–286.
— (2003), *Varianten des Wohlfahrtsstaats*, Frankfurt/Main.
— (1997), *Herausforderungen des Sozialstaates*, Frankfurt/Main.
Leisering, Lutz (2009), »Extending Social Security to the Excluded«, in: *Global Social Policy*, 9 (2), pp. 246–272.

— (2008), »Social Assistance in the Global South«, in: *Zeitschrift für ausländisches und internationales Arbeits- und Sozialrecht*, 22 (1/2), pp. 74–103.

— /Weible, Katrin (2012), *The Expansion of Social Assistance in South Africa – Towards a »Social Polity«?*, FLOOR working paper, www.floorgroup.de.

— /Buhr, Petra/Traiser-Diop, Ute (2006), *Soziale Grundsicherung in der Weltgesellschaft*, Bielefeld.

Lund, Francie (2008), *Changing Social Policy: The Child Support Grant in South Africa*, Cape Town.

Meyns, Peter/Musamba, Charity (2010), »Introduction: Recent Debates on the Developmental State in Africa«, in: Meyns, Peter/Musamba, Charity (eds.), *The Developmental State in Africa*, Duisburg, pp. 7–10.

Mpedi, L. George/Darimont, Barbara A. (2007), »The Dualist Approach to Social Security in Developing Countries«, in: *Journal of Social Development in Africa*, 22 (1), pp. 9–33.

National Planning Commission (2011), *Human Conditions Diagnostic*, http://npconline.co.za/MediaLib/Downloads/Home/Tabs/Diagnostic/Diagnostic_Human _ conditions.pdf, 28.02.2012.

— (2010), *Development Indicators*, http://npconline.co.za/MediaLib/Downloads/ Home/Tabs/Diagnostic/HumanConditions2/Development%20Indicators%2 02010.pdf, 28.02.2012.

Seekings, Jeremy (2007), »Workers and the Beginnings of Welfare State-Building in Argentina and South Africa«, in: *African Studies*, 66 (2/3), pp. 253–272.

South African Social Security Agency (2011), *Fourth Quarter Indicator Report*, www.sassa.gov.za/Portals/1/Documents/a90ec1db-09a6-49a2-ad32-1320954b 9d4d.pdf, 28.02.2012.

Standing, Guy/Samson, Michael (eds.) (2003), *A Basic Income Grant for South Africa*, Lansdowne.

Surender, Rebecca et al. (2010), »Social Assistance and Dependency in South Africa«, in: *Journal of Social Policy*, 39 (2), pp. 203–221.

Weber, Max (2005) [1922], *Wirtschaft und Gesellschaft*, Frankfurt/Main.

Growth and social policies, towards inclusive development: A global panorama

Jan Nederveen Pieterse[1]

Well into the twenty-first century, many developing countries are more prosperous than in past decades and engage in large-scale social policies. Welfare policies that were absent or thin in the past are taking on a significant scale. However, they are often disconnected from economic policies. The ministries of economics and of social affairs don't speak to each other, or when they do they don't speak the same language. Economists have mostly been trained in neoclassical economics, and in some cases in Chicago school supply-side economics, while social affairs ministries speak the language of social cohesion and political stability. Thus, the logics of accumulation and welfare, of growth and social policy don't connect. This policy schizophrenia is not occasional. It reflects long-standing divides between economic and social spheres. It mirrors the long-standing disconnect on a world scale between the international financial institutions, based in Washington, and the UN institutions.

Social policies played a central role as part of the Keynesian consensus of the postwar era; they were marginalized during the period of neoliberal globalization; and they emerge to play a new role in the wake of the 2008 crisis. Social policies are further refracted by differences between developing and developed economies, and between social market and neoliberal economies.

This discussion first takes up the question of the relationship between social policies and economic growth: are social policies a benevolent afterthought of growth or are they part of growth strategies? In addition, is redistribution a viable policy framework? The article then turns to the impact of globalization, IT, financialization and export-led growth. Patterns are changing again in the emerging multipolar world and in the wake of the 2008 crisis. Given slowing world trade and high dependence on

---

[1] With thanks for comments to Rudolf Traub-Merz and Anne Tittor.

exports in many developing countries, a social turn in growth strategies can serve as a key component in moving away from export-led toward domestic demand-led growth. The scope of the discussion is global, with an emphasis on developing countries and emerging societies.

Growth and redistribution

Growth and social policies are often viewed as unfolding either on separate tracks or in a sequence of growth first, redistribution after. The idea is that sharing without growth would only produce shared poverty. While this may generally make sense it is also too general to hold much water – as if any growth is welcome and the quality of growth doesn't matter. In effect this recycles the idea of ›growth above all‹ and doesn't count social and environmental cost. Besides, this sequence in effect means trickle down and it entrenches interest groups and policies that create their own path dependence. Most important, it glosses over the importance of human capital as a key factor in growth.

›Redistribution and growth‹ continues to be argued as a poverty reduction policy that is more effective than growth alone (Dagdeviren et al. 2002), which is true but is also an easy argument. Is growth and redistribution a formula we can go back to or does it belong to a bygone era? The 1970s growth and redistribution literature (Chenery et al. 1974) came during the waning years of the Keynesian consensus. As a concept and policy framework redistribution carries several limitations. Redistribution assumes a stable political center and effective fiscal and revenue raising policies. Let's note that in the United States none of these conditions apply: the political center isn't stable because of elections every two and four years; fiscal policies aren't effective because corporate lobbyists and lawyers create or find tax loopholes; and raising revenue is difficult with major political forces opposing tax increases.

Redistribution further assumes a stable social contract, a social consensus, which isn't available in societies that are deeply divided – in societies with structural conditions of ›radical inequality‹ such as India, Pakistan and much of Southeast Asia; and in heterogeneous immigrant societies such as the United States. It also poses a problem in societies where immigration has increased amid economic constraints, as in parts of Europe. Thus, precisely where redistribution is most needed, the social basis and political coalition to achieve it is least likely to materialize. In the US, ›redistribution‹ is a nonstarter and an ugly word that smacks of socialism (and ›big government‹). What has taken place in the US since the 1970s is redistribution-in-reverse, a vast reconcentration of wealth and power, undoing the reforms of the New Deal and returning the country to the wealth disparities of the 1920s. In continental Europe, redistribution is ordinary, but immigration exposes the limits of the social contract. In Mediterranean Europe, welfare has taken on forms of lax state patron age and the current crisis in the euro zone exposes the design problems of the European Union. In developing countries, large-scale welfare policies are a new trend and how they relate to growth is contentious, which is the focus of this discussion.

Redistribution assumes effective distribution policies and capable local government, which are problematic in many developing countries, China and India included. Social transfers may be subject to elite capture at the local level. As a discourse, redistribution is elastic, subject to narrow or wide interpretations, holds different meanings for different policy makers, and is therefore unstable as a policy framework. Furthermore, redistribution per se ignores or holds constant the overall growth paradigm. Growth and redistribution are viewed as separate compartments, or alternatively, the implicit assumption is a Keynesian policy framework. In addition, redistribution ignores macroeconomic dynamics. It implies a Keynesian ›national economy‹ bias, i.e. a lesser degree of globalization, and is subject to imponderable economic fluctuations.

The slumps of the seventies and eighties turned the tide and at the World Bank, the Washington consensus outflanked the redistribution and growth approach. In development studies, the human development approach took over the legacy of growth and redistribution. In the 1990s debates followed on tradeoffs between growth and equity (Nederveen Pieterse 2010a).The human development approach argues not for growth but for quality growth, and not for redistribution but for capacitation.

Social policies

Thomas Pogge (1999) refers to conditions of ›radical inequality‹: those at the bottom are very badly off in absolute terms; they are also very badly off in relative terms; the inequality is persistent, pervasive, and avoidable. In several countries, some of the conditions of radical inequality have begun to unravel. With social forces and newly empowered strata emerging in emerging markets, they have become emerging societies. Political demands are stronger, government coffers fuller and social policies more ambitious. But what is the political economy of the ongoing transformations and how do they fit into the wider economic and political equations?

Social reforms such as cash transfers (as in Mexico's Oportunidades and Brazil's Bolsa Família), work programs (such as India's NREGA), micro credit (as in Grameen) and social provisions (such as health care and pension schemes in Thailand and child care support in Nepal) share the limitations of redistribution policies. As long as they are conceived as set apart from the logics of growth itself they are vulnerable to political vicissitudes and economic fluctuations.

The July 2011 elections in Thailand illustrate the dilemma. The Pheu Thai party led by Yingluck Shinawatra (the sister of the deposed and exiled former Prime Minister Thaksin Shinawatra) won a landslide victory on a program of major social benefits,[2] which is as populist as Thaksin's policies had been. Economists and business leaders caution that these policies would lead to inflation, higher interest rates, and higher costs for private companies (Bangkok Post, ›Election 2011‹, July 5 2011, p. 6). The election victory represents a renegotiation of Thailand's social contract against the backdrop of political crisis with ›warring political factions, five years of street protests and violent military crackdowns.‹ This includes the long neglected countryside, especially in the northeast. A report notes:

»Once passive and fatalistic, villagers are now better educated, more mobile, less deferential and ultimately more politically demanding. [...] The old social contract, whereby power flowed from Bangkok and the political establishment could count on quiet acquiescence in the Thai countryside, has broken down. [...] Villagers describe a sort of democratic awakening in recent years and say they are no longer willing to accept a Bangkok-knows-best patriarchal system« (Fuller 2011).

Thus structural changes in the countryside and the »transformation from ›peasants to cosmopolitan villagers«« (quoted in Fuller) and mounting social

---

2 An increase of the minimum wage (to Bt300), salary increases for civil servants, a reduction of personal income tax (from 30 to 23 percent), a Bt100 million allocation for each province to establish a fund for women, better incomes for the aged, credit cards for farmers, energy cards for taxi drivers, and a tablet PC for all grade one students. (At the exchange rate of Bt31 for US-Dollar1.)

pressure are fundamental to the ongoing political changes. According to the Pheu Thai party, the social policies will stimulate domestic consumption and help lead the country away from depending on exports. Its Vision 2020 refers to the ASEAN Vision 2020. Missing in the mix are land reform and broadening access to education.

The general quandary is whether social policies are redistributive trickle-down or whether they are conceived as *part* of the growth model. Are social policies a bonus to poorer strata for overall growth, a low-cost way of buying social peace and cutting crime (as in Brazil since Presidents FH Cardoso and Lula)? Are social policies market-friendly (such as credit schemes that enable the poor to buy on credit), or are they embedded in expanded worker rights such as collective bargaining (as in Germany's coordinated social market economy; Vaut 2012)? Are they occasional redistribution or do they reflect a social perspective on growth and a different growth path? Obviously these are as much political questions as economic questions.

Elite patronage and charity such as the nineteenth-century soup kitchen are social policies that are *disarticulated* from growth policies. They are typically short term, depend on market and political fluctuations, and have a demobilizing effect. Some social policies may serve as reparation of damage done, as in Spain, Portugal and Greece after the fall of dictatorships, or in the ›new South Africa‹ after 1994. As reparation policies they fall short of a new social contract. Nevertheless, some forms of charity stem from entitlements to food staples and food security that may go back to feudal lordly duties, or over time they may transform into rights. If social policies are entitlements and based on rights, as in India's right-to-work program, they go beyond trickle down. India's NREGA program changes the village power structure and the sway of caste rule in the panchayats because they provide a revenue source outside the village. In sum, to be genuinely effective and sustainable social reforms should be part of the overall growth model and engage macroeconomic imbalances.

The main ways of integrating growth and social policies are demand-side and supply-side approaches. On the demand side, production without consumption, and steep social inequality and wealth concentration are not sustainable. Growing inequality, as in Marx's pauperization thesis, undercuts mass demand, the quandary emphasized by Keynes, Galbraith, and recently by Robert Reich and Paul Krugman.

On the supply side, the key variable is capacitation. Social policies enhance broad social participation in growth; growing human capabilities – sustained by education, health and housing policies – boost productivity and employability, widen the tax base, and thus establish a virtuous circle. In the Nordic countries this is the productivist approach to welfare, or social productivism, as in Gunnar Myrdal's classic work (1944). In Germany it is the combination of welfare policies, apprenticeship, codetermination in shop floor affairs and company boardrooms, and the partnership of government, employers and trade unions. In Rhineland capitalism, capacitation and social inclusion likewise go together. In East Asia similar policy combinations have inspired the human development approach. This goes much further than redistribution; it involves restructuring growth models and changing the political equation. It also goes further than human development. It isn't just a matter of individual attributes as in the Human Development Index, but concerns building social institutions, so it is social development. As Wilkinson and Pickett (2009) show in their impressive study, *Why more equal societies almost always do better*, all of society benefits from equality, also the rich, with less crime, less disease, greater security and social stability. The recent Spence Commission's case for shared growth and inclusive development takes this to a further level (Commission on Growth 2010). Table 1 sums up ways of articulating social policies and growth.

Table 1: Articulating social policies and growth

Demand-side	Develop social demand and sustain domestic market
Supply-side	Capacitation: Enhance broad social participation in growth; education, health and housing policies sustain growing capabilities, boost employability and widen the tax base
	Social investment: in productivity and social cohesion; education and empowerment of women, minorities. Social development: capacity and institution building

Some of these relations have broken down in the setting of accelerated globalization and IT growth. In developed countries, they have been short-circuited by post-Fordism, offshoring and outsourcing, and the creation of low paying jobs in the service sector. In the wake of the 2008 crisis the issue is how to rework and reconceptualize social policies.

Globalization, IT, financialization and export-led growth

The Keynesian consensus broke down at the intersection of the slumps of the seventies and eighties, accelerated globalization, technological change, and financialization. The Fordist approach matched productivity growth with wage increases plus inflation. In the eighties, technological changes enabled post-Fordism, flexible production, automation, containerization of ocean transport, and 24/7 (24 hours a day, 7 days a week) global finance, and hence the further interweaving of firms and economies across national boundaries. Global competition, the need to invest in technology and marketing, and gaining global market share, reinforced the trend towards offshoring to zones with lower labor cost. About the same time, the opening up of Eastern Europe and China to international markets added a vast pool of labor to the global labor market.

Together, these changes enabled a major shift in bargaining power from labor to capital along with a different understanding of growth, led by capital, hence the rise of shareholder capitalism. American society, steeped in a culture in which business occupies a larger place than in past hegemons and in other societies, includes within it a vast zone, the American South, where tax, labor and regulation standards have lagged far behind the rest of the country. Dixie capitalism enabled the neoliberal turn in the United States (Nederveen Pieterse 2004). The international financial institutions based in Washington, the IMF and World Bank, became instruments of this outlook, the Washington consensus.

In the 1980s the Washington institutions promoted export-led growth as the leading development model, combined with trade liberalization, deregulation and privatization, even though the success stories of this model, the Asian Tiger economies, all involved active government intervention. Export-led growth along with investment from American companies enabled the rapid industrialization of Asian economies. The cold war and American wars in the region (Korean War, Vietnam war) also provided stimuli. For Korea and Taiwan the proximity of Japan mattered as well.

Thus, export-led growth and industrialization in developing countries has been the mirror image of deindustrialization in OECD countries.

What ensued is a complex interdependence of Pacific economies. In brief, manufacturing and service jobs lost in the US led to rising wages in Asia. In the US productivity has been rising steeply and corporate profits rose, but wages remained stagnant broadly since the 1970s. Profits, the Dow Jones and CEO remuneration are up because American corporations reap high yields from rising productivity and from offshoring. Cheap Asian imports compensate for stagnant American wages, but over time, rising wages and the skills squeeze in emerging economies will raise the cost of imports and will make offshoring to such areas marginally less attractive.

Since the 1980s this growth model was sustained by the United States as driver of the world economy with private consumption as the main engine (rising from 64 percent in 1980 to 72 percent of US real GDP in 2007). With wages remaining stagnant, consumption was sustained by longer working hours, double-earner households and credit expansion (deferred payments, credit cards, home equity financing), made possible by low interest rates and external borrowing. Credit expansion fueled the financialization of the economy; financial services became the largest sector of the US economy with 20 percent of the workforce and 40 percent of corporate profits. This further deepened inequality (with pay rates in finance much higher than in other sectors). Deregulation combined with new financial instruments, some arcane (credit default swaps, securitization) and some fraudulent (subprime mortgages) and growing white collar crime, contributed to financial instability and crisis (peaking with the fall of Lehman Brothers in 2008 and ongoing).

›Globalization‹, then, is shorthand for a package deal of concurrent changes, a vortex of interacting forces. In the nineties ›globalization‹ became a buzzword to cut government intervention on the grounds of competition and capital flight to low-cost and low-regulation zones. Globaloney globalization (or globalization of the managerial variety) intertwined with turbo capitalism helped transform social and stakeholder capitalism into ›no-nonsense capitalism‹ (a term used in the Netherlands at the time to refer to lean capitalism, stripped of generous social benefits).

However, the *form* of globalization during a particular phase is not the same as the *trend* of globalization. Second, the momentum of globalization is more complex and points in more directions than just the course orchestrated by the hegemon. Third, hegemons don't last. Fourth, in the wake of the 2008 crisis and the global imbalances it reveals, the neoliberal turn, while it is not gone, is over its peak as ideology and difficult to sustain institutionally.

Tipping points

These developments are now at a crossroads because of economic decline in the OECD and because it produces social forces, as in Thailand, which cannot be contained within this social constellation. These relations are unstable for American trade and current account deficits cannot rise indefinitely. Tipping points include the limits to American purchasing power (in view of stagnant wages, steep inequality and crisis), debt, and the unstable dollar.

At this stage the American model of import & borrow and the Chinese model of export & lend are both unsustainable. ›If the import-and-consume business model is dead, so too is export-and-save‹ (Financial Times editorial, April 16 2009, p. 8). According to Thomas Palley, ›the possibility of global development via export-led growth is now exhausted‹. Key problems he notes are waning consumer markets in developed economies; emerging markets' exports hinder the recovery of industrialized economies; crowd out the exports of other emerging markets; increasing South-South competition; the declining prices of manufactured goods; and the ability of multinational corporations to shift production to lower cost countries (Palley 2011: 4–5).

In the United States a key problem is private underinvestment. The rise of outward investment in the 1980s coincided with a peak period of American hegemony. American companies' offshoring and investing outward was facilitated by the department of commerce and the Export-Import bank as part of the projection of American hegemony. While in Germany, the EU, and Japan, offshoring was generally *balanced by inward* investment and innovation, in the US deindustrialization and financialization went much further (also in the UK because of reliance on the London City as a financial center). Hence, in the course of two decades, US manufacturing exports became imports, at the expense of American jobs and growing trade and external deficits. When at this stage the US attempts economic recovery, lagging inward investment and innovation undermine the global competitiveness of American products, except in a few sectors (such as military industries and software); a case in point is green technologies in which US companies lag behind in every sphere – wind turbines, solar panels, energy efficiency and bio fuels (Nederveen Pieterse 2010b).

Exports substituted for domestic demand also in Europe:

»The solution to the problem of effective demand is seen as lying above all in a positive trade balance. [...] This outlook on the part of capitalist institutions and firms [...] relegates the domestic level of employment and of wages to a subordinate role compared with external expansion. Profits accruing from net exports reduce firms' dependence on a relatively small or slow-growing domestic market, and Europe's surplus countries are well aware that were it not for their export strategy domestic investment, profits and employment would be lower« (Bellefiore et al. 2011: 120).

Decoupling (emerging markets becoming independent from western demand) has not materialized; weak growth in all the leading economies together poses a problem. Alternative markets for Asian and emerging markets' products – in Asia (ASEAN+6), East-South trade and domestic markets – are taking shape, but at a slower pace than OECD demand is falling. Thus, at this stage, mercantilism poses a fundamental problem in the world economy. If all countries rely on export-led growth, then who imports? Export-led growth together with steep inequality feeds the overall dynamics of overproduction- underconsumption.

Part of the quandary is the dynamics of financialization unfolding on a global scale. Following the Asian crisis (1997–98) developing countries have accumulated financial reserves as a buffer against turbulence. Several flows fuel financialization on a global scale: credit expansion in import-dependent countries (especially the US); savings, trade and financial surplus in exporting countries; developing countries' buffers to ward off financial turbulence; developed economies' crisis management with bailouts, stimulus, and ›Quantitative Easing‹. QE also works as a policy of exporting inflation that has triggered higher commodity and food prices and increasing inflation risks in emerging markets. In Brazil the policies of the US Federal Reserve have been dubbed a ›currency war‹, causing an inflow of foreign capital seeking returns, appreciation of the real, and a high interest rate.

Financial investments in emerging markets' industries enable western pension funds and institutional investors to secure financial returns that sustain the income of pensioners. Conversely, exporting economies' surplus and savings lent to the US in Treasury bond purchases contribute to the financialization of the world economy. The Chinese lending their hard-earned dollars to the US contributes to ballooning deficits in US dollars that are worthless. Thus, Chinese labor subsidizes the American economy in several ways: by providing low-wage labor, cheap products, treasury purchases that help keep US interest rates low, and returns on investments that keep American pensioners going. Capital controls, safeguards against inflation and property bubbles, and restrictions on international finance are high on the agenda of emerging societies. At the macroeconomic level, Dilma Rousseff, president of Brazil, advocates ›further regulation of the financial system, to minimize the possibility of new crises; reduced levels of leverage. We must proceed with the reform of multilateral financial institutions, increasing participation of emerging countries that now bear primary responsibility for global economic growth‹ (2011).

Welcome to the multipolar world: Social policies revisited

The 2008 crisis ushers in a new phase in the interaction of capitalisms. The Washington consensus survived the crises of the nineties in tatters. In the wake of the 2008 crisis we leave what remains of it behind and the question is, for what – for the Rhineland model, the German model, the East Asian model or the ›Southern consensus‹ (combining the Beijing, Delhi and the Brasilia consensus)? In the wake of the 2008 crisis, the question of social policies and growth takes on different equations in each of the major zones of capitalism.

Emerging markets now drive the world economy and East Asia is widely regarded as the main ›winner‹ in contemporary globalization. During the period 2000–2007 which has seen the fastest growth of world trade in history, Asian developing countries‹ ratio of exports to GDP rose from 36 percent to 47 percent in 2007. Thus, East Asia is in the lead – but tethered to a post-bubble world economy.

East Asian developing countries'scripts include engaging in global competition and emphasizing science, innovation and design; shifting gears from price competition to quality and brand competition; from industry to services and from tradable to nontradable goods. Going green and commodity-lite is another challenge. Replacing exports to the US and EU with regional and South-South demand is a long haul. At this juncture, the risks for emerging markets and developing Asia are betting at export-led growth when global trade slows, entering global finance when Anglo-American megabanks rule, and pursuing peaks while neglecting the social base. For emerging societies, then, the tradeoff is between global competitiveness and building the domestic market; too far a tilt in either direction jeopardizes their balance. It is a matter of balancing peaks and valleys. Investing in peaks – science, tech, design and finance – is necessary to sustain global competition; investing in valleys – in social security, broadening access to education, reducing the need for savings, investing in agriculture, and pro-consumption policies – is necessary to build domestic demand and sustain democracy. Cutting dependence on exports and shifting gear from supply-driven growth to demand-led growth, driven by domestic consumption is essential.

This is where articulating growth models and social policies comes in. In emerging societies social policies sustain broad effective demand and sync with abandoning export-led growth. A social protection floor (as advocated by the ILO; Wodsak 2012) also tempers the effects of economic downturns. However, the continuing emphasis on global competition is an incentive to keep wages and prices low. Thus, in South Korea the central social issue is the growing dualization between regular and irregular workers, with the latter receiving much lower pay and lesser labor conditions (Lee and Jeong 2011).

Among the BRIC and emerging societies, China is most advanced in merging social policies with reorienting its growth path. Hu Jintao's ›scientific outlook on development‹ and Wen Jiabao's ›five imbalances‹ of the Chinese economy set the stage for the twelfth five-year plan, 2011–2015. This aims at building broad social safety, reducing the need for savings and thus boosting domestic consumption, reorienting the economy away from export dependence (Li 2012, Roach 2009). The aim is to eventually balance China's external accounts so China would import as much as it exports. In Wen Jiabao's (2011) words, »We have made breakthroughs in building a social security system covering urban and rural areas. We have introduced a rural old-age insurance scheme which will cover 60 percent of counties in China this year. The basic urban medical insurance scheme and rural cooperative medical care scheme now cover more than 90 percent of the population«. At issue is »shifting the development model«. For the world's second largest economy much is at stake. Implementing this may slow growth rates and runs counter to powerful export interests, so it is a long process.

Turning to developed countries, they have been on a technological plateau for some time, as Cowen (2011) argues. The 1990s were a time of economic stagnation that was papered over by financial expansion, a period marked by overleveraging and the steep growth of inequality. The dikes broke in the 2008 crisis. The bailouts socialized bank debt, ushering in phase two of the crisis, the sovereign debt crisis. Instead of regulation there has been consolidation of the financial sector, leaving six megabanks standing in the US.

In an age of deleveraging, when economies contract, politics stumbles. In the US, this means political gridlock and a split Congress, as in the debt ceiling controversy. In the eurozone, it exposes the design problems of the EU (monetary union, but no alignment of fiscal policies; democratic deficit and a difficult voting system). It exposes the tensions between Europe's disparate economies, with Northwest Europe investing in industry, tech and infrastructure, Mediterranean Europe investing in real estate and speculative property (Spain) or extending state patronage (Greece), and Wild West frontiers of finance emerging in Iceland and Ireland.

Thomas Palley proposes a domestic-demand led strategy – along with social safety nets, raising wages, improved labor protection, and collective bargaining by unions; public infrastructure investment; investing in health care and education; and reforms to make taxes more progressive (2011: 5–6). But this is hardly feasible in economies in which neoliberalism is institutionally entrenched. Etzioni (2011) observes that moral capital and political capital are in limited supply, more limited than many imagine, so he argues for ›policy minimalism‹ as a virtue. In some countries it may rather be a necessity. The trilemmas of balancing employment, fiscal soundness, and equality (Iverson and Wren 1998) work out differently in different capitalisms. Neoliberal, social democratic and Christian democratic societies face these trilemmas in different ways (Im 2007).

Inequality has been growing worldwide and particularly steeply in the US and UK. In the US and UK, growth led by the financial sector prompts luxury consumption while the Main Street economy is slowly crumbling, producing an hour-glass society. Worldwide some 500 billionaires own as much as half the world population. As extreme capitalism produces radical inequality it gradually undermines its own sustainability. In the US giant corporations continue offshoring and outsourcing; financialization continues and megabanks are the latest phase of American hegemony. The formula of billions for banks and austerity for people has reached a breaking point, witness the Occupy Wall Street movement, riots in England and Greece and protests in Spain and Italy in response to draconian austerity. The OWS movement is part of the globalization of anger; impunity for white collar crime and financial corruption has reached a tipping point. The bottom line is that countries that don't invest in the future will decline.

Social market economies that invest in manufacturing, tech, infrastructure and education may plough through the crisis; which may apply to Germany, Nordic Europe (assuming the problems of the eurozone can be managed),and Japan. While they may experience lower rates of growth, with greying population's growth is less important.

In conclusion, coordinating social policies and growth is essential everywhere to establish shared growth. In emerging societies and developing countries it is of crucial importance to reduce dependence on exports and to build inclusive development and in the US and UK it is essential to reinvest in inward development. In the words of Dilma Rousseff, »Only economic growth, based on income distribution and social inclusion, can generate resources to pay the public debt and cut deficits« (2011). The Commission on Growth and Development established shared growth as the norm for sustainable growth and development, which is valid across the spectrum from developing to developed societies. Among emerging societies the case for shared growth is most clearly endorsed in China and Brazil, for political (social stability) as well as economic reasons (build domestic demand).

References

Bellofiore, R./Garibaldo, F./Halevi, J. (2011), »The global crisis and the crisis of European neomercantilism«, in: *Socialist Register*, pp. 120–146.
Chenery, H., et al. (1974), *Redistribution with growth*. Oxford.
Commission on Growth and Development (2010), *The Growth Report: Strategies for sustained growth and inclusive development*, Washington.
Cowen, Tyler (2011), *The great stagnation.* New York.
Dagdeviren, H./van der Hoeven, R./Weeks, J. (2002), »Poverty reduction with growth and redistribution«, in: *Development and Change*, 33 (3), pp. 383–413.

Etzioni, Amitai 2011 »Less is more: The moral virtue of policy minimalism«, in: *Journal of Global Studies*, 2 (1), pp. 15–21.
Im, Hyug Bae, (2007) (ed.), *The social economy and social enterprise*, Seoul.
Iverson, T./Wren, A. (1998), »Equality, employment and budgetary restraint: the trilemma of the service economy«, in: *World Politics*, 50 (4).
Fuller, Thomas (2011), »Empowered, rural voters transform Thai politics«, in: *New York Times*, July 2.
Lee, Byeong-Cheon/Jeong, Jun-Ho (2011), *Dynamics of dualization in Korea: from developmental dualization to exclusive dualization*, paper presented at Seoul National University Asia Center Conference, Global challenges in Asia.
Li, Peilin (2012), »China's new development stage after the crisis«, in: Nederveen Pieterse, J./Kim, J. (eds.), *Globalization and development in East Asia*, New York.
Myrdal, Gunnar (1964) [1944], *An American Dilemma: The Negro problem and modern democracy*, New York.
Nederveen Pieterse, J. (2010a), *Development Theory: Deconstructions/Reconstructions*, second edition, London.
— (2010b), »Innovate, innovate! Here comes American rebirth«, in: Araya, Daniel /Peters, Michael A. (eds.), *Education in the Creative Economy*, New York, pp. 401–419.
— (2004), *Globalization or Empire?*, New York.
Palley, Thomas (2011), *The end of export-led growth: Implications for emerging markets and the global economy*, Friedrich Ebert Stiftung Shanghai Briefing Paper 6, Shanghai.
Pogge, Thomas W. (1999), »A global resources dividend«, in: Crocker, D./Linden, T. (eds.), *Ethics of consumption*, Totowa.
Roach, Stephen S. (2009), *The next Asia: opportunities and challenges for a new globalization*, Hoboken.
Rousseff, Dilma (2011), »Brazil will fight back against the currency manipulators«, in: *Financial Times*, September 22, 11.
Vaut, Simon (2012), »Redistribution for growth? The German experience«, in: Friedrich Ebert-Stiftung & Shanghai Academy of Social Sciences, *Growth through Redistribution? Income inequality and Demand-led growth in Emerging Economies*, Shanghai.
Wen, Jiabao (2011), »How China plans to reinforce the global recovery«, in: *Financial Times*, June 24, 9.
Wilkinson, Richard/Pickett, Kate (2009), *The spirit level: why more equal societies almost always do better*, London.
Wodsak, Veronika (2012), »The social basic floor concept«, in: Friedrich Ebert-Stiftung & Shanghai Academy of Social Sciences, *Growth through Redistribution? Income inequality and Demand-led growth in Emerging Economies*, Shanghai.

Autorinnen und Autoren

Barrientos, Armando, Professor am »Brooks World Poverty Institute, School of Environment and Development« an der University of Manchester.

Burchardt, Hans-Jürgen, Professor für internationale und intergesellschaftliche Beziehungen an der Universität Kassel, Direktor des »International Center of Development and Decent Work«, Sprecher des Promotionskollegs »Global Social Policies and Governance«.

Fruchtmann, Jakob, Dr., Wissenschaftlicher Mitarbeiter an der Forschungsstelle Osteuropa an der Universität Bremen.

Leisering, Lutz, Professor für Sozialpolitik an der Fakultät für Soziologie der Universität Bielefeld. Vorstand des dortigen Instituts für Weltgesellschaft.

Mayer-Ahuja, Nicole, Professorin für Arbeitssoziologie am Fachbereich Sozialökonomie an der Universität Hamburg, Leiterin des Projektverbundes »Gute Arbeit« nach dem Boom. Pilotprojekt zur Längsschnittanalyse arbeitssoziologischer Betriebsfallstudien mit neuen e-Humanities-Werkzeugen« (BMBF).

Müller, Katharina, Professorin für Sozialpolitik an der Hochschule Mannheim.

Nederveen Pieterse, Jan, Mellichamp Professor of Global Studies and Sociology an der University of California, Santa Barbara.

Rehbein, Boike, Professor für Gesellschaften Asiens und Afrikas an der Humboldt-Universität zu Berlin.

Rüb, Friedbert W., Professor für Politische Soziologie und Sozialpolitik an der Humboldt-Universität zu Berlin.

Tittor, Anne, Dr., Wissenschaftliche Mitarbeiterin am Fachgebiet für Internationale und intergesellschaftliche Beziehungen, Koordinatorin des Promotionskollegs »Global Social Policies and Governance« an der Universität Kassel.

Weible, Karin; M.A., Wissenschaftliche Mitarbeiterin an der Fakultät für Soziologie der Universität Bielefeld.

Weinmann, Nico, Wissenschaftlicher Mitarbeiter und Doktorand am Fachgebiet für Internationale und intergesellschaftliche Beziehungen der Universität Kassel.